PESQUISA EM POLÍTICAS EDUCACIONAIS

debates contemporâneos

Dados Internacionais de Catalogação na Publicação (CIP)
(Câmara Brasileira do Livro, SP, Brasil)

Pesquisa em políticas educacionais : debates contemporâneos / Stephen J. Ball, Jefferson Mainardes, (orgs.). – São Paulo : Cortez, 2024.

Vários autores.
Bibliografia.
ISBN 978-65-5555-447-2

1. Educação e Estado 2. Pesquisa educacional 3. Política educacional I. Ball, Stephen J. II. Mainardes, Jefferson.

24-192876 CDD-379

Índices para catálogo sistemático:

1. Política educacional 379

Cibele Maria Dias - Bibliotecária - CRB-8/9427

Stephen J. Ball
Jefferson Mainardes
[Orgs.]

PESQUISA EM POLÍTICAS EDUCACIONAIS

debates contemporâneos

1ª edição

1ª reimpressão

CORTEZ EDITORA

Apoio
CNPq
Conselho Nacional de Desenvolvimento Científico e Tecnológico

PESQUISA EM POLÍTICAS EDUCACIONAIS: DEBATES CONTEMPORÂNEOS
Stephen J. Ball | Jefferson Mainardes (orgs.)

Direção editorial: Miriam Cortez
Coordenação editorial: Danilo A. Q. Morales
Assistente editorial: Gabriela Orlando Zeppone
Preparação de originais: Ana Paula Luccisano
Revisão: Janete Bridon
Amanda Marynowski
Tuca Dantas
Agnaldo Alves
Diagramação: Linea Editora
Capa: de Sign Arte Visual

Direitos para esta edição
CORTEZ EDITORA
R. Monte Alegre, 1074 – Perdizes
05014-001 – São Paulo-SP
Tel.: +55 11 3864 0111
editorial@cortezeditora.com.br
www.cortezeditora.com.br

Impresso no Brasil – setembro de 2024

Agradecemos aos editores dos periódicos *Archivos Analíticos de Políticas Educativas*, *Globalisation, Societies and Education* e *Revista de Estudios Teóricos y Epistemológicos en Política Educativa* por autorizarem a tradução e a publicação de artigos neste livro.

Agradecemos à Profª Fátima Antunes por autorizar a tradução do capítulo de Sally Power.

Sumário

PARTE II
Perspectivas teórico-epistemológicas e a pesquisa de políticas educacionais

PARTE III
Análise de políticas contemporâneas

APRESENTAÇÃO

Tendências atuais dos estudos de Políticas Educacionais

Em 2011, publicamos, pela Cortez Editora, o livro *Políticas Educacionais: questões e dilemas*, com a tradução de textos publicados em inglês e, também, com textos inéditos de pesquisadores(as) brasileiros(as). Naquela época, avaliando a pesquisa no campo da Política Educacional, consideramos que aqueles textos contribuiriam para os debates sobre a pesquisa no campo da Política Educacional, bem como para a melhoria contínua das pesquisas desse campo no Brasil. Doze anos já se passaram e muitas mudanças ocorreram no globo, incluindo a pandemia da covid-19, o aumento significativo da onda conservadora e o fortalecimento das políticas de privatização da Educação, em todos os níveis. Tais mudanças têm exigido dos(as) pesquisadores(as) novos métodos e novas abordagens.

Como ocorre em outras áreas de pesquisa em Ciências Sociais, os estudos de Políticas Educacionais constituem um campo confuso, diverso e complexo. Os estudos de Políticas Educacionais são principalmente, por definição, uma arte responsiva — impulsionada em grande parte por tendências e preocupações políticas —, mas envolve tanto a "criação" quanto a "tomada" de problemas. Por um lado, os(as) pesquisadores(as) acompanham o desenvolvimento de políticas que procuram definir o que significa ser educado(a), e que determinam quem terá acesso e a que tipo de Educação. Por outro, os(as) pesquisadores(as) problematizam as Políticas Educacionais, perguntando por que algumas questões são definidas como problemas e outras são excluídas de tal consideração. O estilo empirista realista dos estudos de Políticas Educacionais tende a se concentrar no primeiro grupo, enquanto o estilo mais voltado às questões teóricas presta mais atenção ao último. A divisão empiria/teoria marca uma grande falha no campo, mas ambos os estilos de pesquisa, de maneiras diferentes, permanecem inseridos na perspectiva redentora que se baseia e reproduz ciclos intermináveis de esperança e desespero — procuramos, assim, salvar a Educação da política.

Em grande medida, o principal centro de interesse de muitos estudos de Políticas Educacionais contemporâneas responde e está circunscrito à agenda política do neoliberalismo. Há um conjunto de mudanças ocorrendo na Política Educacional em todo o mundo — um processo de reforma educacional que está em andamento na maioria dos países em todos os continentes, com histórias culturais e políticas muito diferentes, com pouquíssimas exceções. As ideias políticas neoliberais se movem de um lugar para outro por meio do que muitas vezes, ingenuamente, chamamos de "empréstimo de políticas". Na verdade, o que há é uma política educacional global, recontextualizada, em cada país, de diferentes formas. Cada vez mais, os governos querem "aprender" com "o que funciona" ou o que dizem funcionar em outros lugares. Isso estimulou um crescente interesse na mobilidade de políticas e no trabalho *de* e *em* redes de políticas. Globalmente, o processo de reforma neoliberal tem três grandes componentes ou tecnologias altamente inter-relacionados e interdependentes — mecanismos multifacetados de mudança que influenciam e reinventam os serviços do setor público. São eles: o mercado, a gestão e o desempenho. Às vezes, eles são articulados na política como grandes medidas, mas, na maioria dos casos, consistem em pequenos movimentos e iniciativas separados, muitas vezes ambíguos, mas combinados, ou começam a ser combinados, dentro de um discurso unificador de padrões, de qualidade, de habilidades, de competências e de aperfeiçoamento. Eles contribuem para um aumento global constante da visibilidade, da medição e da padronização, e representam uma mudança nas relações de poder entre os professores e o Estado. Em última análise, essas tecnologias são extraídas e fundamentadas em uma crença neoliberal de que a Educação é uma área adequada para exploração econômica, como qualquer outra.

Essas tecnologias, isoladas ou em conjunto, têm gerado subáreas de atividade de pesquisa especializadas, mas sobrepostas. O ímpeto do mercado deu origem a um enorme corpo de trabalho sobre a escolha da escola, a competição entre as escolas e o movimento em direção às escolas que se comportam como empresas e como um negócio. O foco da gestão despertou um interesse na liderança escolar e na experiência de trabalho dos professores. A *performance* levou a abordar a experiência dos docentes e a natureza do ensino como trabalho em um sentido diferente — o professor como sujeito. Este último, em particular, tem sido explorado a partir da teoria pós-estruturalista para interrogar a produção de novos tipos de sujeitos da Educação. Nos sistemas de performatividade, somos obrigados a nos tornar calculáveis e visíveis, em vez de memoráveis. O professor como profissional é reinventado como uma unidade de recurso, cujo desempenho e produtividade devem ser constantemente auditados para que possam ser aprimorados.

Tudo isso tem uma relação concomitante com outra grande área de atividade de pesquisa e interesse teórico dentro dos estudos de Políticas Educacionais, que é a governança. A afirmação das relações de mercado, a participação de novos atores políticos e o uso da gestão de desempenho estão intimamente relacionados às mudanças na forma e nas modalidades do Estado. O Estado traz a privatização para o mundo, tornando-se comissário e monitor dos serviços da Educação, em vez de responsável pela sua prestação.

Por meio de grupos de estudos de pesquisa, com várias iterações diferentes, os estudos de Políticas Educacionais colocam, muitas vezes, a reforma neoliberal acima e contra questões de equidade e justiça social. Os(As) pesquisadores(as) de Políticas Educacionais traçam os padrões de exclusão, divisão e categorização que são produzidos pela política. Uma variedade de técnicas empiristas e de recursos teóricos são usados. Mais recentemente, essas questões têm sido informadas pelo pós-colonialismo. A literatura pós-colonial destacou os efeitos desumanizadores da colonização, a hegemonia da cultura ocidental e seus efeitos na Educação e a contínua negligência das vozes críticas do Sul global. Algumas dessas questões são abordadas nos capítulos deste livro.

Este livro foi organizado em três partes. A primeira é destinada a discutir as redes políticas e a etnografia de redes. Globalmente, o Estado está mudando. Há uma mudança em andamento do governo para a governança. Novas maneiras de organizar e fornecer políticas e serviços públicos estão sendo introduzidas. Relações hierárquicas e burocráticas estão sendo substituídas por relações heterárquicas e empresariais ou de mercado. Essa mudança é, às vezes, descrita como uma mudança para a governança de rede. Novos atores estão "fazendo" política, de novas maneiras, em novos lugares — unidos em redes sociais complexas e em evolução. Essas redes exigem de pesquisadores(as) novos métodos e sensibilidades. Os textos da primeira parte abordam aspectos teóricos das redes políticas e da etnografia de redes (Capítulos 1 e 2) e redes globais e locais nas políticas curriculares (Capítulos 3 e 4).

A segunda parte do livro aborda aspectos de uma unidade essencial na pesquisa do campo da Política Educacional: os fundamentos ontoepistemológicos que fundamentam as pesquisas do campo. Essas questões são sempre desafiadoras e constituem o foco central da *Red Latinoamericana de Estudios Teóricos y Epistemológicos en Política Educativa* (ReLePe). Embora seja um eixo de pesquisa que sempre apresenta avanços importantes, há ainda muita demanda por mais estudos e debates acerca desses fundamentos. Neste livro, em particular, selecionamos um texto que explora o panorama dos estudos críticos de Política Educacional (Capítulo 5); a abordagem da problematização de políticas (Capítulo 6); o agenciamento de políticas (Capítulo 7); as discussões sobre Estado (Capítulo 8); a perspectiva ético-ontoepistemológica (Capítulo 9); e o conservadorismo educacional (Capítulo 10).

Esses capítulos trazem abordagens novas e ainda pouco exploradas na pesquisa em Política Educacional no Brasil.

A terceira parte é formada por textos que abordam Políticas Educacionais contemporâneas. Globalmente, temos vivido o que podemos chamar de "profusão de políticas", sendo algumas formuladas com base em "boas ideias", que reforçam as desigualdades sociais e educacionais, e lidam de forma muito precária com os mecanismos de exclusão. Selecionamos para o livro uma discussão mais ampla sobre por que as Políticas Educacionais falham (Capítulo 11), sobre populismo autoritário (Capítulo 12), análise da realidade de Políticas Educacionais na União Europeia (Capítulo 13) e Nova Gestão Pública (Capítulo 14).

O livro envolveu 20 pesquisadores(as) de seis países. Todos(as) os(as) autores(as) estão já há algum tempo envolvidos(as) nas pesquisas de Política Educacional. Esperamos que o livro seja uma contribuição significativa para os(as) pesquisadores(as) do campo, e que possa trazer novos *insights* e novas compreensões.

17 de julho de 2023.

Stephen J. Ball
Jefferson Mainardes
Organizadores

PARTE I

Redes políticas

CAPÍTULO 1

Etnografia de rede: mudança de perspectivas, abordagens e métodos para analisar a nova governança educacional[1]

Marina Avelar

Universidade Federal de Minas Gerais (UFMG)

Stephen J. Ball

Institute of Education/University College London (Inglaterra)

Introdução

Com uma crescente internacionalização e privatização da Educação, os pesquisadores precisam de novas ferramentas e de novos métodos para compreender como a política educacional e a governança pública são realmente criadas e colocadas em ação nesse novo contexto. Novos atores participam da gestão de escolas públicas e

1. Tradução de Janete Bridon. Revisão técnica: Marina Avelar.

de processos das políticas públicas, operando em novos espaços e escalas — que abrangem o local, o nacional e o supranacional. A conceitualização do Estado e dos governos como organizações burocráticas, estáticas e racionais não nos permite entender como novos atores políticos, tais como a nova filantropia, investidores de risco e de impacto, *startups*, *edu-businesses* internacionais e as organizações internacionais não governamentais (Oing), atuam como parte da governança educacional. Se, no entanto, compreendemos o Estado como constituído em e por meio de redes sociais complexas e dinâmicas, que incluem atores privados como parte da estrutura que gerencia serviços públicos, podemos começar a entender como a política está sendo feita na prática. Essas mudanças têm sido chamadas por autores como uma mudança de "governo" para "governança" (BEVIR, B., 2011; JESSOP, R., 2002; JESSOP, 2011; RHODES, 1996). A pesquisa sobre essa mudança requer, assim, adaptações teóricas e metodológicas.

A etnografia de redes (ER) é uma abordagem responsiva a essas mudanças, a qual faz uso de uma combinação de pesquisa *on-line*, de mapeamento de redes sociais e de ferramentas etnográficas (como entrevistas e observações de campo), a fim de acessar e retratar a natureza instável, elusiva, móvel e, às vezes, fugaz e decididamente "heterárquica" da nova governança. A ER é particularmente produtiva quando envolve os processos de "seguir a política". Com base em estudos anteriores, este capítulo descreve e discute a abordagem e as técnicas de mapeamento de redes e de "seguir a política". Discutimos, inicialmente, a mudança de perspectivas necessária para compreender e para interpretar a nova governança em rede da Educação, tratando dos aspectos teóricos. Em seguida, exploramos as mudanças de abordagens e de métodos, com seus fundamentos e justificativas, para, por fim, descrevermos os procedimentos práticos que propomos como ferramentas para o estudo deste novo terreno político da Educação.

Mudança de perspectivas: foco em mobilidades em vez de estruturas

Novos atores cada vez mais participam do gerenciamento de serviços públicos. Ao mesmo tempo, há uma mobilidade cada vez mais intensa de bens, de pessoas e de ideias ao redor e dentro da política e dos processos da política. Com a participação de grupos privados, a própria política tornou-se sujeita à privatização e ao lucro. A dinâmica entre o público e o privado, e o global e o local, está mudando, e a noção de um processo de política limitado nacionalmente — o "paradigma política-como-governo" (BALL, 2012) — está, agora, desatualizado. Enquanto os pesquisadores em Educação geralmente continuam a elaborar o recorte de sua análise dentro dos limites espaciais do Estado-nação, agora muitas políticas na verdade têm suas origens e influências em outros lugares, e são mediadas por organizações internacionais, consultores, filantropia global, empresas multinacionais e outros grupos. Há um surgimento de "[...] novos espaços transnacionais e intranacionais de política" (BALL; JUNEMANN; SANTORI, 2017, p. 12), com novas relações entre eles. No entanto, o papel desempenhado por esses atores políticos é frequentemente subestimado em pesquisas acadêmicas (FRUMKIN, 2008; OLMEDO, 2014). Novas estratégias, novos métodos e novas perspectivas de pesquisa são necessários para explicar a participação desses novos atores na arena da política educacional e a concomitante globalização das políticas públicas.

Existem vários desafios teóricos e metodológicos que devem ser abordados, mas três podem ser destacados: as perspectivas de "educacionismo", as de "estatismo" e as de "nacionalismo" (DALE; ROBERTSON, 2009; VERGER; ALTINYELKEN; NOVELLI, 2018). Essas abordagens analisam a política educacional sem considerar contextos sociais mais amplos e, geralmente, são limitadas a um foco no Estado como uma entidade delimitada — e não como um conjunto complexo e confuso de locais e formas de poder. É preciso desconstruir e desnaturalizar o Estado — e levar em conta os diversos grupos e atores que agora participam dos processos das políticas públicas, bem como suas diversas técnicas e métodos de governo. Em outras palavras, precisamos "[...] estudar o poder fora do modelo de Leviatã, fora do campo delineado pela soberania jurídica e pela instituição do Estado" (FOUCAULT, 2003, p. 34). Isso não significa que não se deva reconhecer o papel crucial do Estado no processo da política, mas, sim, que, ao mesmo tempo, devemos tratar das práticas ou dos processos de produção de conhecimento e de governo/governamentalidade que, se unidos e articulados, formam o que chamamos e entendemos como o Estado.

Além disso, como já observado, agora é necessário "[...] pensar fora e além da estrutura do Estado-nação para dar sentido ao que está acontecendo dentro de alguns Estados-nações" (BALL; JUNEMANN; SANTORI, 2017, p. 12). Isso implica "[...] estender os limites de nossa imaginação geográfica" e "[...] tentar compreender a união e o retrabalho desses espaços nos e por meio dos relacionamentos" (BALL; JUNEMANN; SANTORI, 2017, p. 17). Abordar essas limitações implica mudanças epistemológicas e ontológicas, com menos interesse nas estruturas e mais ênfase nos fluxos e nas mobilidades (BALL, 2012).

Para entendermos o inconstante terreno da política educacional e para pesquisarmos essas mudanças, embasamo-nos nas literaturas sobre redes sociais de governança pública e mobilidade de políticas. Essas abordagens e perspectivas concentram-se em novos atores que operam dentro da governança, no trabalho mundano da política pública, do movimento de pessoas e de ideias, evitando o "territorialismo metodológico" ou "[...] a prática de entender não reflexivamente o mundo social através das lentes das geografias territoriais" (LARNER; LE HERON, 2002, p. 754). Elas abraçam a complexidade, a confusão e o absurdo das políticas na análise. Elas também permitem um foco em mobilidades e em movimentos, no trabalho, nas tarefas mundanas das políticas e de mobilidade, em vez de estruturas sociais.

Além de se referir à mudança na "realidade" do trabalho do governo (e de suas governamentalidades), o conceito de "governança" também representa uma mudança nas perspectivas teóricas sobre o trabalho do Estado. A "governança" também se refere, portanto, a "[...] várias novas teorias e a práticas de governo e aos dilemas aos quais elas dão origem. Essas novas teorias, práticas e dilemas colocam menos ênfase do que seus antecessores na hierarquia e no Estado, e mais em mercados e redes" (BEVIR, 2011, p. 1). Os "conceitos reificados do Estado" são desafiados, e "[...] as teorias da governança normalmente abrem a caixa preta do Estado" (BEVIR, 2011, p. 1). A literatura de governança aceita o desafio de revisitar os limites entre o Estado, o mercado e a sociedade, e de explicar a complexidade de seu funcionamento com seus muitos participantes diferentes.

Somada à perspectiva da governança, partindo da literatura de mobilidades, a política é considerada algo que se estende além dos limites do Estado-nação, permitindo, assim, que os pesquisadores rastreiem movimentos globais de políticas. Apesar da relevância e da contribuição de outras abordagens que podem ser empregadas para analisar a globalização da Educação e da política educacional, como a literatura sobre a convergência global de políticas ou a transferência de políticas, aqui nos concentramos no uso da perspectiva da mobilidade de políticas, em combinação com a literatura em torno da governança, para buscar compreender a política educacional.

A abordagem de mobilidade de políticas oferece uma perspectiva crítica sobre o movimento global das políticas, chamando atenção para as relações de poder e para o trabalho investido na mobilização de políticas entre os países. O foco analítico é, então, trazido sobre as

> [...] várias estratégias de rede por meio das quais a estabilidade e a mobilidade são alcançadas, sempre concentrando atenção nas minúsculas trocas, muitas vezes mundanas, que se exercitam dentro da complexa comoção de materiais e de ações humanas que consideramos como vida educacional (FENWICK, 2012, p. 100).

Em outras palavras, "[...] precisamos de um rastreamento mais cuidadoso das redes intelectuais, políticas e profissionais que sustentam a expansão global das ideias neoliberais e sua subsequente manifestação nas políticas e nos programas de governo" (LARNER, 2003, p. 510). Ao prestar atenção às práticas aparentemente mundanas, ao trabalho, investidas em redes de governança (globais), torna-se possível oferecer "[...] descrições dos sistemas circulatórios que conectam e interpenetram regimes de políticas 'locais'" (PECK; TICKELL, 2002, p. 229), e compreender processos de "glocalização" e "neoliberalismo realmente existente" (BRENNER; THEODORE, 2002).

Nessas linhas, a abordagem de mobilidade de políticas foi desenvolvida por pesquisadores do campo da geografia humana para entender como as políticas se movem globalmente e como elas "pousam" localmente (MCCANN; WARD, 2012; PECK; THEODORE, 2010, 2012). Isso faz parte de uma "[...] nova geração de estudos críticos de políticas" (PECK; THEODORE, 2010, p. 169). Embora heterogêneo, esses estudos estão enraizados em epistemologias críticas e assumem que "[...] atores e ações das políticas são entendidos como politicamente mediados e sociologicamente complexos" (PECK; THEODORE, 2012, p. 23).

Essa perspectiva opõe-se a "[...] visões ortodoxas de transferência de políticas" (PECK; THEODORE, 2010, p. 24), que tendem a usar métodos de pesquisa positivistas e assumem escolhas racionais simples por parte dos atores políticos, com uma tendência que boas políticas expulsem as ruins (PECK; THEODORE, 2010). Como Peck e Theodore (2010) explicam, a perspectiva de mobilidade de políticas opera com diferentes premissas. Primeiro, supõe-se que a formação e a transformação de políticas sejam processos e campos de poder socialmente construídos. Segundo, os atores não são vistos como "aprendizes solitários", mas como membros de comunidades epistêmicas. Terceiro, as políticas móveis raramente viajam como "pacotes completos", mas, sim, são movidas em pedaços. Quarto, as políticas movem-se em um "processo complexo de reprodução não linear", mutando-se e transformando-se à medida que se movem. Por fim, as políticas móveis não se movem por um espaço achatado de transação, mas, sim, em espaços "transescalares e interlocais", cada vez mais complexos dentro de novas formas de desenvolvimento econômico desigual.

Em suma, "[...] em contraste com a literatura ortodoxa sobre transferência de políticas, as metáforas de governo em estudos críticos de políticas não são as de trânsito e de transação, mas de mobilidade e de mutação" (PECK; THEODORE, 2010, p. 170). Elas são conexões complexas e em evolução entre pessoas, objetos e tecnologias em múltiplos espaços, distantes e próximos. Essas redes são constantemente feitas e refeitas, estão sempre em construção; "[...] sempre no processo de serem feitas... nunca terminadas: nunca fechadas" (MASSEY, 2005, p. 9).

Embora não assuma exercícios diretos e lineares de empréstimos de políticas, a abordagem de mobilidade de políticas visa a "[...] identificar os traços aparentes dos fluxos de políticas ou instâncias de políticas circulantes" (OLMEDO, 2016, p. 57). Esse processo acontece no que pode ser chamado de "[...] 'globalidade local' da transferência de políticas urbanas" (MCCANN, 2011, p. 107). A análise, então, visa atender às "[...] complexidades da *glocalização* — a interação das *formas* globais [...] com as circunstâncias locais" (BALL; JUNEMANN; SANTORI, 2017, p. 30, grifos dos autores). Isso significa que a análise se baseia na necessidade de pensar nas maneiras pelas quais o "global" impacta o "nacional" e, ao mesmo tempo, reconhecer como o nacional é crítico na formação de agendas de políticas globais, em outras palavras, na interdependência dos atores e do movimento de ideias em ambientes locais, nacionais e globais (BALL; JUNEMANN; SANTORI, 2017, p. 11).

Essa abordagem contrasta com uma "nacionalista" (VERGER; ALTINYELKEN; NOVELLI, 2018) ou com um "territorialismo metodológico" (LARNER; LE HERON, 2002). Nesse caso, o recorte analítico não é definido por categorias e por entidades geográficas (uma cidade, um estado, um país...), mas pelo espaço configurado pela própria interseção de elementos globais e locais (BALL; JUNEMANN;

SANTORI, 2017). Isso exige que "[...] reconheçamos que a atividade global pode ocorrer em vários níveis e em várias escalas, por meio de relações de rede complexas e evolutivas, com atores políticos 'domésticos' agindo globalmente por si só" (BALL; JUNEMANN; SANTORI, 2017, p. 12). Precisamos olhar e averiguar os diferentes e diversos espaços de política. Mobilidades, seguindo Ong (2007), precisam de um "espaço" para serem montadas. É em tais "espaços" que a política assume a sua forma; nesse sentido, a política não é um "vetor" predeterminado, mas ela "esculpe" um espaço em um terreno já povoado. São "espaços" onde racionalidades circulantes que viajam pelo mundo podem encontrar "[...] um ponto oblíquo de entrada no desdobramento assimétrico de meios emergentes" (ONG, 2007, p. 5). Esses novos espaços de governança "reflexivos, autorreguladores e horizontais" são uma nova formação histórica que tem repercussões para os objetos e para os domínios abordados.

O estudo da mobilidade das políticas não é abstrato. Ao contrário, além de destacar as relações de poder presentes no movimento das políticas, a "virada" da mobilidade também enfatiza o papel das atividades "mundanas" do trabalho na política, o "labor" envolvido no movimento da política. Como Cook e Ward (2012, p. 143) argumentam, "[...] há trabalho envolvido na criação das condições sob as quais uma política tem maior probabilidade de ser introduzida". Esse trabalho é realizado por "especialistas" ou por empreendedores políticos, ou o que Stone (2004) chama de agentes de transferência, que são "[...] membros encarnados de comunidades epistêmicas, de especialistas e de práticas" (PECK; THEODORE 2010, p. 170 *apud* COOK; WARD, 2012, p. 140). Assim,

> [...] a abordagem analítica do que é referido aqui como "o global" responde ao conjunto de práticas discretas, identificáveis e rastreáveis (conexões, transações, reuniões, viagens, influências e imposições etc.), por meio das quais relações econômicas e políticas internacionais são colocadas em prática (OLMEDO, 2016, p. 46).

Essa abordagem responde aos alertas de Larner (2003) e McFarlane (2009), entre outros, que pedem que olhemos para as práticas "mundanas" para entender como a política está sendo feita, ou o "labor" investido. Tudo isso significa mudar "[...] do estudo da política móvel para o estudo das práticas por meio das quais a política é tornada móvel" (ROY, 2012, p. 35), e isso requer que sejamos reflexivos sobre o trabalho dos atores políticos e, ao mesmo tempo, sobre nosso próprio trabalho como pesquisadores de políticas (BALL; JUNEMANN; SANTORI, 2017, p. 43). É "[...] prestando atenção a esses agentes do neoliberalismo [que] se torna possível pensar em como o poder e o 'expertise' fluem entre nações e como os empreendedores políticos, ONGs, *think tanks* e agentes comerciais da Educação 'fazem' globalização" (EXLEY; BRAUN; BALL, 2011, p. 213). Em outras palavras, isso é o "neoliberalismo realmente existente" (BRENNER; THEODORE, 2002) e os processos de *neoliberalização*; ou "[...] um conjunto de práticas e de processos, estruturas e relacionamentos, que constituem o que poderia ser entendido como 'fazendo neoliberalismo'" (OLMEDO, 2016, p. 59).

Em parte, o trabalho da política gira em torno de deslocamentos, de viagens e de reuniões. A "virada" da mobilidade enfatiza esse movimento em suas múltiplas configurações e variações, desde o movimento físico de materiais, de artefatos e de pessoas até os movimentos digitais ou virtuais de informação, de ideias e até de poder. Ele "[...] conecta a análise de diferentes formas de viagem, de transporte e de comunicação com as várias maneiras pelas quais a vida econômica e social é realizada e organizada ao longo do tempo e em vários espaços" (URRY, 2007, p. 6). Assim, o movimento e o trabalho investido em diferentes atividades de rede são, agora, um componente essencial dos processos das políticas públicas. As "[...] reuniões, as comunicações e as viagens de 'alto custo'" através do tempo-espaço são centrais para as redes e são "[...] necessárias para 'formar' e 'cimentar' laços fracos pelo menos por mais um certo tempo" (URRY, 2007, p. 231). Por "reuniões", Urry (2007) refere-se tanto aos encontros formalizados, com agendas e programas, quanto àqueles informais, em espaços despojados e conversas mais espontâneas. Junemann, Ball e Santori (2016) descrevem isso como os "microespaços", nos quais a política educacional (global) é feita, os quais são habitados por novos atores e organizações. Nesses espaços de encontro, ou "*meetingness*", "[...] os membros da rede, de uma série de proveniências, se reúnem, nos quais histórias são contadas, visões compartilhadas, argumentos reiterados, novas relações realizadas, parcerias forjadas e compromissos feitos" (BALL, 2017, p. 35). O paradigma de mobilidades de Urry, embora aplicado principalmente às redes sociais, captura "[...] uma paisagem teórica e metodológica alternativa" (URRY, 2007, p. 18).

Tudo isso exige que foquemos nossa atenção nas pessoas, nas políticas e nos lugares móveis (MCCANN; WARD, 2012), ou nos "quems", em "os quês" e nos "ondes" da política (BALL; JUNEMANN; SANTORI, 2017). O primeiro, olhando para as pessoas ou para os "quems", significa perguntar quem mobiliza a política, implicando que: "[...] nosso trabalho pergunta como os atores políticos circulam as políticas entre as cidades, como eles se baseiam no conhecimento circulante de políticas, e em como e para quem eles colocam esses relacionamentos em uso enquanto elaboram suas próprias políticas 'locais' [...]" (MCCANN; WARD, 2012, p. 42). O estudo de "quems" pode ser feito viajando ou com evidências documentais de viagens, ao "[...] prestar atenção à maneira como as histórias sobre lugares e políticas são contadas" (MCCANN; WARD, 2012, p. 48).

Segundo, atender a "os quês" significa perguntar como as políticas são feitas móveis e em que situações, analisando os "pontos de trânsito" e os "locais de persuasão" pelos quais as políticas se movem (MCCANN; WARD, 2012). Isso pode ser feito rastreando o movimento e a mutação das políticas com evidências documentais e entrevistas, com modelos de "seguir a política" ou "seguir" atores políticos ao longo dos rastros deixados no ciberespaço, conduzindo investigações de histórias orais da disseminação de políticas e participando de "situações relacionais", como conferências.

Terceiro, os lugares ou "ondes" exigem perguntar como os lugares se tornam atrelados a modelos. Também implica prestar atenção aos lugares e aos eventos políticos, nos quais o "[...] passado, o presente e os futuros em potencial da Educação coexistem" (MCCANN; WARD, 2012, p. 48). Nesses espaços, podemos vislumbrar, mesmo que parcial ou brevemente, a mediação e a interpretação dos modelos de políticas local e nacionalmente. No que diz respeito aos "ondes", são necessários ambos, "[...] seguir as políticas e 'estudar' os locais e as situações de formulação das políticas" (MCCANN; WARD, 2012, p. 43).

Seguir a política "[...] envolve muita atenção às organizações e aos atores no campo da política educacional global (e seu movimento), às cadeias, aos caminhos e às conexões que conectam esses atores, e às 'situações' e aos eventos em que o conhecimento da política é mobilizado e ajuntado" (BALL, 2017, p. 32). Tudo isso requer "permanecer perto da prática" (MCCANN; WARD, 2012, p. 45), de tal maneira que os etnógrafos das redes se tornem o que Burawoy chama de "etnógrafos globais", quer dizer, eles "[...] se tornam a personificação viva dos processos que estamos estudando" (BURAWOY *et al.*, 2000, p. 4). Como pesquisadores de redes, nós viajamos, participamos, encontramo-nos e nos relacionamos — a fim de pesquisar redes. Nossa prática é homóloga para/com as redes pesquisadas. Contudo, isso também significa que "[...] examinamos a política de muitas formas: textos políticos escritos, modelos de políticas e melhores práticas, conhecimento de políticas, respostas políticas a preocupações específicas e as manifestações socioespaciais do trabalho da política", de uma maneira que "[...] desafia a política como técnica, racional, neutra e apolítica" (MCCANN; WARD, 2012, p. 42).

Para sermos claros, as perspectivas de governança e de mobilidade de políticas não são apenas úteis para o estudo da Educação comparativa e internacional, mas também para qualquer pesquisa sobre política educacional em um determinado contexto. Elas desafiam os referenciais tradicionais de pesquisa que geralmente descrevem um estudo em uma determinada cidade ou país e, em seguida, consideram leis ou eventos relativos a uma questão política específica (currículo, financiamento, formação de professores etc.). Em vez disso, o foco está no trabalho, nas pessoas, nas organizações, nos discursos e nos lugares, pelos quais as políticas se movem e por meio das quais evoluem e mudam — reconhecendo que, muitas vezes, isso resulta em incoerência em vez de clareza.

Ao prestarem atenção às pessoas e às políticas em movimento, os pesquisadores precisam de métodos que lhes permitam "observar" as relações e as interações sociais. Isso significa "[...] observar diretamente ou de forma digitalmente mediada os corpos móveis que passam por várias *performances* de viagem, de trabalho e de lazer" (SHELLER; URRY, 2006, p. 217). Algumas opções incluem "etnografia móvel", "diários de tempo-espaço" e "pesquisa cibernética", métodos que estimulam a memória ou os métodos que capturam a "atmosfera de lugar" ou os "pontos de transferência" (URRY, 2007). O método de ER, descrito a seguir, é uma fertilização cruzada da Análise de Redes Sociais (ARS) e da etnografia, mas também se baseia e ecoa aspectos da pesquisa de governança e de mobilidades.

Mudança de abordagens e métodos: etnografia de redes e seguindo a política

A adoção de uma concepção da política pública em rede implica mudanças de perspectiva e recorte da pesquisa. Com base em Ball, Junemann e Santori (2017), os métodos de ER e de seguir a política (MCCANN; WARD, 2012; PECK; THEODORE, 2012) estão entrelaçados. Na prática, o uso da ER para atender às mudanças requer extensas e exaustivas buscas *on-line*, entrevistas, participação em eventos e observação. A ER é uma caixa de ferramentas que os pesquisadores da política educacional têm empregado para compreender a proliferação de lugares e de atores políticos na Educação, assim como a acelerada mobilidade (BALL; JUNEMANN; SANTORI, 2017, p. 18). Ela tem sido usada para investigar as interações entre atores públicos e privados em governança educacional e política global (AVELAR, 2020; BALL; JUNEMANN; SANTORI, 2017; BALL; JUNEMANN, 2012; HOGAN; SELLAR; LINGARD, 2015; OLMEDO, 2014, 2017). É um agrupamento responsivo e adaptativo de táticas e de técnicas de pesquisa, que abordam a organização e os processos das relações de rede. É dada atenção a novas configurações da vida social e das relações, que são cada vez mais "em rede" (URRY, 2003). O método segue os princípios gerais da pesquisa qualitativa, como trabalhar em ambientes naturais, com estudos sujeitos a um planejamento e replanejamento contínuos, uma preocupação com os processos sociais e significados, e com a coleta e a análise de dados ocorrendo simultaneamente (BALL; JUNEMANN; SANTORI, 2017).

Como mencionado, a ER propõe uma abordagem etnográfica das redes, partindo da pesquisa etnográfica e da ARS. A ER permite que os pesquisadores capturem os detalhes e os significados das relações políticas, bem como as interações, as práticas e os significados que os atores políticos compartilham, juntamente a sua participação direta nos processos das políticas (BALL; JUNEMANN, 2012). A abordagem da ER ecoa a perspectiva "de dentro para fora" de Riles (2001), com grafos de rede e análise das relações sociais que constituem a rede, com uma apreciação dos contextos e da percepção "de dentro" dos participantes, prestando atenção às relações sociais e às suas características qualitativas, aos seus significados e às suas mudanças no tempo (EDWARDS, 2010). Ela envolve a identificação e a análise tanto da "[...] criação e da operação das redes de políticas educacionais globais quanto das conexões que as constituem" (JUNEMANN; BALL; SANTORI, 2018, p. 458). Ao identificar e analisar as relações internas e a rede geral, a ER "[...] permite maior atenção às relações de poder que constituem os fluxos dinâmicos dos recursos materiais e simbólicos" (AU; FERRARE, 2015, p. 15). Isso produz um mapa da história do "esforço" envolvido na criação e na manutenção de uma rede social (BALL, 2016).

Ao combinar elementos da ARS formal e uma sensibilidade antropológica, as redes apresentam um uso triplo: como ferramentas metodológicas, como metáforas (ou abstrações analíticas) e como modelo, ou descrições de formas sociais empiricamente identificáveis (KNOX; SAVAGE; HARVEY, 2006). Em primeiro lugar, como método, a rede é usada para a coleta e a análise de dados. Ao contrário de outras ferramentas e objetos, a rede apresenta uma oportunidade de misturar métodos qualitativos e quantitativos. Em segundo lugar, como metáfora, "[...] a força da metáfora da rede tem sido incentivar-nos a repensar questões de relação e considerar como as implicações da(s) distância(s) de diferentes tipos podem ser abordadas pela rede" (KNOX; SAVAGE; HARVEY, 2006, p. 134). No caso de redes atuais de políticas educacionais que alcançam novos espaços e escalas, o uso de redes como metáforas pode contestar suposições de relação, de proximidade e de distância. Em terceiro lugar, a rede como modelo possibilita a coleta e a organização de dados em formatos mais complexos, que deem conta das novas estruturas empíricas com as quais lidamos no estudo da nova governança educacional. Assim, as redes apoiam o repensar da relação, da distância e do espaço, além de fornecerem uma maneira de abordar a complexidade das configurações da política empírica.

A abordagem antropológica das redes emprega todos os três "usos" da rede como ferramenta, e visa registrar os aspectos narrativos e discursivos das redes sociais. O processo de pesquisa é invertido em comparação aos procedimentos formais da ARS. Em vez de identificar "fronteiras" e "populações" ao início de um estudo, o pesquisador inicia pelos discursos e pelas narrativas de um grupo social. Nesse sentido, "[...] as fronteiras de um grupo podem ser identificadas apenas por meio das 'histórias' que estão associadas a ele, com discursos que identificam os '*insiders*' como aqueles que pertencem às redes, e seus papéis e identidades" (KNOX; SAVAGE; HARVEY, 2006, p. 129). O idioleto da rede define seus membros e seus limites.

Assim, os discursos e as narrativas identificados tanto fornecem uma descrição da rede quanto constituem sua análise, ao exporem as complexidades e as hibridades das relações sociais entre os membros. A partir da descrição analítica, o pesquisador também pode desenvolver um relato crítico das relações de poder, ou como os discursos e as narrativas produzem as redes (KNOX; SAVAGE; HARVEY, 2006). Nesse caso, o interesse é menor na definição ou na delimitação das redes do que a "[...] descrição etnográfica detalhada das maneiras pelas quais as pessoas articulam seus relacionamentos entre si como relações de rede, e são capazes de prever esses relacionamentos pelo uso de representação pictórica e diagramática das redes" (KNOX; SAVAGE; HARVEY, 2006, p. 133).

Os procedimentos formais e as preocupações da pesquisa da ARS tornam-se menos importantes nessa abordagem e perspectiva. Métricas formais, identificação de fronteiras, amostragem apropriada e dados ausentes não são o foco principal. Poderíamos argumentar que esses interesses provavelmente se baseiam em uma suposição modernista de pesquisa, com o objetivo de descobrir a verdade ou as estruturas fundamentais das redes. Em uma epistemologia estruturalista, a falta de um "nó" ou de uma conexão da rede comprometeria todas as suas métricas e as explicações derivadas delas. Em vez disso, aqui é assumido que não exista uma verdade a ser descoberta, mas, sim, significados e interpretações a serem analisados dentro dos inevitáveis limites e distorções do acesso aos dados. O pesquisador tem acesso apenas a vestígios de redes instáveis e opacas, que só podem fazer sentido ao entender como elas funcionam. Portanto, as redes são abordadas de forma "narrativa" e "discursiva". Existe um foco nas histórias de rede e em sua evolução (AVELAR; BALL, 2019). Os grafos, tão indicativos da análise de rede, são usados como ferramentas de pesquisa que apoiam o "seguir" as pessoas e o rastreamento dos desenvolvimentos de políticas. Uma rede não é um "produto" de pesquisa, um "resultado" ou o ponto-final da análise em si, não é simplesmente uma questão de encontrar estruturas de rede e aplicar medidas como em versões mais ortodoxas da ARS (AVELAR; NIKITA; BALL, 2018).

Apesar do potencial, o uso de métodos e de análises de rede apresenta limitações e riscos. Em primeiro lugar, há uma tensão de longa data entre abordagens formais e antropológicas das redes, e não existe uma base teórica única e simples (KNOX; SAVAGE; HARVEY, 2006). Por exemplo, enquanto os escritores culturais da ARS ainda se esforçam para formalizar seus entendimentos de redes com o apoio de técnicas matemáticas, os autores antropológicos não compartilham essa preocupação (EDWARDS, 2010). Em segundo lugar, as metáforas da rede apresentam o perigo de se tornarem "[...] descritores de estruturas em vez de dispositivos heurísticos" ou um "dispositivo explicativo" (KNOX; SAVAGE; HARVEY, 2006, p. 134). Em terceiro lugar, a rede, usada para explorar a mobilidade, pode criar novas fixidades e rigidez. Nesse sentido, as redes "[...] podem desafiar o entendimento recebido das dimensões espaciais e relacionais da vida social, mas [...] assim que parar de desafiar e começar a prescrever, a capacidade produtiva da rede é, então, diminuída" (KNOX; SAVAGE; HARVEY, 2006, p. 134).

A prática da etnografia de redes e de seguir a política

Em termos práticos, a ER envolve quatro atividades principais, conforme descrito por Ball e Junemann (2012): pesquisas na internet, entrevistas, observação de campo e construção de grafos. Essas atividades não implicam etapas fixas em um processo organizado. Em vez disso, como as redes estudadas estão "[...] sempre no processo de serem feitas [...] nunca terminadas; nunca fechadas" (MASSEY, 2005, p. 9), o método deve ser capaz de acomodar a complexidade das redes e suas mudanças permanentes. Ao longo da pesquisa, há uma interação constante entre as atividades. A ER é, então, "necessariamente aberta e flexível" (OLMEDO, 2014, p. 576) em sua operação, pois o pesquisador precisa de flexibilidade para explorar relacionamentos nas redes, conforme os encontra durante a coleta de dados. De fato, "[...] o método é apropriado na medida em que é flexível, evolutivo e adaptável ao trazer sensibilidades etnográficas para apoiar o retrato e a análise das relações complexas, translocais, em evolução e de multimídia que constituem as redes de políticas globais" (BALL; JUNEMANN; SANTORI, 2017, p. 19). A flexibilidade, a adaptabilidade e a responsividade do método também se refletem em seu entendimento de configurações e de limites.

Primeiro, o processo começa com extensas e exaustivas pesquisas na internet em torno dos principais atores (ou nós) da rede estudada. Isso se baseia no "[...] reconhecimento de que, como nossas configurações de pesquisa são múltiplas, fluidas e evolutivas, elas também são em grande parte virtuais" (BALL; JUNEMANN; SANTORI, 2017, p. 18). Normalmente, os pesquisadores realizam pesquisas na internet focadas em institutos, fundações ou empresas que operam em redes de governança educacional. Isso requer visitar inúmeras páginas da *web*, currículos pessoais (especialmente de atores altamente conectados e "*boundary-spanners*" — sujeitos que se movem ou são movidos entre os setores público e privado), jornais e mídias sociais relacionadas, *blogs* e documentos. Os arquivos da internet também podem ser úteis para acessar versões anteriores dos *sites* das organizações. Os grafos de rede são criados e trabalhados ao longo da pesquisa, e são usados para informar as decisões sobre a coleta e a análise de dados (permanecendo abertos a mudanças enquanto as pesquisas se desdobram).

Essas buscas na internet se assemelham a um procedimento de "bola de neve" que passa de página em página, seguindo adiante e em expansão, até que as conexões desapareçam e a linguagem mude. No início, pesquisas exploratórias são realizadas sem limitações específicas, em busca de vestígios de relacionamentos. Quando algo é identificado (uma pessoa, uma instituição, uma política, uma história, um evento...), isso é "seguido" na tentativa de coletar dados, com detalhes, evidências e versões de um membro da rede, um evento, um discurso, uma conexão e outros aspectos da rede. Avançar em uma pesquisa *on-line* pode significar seguir um *link* disponível na página ou realizar uma nova pesquisa com uma ferramenta de pesquisa na internet.

Assim, a coleta e a análise de dados acontecem simultaneamente, ao escolher o que deve ser seguido e o que não, as decisões analíticas são tomadas e as interpretações, ou *insights*, são reunidos. Ao longo da prática da pesquisa, além de coletar capturas de tela, salvar arquivos em PDF e adicionar informações em planilhas, há perguntas e decisões sendo tomadas sobre onde ir em seguida. Esses nós de redes têm profundidade — eles estão em constante evolução e não são estáticos, como as visualizações dos grafos podem, às vezes, sugerir. Ao visitar as páginas da *Web*, os pesquisadores visam a entender a organização em questão — o que ela faz, quais são seus valores, quem trabalha para ela, com quem colaboram e como é financiada. Nesse processo, encontrar e entender conexões e relacionamentos é tão importante quanto entender as instituições e as próprias pessoas. Os nomes de pessoas e de instituições podem não ser muito reveladores no início, pois o pesquisador não as conhece *a priori*. No entanto, à medida que as páginas da *Web* são visitadas e as pessoas e as organizações listadas, alguns padrões começam a surgir e os principais atores começam a ser repetidos. Esse é um benefício fundamental de se basear na análise de redes. É importante enfatizarmos, no entanto, que a identificação de tais atores não depende necessariamente de métodos quantitativos, em identificar, por exemplo, nós com métricas mais elevadas de densidade ou de centralidade — embora isso possa ser útil ao analisar grafos de rede. Em vez disso, trata-se de uma percepção qualitativa de relevância. Identificam-se atores importantes ao vê-los repetidos em diferentes situações pertinentes, relatórios, conselhos, eventos, histórias de políticas e assim por diante. Isso também serve para identificar instituições que geralmente trabalham juntas e em que tipo de iniciativas, com que tipo de estratégias e mobilização de quais discursos elas colaboram.

Segundo, quando possível, entrevistas são realizadas com indivíduos e instituições identificadas como altamente conectadas ou relevantes e influentes na rede estudada. As entrevistas buscam adicionar significado e contexto aos dados coletados *on-line* e esclarecer as relações da rede. Nas entrevistas, não são feitas as mesmas perguntas, mas, sim, questões baseadas nos aspectos descobertos *on-line*. As perguntas são voltadas aos projetos e aos relacionamentos dos entrevistados — cada entrevista é elaborada em relação aos detalhes e às histórias pessoais. As pesquisas *on-line* são, portanto, vitais para a criação de perguntas relevantes, e para a coleta de dados pertinentes e significativos. Além disso, cada entrevista influencia a seguinte à medida que o pesquisador progride com a coleta de dados. Não há uma suposição ou intenção de se manter não afetado por conversas anteriores. Na verdade, algumas entrevistas são escolhidas e realizadas com base em entrevistas anteriores, incluindo recomendações recebidas por entrevistados sobre quem deve ser entrevistado na sequência. Isso permite esclarecimentos e confirmação de materiais previamente coletados. Conforme a pesquisa progride, alguns temas se tornam mais claros e os atores centrais são geralmente confirmados durante o trabalho de campo, pois os entrevistados apontam continuamente para o mesmo conjunto de instituições.

Terceiro, quando possível, os pesquisadores participam e observam os eventos como locais-chave de processos das políticas e de manutenção da rede. As relações analisadas são frequentemente tão opacas e embaçadas em redes amplas e instáveis que não se pode tentar entendê-las sem "entrar" nelas. E apenas se entra ao participar dos próprios espaços e das relações que se estuda (BALL; JUNEMANN, 2012). Seguir a política, com a ER, envolve a observação de grandes eventos, de pequenas reuniões e de outras situações e espaços que podem interessar às redes que estão sendo analisadas. Contudo, é claro que, além desses, existem muitos locais inacessíveis e desconhecidos que podem ser importantes. As observações de trabalho de campo fornecem uma experiência etnográfica que pode permitir que o pesquisador entenda melhor as redes. Notas de campo e imagens podem ser usadas na análise, juntamente aos dados coletados *on-line* e com entrevistas.

Ao participar de reuniões e de eventos, o trabalho de campo envolve prestar atenção aos espaços, às decorações corporativas de escritórios e de eventos, às conversas informais entre seminários e como as pessoas se comportam em espaços de política. Também envolve analisar as instituições e as pessoas que financiaram o evento, observar a organização física do espaço da conferência (com estandes, publicidade, panfletos...), ouvir as referências mencionadas nas apresentações e em conversas informais durante a conferência. Os diálogos informais também são úteis e podem dar suporte às decisões de coleta de dados, como identificar algumas referências e líderes da rede. Os intervalos de eventos podem ser momentos-chave para a coleta de dados. Essas situações também ajudam o pesquisador a desenvolver um vocabulário que pode ser empregado nas entrevistas: as organizações privadas têm seu próprio idioleto para se referir às práticas e aos discursos que são nomeados de maneira diferente na pesquisa acadêmica. Novamente, o uso dessa linguagem interna da rede pode apoiar a criação de um ambiente amistoso para entrevistas, assim como tornar as perguntas mais compreensíveis, e gerar maior identificação e engajamento dos entrevistados. Além das visitas físicas, alguns eventos podem ser "atendidos" ou assistidos virtualmente.

Contudo, reiteramos que isso não significa que haja um processo sem desafios e sem contradições no uso da ER. Na verdade, o emprego da ER possui uma série de processos invisíveis e confusos que geralmente são silenciados em discussões metodológicas, os quais são, particularmente, sensíveis nos momentos de trabalho de campo etnográfico. Há relações de poder nas quais o pesquisador está incorporado e sua posicionalidade interseccional influencia, portanto, as formas de acesso, o relacionamento e a escrita sobre elites políticas. A flexibilidade e a abertura do método podem levar a inquietações e a incertezas com as quais os pesquisadores se deparam na prática metodológica (AVELAR *et al.*, 2021).

Ao longo das três atividades, os grafos de redes sociais são construídos como ferramentas para identificar indivíduos, instituições e relacionamentos relevantes em relação às políticas ou às redes específicas. Nessas atividades, o pesquisador presta "[...] muita atenção às organizações e aos atores no campo da política educacional global, às cadeias, aos caminhos e às conexões que conectam esses atores, e às 'situações' e aos eventos em que ideias e métodos de políticas são mobilizados e elaborados" (BALL; JUNEMANN; SANTORI, 2017, p. 19). Os grafos são fundamentais para acompanhar os relacionamentos encontrados entre pessoas, instituições, políticas e eventos. Eles podem possibilitar a visualização do surgimento de conexões, de relações e de comunidades mais definidas em redes que são confusas e complexas, o que informa as escolhas sobre como proceder com a coleta e com a análise de dados. Como a coleta de dados exige um movimento contínuo, os grafos também apoiam a identificação do que é relevante e da busca de uma rota, ou seguir essas pessoas, instituições e políticas.

Na ER, os grafos gerados são frequentemente usados de maneira flexível. Ao contrário da ARS formal, na ER, os grafos são ferramentas de pesquisa para apoiar e para informar a coleta e a análise de dados, em vez de um fim em si mesmos. Cabe reafirmarmos os limites artefatuais dos grafos de rede. A rede é uma ferramenta heurística para entender a governança, e a mobilidade de políticas não é completa. Em outras palavras, em boa parte, como Temenos e McCann (2013) apontam, é uma consequência de recursos limitados estabelecidos sobre a natureza evolutiva, dinâmica e mutante da rede. Com mais tempo e mais dinheiro, os pesquisadores podem seguir ainda mais *links* e relacionamentos, seguir nós mais díspares, alcançar pontos mais distantes e mais lugares. No entanto, os relacionamentos e as conexões estão se expandindo continuamente em número, escopo e localização, de modo que as redes estão inevitavelmente desatualizadas no momento da publicação de um estudo.

Embora limitados, os grafos não apenas têm um papel pragmático de informar a coleta e a análise de dados, mas também operam de uma maneira simbólica e criativa que ressalta a relevância das conexões em rede (HOGAN; SELLAR; LINGARD, 2015, p. 44). Os grafos de rede lembram-nos de como a governança educacional está se tornando conectada e transescalar e, apesar das limitações, ainda são úteis, especialmente se comparados ao texto e às tabelas.

Considerações finais

O ponto principal que queremos apresentar aqui é simples — o método deve se adaptar ao tópico. Se quisermos entender o surgimento da governança da rede, com relações sociais heterárquicas complexas que se estendem além do Estado e da nação, precisamos adotar métodos adequados ao objeto de estudo. A flexibilidade e a agilidade da ER são adequadas para entendermos as formas esquivas e evolutivas da nova governança, e seus diversos locais e participantes políticos. A ER pode nos levar a pessoas e a lugares por meio dos quais o processo da política se move, possibilitando que o pesquisador esteja sintonizado com o movimento, a instabilidade e a evolução.

Contudo, estudos que empregam a ER dependem, em muitos casos, de pesquisadores individuais ou de equipes pequenas e mal financiadas. Enquanto muito pode ser feito com pequenas quantidades de financiamento, a criação de grupos e de laboratórios de pesquisa mais bem financiados seria uma resposta adequada às complexidades da governança das redes e ao dinheiro envolvido nesse âmbito e no "trabalho da política". O uso de métodos mais flexíveis e ágeis, como a ER, para estudar processos atuais das políticas educacionais e da governança, pode oferecer contribuições valiosas ao campo, com implicações empíricas, metodológicas, teóricas e políticas. Em outras palavras, pode nos ajudar a avançar o que sabemos sobre novas formas de governança educacional, como as estudamos, como as explicamos, e elucidar as relações de poder que compõem esse novo terreno instável da política educacional.

Referências

AU, Wayne; FERRARE, Joseph J. (ed.). *Mapping corporate education reform*: power and policy networks in the neoliberal state. Abingdon: Routledge, 2015.

AVELAR, Marina. *Disrupting education policy*: how new philanthropy works to change education. Pieterlen: Peter Lang, 2020.

AVELAR, Marina; BALL, Stephen J. Mapping new philanthropy and the heterarchical state: the mobilization for the national learning standards in Brazil. *International Journal of Educational Development*, [*s. l.*], v. 64, p. 65-73, 2019. DOI: https://doi.org/10.1016/j.ijedudev.2017.09.007.

AVELAR, Marina; NIKITA, Dimitra P.; BALL, Stephen J. Education policy networks and spaces of "meetingness": a network ethnography of a Brazilian seminar. *In*: VERGER, Antoni; ALTINYELKEN, Hulya K.; NOVELLI, Mario (ed.). *Global education policy and international development*. 2. ed. London: Bloomsbury, 2018. p. 55-74.

AVELAR, Marina *et al*. A balancing act: the untold practice of network ethnography. *In*: ADDEY, Camilla; PIATTOEVA, Nelli. (ed.). *Intimate accounts of education policy research*. Abingdon: Routledge, 2021. p. 107-122.

BALL, Stephen J. *Global Education Inc.*: new policy networks and the neoliberal imaginary. Abingdon: Routledge, 2012.

BALL, Stephen J. Following policy: networks, network ethnography and education policy mobilities. *Journal of Education Policy*, London, v. 31, p. 1-18, 2016. DOI: https://doi.org/10.1080/02680939.2015.1122232.

BALL, Stephen J. Laboring to relate: neoliberalism, embodied policy, and network dynamics. *Peabody Journal of Education*, [*s. l.*], v. 92, n. 1, p. 29-41, 2017. DOI: https://doi.org/10.1080/0161956X.2016.1264802.

BALL, Stephen J.; JUNEMANN, Carolina. *Networks, new governance and education*. Bristol: Policy Press, 2012.

BALL, Stephen J.; JUNEMANN, Carolina; SANTORI, Diego. *Edu.Net*: globalisation and education policy mobility. Milton Park: Taylor and Francis, 2017.

BEVIR, Mark. Governance as theory, practice, and dilemma. *In*: BEVIR, Mark. *The Sage handbook of governance*. London: Sage, 2011. p. 1-16.

BRENNER, Neil; THEODORE, Nico. Cities and the geographies of "actually existing neoliberalism". *Antipode*, [*s. l.*], v. 34, n. 3, p. 349-379, 2002. DOI: https://doi.org/10.1111/1467-8330.00246.

BURAWOY, Michael *et al*. *Global ethnography*: forces, connections, and imaginations in a post-modern world. Berkeley: University of California Press, 2000.

COOK, Ian R.; WARD, Kevin. Conferences, informational infrastructures and mobile policies: the process of getting Sweden "BID ready". *European Urban and Regional Studies*, [*s. l.*], v. 19, n. 2, p. 137-152, 2012. DOI: https://doi.org/10.1177/0969776411420029.

DALE, Roger; ROBERTSON, Susan. Beyond methodological "ISMS" in comparative education in an era of globalisation. *In*: COWEN, Robert; KAZAMIAS, Andreas M. (ed.). *International handbook of comparative education*. Dordrecht: Springer Netherlands, 2009. p. 1113-1127.

EDWARDS, Gemma. Mixed-method approaches to social network analysis. Eprint NCRM/015, *National Centre for Research Methods*, 2010.

EXLEY, Sonia; BRAUN, Annette; BALL, Stephen J. Global education policy: networks and flows. *Critical Studies in Education*, [*s. l.*], v. 52, n. 3, p. 213-218, 2011. DOI: https://doi.org/10.1080/17508487.2011.604079.

FENWICK, Tara. Reading education reform with actor-network theory: fluid spaces otherings, and ambivalences. *In*: FENWICK, Tara; EDWARDS, Richard (org.). *Researching education through actor-network theory*. Hoboken: Wiley Blackwell, 2012. p. 97-116.

FOUCAULT, Michel. *Society must be defended*: lectures at the Collège de France, 1975-1976. New York: Picador, 2003.

FRUMKIN, Peter. *Strategic giving*: the art and science of philanthropy. Chicago: University of Chicago Press, 2008.

HOGAN, Anna; SELLAR, Sam; LINGARD, Bob. Network restructuring of global edu-business: the case of Pearson's efficacy framework. *In*: AU, Wayne; FERRARE, Joseph J. (ed.). *Mapping corporate education reform*. London: Routledge, 2015. p. 43-64.

JESSOP, Bob. Metagovernance. *In*: BEVIR, Mark (ed.). *The Sage handbook of governance*. London: Sage, 2011. p. 106-123.

JESSOP, Robert D. *The future of the capitalist state*. Cambridge: Polity, 2002.

JUNEMANN, Carolina; BALL, Stephen; SANTORI, Diego. Joined-up policy: network connectivity and global education governance. *In*: MUNDY, Karen (ed.). *The handbook of global education policy*. Hoboken: Wiley Blackwell, 2016. p. 535-553.

JUNEMANN, Carolina; BALL, Stepheb J.; SANTORI, Diego. On network(ed) ethnography in the global education policyscape. *In*: BEACH, Dennis; BAGLEY, Carl; SILVA, Sofia M. da (ed.). *The Wiley handbook of ethnography of education*. Hoboken: Wiley Blackwell, 2018. p. 455-477.

KNOX, Hanna; SAVAGE, Mike; HARVEY, Penny. Social networks and the study of relations: networks as method, metaphor and form. *Economy and Society*, [*s. l.*], v. 35, n. 1, p. 113-140, 2006. DOI: https://doi.org/10.1080/03085140500465899.

LARNER, Wendy. Guest editorial: neoliberalism? *Environment and Planning D:* Society and Space, [*s. l.*], v. 21, n. 5, p. 509-512, 2003. DOI: https://doi.org/10.1068/d2105ed.

LARNER, Wendy; LE HERON, Richard. The spaces and subjects of a globalising economy: a situated exploration of method. *Environment and Planning D*, [*s. l.*], v. 20, n. 6, p. 753-774, 2002. DOI: https://doi.org/10.1068/d284t.

MASSEY, Doreen. *For space*. London: Sage, 2005.

MCCANN, Eugene. Urban policy mobilities and global circuits of knowledge: toward a research agenda. *Annals of the Association of American Geographers*, [*s. l.*], v. 101, n. 1, p. 107-130, 2011. DOI: https://doi.org/10.1080/00045608.2010.520219.

MCCANN, Eugene; WARD, Kevin. Assembling urbanism: following policies and "studying through" the sites and situations of policy making. *Environment and Planning A*, [*s. l.*], v. 44, n. 1, p. 42-51, 2012. DOI: https://doi.org/10.1068/a44178.

MCFARLANE, Colin. Translocal assemblages: space, power and social movements. *Geoforum*, [*s. l.*], v. 40, n. 4, p. 561-567, 2009. DOI: https://doi.org/10.1016/j.geoforum.2009.05.003.

OLMEDO, Antonio. From England with love... ARK, heterarchies and global "philanthropic governance". *Journal of Education Policy*, London, v. 29, n. 5, p. 575-597, 2014. DOI: https://doi.org/10.1080/02680939.2013.859302.

OLMEDO, Antonio. Philanthropic governance: charitable companies, the commercialisation of education and that thing called "democracy". *In*: VERGER, Antoni *et al.* (ed.). *World Yearbook of Education 2016*: the global education industry. New York: Routledge, 2016. p. 44-63.

OLMEDO, Antonio. Something old, not much new, and a lot borrowed: philanthropy, business, and the changing roles of government in global education policy networks. *Oxford Review of Education*, [*s. l.*], v. 43, n. 1, p. 69-87, 2017. DOI: https://doi.org/10.1080/03054985.2016.1259104.

ONG, Aihwa. Neoliberalism as a mobile technology. *Transactions of the Institute of British Geographers*, [*s. l.*], v. 32, n. 1, p. 3-8, 2007. DOI: https://doi.org/10.1111/j.1475-5661.2007.00234.x.

PECK, Jamie; THEODORE, Nik. Mobilizing policy: models, methods, and mutations. *Geoforum*, [*s. l.*], v. 41, n. 2, p. 169-174, 2010. DOI: https://doi.org/10.1016/j.geoforum.2010.01.002.

PECK, Jamie; THEODORE, Nik. Follow the policy: a distended case approach. *Environment and Planning A*, [*s. l.*], v. 44, n. 1, p. 21-30, 2012. DOI: https://doi.org/10.1068/a44179.

PECK, Jamie; TICKELL, Adam. Neoliberalizing space. *Antipode*, [*s. l.*], v. 34, n. 3, p. 380-404, 2002. DOI: https://doi.org/10.1111/1467-8330.00247.

RHODES, Roderick A. W. The new governance: governing without government. *Political Studies*, [*s. l.*], v. 44, n. 4, p. 652-667, 1996. DOI: https://doi.org/10.1111/j.1467-9248.1996.tb01747.x.

RILES, Annelise. *The network inside out*. Michigan: University of Michigan Press, 2001.

ROY, Ananya. Ethnographic circulations: space-time relations in the worlds of poverty management. *Environment and Planning A*, [*s. l.*], v. 44, n. 1, p. 31-41, 2012. DOI: https://doi.org/10.1068/a44180.

SHELLER, Mimi; URRY, John. The new mobilities paradigm. *Environment and Planning A*, [*s. l.*], v. 38, n. 2, p. 207-226, 2006. DOI: https://doi.org/10.1068/a37268.

STONE, Diane. Transfer agents and global networks in the "transnationalization" of policy. *Journal of European Public Policy*, [*s. l.*], v. 11, n. 3, p. 545-566, 2004. DOI: https://doi.org/10.1080/13501760410001694291.

TEMENOS, Cristina; MCCANN, Eugene. Geographies of policy mobilities. *Geography Compass*, [*s. l.*], v. 7, n. 5, p. 344-357, 2013. DOI: https://doi.org/10.1111/gec3.12063.

URRY, John. Social networks, travel and talk. *British Journal of Sociology*, London, v. 54, n. 2, p. 155-175, 2003. DOI: https://doi.org/10.1080/0007131032000080186.

URRY, John. *Mobilities*. Cambridge: Polity, 2007.

VERGER, Antoni; ALTINYELKEN, Hülya K.; NOVELLI, Mario (ed.). *Global education policy and international development*: new agendas, issues and policies. London: Bloomsbury Publishing, 2018.

CAPÍTULO 2

Redes, *experts* e internacionalização de políticas educacionais[1]

Eneida Oto Shiroma

Universidade Federal de Santa Catarina (UFSC)

Introdução

Discursos sobre qualidade da Educação circulam pelo globo, e difundem formas padronizadas de pensar problemas e soluções. Esse processo é referido por alguns autores como *policy transfer*. Cowen (2006) o define como um movimento de ideias, políticas e práticas de Educação de um local para outro, normalmente entre fronteiras nacionais. Por vezes, esse fenômeno decorre de programas de cooperação internacional que os governos estabelecem entre si. Segundo Steiner-Khamsi e Waldow (2012), a metáfora da migração de reformas

1. Uma versão preliminar foi publicada na *Revista de Estudios Teóricos y Epistemológicos en Política Educativa*, v. 5, 2020. Os sociogramas foram construídos por Kátia Carvalho Lopes.

(*travelling reform*) evoca a ideia de globalização. Nesse espaço de circulação de conhecimento potencializado pela internet, por mídias e redes sociais, por eventos políticos e científicos, as ideias têm portadores e mantenedores de diferentes calibres, que, conforme seus interesses, patrocinam e aceleram sua difusão.

A crescente participação de organizações multilaterais na formulação de políticas nacionais provoca a reflexão sobre seu papel como indutoras de reformas. Além de fornecer aporte financeiro, a participação dessas agências no fenômeno do empréstimo de políticas (*borrowing/lending policies*) abrange assessorias para implantação e mensuração, plataformas tecnológicas, dados e informações estatísticas, análises comparativas, criação de *rankings*, entre outras, por meio das quais tentam mostrar sua *expertise* em reformas, constituindo-se em importantes atores na governança transnacional da Educação.

Neste capítulo, discute-se o papel das redes de políticas públicas na difusão de ideias como forma de explicar o isomorfismo das reformas e os processos de alinhamento de agendas. As análises aqui apresentadas resultam de uma pesquisa qualitativa, em que foram investigadas propostas internacionais para a Educação e as formas de disseminá-las na América Latina (SHIROMA *et al.*, 2016). Elegeu-se para estudo de caso uma rede de *experts* convidados pela Organização das Nações Unidas para a Educação, a Ciência e a Cultura (Unesco) para elaborar o *Proyecto Estratégico sobre Docentes en América Latina y el Caribe* (Perdalc). O estudo de sua composição envolveu a identificação das trajetórias de seus membros e suas respectivas filiações institucionais, além da análise dos documentos que os *experts* produziram e das estratégias usadas para transformá-los em políticas públicas no Brasil.

Buscando-se conhecer as articulações entre interesses políticos e econômicos, foram mapeadas as participações anteriores dos *experts* em projetos internacionais, cargos de Estado, *think tanks* e universidades, bem como as ações conjuntas que realizaram. Os documentos foram obtidos na internet e em visita ao Centro de Estudos de Políticas e Práticas em Educação (Ceppe), da Pontifícia Universidade Católica do Chile, no qual também foram realizadas entrevistas com os coordenadores do *Proyecto*. Investigaram-se as ações que a rede usa para difundir suas recomendações nos países da região, de modo a influenciar os legisladores e os tomadores de decisão em nível nacional. Por meio da análise de redes sociais, procura-se dar visibilidade à articulação dos principais atores do Perdalc com outras redes nacionais responsáveis pela formulação da política educacional brasileira.

Estudar o processo de atuação de redes envolvendo consultores de organizações multilaterais, universidades, Estados e organizações da sociedade civil para compreender como as redes interferem na forma de fazer políticas educacionais demandou esforços de construção teórica e propiciou avanços metodológicos. Tendo-se o materialismo histórico como referencial teórico-metodológico, utilizou-se a abordagem de redes políticas como ferramenta analítica para pesquisar as relações entre global-nacional-local no complexo processo de formulação de políticas públicas. A etnografia de redes possibilitou-nos a compilação de informações e a construção dos sociogramas que descrevem as relações mapeadas entre os sujeitos e as organizações, fornecendo-nos elementos para compreender a construção da hegemonia discursiva em Educação.

Este capítulo foi organizado em quatro partes. Na primeira, discute-se a relevância das organizações multilaterais na formulação de agendas e seus mecanismos de transferência de políticas, desde as formas mais impositivas até as *soft transfers*. A segunda parte trata da atuação dos especialistas na produção e na circulação de conhecimento sobre políticas e do papel estratégico das redes em sua difusão. Na terceira, é apresentada a rede de *experts* criada pela Unesco no âmbito do *Proyecto* para propor políticas docentes e as formas de disseminá-las na América Latina e no Caribe. Por fim, discute-se a contribuição dos estudos acerca das redes para as pesquisas sobre políticas educacionais.

Organizações multilaterais e a indução de políticas educacionais

Pesquisador dos efeitos da globalização nas políticas educacionais, Roger Dale publicou, em 1999, um artigo seminal, intitulado "Specifying globalization effects on national policy: a focus on the mechanisms", no qual indagava: Como as políticas são formadas, moldadas e dirigidas? Quais as consequências da globalização e como afetam as políticas educacionais e os processos de formulação de políticas? Em sua interpretação, as forças que pressionam a modernização das economias nacionais impelem também a adaptação de seus sistemas, instituições e legislação à competição internacional. O autor alertava para o fato de que o isomorfismo das políticas educacionais estava relacionado à globalização, porém seria equivocado reduzi-lo à ideia simplificada de imposição de medidas idênticas a todos os países, uma vez que a globalização não é um processo homogêneo, nem visa produzir resultados iguais nas nações. Dale (2007)[2] esclarece que a *imposição* designa um processo de natureza compulsória, com forte pressão, exercida externamente pelo estabelecimento de metas, como ocorre, por exemplo, com as condicionalidades que acompanham os empréstimos do Banco Mundial (BM). Existem, contudo, outros meios usados pelas organizações multilaterais para influenciar as reformas educacionais. As propostas dessas agências orientam-se por um conjunto de medidas para responder às crises do capital e aos problemas pautados pelos países centrais, que indicam a direção para a qual as políticas dos diferentes Estados nacionais precisariam ser orientadas, a fim de assegurar o processo de acumulação em qualquer parte do globo, considerando-se a crescente financeirização da economia. Contrapondo-se à perspectiva monolítica da imposição *top-down*, Dale (2007, p. 53) apresenta uma ampla tipologia dos mecanismos

2. Artigo originalmente publicado no *Journal of Education Policy* e reeditado, em forma de capítulo, na coletânea *The Routledge Falmer reader in education policy and politics*, organizada por Bob Lingard e Jenny Ozga, em 2007.

adotados pelas organizações multilaterais para explicar a transferência de políticas entre países: empréstimo, aprendizagem, harmonização, disseminação, estandardização, interdependência e imposição.

O autor analisa várias dimensões desse processo: natureza da relação; explicitação do processo; escopo; lócus; mecanismos de introdução; atores envolvidos; fonte que dá início ao processo de transferência; relações de poder e natureza do efeito sobre a Educação. Para compreender se as políticas são inspiradas, induzidas ou adaptadas, é fundamental analisar a natureza da relação entre os países, bem como conhecer o processo histórico e a relação entre seus principais atores na formulação da política.

Perry e Tor (2007) observam que a transferência de ideias e de políticas educacionais ocorre em um contínuo de poder entre forças internas e externas, conforme mostra a Figura 1. Denominam "difusão" o processo de *soft transfer* que ocorre por forças menos visíveis. Já a *imposição* se refere a um processo de indução externa, que envolve um componente de coerção, por exemplo, os casos de ocupação militar ou colonização: os receptores podem até não desejar o conteúdo da transferência, mas se sentem obrigados a aceitá-lo, para que possam receber outros benefícios. Os que "impõem" não se preocupam em obter aprovação dos receptores; é um processo abertamente autoritário. Segundo os autores, a *aprendizagem* tem várias nuances: pode derivar de transferência contingencial ou informada, pode ser inspirada na experiência do outro, ou uma adaptação desta, um híbrido entre esta e o existente, uma síntese.

Esses modelos de transferência de política revelam que, no espaço político supranacional, não fica prontamente estabelecido quem tem a autoridade para definir as regulamentações, quem faz as regras e quem tem que se submeter a essas regras. Compreender os processos de construção de políticas transnacionais, além das proposições das organizações multilaterais, requer a investigação da ação das redes de políticas públicas, que possuem ramificações em vários continentes e atuam no campo educacional, procurando saber quem são e como atuam os agentes da transferência de políticas.

Figura 1 — Formas de transferência educacional

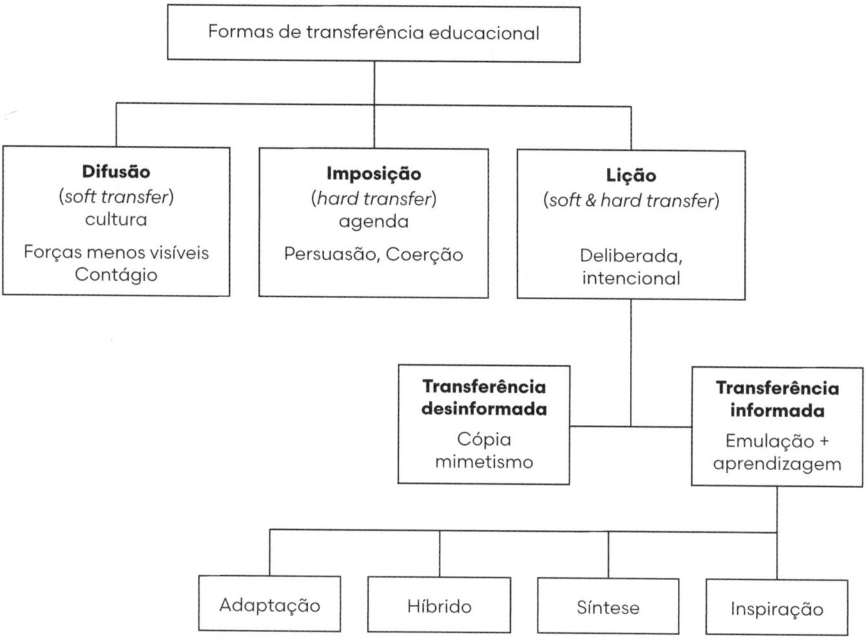

Fonte: adaptada pela autora de PERRY, Laura B.; TOR, Geok-hwa. Educational transfer: analytical frameworks, conceptualizations and motives. *In*: ANNUAL CONFERENCE OF THE AUSTRALIAN AND NEW ZEALAND COMPARATIVE AND INTERNATIONAL EDUCATION SOCIETY, 35., 2007, Auckland. *Proceedings* [...]. Perth: Murdoch University, 2007. p. 5.

Nessa direção, Lewis (2021, p. 329, grifos do autor) ressalta a necessidade de se investigar como as políticas se movem e, simultaneamente, reconfiguram os espaços, incluindo as práticas sociotécnicas "[...] que possibilitam esses movimentos, ou seja, os *efeitos da política no contexto*; e como essas interações e movimentos através do espaço, assim como os processos locais de implementação, remodelam as políticas em questão, ou seja, os *efeitos do contexto na política*". O autor relembra que políticas nunca são transferidas prontas de um para outro, ao contrário, são reconstruídas por processos de re/des/contextualização, moldados pela singularidade dos arranjos locais.

Para se conhecerem os processos de difusão de ideias efetuados pelas redes, é preciso pesquisar o papel dos especialistas na produção e na circulação de conhecimentos para a política. Considera-se que documentos, relatórios, textos e discursos produzidos ou adaptados por esses *experts* cumprem um papel fundamental de *soft transfer*, na medida em que difundem local, dados e interpretações para embasar suas propostas, convencer os formuladores de políticas e os gestores, bem como conquistar novas audiências. Em busca de oferecer subsídios para problematizar a atuação dos agentes da transferência, o próximo tópico discute os *experts* e as redes de governança.

Papel dos *experts* nas redes de políticas públicas

Redes de governança reúnem representantes de agências multilaterais, governos nacionais, organizações sociais, *think tanks*, empreendedores sociais e corporações multinacionais. São apresentadas como alternativa política para as "ineficiências" do poder público e, desse modo, operam como estruturas acopladas ao Estado, sinalizando reconfigurações em sua função, após as quais o Estado passa a ser visto como coordenador de "[...] ações que reúnem múltiplos atores ao redor de um projeto comum e implantador de políticas públicas em parceria com o setor privado" (ARAÚJO JR., 2013, p. 64). Considerando sua abrangência e dimensão geopolítica, as ações das redes de políticas públicas internacionais tendem a demandar uma regulação transnacional.

As organizações multilaterais apressaram-se em demonstrar que dispõem de condições e *expertise* para assumir esse papel, representando, em tese, interesses universais. A aparente neutralidade política é reforçada pela aparente neutralidade científica das pesquisas que patrocinam, a fim de se munirem de evidências para lastrear suas recomendações aos Estados-nação. Nessa empreitada, a Organização para a Cooperação e o Desenvolvimento Econômico (OCDE) ressalta o papel das instituições de pesquisa na produção de conhecimento mediado por indivíduos e organizações que circulam entre os formuladores de políticas, os profissionais e os usuários, atores privilegiados nos esquemas de análises da mobilização de conhecimento, como indica a Figura 2 (LEVIN, 2011; FAZEKAS; BURNS, 2012).

Figura 2 — Pesquisa sobre mobilização de conhecimento

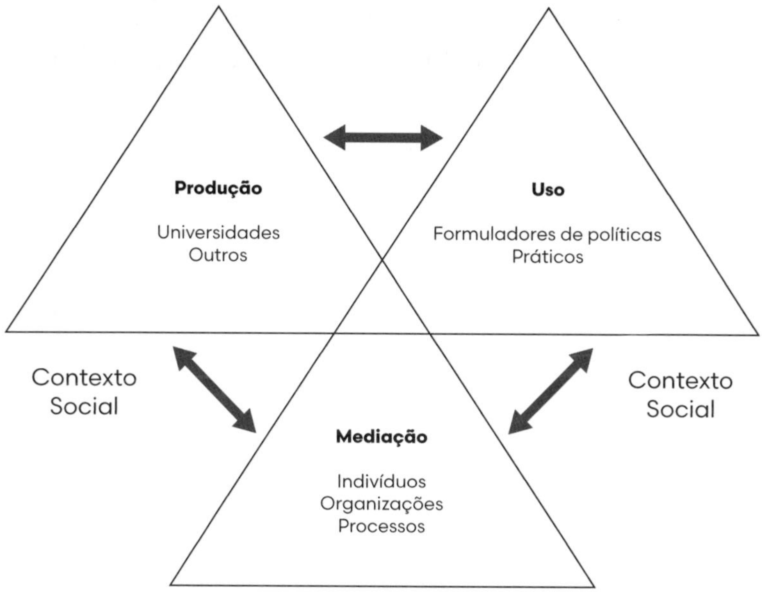

Os triângulos representam funções, não necessariamente estruturas. Algumas pessoas ou grupos operam em mais que um contexto. Flechas representam a força dos relacionamentos. A mobilização do conhecimento ocorre onde dois ou mais desses contextos ou funções interagem.

Fonte: adaptada pela autora de LEVIN, Ben. Mobilising research knowledge in education. *London Review of Education*, London, v. 9, n. 1, p. 17, 2011. DOI: http://dx.doi.org/10.1080/14748460.2011.550431.

A preocupação com a produção e a mobilização de conhecimento para a política põem em relevo a função estratégica das universidades, das fundações e dos institutos de pesquisa para a governança. *Experts* põem em circulação concepções, valores, modelos, formas de pensar e agir. Nas redes, associados aos gestores, assumem a função de ativar pessoas, mobilizar recursos, construir consensos e *capacity building* (KU; YUEN-TSANG, 2011). Sob a forma de cooperação técnica, desenvolvem tarefas cruciais de coleta e de organização de dados, produção de indicadores, comparações, diagnósticos e formação de "recursos humanos".

Redes de políticas públicas atuam como intelectuais orgânicos a serviço da expansão da economia de mercado e do engajamento do setor privado na governança da Educação, disseminando a visão de Estado ineficaz, burocrático e, portanto, fadado a fracassar em suas principais atividades.

A contratação de especialistas que já trabalharam juntos e possuem amplo leque de relações com universidades, editoras, agências internacionais, experiência em cargos públicos e na formação de formadores é um aspecto crucial para a internacionalização de políticas educacionais, tanto porque a produção de evidências é fundamental para que as políticas sejam aceitas pela sociedade quanto pela constituição de *clusters*, ou seja, relações entre sujeitos com grande proximidade em uma rede, um pré-requisito para a implementação de reformas (HANNEMAN; RIDDLE, 2005). Assim, como portadores da legitimação dada pelo conhecimento especializado, os *experts* são agentes estratégicos nas redes de políticas públicas.

Experts: *produzindo evidências e legitimidade para as políticas*

A disseminação de novas ideias esbarra nos limites postos pelo instituído. Assim, demanda reformas nos dispositivos jurídico-normativos, o que não acontece apenas pelos esforços de comunicação do emissor aos receptores. Mais que condições objetivas e requisitos técnicos, a adaptação e a institucionalização de novas políticas requerem conhecimento sobre o funcionamento da máquina estatal, *know-how e know-who*. Por mais que as organizações multilaterais trabalhem com o envio de consultores às mais diversas regiões do globo, para que possam impactar a governança, as reformas exigem conhecimento sobre a história e a política do país em que serão implementadas, até mesmo para enfrentarem as resistências e educar o consenso (NEVES, 2005). Esse desafio põe em evidência o papel fundamental exercido pelos especialistas de cada país na transferência de ideias que deem sustentação às políticas educacionais. *Experts* possuem vasta experiência, tanto na academia quanto na assessoria a agências internacionais e órgãos públicos. Por estarem inseridos em múltiplas redes, tornam-se atores estratégicos na transferência de conhecimentos para a política.

O desafio de analisar o papel e a atuação dos *experts* requer uma reflexão articulada sobre a origem e os objetivos das redes políticas, os objetivos mais amplos das frações de classe dominantes, o exercício da dominação e as relações sociais conflituosas características da sociedade capitalista em que vivemos. Esses intelectuais participam de diversos aparelhos privados de hegemonia e, por vezes, ocupam funções voltadas à esfera jurídico-administrativa, com vista à manutenção e à reprodução dessa ordem social. No projeto do capital, atuam como porta-vozes dos interessados em reformar a Educação. Criam metas e estabelecem objetivos com a pretensão de liderar determinado setor. A produção discursiva é relevante para criar o clima propício ao acolhimento de propostas internacionais. Nessa empreitada, os *experts* desempenham um papel estratégico na produção de documentos, conferências e publicações, com o intento de formar, na opinião pública, a expectativa de adequar a Educação local às supostas demandas da globalização. Assim, textos e discursos podem ser entendidos como veículos da ideologia, a infraestrutura material necessária à produção e à circulação do conhecimento.

A mescla entre discursos governamentais e acadêmicos, órgãos internacionais e nacionais indica que o caminho a ser percorrido pelos pesquisadores deve passar pelo conhecimento dos processos de "recepção ativa" dos modelos educacionais que circulam pelo mundo. Para isso, é importante investigar a "[...] teia de comunicações e veículos organizacionais da circulação de ideias e de pessoas envolvidas no pequeno mundo da fabricação [...]" de políticas (CARVALHO, 2009, p. 159). Além dos documentos oficiais, os livros, os periódicos e os eventos científicos também se constituem em importantes fontes de estudo da circulação e da estruturação de um conhecimento educacional de tipo científico-pedagógico. Os especialistas promovem eficiente disseminação de novos conceitos, discursos, racionalidades e interpretações, especialmente pelas redes de profissionais, que são vias rápidas para a transferência de ideias no *métier*. Com frequência, são convidados a proferir conferências em eventos acadêmicos e empresariais, que, não raro, dão origem a publicações e são disponibilizados pela internet, multiplicando a audiência. Os *experts* contratados por organizações multilaterais seguem um *script*, fornecem o diagnóstico do problema, fazem críticas e ameaças, incutem responsabilidades, reproduzem discursos com previsões atemorizantes e ofertam um leque de soluções para o público incauto, sobre o qual exercem influência, angariando ampla confiança em suas recomendações. Juntamente à mídia tradicional e às redes sociais, difundem ideias e propostas para reformas. No próximo tópico, apresenta-se uma rede de *experts* formada a convite da Unesco, no intuito de entender como produz consensos e agendas para a Educação.

Rede de *experts* em políticas docentes

As prioridades e as metas para a Educação traçadas em eventos e projetos mundiais como a Conferência Mundial de Educação para Todos balizam a elaboração das políticas nacionais. A Unesco, encarregada de liderar o programa Educação para Todos, exerce a função de catalisar a formação de parcerias público-privadas nos vários países, visando criar alternativas de financiamento. Durante o Fórum Mundial de Educação, em 2000, o órgão passou a coordenar o Perdalc, concebido como uma estratégia regional para cumprir o pacto global e reformar a Educação na região no período de 2002 a 2017. Para tanto, o Escritório Regional de Educação da Unesco para a América Latina e o Caribe (Orealc) encomendou ao Ceppe o desenvolvimento do Projeto, com a perspectiva de identificar os problemas, produzir orientações para o desenho de políticas docentes a partir de informações obtidas com grupos de discussão nacionais e construir uma rede regional de atores que pudessem contribuir com sua visão, suas categorias e seus critérios para a renovação do campo de deliberação e formulação das políticas docentes na região (UNESCO, 2013).

O Perdalc está organizado em quatro áreas temáticas prioritárias: (1) formação inicial docente, que abrange as condições para o ingresso nos cursos de formação de professores, os processos formativos, as instituições e os formadores, a avaliação da entrada no exercício profissional e a indução de professores principiantes; (2) formação contínua, para tratar das instituições responsáveis pelo desenvolvimento profissional; (3) carreira profissional, condições de trabalho, remuneração, avaliação, incentivos e causas do abandono da profissão docente; (4) construção de políticas docentes, com foco em prioridades, instituições e capacidades de desenho, no monitoramento e na avaliação das políticas, na participação dos atores sociais e nos aspectos econômicos.

Antes da discussão sobre o conteúdo de suas propostas, será apresentado o mapeamento da rede da Unesco encarregada de elaborar recomendações de políticas docentes para o continente.

A configuração da rede de experts na primeira etapa

Para se conhecer essa rede, foram pesquisados seus membros e identificadas as organizações a que estão vinculados, tendo-se em vista dar visibilidade às articulações institucionais, com destaque para suas atuações no aparelho de Estado, em organizações multilaterais, universidades e corporações nacionais e internacionais. Buscou-se mapear[3] suas trajetórias, os cargos que ocupam e suas inserções em órgãos governamentais e não governamentais, nacionais e internacionais, educacionais e não educacionais, com vista a investigar suas possibilidades concretas de intervenção na Educação pública. Também foram consultados seus currículos e os *sites* das instituições em que atuam, coletando-se dados e informações por meio da etnografia, a fim de se demonstrar, com os sociogramas, as relações entre os principais atores da rede.

A equipe de trabalho do Perdalc foi inicialmente constituída por uma Secretaria Técnica, sediada no Ceppe, que, juntamente à Unesco/Orealc, convidou os *experts* de cinco países — Chile, México, Argentina, Brasil e Uruguai — para elaborar os documentos da primeira etapa do Projeto. Iniciou-se o mapeamento pelo diretor do Projeto, Cristian Cox, que já atuou como consultor do Banco Mundial (BM), da Unesco, da OCDE e do Banco Interamericano de Desenvolvimento (BID), foi diretor da Unidade Curricular e avaliador do Ministério da Educação do Chile de 1998 a 2006. Foi professor visitante da Universidade de Stanford e vice-diretor acadêmico da Pontifícia Universidade do Chile no ano de 2006. No que tange à sua atuação no Brasil, foi investigador do Instituto Fernando Henrique Cardoso (iFHC) e possui publicações com os outros colaboradores do Perdalc, como Simon Schwartzman, Beatrice Avalos e Silvia Ortega. Cox participou de vários eventos no Brasil, como o Seminário Inovação e Qualidade na Formação Inicial de Professores, sediado pelo Instituto Singularidades em 2011, do qual Denise Vaillant também participou como palestrante. Elaborou-se, assim, um quadro para demonstrar os vínculos dos participantes da primeira etapa do Projeto com universidades e centros de pesquisa. No sociograma da Figura 3, apresentam-se as filiações institucionais desses pesquisadores, indicados nos seis quadrados, e suas múltiplas

3. Esse mapeamento foi realizado com a bolsista Thaís Marcelino Cunha (CUNHA, 2016).

articulações com universidades e organizações multilaterais, além de sua participação em projetos, cargos públicos, centros de pesquisa e fundações.

Seguiu-se mapeando as informações sobre cada participante nos currículos disponíveis em *sites* de domínio público, e identificando suas vinculações institucionais e atuações conjuntas. A especialista chilena Beatrice Avalos elaborou publicações e foi consultora do BM, da Unesco e do BID, além de ter atuado no Programa para Reforma Educacional na América Latina e Caribe (Preal). A mexicana Silvia Ortega fez publicações e integrou projetos da Unesco. No Perdalc, elaborou o documento sobre formação continuada. O argentino Mariano Palamidessi ficou encarregado pela organização de um documento sobre organizações docentes. Coordenou o Curso Regional de Formação e Planejamento de Políticas Educativas do Instituto Internacional de Planejamento Educacional (IIPE) da Unesco, do qual Avalos também fez parte. O brasileiro Simon Schwartzman foi consultor internacional da OCDE e do BM, fez projetos com a Unesco, publicações para o Preal, e integrou eventos promovidos pela Fundação Carlos Chagas e a Fundação Lemann. A uruguaia Denise Vaillant foi consultora internacional do BM, da Unesco e da OCDE, coordenou um grupo de trabalho na Rede Preal, foi professora da Universidade ORT, coordenadora acadêmica na Universidade da Republica no Uruguai, e da Universidade Alberto Hurtado, na qual Avalos também trabalhou. No Brasil, foi investigadora da Fundação Konrad Adenauer. Assim como Cox, Vaillant também foi consultora do iFHC, além de membro da Comissão Avaliadora do Programa de Educação implementado pela Fundação Victor Civita em 2005. Participou, em 2008, do Seminário de Secretários Estaduais de Educação, promovido pela Fundação Victor Civita e pelo Conselho Nacional de Secretários de Educação (Consed). Em 2009, publicou um capítulo sobre profissão docente no livro *Políticas educacionais e coesão social: uma agenda latino-americana*, organizado por Schwartzman e Cox (2009) e publicado pelo iFHC.

Figura 3 — Rede de *experts* da primeira etapa do Perdalc

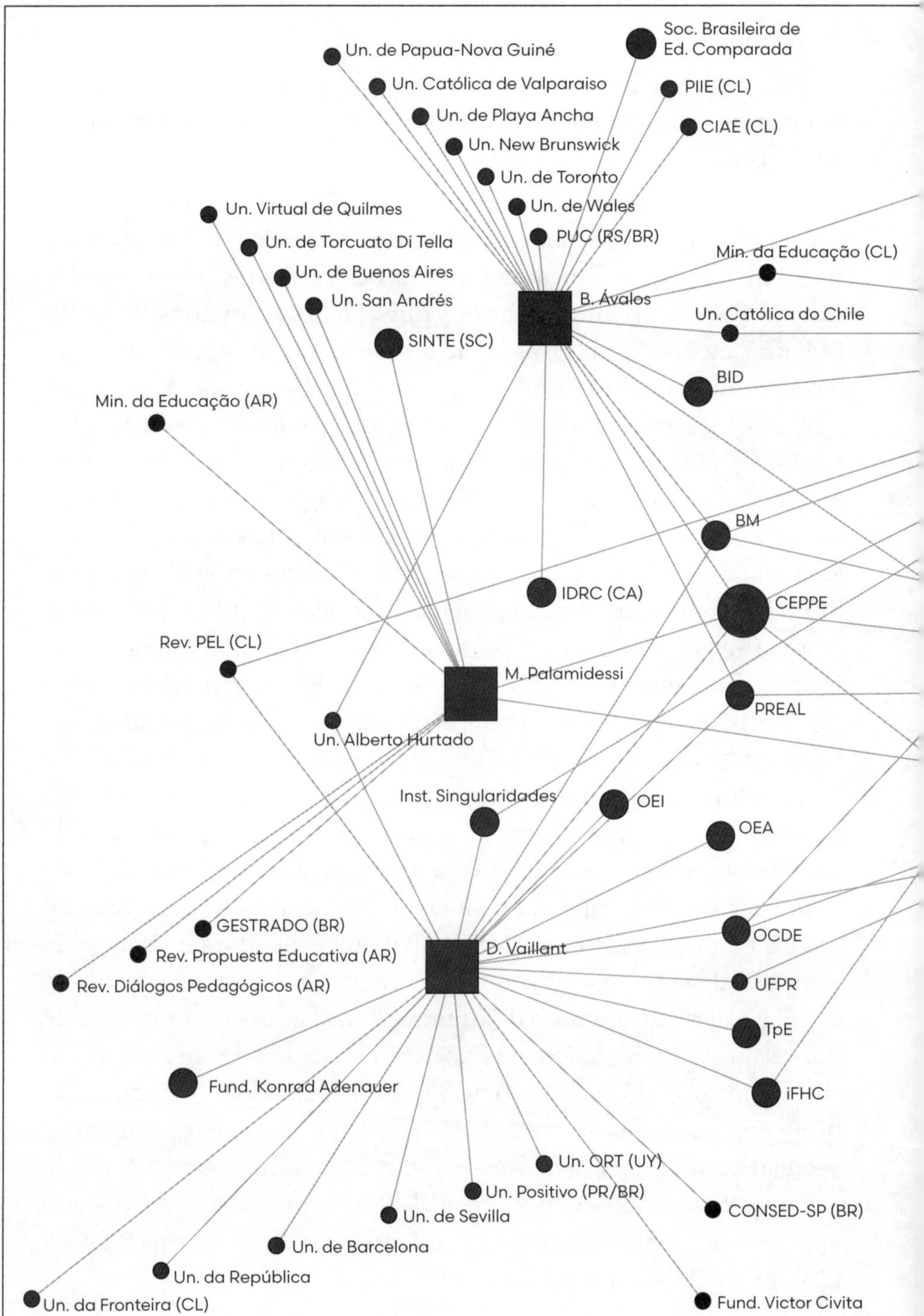

Fonte: SHIROMA, 2016; elaborada por Kátia Carvalho Lopes, com base em Unesco (2014).

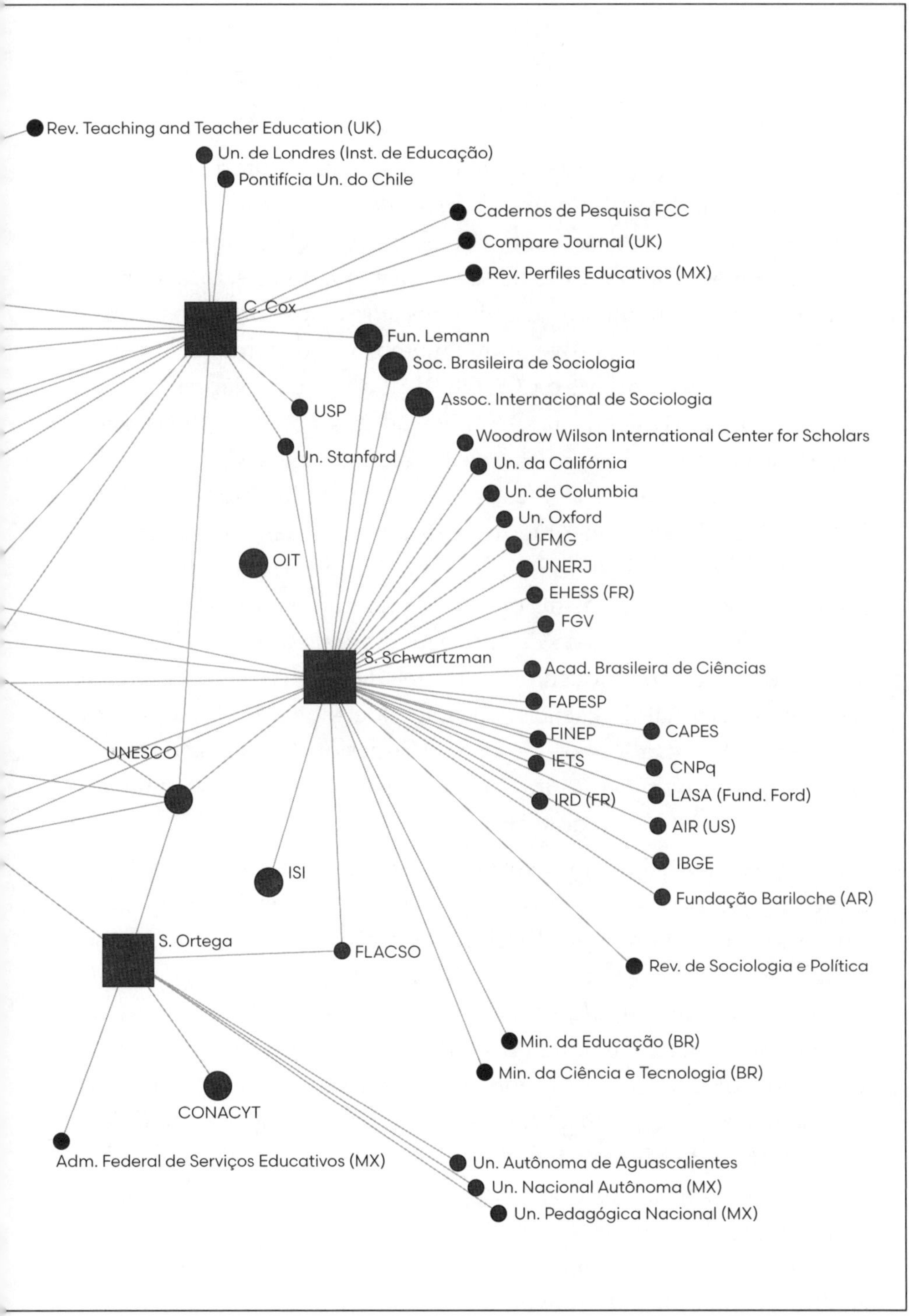

Rev. Teaching and Teacher Education (UK)
Un. de Londres (Inst. de Educação)
Pontifícia Un. do Chile
Cadernos de Pesquisa FCC
Compare Journal (UK)
Rev. Perfiles Educativos (MX)
C. Cox
Fun. Lemann
Soc. Brasileira de Sociologia
Assoc. Internacional de Sociologia
USP
Un. Stanford
Woodrow Wilson International Center for Scholars
Un. da Califórnia
Un. de Columbia
Un. Oxford
UFMG
UNERJ
EHESS (FR)
FGV
OIT
S. Schwartzman
Acad. Brasileira de Ciências
FAPESP
FINEP
CAPES
IETS
CNPq
LASA (Fund. Ford)
IRD (FR)
AIR (US)
IBGE
Fundação Bariloche (AR)
UNESCO
ISI
S. Ortega
FLACSO
Rev. de Sociologia e Política
Min. da Educação (BR)
Min. da Ciência e Tecnologia (BR)
CONACYT
Adm. Federal de Serviços Educativos (MX)
Un. Autônoma de Aguascalientes
Un. Nacional Autônoma (MX)
Un. Pedagógica Nacional (MX)

Ampliação da rede na segunda etapa

Na segunda fase do *Proyecto*, os especialistas produziram seis documentos de trabalho e um *Cadastro de experiências relevantes de políticas docentes* na América Latina (UNESCO, 2014a). Para a coleta de dados sobre os colaboradores da segunda etapa do Projeto, seguiu-se o mesmo procedimento de pesquisa nos *sites* e nos currículos. Nessa fase, foram incluídos na rede outros membros, que também atuaram como consultores do BM, da OCDE, do Fundo das Nações Unidas para a Infância (Unicef), da Organização dos Estados Americanos (OEA), da Organização dos Estados Ibero-americanos (OEI), do Preal, do Programa das Nações Unidas para o Desenvolvimento (PNUD), do BID, da Organização Pan-Americana de Saúde (Opas) e da Organização Mundial de Saúde (OMS). Entre os novos integrantes do Projeto, encontram-se o vice-ministro de Planejamento e Política Econômica da Costa Rica; o ministro da Cultura e membro do Conselho Nacional de Educação do Chile; consultores da área de financiamento social da Secretaria Nacional de Ciência, Tecnologia e Inovação da República do Panamá; e consultores do Conselho Superior de Ciência e Desenvolvimento Tecnológico e do Fundo Nacional de Desenvolvimento Científico e Tecnológico do Chile.

Também participaram dessa etapa o subsecretário de Educação do Chile, cofundador e diretor do Ceppe, gerente do Centro de Inovação em Educação na Fundação do Chile, membro do comitê diretivo do Centro de Medição (Mide-UC) do Chile, integrante do *Programa de Mejoramiento de la Calidad y Equidad de la Educación Media del Ministerio de Educación* (Mece-Media) e dirigente do Sistema Nacional de Avaliação dos Resultados da Aprendizagem (Simce) do Chile. O Projeto contou ainda com a participação da secretária de Programação e Gestão Educativa do Ministério da Educação e da Cultura da Argentina, de representante do IIPE/Unesco, do presidente da Sociedade de Investigação Educativa Peruana (Siep), do diretor de investigações do Instituto de Estudos Peruanos (IEP) e de representante da Secretaria de Educação Pública do México.

Compilando-se todas essas informações sobre as atuações dos *experts* nas duas etapas do *Proyecto*, construiu-se um sociograma (Figura 4) que evidencia as múltiplas relações dos integrantes da rede com universidades, institutos e fundações, Estados e organizações multilaterais.

Por meio de pesquisas sistemáticas na internet, identificou-se que muitos colaboradores contratados na segunda etapa atuaram juntos no aparelho de Estado e possuem trabalhos em coautoria. Essa participação coetânea em organizações multilaterais e órgãos governamentais auxilia na compreensão das convergências entre as propostas internacionais de reforma da Educação e as agendas locais.

Por meio da entrevista realizada com os membros da Secretaria Técnica do Projeto Regional, soube-se da criação de uma terceira etapa do Perdalc, direcionada à elaboração de políticas públicas para a Educação Infantil. Para essa etapa, a Unesco contratou novos colaboradores, que redigiram seis informes nacionais sobre docentes da Educação Infantil em seus respectivos países. No Brasil, uma das atividades do Projeto, em 2015, contou com a participação de ministros da Educação e de representantes de instituições de ensino, centros de investigação e sindicatos de professores da Educação Infantil de 24 países da região (CUNHA, 2016).

A coordenação do Perdalc coletava informações relevantes sobre problemas e políticas de Educação em diversos contextos nacionais, e contratava pesquisadores de universidades e centros de pesquisa para produzir informes nacionais, estudos e pesquisas sobre suas áreas de *expertise*. Também solicitou aos Ministérios da Educação dos países da região, às instituições acadêmicas e aos investigadores que preenchessem um formulário com informações a respeito das experiências exitosas de políticas docentes implantadas em seus países. Essas informações deram origem a um *Cadastro de experiências relevantes de políticas docentes* (UNESCO, 2014a). Outra forma de divulgação das propostas do Projeto na região foram os seminários, realizados com a presença de três atores fundamentais: acadêmicos, ministros da Educação e representantes sindicais.

Figura 4 — Rede de *experts* da segunda etapa do Perdalc

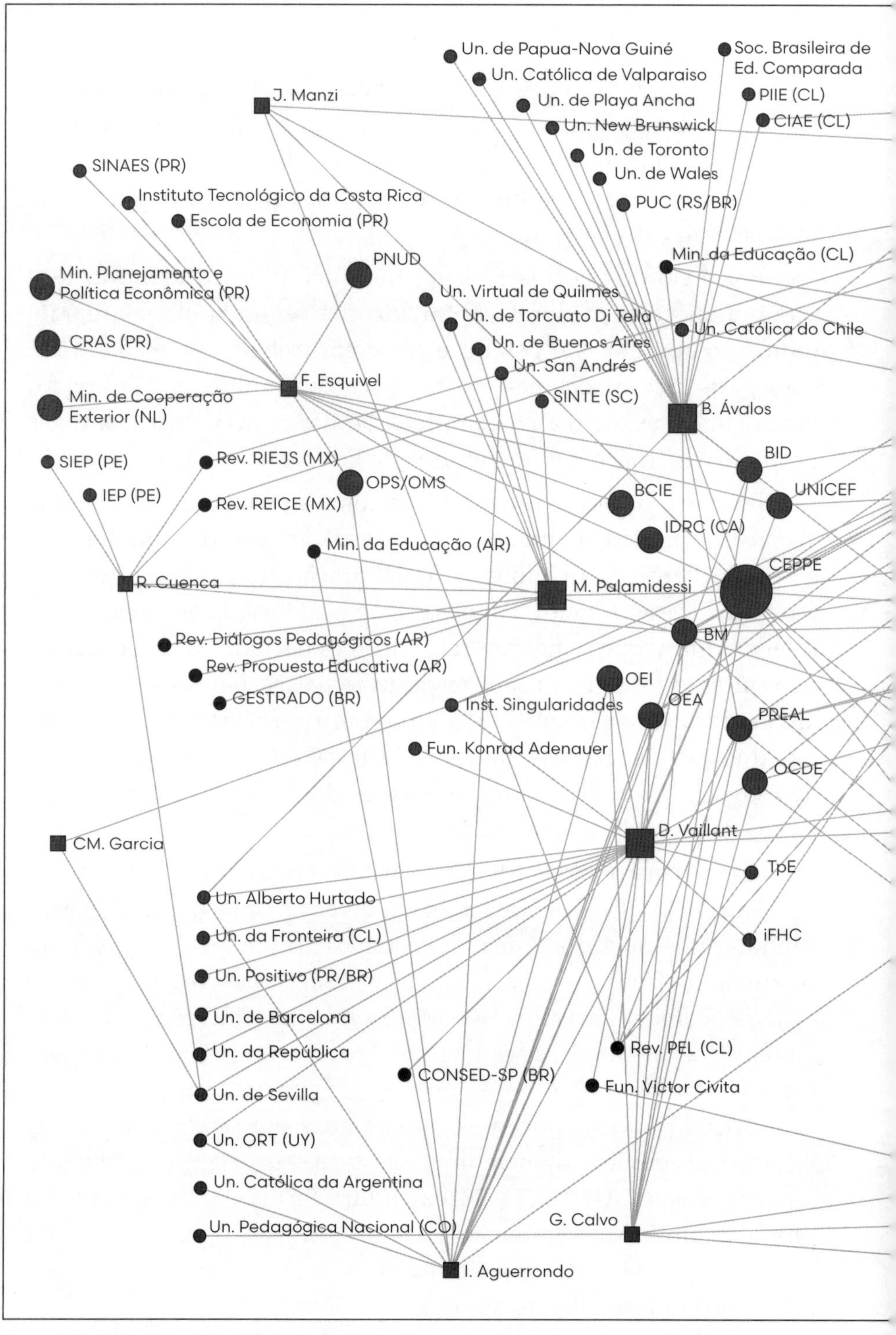

Fonte: SHIROMA, 2016; elaborada por Kátia Carvalho Lopes com base em Unesco (2014).

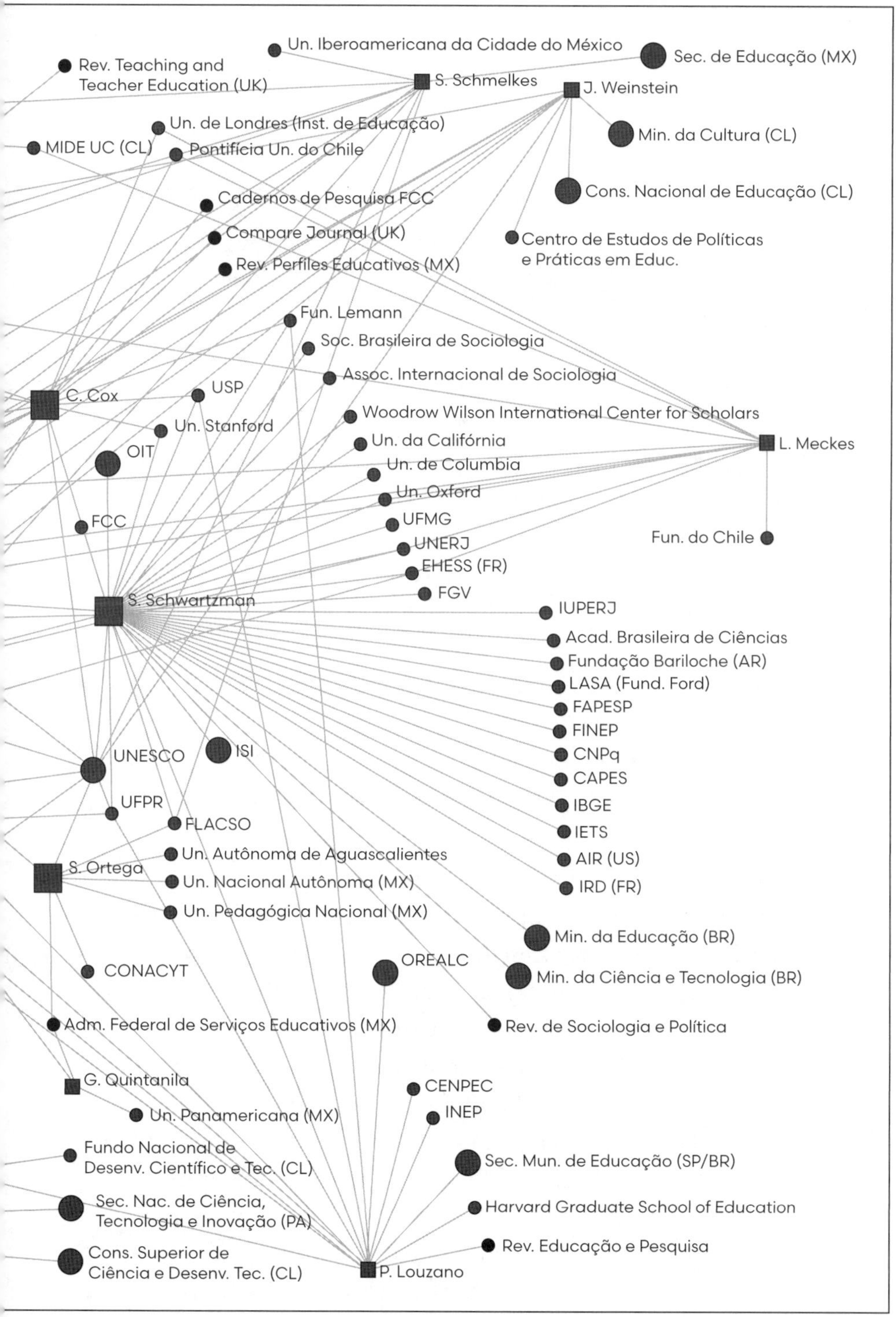
Un. Iberoamericana da Cidade do México
Sec. de Educação (MX)
Rev. Teaching and Teacher Education (UK)
S. Schmelkes
J. Weinstein
Un. de Londres (Inst. de Educação)
Min. da Cultura (CL)
MIDE UC (CL)
Pontifícia Un. do Chile
Cons. Nacional de Educação (CL)
Cadernos de Pesquisa FCC
Compare Journal (UK)
Centro de Estudos de Políticas e Práticas em Educ.
Rev. Perfiles Educativos (MX)
Fun. Lemann
Soc. Brasileira de Sociologia
Assoc. Internacional de Sociologia
C. Cox
USP
Woodrow Wilson International Center for Scholars
Un. Stanford
Un. da Califórnia
L. Meckes
OIT
Un. de Columbia
Un. Oxford
FCC
UFMG
Fun. do Chile
UNERJ
EHESS (FR)
FGV
S. Schwartzman
IUPERJ
Acad. Brasileira de Ciências
Fundação Bariloche (AR)
LASA (Fund. Ford)
FAPESP
FINEP
CNPq
UNESCO
ISI
CAPES
IBGE
UFPR
IETS
FLACSO
Un. Autônoma de Aguascalientes
AIR (US)
S. Ortega
Un. Nacional Autônoma (MX)
IRD (FR)
Un. Pedagógica Nacional (MX)
Min. da Educação (BR)
OREALC
CONACYT
Min. da Ciência e Tecnologia (BR)
Adm. Federal de Serviços Educativos (MX)
Rev. de Sociologia e Política
G. Quintanila
CENPEC
Un. Panamericana (MX)
INEP
Fundo Nacional de Desenv. Científico e Tec. (CL)
Sec. Mun. de Educação (SP/BR)
Sec. Nac. de Ciência, Tecnologia e Inovação (PA)
Harvard Graduate School of Education
Rev. Educação e Pesquisa
Cons. Superior de Ciência e Desenv. Tec. (CL)
P. Louzano

Propostas para políticas docentes na América Latina e no Caribe

O argumento central desenvolvido nos documentos do Perdalc ressalta a necessidade de docentes em número e preparação compatíveis com as novas demandas e expectativas educacionais, considerando a ampliação da diversidade sociocultural dos alunos atendidos, o enfraquecimento da instituição familiar e das estruturas comunitárias como esferas de socialização, o alargamento temático dos currículos, além da elevação generalizada das metas de aprendizagem (UNESCO, 2013). Supostamente, ao responder a esses requisitos, a Educação estaria contribuindo com a superação da desigualdade e o desenvolvimento de capacidades culturais de base para o crescimento econômico e a cidadania democrática, considerados elementos imprescindíveis para o novo milênio. No entanto, advertem os reformadores, qualquer investida no sistema educativo em prol da qualidade estaria na dependência da qualidade dos professores (UNESCO, 2013). Assim, colocam-se à disposição dos governos da região, munidos de orientações atraentes para a renovação das políticas docentes.

Cônscios da necessidade de formar um novo perfil docente que atenda às exigências sociais, alardeiam a existência de uma crise generalizada no sistema educacional da América Latina e do Caribe. A finalidade é convencer governos e sociedade civil sobre a necessidade urgente de reorientar as políticas docentes para a região. Iniciam a crítica pela desqualificação dos pretendentes ao magistério, antes mesmo de iniciarem os estudos pedagógicos, alegando que, em função da debilidade dos sistemas escolares, os aspirantes ao magistério não possuem as habilidades essenciais nos campos da linguística e da matemática, tampouco cultura geral que lhes permita enfrentar as demandas do Ensino Superior ou obter resultados satisfatórios como egressos (UNESCO, 2013, 2014). Avaliam que, na formação inicial docente, os estudantes não aprendem de maneira significativa, pois, na visão dos *experts*, a organização dos programas é inadequada e eivada de fragmentações entre: lógica escolar e lógica acadêmica, dispositivos legais e práticas institucionais, formação disciplinar e formação pedagógica, conteúdos gerais e didáticas específicas, tecnologia da comunicação e informação e oportunidades de aprendizagem, gerando uma fenda profunda entre o tipo de formação obtida e os desafios colocados pela prática pedagógica cotidiana (UNESCO, 2013).

Para os especialistas, diversos fatores precarizam a formação contínua dos professores na região, como: dificuldades de acesso; descontinuidade; duração limitada; desenhos e processos frequentemente distantes dos interesses e das necessidades dos sujeitos e das escolas; precariedade dos formadores; insuficiência de recursos; difícil regulação e articulação das ações de múltiplos agentes; e ausência de uma política clara quanto ao tempo da jornada de trabalho disponível para esse fim. Consequentemente, as iniciativas nesse âmbito têm sido criticadas por seu baixo impacto nas aulas e na aprendizagem. A carreira docente, segundo os especialistas do Projeto, não é desenhada a partir das etapas da vida profissional docente, portanto desconsidera os estágios de motivação, de compromisso e de eficácia docente, centrando-se mais nos requisitos de formação e experiência. Isso reflete no regime de remuneração e compensação, no qual os professores recebem o mesmo por diferentes esforços e dedicação, argumento este usado para sugerirem a institucionalização de novos desenhos de compensação salarial e incentivos, além da avaliação do desempenho docente (UNESCO, 2013). Esse conjunto de problemas, descrito de forma cíclica pelos *experts*, é denunciado como um paradoxo de base: praticamente todo discurso político sobre a docência enfatiza sua importância e centralidade, mas as ações e os desenhos das políticas não exprimem essa suposta posição estratégica. A justificativa apresentada no Projeto é de que as políticas docentes são de alto custo, pouco visíveis para o público, politicamente complexas, e somente em médio e longo prazo alcançam os efeitos esperados.

O plano estratégico da Unesco para os docentes

As recomendações dos especialistas do Projeto para a superação dos problemas apontados na formação docente na América Latina e no Caribe reproduzem as críticas e as proposições das agências internacionais. Argumentam que os programas de formação inicial docente padecem de abordagens predominantemente acadêmicas, teóricas e abstratas, que distanciam os alunos da realidade escolar (UNESCO, 2013). Em contraposição, propõem medidas "inovadoras" que atentem para a diversidade, com ações formativas vinculadas à realidade das comunidades escolares e às mudanças culturais que, hipoteticamente, impactariam a aprendizagem dos alunos, permitindo que os gestores "entreguem" melhores resultados.

A transformação da formação inicial docente, na visão dos *experts*, não deveria se pautar apenas na seleção de novos conhecimentos, saberes e competências, mas também na necessidade de se centrar na prática, isto é, deve contar não só com uma forte formação disciplinar e pedagógica, mas sobretudo com a conexão destas por meio do "conhecimento pedagógico de conteúdo", o qual "só se pode aprender *da* e *na* prática". Norteadas por experiências internacionais, Louzano e Moriconi (2014) afirmam que os programas exitosos têm em comum uma visão sobre o professor a ser formado definida e coerente com o currículo, além de enfatizarem o trabalho prático na preparação do bom docente.

As propostas para a formação continuada indicam a necessidade de reformar as práticas de ensino, enfatizando a aprendizagem compartilhada (UNESCO, 2013). A inovação estaria, portanto, em incentivar processos de formação centrados na escola, na qual supostamente se desenvolveria o protagonismo dos coletivos docentes, tendo a prática como fonte de reflexão, de análise e de aprendizagem. Nessa proposta, lidam com o conceito-chave de "aprendizagem profissional colaborativa". Tal possibilidade pode se materializar em várias frentes, como a mentoria, o *coaching*, a residência escolar, o incentivo à constituição de "comunidades virtuais de aprendizagem", entre outras.

Em síntese, suas propostas para a formação docente envolvem a elevação do nível de exigência para ingresso no magistério, focando a seleção de habilidades, como pensamento matemático, resolução de problemas, destrezas em interpretação de texto e motivação para aprender e ensinar; além do fortalecimento dos programas de formação docente, dos conteúdos curriculares, da avaliação de aprendizagem e da melhoria da qualidade dos formadores, com critérios de seleção que assegurem um profissional com experiência docente recente e relevante em estabelecimentos escolares. Para esse efeito, recomendam estimular os acadêmicos a realizarem pós-graduações de qualidade, nacionais e estrangeiras, assim como oferecer uma formação de qualidade para o trabalho educativo com grupos sociais desfavorecidos e garantir sistemas apropriados de regulação da qualidade dos programas de formação. Ressaltam a necessidade da formação continuada relevante e pertinente, centrada no aprendizado dos estudantes e associada a incentivos de progressão na carreira docente que levem em conta a qualidade do trabalho profissional e as avaliações de desempenho, de modo a construir uma trajetória de desenvolvimento profissional.

Segundo Louzano e Moriconi (2014, p. 40), "[...] o Estado deve cumprir um papel coordenador dos múltiplos atores, visões e âmbitos institucionais para que se chegue a uma visão comum, contemporânea e válida da docência em cada um dos países". Desse modo, as autoras sugerem o fortalecimento do protagonismo do Estado na construção de acordos sobre o professor a ser formado e a regulação de toda a trajetória docente. A intenção do Projeto é a consecução de um Estado coordenador, regulador e promotor, capaz de dar "coerência sistêmica" aos conhecimentos e às competências da docência, bem como de possibilitar, consequentemente, a articulação entre dois elementos potentes na condução das políticas educacionais: a formulação de *standards* e o processo de avaliação. Essa junção pretende perpassar toda a estrutura educacional em nome da suposta profissionalização. Todavia, por trás do discurso da profissionalização docente, reside o objetivo de regular esta ampla categoria de servidores públicos, os professores, desde a formação, passando pela avaliação e pelo desenvolvimento da carreira, até o fim de sua vida funcional.

Na ótica dos *experts* do Projeto, as avaliações precisam ter consequências. Referindo-se à avaliação das instituições formadoras, sugerem que esses instrumentos deverão se comprometer a superar, dentro de um prazo determinado, eventuais debilidades detectadas. As instituições que não cumprirem com os padrões mínimos requeridos para a obtenção de reconhecimento precisarão ser apoiadas, mas, se o resultado desse apoio não surtir melhora, deverão fechar ou funcionar junto a outras instituições que estejam certificadas. "De outro modo, se atenta contra a fé pública depositada na instituição e sua função formadora de profissionais, sobre a qual descansa, por sua vez, a formação de muitas gerações escolares" (UNESCO, 2013, p. 122). De acordo com Shiroma e Brito Neto (2015, p. 17): "Colocando os docentes e as instituições formadoras sob suspeita, tentam justificar a necessidade de auditorias" periódicas.

Os reformadores argumentam que a criação de sistemas de avaliação dos futuros docentes pode se constituir em um importante aporte para que as instituições formadoras revisem seus currículos e suas práticas, em função dos resultados obtidos por seus egressos, e assumam a responsabilidade pelo fracasso dos estudantes que não adquirirem as aprendizagens necessárias. A tese de que a má qualidade do ensino decorre da má qualidade do professor coloca os docentes e as instituições formadoras como inimigos da Pátria. Devem, portanto, ser profissionalizados, reformados, combatidos ou substituídos (SHIROMA; BRITO NETO, 2015, p. 18). Por fim, para que as políticas docentes alcancem maior efetividade, recomendam a adoção de uma abordagem sistêmica, que concilie critérios de continuidade e mudança, bem como promova a participação dos atores não governamentais na formulação e na institucionalização de políticas docentes. Essa ação não ocorre de modo isolado ou espontâneo, mas coordenado, como se verá no próximo tópico.

Contribuições da análise de redes sociais para os estudos de políticas educacionais

A crescente influência de organizações multilaterais que orbitam ao redor do aparelho de Estado tem modificado sua configuração. Incrementou-se, notadamente, a participação de organizações da sociedade civil que integram redes sociais internacionais, regionais e nacionais, impactando o ciclo de políticas e a disputa de hegemonia para governar. A legitimidade de redes de governança não está dada, precisa ser conquistada e negociada no âmbito do Estado *stricto sensu* e da sociedade civil. Para identificar como essas orientações políticas se difundem na América Latina e no Caribe, institucionalizando-se como ações dos Estados nacionais, analisaram-se as atividades do Ceppe e de seus colaboradores, que, além de elaborarem documentos e participarem das reuniões técnicas regionais, com o fim de direcionar o debate sobre o tema docente, promoveram outras ações em prol da difusão das diretrizes do Projeto no continente.

Neste estudo, foi fundamental examinar como os especialistas vinculados às universidades e às agências multilaterais atuam na construção de consensos, imprimindo suas marcas nas agendas políticas nacionais, uma vez que pensar nas formas de resistência aos retrocessos na Educação pressupõe o conhecimento de como operam na disputa pela hegemonia. Ressalta-se aqui a função crucial que os intelectuais exercem na organização da cultura e na produção da hegemonia no âmbito do Estado integral, que, na perspectiva gramsciana, abrange articuladamente sociedade política e sociedade civil (GRAMSCI, 1984).

Como visto, as redes promovem o intercâmbio de informações, convocam novos atores para o processo político, "[...] validam novos discursos políticos e viabilizam novas formas de influência política" (BALL, 2008, p. 747). Nessa empreitada, o primeiro aspecto a ressaltar na estratégia de difusão das ideias do Projeto é a configuração de uma rede regional de consulta e deliberação em oito países (Argentina, Brasil, Chile, Colômbia, Guatemala, México, Peru e Trinidad e Tobago), escolhidos conforme a compatibilização entre a representatividade sub-regional e o acúmulo de experiências em políticas educativas, a qual é composta por representantes de três âmbitos: governamental, acadêmico e sindical. É difícil aos reformadores internacionais captar a distância, as barreiras institucionais e as ações de redes políticas que se formam no interior dos países e impõem resistências às recomendações vindas de *outsiders* para a formação da agenda das políticas públicas. A resistência de segmentos nacionais e locais a essa intromissão dificulta a mera "transferência" da política. A contratação de consultores nos próprios países tem sido a prática utilizada pelas organizações, pois, em âmbito nacional, os obstáculos institucionais são mais facilmente identificáveis, bem como as barreiras nas estruturas administrativas e a necessidade de flexibilizá-las para institucionalizar novas políticas.

Destaca-se também o apoio especializado aos países interessados no desenho e na implementação de políticas, por meio de consultorias e assessorias técnicas. O *site* do Perdalc fornece muitas notícias sobre os Seminários realizados pelo Ceppe. A análise dos informes sobre eventos evidencia o esforço de disseminação de propostas para a construção de consensos, com vista à formulação de uma agenda comum sobre docentes na região. A configuração das redes formadas nesse projeto da Unesco suscita a indagação, com base nas ideias de Katsikas (2010), sobre como as estruturas não estatais transnacionais afetam a política e a economia nacionais, e são cruciais nos processos de indigenização e legalização.

A divulgação das orientações sobre políticas docentes também é feita pela exposição das ideias-chave do Projeto pelos *experts* em Congresso e eventos, momentos propícios para divulgação, em forma de livros, dos documentos que alimentam a estratégia. A Unesco também incentiva a criação de parcerias com fundações e institutos empresariais tidos como *stakeholders* da Educação. Essas orientações contagiam a opinião pública por meio de reportagens e matérias em revistas, provendo um discurso que reproduz as interpretações sobre a "crise" educacional. O discurso não é simplesmente o conteúdo do texto ou apenas a "palavra", nem se reduz a elementos ideológicos: é o conjunto do fenômeno no e pelo qual a produção social dos sentidos acontece (JESSOP, 1984). Diz respeito ao compartilhamento de entendimentos, à criação de um novo senso comum. A análise crítica dos discursos, por conseguinte, tem relevância como produção cultural e formação de agentes com subjetividades específicas, elemento crucial para a construção da hegemonia.

As ideias e os valores propagados pela Unesco repercutem nas instâncias executivas e legislativas dos seus Estados-membros. A realização de reuniões, encontros e seminários é recorrente, congregando ministros para ouvirem explicações dos *experts* sobre os imperativos de se atingirem as metas educacionais e ampliar o diálogo sobre as diretrizes da estratégia regional sobre docentes, em busca de avançar na convergência entre agendas e ações multilaterais. No Brasil, por exemplo, essa organização auxilia os órgãos governamentais a elaborarem e desenharem políticas públicas, enquanto na esfera legislativa conta com o grupo de parlamentares amigos da Unesco, que praticam *advocacy* visando promover a discussão das propostas, bem como contribuir com a formulação de políticas públicas nacionais e a aprovação de leis no campo da Educação, Ciência e Cultura. Nessa direção, muitos especialistas atuam, como indicado na Figura 5, no processo de circulação do conhecimento entre redes internacionais e locais.

Carvalho (2009, p. 190) sustenta a tese de que "[...] o conhecimento educacional é socialmente construído no âmbito de redes de comunicação cujos produtos ganham materialidade no universo das publicações". Relatórios, estudos e documentos que fazem circular discursos sobre a necessidade de reformar a Educação cresceram vertiginosamente nas últimas décadas, assim como o público que acessa essas informações por *sites*, seminários e mídias sociais.

É interessante destacar que, no mesmo ano em que teve início a primeira etapa do Projeto em Santiago, a Unesco patrocinou um estudo sobre o mesmo tema no Brasil, intitulado *Políticas docentes no Brasil: um estado da arte* (GATTI; BARRETTO; ANDRÉ, 2011), publicado em parceria pela Unesco e pelo Ministério da Educação (MEC), com o apoio do Consed e da União Nacional dos Dirigentes Municipais

Figura 5 — Articulações de redes regionais e nacionais

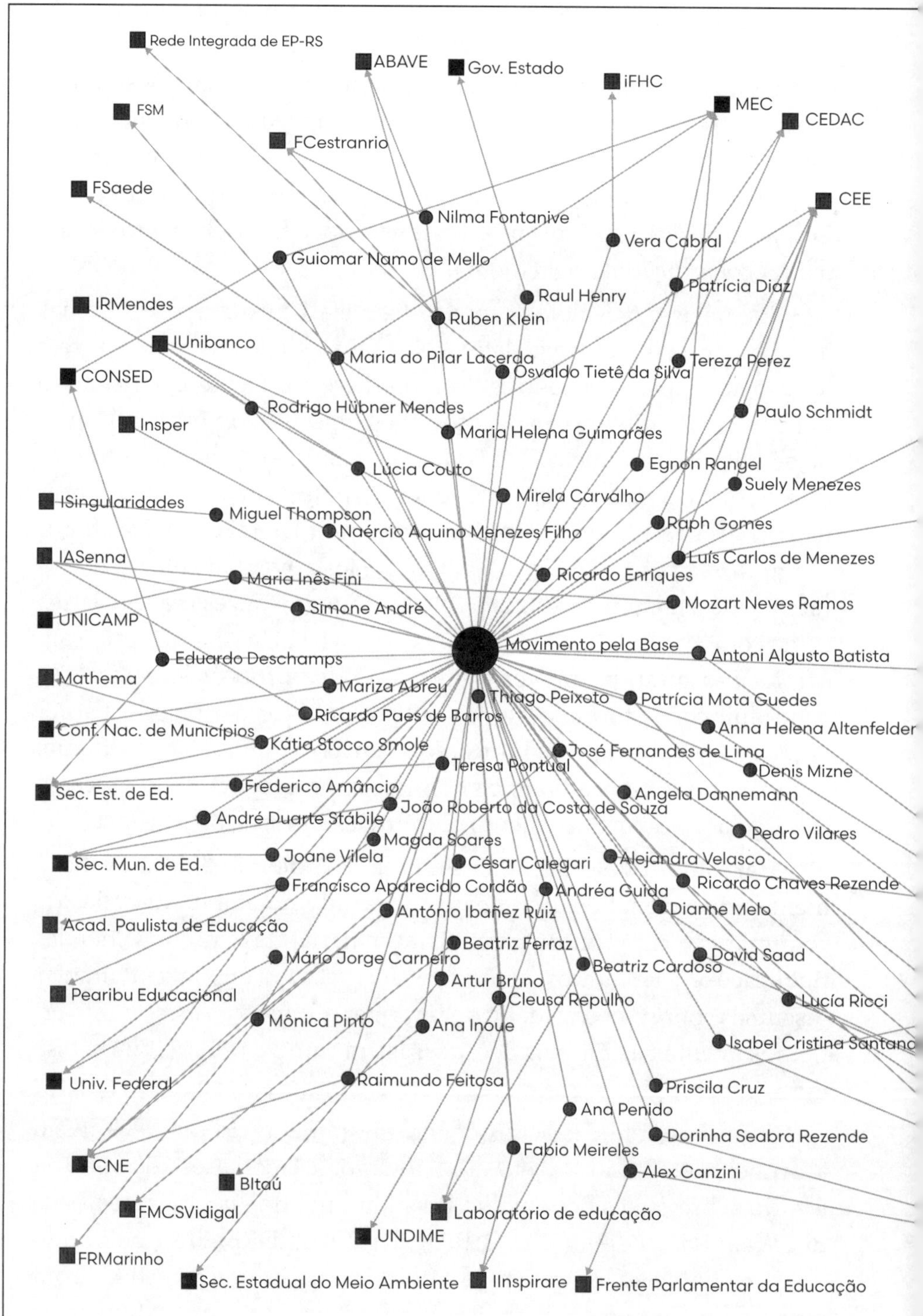

Fonte: SHIROMA, 2016; elaborada por Kátia Carvalho Lopes, com base em Unesco (2014).

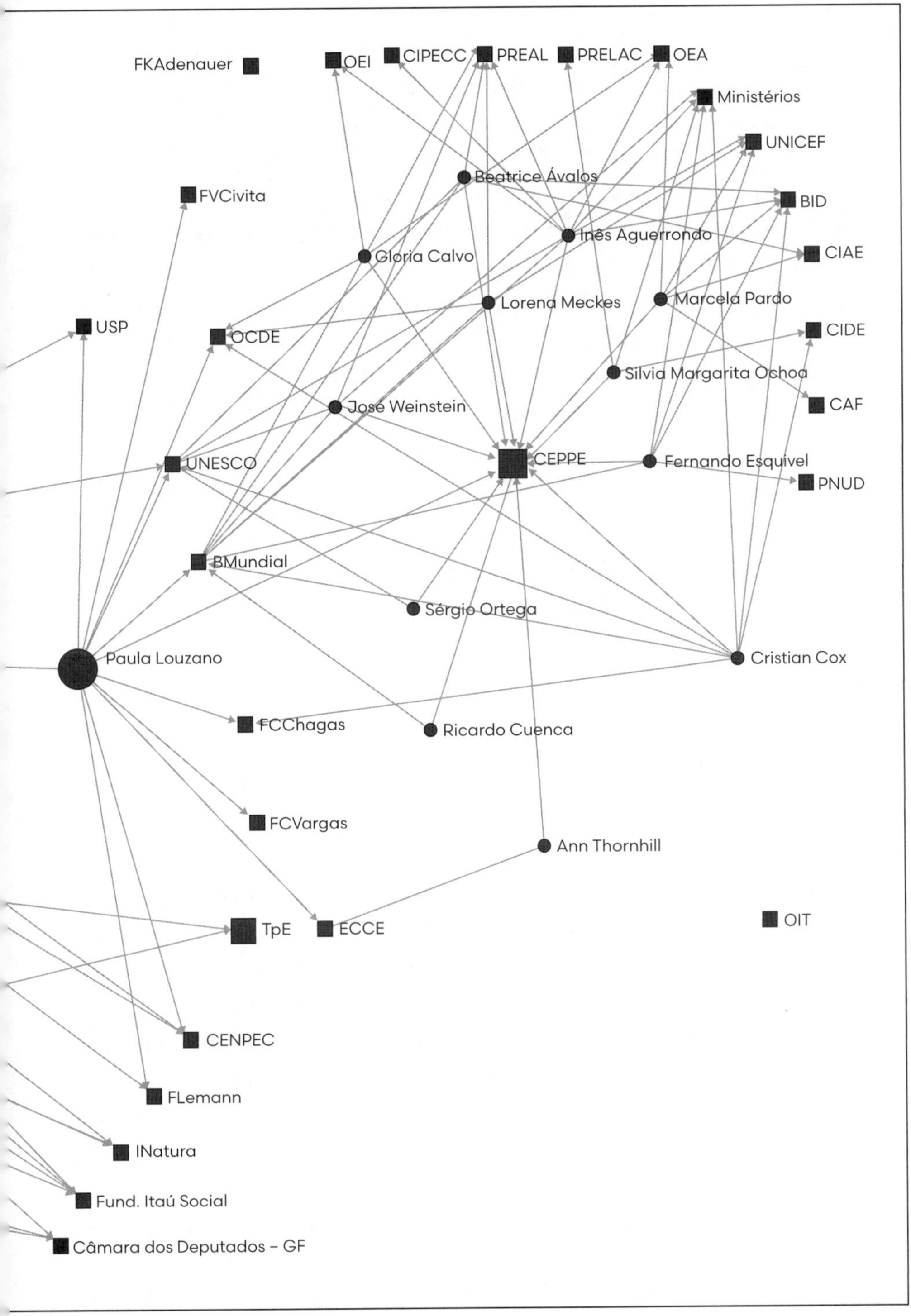
FKAdenauer
OEI
CIPECC
PREAL
PRELAC
OEA
Ministérios
UNICEF
Beatrice Ávalos
FVCivita
BID
Inês Aguerrondo
Gloria Calvo
CIAE
Lorena Meckes
Marcela Pardo
USP
OCDE
CIDE
Silvia Margarita Ochoa
José Weinstein
CAF
UNESCO
CEPPE
Fernando Esquivel
PNUD
BMundial
Sérgio Ortega
Paula Louzano
Cristian Cox
FCChagas
Ricardo Cuenca
FCVargas
Ann Thornhill
TpE
ECCE
OIT
CENPEC
FLemann
INatura
Fund. Itaú Social
Câmara dos Deputados – GF

de Educação (Undime). Nesse livro, as autoras analisam as políticas educativas relativas à carreira docente e à formação inicial e continuada dos professores, o que inclui a progressão e a avaliação, as formas de ingresso e o monitoramento dos professores sem experiência, bem como os incentivos ao trabalho docente, destacando a melhoria do desempenho escolar dos alunos. As autoras apontam que um dos objetivos principais da obra é colaborar com os debates sobre as políticas docentes, subsidiando ações que poderão contribuir para superar entraves legais que estariam "dificultando" a valorização dos professores e a melhoria da qualidade da Educação no Brasil.

Em síntese, vê-se que colaboradores do *Proyecto Estratégico sobre Docentes* realizam pesquisas e diagnósticos no país, elaboram publicações, participam de reuniões com ministros de Estado, de eventos patrocinados por fundações empresariais e de seminários regionais com acadêmicos, gestores, Consed, Undime e representantes sindicais. Congregando esses atores, as redes de políticas públicas realizam uma tarefa essencial à governança transnacional da Educação.

Considerações finais

No contexto da globalização, temas como a formação de professores, outrora questão de Estado, transcendem as fronteiras nacionais e tornam-se pauta de Fóruns Mundiais, como os de Incheon e de Davos. A preocupação global com o conhecimento como fator de produção mobiliza chefes de Estado e o grande capital, além de levar as agências multilaterais a propor políticas globais, tomando a Educação como um dos pilares para o desenvolvimento sustentável. Em vista disso, procurou-se demonstrar como as redes regionais exercem um papel crucial na circulação do conhecimento produzido pelo encontro entre *experts*, dirigentes, influenciadores e tomadores de decisões de política educacional, catalisando o fluxo de informações em um duplo sentido: do local para o global e vice-versa.

A repetição de ideias, de formas de apresentar os problemas e de propor soluções produz uma hegemonia discursiva (FAIRCLOUGH, 2010). Reproduzidas *ad infinitum* por diferentes segmentos sociais, as "receitas" para melhorar a Educação vão minando o senso comum e promovendo uma "[...] recepção ativa, seletiva e interpretativa, produzindo significados no contexto de acolhimento" (CARVALHO, 2009, p. 184). Ademais, cabe observar que, nesse processo, peritos internacionais, articulados com as organizações nacionais, avaliam, medem e coletam indicadores nacionais, comparam e diagnosticam problemas, tentam vender suas consultorias, soluções digitais e tecnologias de fazer reformas.

A literatura sobre transferência de políticas educacionais, acrescida da pesquisa sobre o *modus operandi* das redes de *experts*, contribui para o estudo dos mecanismos de reprodução e de adaptação das políticas globais aos contextos locais. Os dados desta pesquisa contribuem para o entendimento de que o isomorfismo das reformas educacionais não decorre de um fenômeno espontâneo de convergência, mas da construção social do alinhamento entre os interesses políticos e econômicos que pautam as agendas internacionais e nacionais.

A utilização da metodologia da análise de redes sociais contribui para a superação da visão de política produzida por burocratas nas estruturas do aparelho de Estado, nas Câmaras e nas Comissões do Executivo e do Legislativo, que editam normas e regulamentam a Educação brasileira. Procurou-se desenvolver uma abordagem que contemplasse os agentes e os interesses políticos e econômicos na racionalidade e no fazer da política. Buscou-se evidenciar a articulação entre os níveis macro e micro de análise, destacando-se o papel das organizações multilaterais na governança transnacional, que promovem, por meio das redes, a permeabilidade público-privada. Argumenta-se que *experts* são estratégicos nas redes que operacionalizam a internacionalização das políticas que concorrem para a desestatização da Educação pública, instituindo-a como um amplo campo de atuação para o mercado financeiro, como indicam as contrarreformas no Brasil.

O estudo das redes de políticas públicas põe em evidência as relações entre sujeitos e organizações de mundos muito distintos, além de demonstrar não só o alinhamento das propostas nacionais às internacionais, mas também a mixagem de racionalidades de diferentes setores, estimulando o desenvolvimento de outras pesquisas que, mais do que conhecer as propostas das organizações multilaterais para a Educação nas diversas partes do globo, consigam desvelar seus fins, identificar como atuam e o que esperam obter nos diversos territórios, por meio da Educação.

Referências

ARAÚJO JÚNIOR, João Ferreira de. *O trabalhador da Educação e a acumulação flexível do capital*: um estudo do posicionamento do Sintego frente à política educacional de Goiás. 2013. Dissertação (Mestrado em Educação) — Universidade Federal de Goiás, Goiânia, 2013.

BALL, Stephen J. New philanthropy, new networks and new governance in education. *Political Studies*, [*s. l.*], v. 56, n. 4, p. 747-765, 2008. DOI: https://doi.org/10.1111/j.1467-9248.2008.00722.x.

CARVALHO, Luís Miguel. *Emergência e circulação do conhecimento psicopedagógico moderno (1880-1960)*: estudos comparados Brasil-Portugal. Lisboa: Educa, 2009.

COWEN, Robert. Acting comparatively upon the educational world: puzzles and possibilities. *Oxford Review of Education*, London, v. 32, n. 5, p. 561-73, 2006. DOI: https://doi.org/10.1080/03054980600976155.

CUNHA, Thaís Marcelino. *O engajamento do setor privado na Educação pública*: redes Unesco de políticas docentes para a educação infantil. 2016. Trabalho de Conclusão de Curso (Bacharelado em Pedagogia) — Universidade Federal de Santa Catarina, Florianópolis, 2016.

DALE, Roger. Specifying globalization effects on national policy: a focus on the mechanisms. *Journal of Education Policy*, London, n. 14, n. 1, p. 1-17, 1999. DOI: https://doi.org/10.1080/026809399286468.

DALE, Roger. Specifying globalization effects on national policy: a focus on the mechanisms. *In*: LINGARD, Bob; OZGA, Jenny (ed.). *The Routledge Falmer reader in education policy and politics*. Abingdon: Routledge, 2007. p. 48-74.

FAIRCLOUGH, Norman. *Critical discourse analysis*: the critical study of language. 2. ed. Harlow: Pearson, 2010.

FAZEKAS, Mihaly; BURNS, Tracey. *Exploring the complex interaction between governance and knowledge in education*. Cambridge: OECD Publishing, 2012. (OECD Education Working Papers, n. 67). DOI: https://doi.org/10.1787/19939019.

GATTI, Bernadete; BARRETTO, Elba Siqueira; ANDRÉ, Marli Eliza D. de A. *Políticas docentes no Brasil*: um estado da arte. Brasília: Unesco, 2011.

GRAMSCI, Antonio. *Maquiavel, a política e o Estado moderno*. 5. ed. Rio de Janeiro: Civilização Brasileira, 1984.

HANNEMAN, Robert A.; RIDDLE, Mark. *Introduction to social network methods*. Riverside, CA: University of California, 2005.

JESSOP, Bob. *The capitalist state*: marxist theories and methods. Oxford: Basil Blackwell, 1984.

KATSIKAS, Dimitrios. Non-state authority and global governance. *Review of International Studies*, Cambridge, v. 36, n. 51, p. 113-135, 2010. DOI: https://doi.org/10.1017/S0260210510000793.

KU, Hok Bun; YUEN-TSANG, Angelina W. K. Capacity building. *In*: BERVIR, Mark (org.). *The Sage handbook of governance*. London: Sage, 2011. p. 469-483.

LEVIN, Ben. Mobilising research knowledge in education. *London Review of Education*, London, v. 9, n. 1, p. 15-26, 2011. DOI: http://dx.doi.org/10.1080/14748460.2011.550431.

LEWIS, Steven. The turn towards policy mobilities and the theoretical-methodological implications for policy sociology. *Critical Studies in Education*, London, v. 62, n. 3, p. 322-337, 2021. DOI: https://doi.org/10.1080/17508487.2020.1808499.

LOUZANO, Paula; MORICONI, Gabriela. Visão da docência e características dos sistemas de formação docente. *In*: ORGANIZACIÓN DE LAS NACIONES UNIDAS PARA LA EDUCACIÓN, LA CIENCIA Y LA CULTURA. *Temas críticos para formular nuevas políticas docentes en América Latina y el Caribe*: el debate actual. Santiago: Centro de Estudios de Políticas y Prácticas en Educación, 2014. p. 1-52.

NEVES, Lúcia M. W. (org.). *A nova pedagogia da hegemonia*: estratégias do capital para educar o consenso. São Paulo: Xamã, 2005.

ORGANIZACIÓN DE LAS NACIONES UNIDAS PARA LA EDUCACIÓN, LA CIENCIA Y LA CULTURA (UNESCO). *Antecedentes y criterios para la elaboración de políticas docentes en América Latina y el Caribe*. Santiago: Centro de Estudios de Políticas y Prácticas en Educación, 2013.

ORGANIZACIÓN DE LAS NACIONES UNIDAS PARA LA EDUCACIÓN, LA CIENCIA Y LA CULTURA (UNESCO). *Temas críticos para formular nuevas políticas docentes en América Latina y el Caribe: el debate actual*. Santiago: Centro de Estudios de Políticas y Prácticas en Educación, 2014.

PERRY, Laura B.; TOR, Geok-hwa. Educational transfer: analytical frameworks, conceptualizations and motives. *In*: ANNUAL CONFERENCE OF THE AUSTRALIAN AND NEW ZEALAND COMPARATIVE AND INTERNATIONAL EDUCATION SOCIETY, 35., 2007, Auckland. *Proceedings* [...]. Perth: Murdoch University, 2007. p. 1-22.

SCHWARTZMAN, Simon; COX, Cristián (org.). *Políticas educacionais e coesão social*: uma agenda latino-americana. Rio de Janeiro: Elsevier; São Paulo: Instituto Fernando Henrique Cardoso, 2009.

SHIROMA, Eneida O. *et al. Redes de políticas públicas e governança da Educação*: pesquisando a convergência das políticas para docentes nas agendas para a próxima década. Florianópolis: UFSC, 2016. Relatório de Pesquisa.

SHIROMA, Eneida O.; BRITO NETO, Aníbal C. Em nome da qualidade: construindo estândares para o gerenciamento de professores. *Movimento*, Niterói, v. 2, p. 1-25, 2015. DOI: https://doi.org/10.22409/mov.v0i2.252.

STEINER-KHAMSI, Gita; WALDOW, Florian. *Policy borrowing and lending in education*. London: Routledge, 2012.

CAPÍTULO 3

Políticas curriculares globais e locais[1]

Elizabeth Macedo

Universidade do Estado do Rio de Janeiro (UERJ)

Introdução

Nas últimas décadas, o controle nacional dos currículos voltou à tona ao Brasil, menos em função da constituição de blocos econômicos, como parece ter sido o caso nos anos de 1990. Ainda que, na América Latina, a validação internacional dos certificados já não justifique a necessidade de currículos nacionais, ela ainda é apresentada como a grande solução para a melhoria da qualidade da Educação. A retórica da comparabilidade internacional, posta em funcionamento pela Organização para a Cooperação e o Desenvolvimento Econômico (OCDE) quando passou a se dedicar à Educação, segue sendo mobilizada tanto

1. Pesquisa financiada pelo Conselho Nacional de Desenvolvimento Científico e Tecnológico (CNPq), pela Fundação Carlos Chagas Filho de Amparo à Pesquisa do Estado do Rio de Janeiro (Faperj) e pelo Prociência da Universidade do Estado do Rio de Janeiro (UERJ).

para diagnosticar os problemas educacionais como para lhes oferecer solução. A sucumbência a tal retórica está longe de ser exclusividade do Brasil, sendo denominada por Sahlberg (2015) pelo acrônimo GERM (*Global Education Reform Movement*). Anderson-Levitt (2017) argumenta que muitos países têm se jogado em reformas curriculares, na medida em que elas são apresentadas como uma saída eficaz para muitos e difusos problemas e, em especial, como uma alternativa de modernização de sistemas educacionais.

A ação contínua do Estado na elaboração e na implantação de currículos nacionais amplia o interesse pela temática das políticas curriculares, tornando-a um dos principais focos do campo do currículo. Em estudo anterior, em coautoria com Lopes (LOPES; MACEDO, 2014), indicamos que situação semelhante ocorreu, no Brasil, no auge das reformas neoliberais dos anos de 1990, por época da coalizão Thatcher-Reagan. Podemos perceber o mesmo interesse no âmbito internacional, em alguns casos em função da força da OCDE na definição de diretrizes e padrões globais (MACEDO, 2022). No Brasil, foram muitas as pesquisas sobre a temática na última década, gerando um número considerável de artigos, agrupados ou não em dossiês de periódicos[2] e em coletâneas (AGUIAR; DOURADO, 2018; CÁSSIO; CATELLI, 2019; SILVA; NOVAES, 2021; SILVA; XAVIER FILHA, 2019). Contam, nesse conjunto de textos, entre outros, estudos do processo político de produção e de implementação dos currículos, análises de seus conteúdos e dos efeitos que provocam na Educação pública, assim como um número nada desprezível de sugestões para a melhor implementação das diretrizes estatais em diferentes campos disciplinares.

Conforme as políticas curriculares passam a ser mais analisadas, surgem novos desafios teóricos que precisam ser enfrentados. No cenário atual, no mundo, inclusive no Brasil, as novas formas de governança neoliberal têm dominado a cena das políticas estatais, em substituição às antigas formas de governo. Emergem, como lembra

2. Ver levantamento de Soek e Mainardes (2017) e Giareta (2021).

Lingard (2021, p. 349, tradução nossa), "[...] novas espaçotemporalidades associadas com a globalização com impactos para a pesquisa e a teorização na sociologia política em Educação".[3]

Stephen Ball, entre outros, tem-se destacado na análise de espaçotemporalidades caracterizadas por redes de influência plurais de diferentes atores. O autor vem chamando a atenção para a constituição de redes heterárquicas (BALL, 2014) na definição das políticas públicas, envolvendo parceiros públicos, instituições filantrópicas, negócios educacionais, consultores individuais, Organizações não Governamentais (ONGs), redes de *advocacy*, entre outros. Essas redes deslocam a política, e exigem que os pesquisadores busquem outras ferramentas teóricas e metodológicas para dar conta de entendê-las.

No Brasil e em outros países da América Latina, há muito, a presença de organismos multilaterais — como OCDE, Organização das Nações Unidas para a Educação, a Ciência e a Cultura (Unesco) e Banco Mundial (BM) — na definição das políticas públicas oficiais é insidiosa. Durante um bom tempo, e ainda hoje, muitas decisões políticas nos diferentes países do continente foram fortemente impactadas por diretrizes exaradas por tais organismos, o que muitas vezes distorceu prioridades nacionais e locais. Com isso, não quero defender que não haja muitas ressignificações produzidas nos contextos nacionais e que a interferência desses organismos tenha sido sempre negativa. Meu objetivo é apenas destacar que muitos de nossos instrumentos de análise política foram sendo desenhados para um contexto em que eles tinham forte influência. Nas últimas décadas, há novas formas de governança no ar, colocando-nos em um momento difuso de inflexão.

Por um lado, tanto a Base Nacional Comum Curricular (BNCC) quanto o Novo Ensino Médio (NEM), aprovados recentemente pelo Conselho Nacional de Educação (CNE), mostram que houve poucas mudanças nas perspectivas pregnantes: por exemplo, na organização

3. Lingard (2021) advoga a importância da dimensão espaçotemporal no estudo da política, o que nos parece daria conta de forma muito mais adequada do que gostaríamos de defender. No entanto, os estudos que trazemos neste texto ainda não mobilizam essa ideia teórica.

da Base em torno da noção de competência e na importância que vem sendo conferida a competências socioemocionais (MACEDO, 2019a). Por outro, tais estratégias foram e vêm sendo postas em ação por redes heterárquicas, constituídas de atores públicos e privados, coletivos e individuais. Talvez seja adequado argumentar que a governança exercida pela OCDE e pelas redes heterárquicas é muito semelhante, no sentido de que ambas atuam por meio de uma governança *soft* e difusa (SELLAR; LINGARD, 2013) para pôr em ação a razão neoliberal. Sem necessariamente discordar dessa interpretação, defendo, com Ball (2014) e outros, que a presença dessas redes de atores múltiplos e globais exige novas formas de conduzir a pesquisa.

No caso da BNCC, por exemplo, julgo que é necessário responder como a defesa de sua necessidade atravessou governos de distintos matizes até a aprovação de um documento final após o golpe de 2016. Há, sem dúvida, diferenças entre as várias versões dos documentos, mas elas estão longe de caracterizar qualquer inflexão mais drástica em relação à aposta no binômio currículo nacional-avaliação de larga escala. Indo um pouco mais além, é preciso perscrutar também qual o papel de demandas neoconservadoras, trazidas com o golpe de 2016 e com a eleição de Bolsonaro, sobre essas redes de governança. Como tais demandas se constituem no seio do projeto neoliberal e com ele se articulam?

O caráter descentrado das políticas torna seu estudo mais complexo, razão pela qual estudiosos do currículo têm se valido do mapeamento de redes globais de políticas, estudo capitaneado no campo da Educação por Stephen Ball (BALL, 2014, 2016). No caso do Brasil, esses mapeamentos têm permitido acompanhar como as novas formas de governança atuam nas políticas curriculares, tanto por velhos organismos multilaterais quanto por redes de atores neoliberais e conservadores. Para além de ser uma opção metodológica, o mapeamento das redes globais implica o posicionamento teórico de tomar o neoliberalismo como racionalidade, que, como tal, produz efeitos incontroláveis e imprevisíveis. Meu objetivo, neste texto, é retomar alguns desses mapeamentos de redes globais que intersectam a discussão sobre políticas de currículo — com foco na BNCC — para, a partir deles, levantar alguns desafios que temos enfrentado no Grupo de Pesquisa (GP) Giros Curriculares: currículo, cultura e diferença,[4] do Programa de Pós-Graduação em Educação da Universidade do Estado do Rio de Janeiro (ProPEd/UERJ), por mim coordenado. Ao mesmo tempo que destaco a relevância de mapeamento das redes de influência para o entendimento das políticas em curso, argumento que, no caso das políticas curriculares, é preciso entender também que efeitos pedagógicos/educacionais estão sendo produzidos e como é possível deslocá-los. Começo, no entanto, buscando dar conta da complexidade teórica do momento em que as recentes políticas curriculares são gestadas — escritas e implementadas.

Neoliberalismo no Brasil: do multilateralismo às redes globais

Nesta seção, pretendo mobilizar autores de inflexão pós-estrutural que, em geral, dialogam com a tradição foucaultiana para pensar o neoliberalismo. Isso significa tomá-lo como o que Foucault (1997) denomina um acontecimento discursivo ou como uma racionalidade política que engendra novas formas de subjetividade e de práticas diferenciais de regulação do mercado. Como destacam Callison e Manfredi (2020, p. 2, tradução nossa), tal significação desafia a ideia de que o neoliberalismo é "[...] uma ideologia monolítica a ser varrida de uma vez por todas ou abraçada e sustentada *en toto* [...], teorizando-o em suas formas múltiplas e mutantes". Além de Stephen Ball, incorporo as reflexões de Wendy Brown sobre o neoliberalismo em sua fase atual.

Por mais que as políticas venham, há muito, assumindo uma configuração global, o diálogo com tais autores — que produzem a partir

4. Disponível em: https://www.giroscurriculares.com.br/. Acesso em: 14 jul. 2022.

da Inglaterra e dos Estados Unidos da América (EUA) — precisa ser feito com algum cuidado. Se a globalização é, como sugere Mbembe (2006, p. 5, tradução nossa), o "[...] fenômeno central da nossa época", são muito distintas as formas como ela impacta sociedades com diferentes experiências de liberalismo, keynesianismo, democracia, racismo, populismo. Tenho defendido que toda boa teorização precisa ser situada e que a mobilização da literatura do norte global, em especial do eixo Europa-EUA, não implica sucumbência ao poder colonial. Julgo que, na medida em que o caráter mutante do neoliberalismo seja levado a sério, será possível dar conta de entendê-lo em suas formas de acontecer em nosso cenário de enormes fossos socioeconômicos, de racismo estrutural e de instituições democráticas fragilizadas por experiências de ditadura e de patrimonialismo.

Sem a pretensão de origem, tomo, como ponto de partida, meados dos anos de 1990, momento em que foi promulgada a Lei de Diretrizes e Bases (LDB) — Lei n. 9.394, de 20 de dezembro de 1996 (BRASIL, 1996) —, a qual estabeleceu as novas diretrizes para a Educação brasileira no marco da Constituição Cidadã de 1988 (BRASIL, 1988). Segundo Rosenberg (2005), foi justamente nessa década que a globalização se transformou em *Zeitgeist*, com o fim da Guerra Fria e a criação de condições de governança digital. Na Educação, foi quando a OCDE ganhou proeminência na área da Educação, constituindo-se como ator político cuja governança só fez se ampliar ao longo dos anos (ADDEY, 2016; MAUSETHAGEN, 2013; MORGAN; VOLANTE, 2016; NIEMANN; MARTENS, 2018; SELLAR; LINGARD, 2013). Tal governança se constituiu em torno de uma narrativa que vinculava diretamente a Educação e o desenvolvimento econômico em uma atualização da retórica do capital humano. Em sua própria definição, a OCDE apresenta-se como instituição que tem ajudado "[...] os países a promover a boa governança, a reformar e melhorar as suas políticas econômicas a serviço de um crescimento mais forte. Esses esforços valeram a pena, e um consenso mais amplo surgiu em torno da economia de mercado e da democracia" (OCDE, 2011, p. 2, tradução nossa).

Para viabilizar sua atuação, a OCDE mobilizou sua *expertise* na coleta e na comparação de dados estatísticos, desenvolvendo uma testagem internacional cujos resultados apontavam para a necessidade de intervenções nos sistemas nacionais. Sellar e Lingard (2013, p. 618, tradução nossa), em texto muito referenciado, destacam a capacidade da OCDE de difundir, de forma "[...] global, um tipo de racionalidade técnica weberiana como uma demonstração de modernidade de qualquer nação". Para tanto, ela criou estratégias de governança *soft* que atuaram buscando "[...] configurar as visões de atores-chave em Educação em escala local, nacional e global" (SELLAR; LINGARD, 2013, p. 722, tradução nossa). Por meio de propaganda bem estruturada, a OCDE legitimou sua agenda educacional, "[...] reforçando sua governança global ao estender o espaço global de comensuração em Educação e introduzir sua métrica Pisa [Programa Internacional de Avaliação de Estudantes] em avaliações nacionais de larga escala" (ADDEY, 2017, p. 311, tradução nossa). No Brasil, o impacto dessa governança fez-se sentir com muita força na elaboração de um sistema nacional de avaliação pelo governo social-democrata, que viria a ser fortalecido nos anos seguintes pelo Partido dos Trabalhadores (PT) e pela definição de currículos nacionais que subsidiassem as testagens. Se, desde os anos de 1990, a avaliação nacional vinha sendo aprimorada, foi a partir de 2005 que o sistema se consolidou com o objetivo de "[...] criar condições para que cada brasileiro [tivesse] acesso a uma Educação de qualidade e [fosse] capaz de atuar crítica e reflexivamente no contexto em que se inser[ia], como cidadão cônscio de seu papel num mundo cada vez mais globalizado" (BRASIL, 2008, p. 4). Apesar de uma descrição marcada por uma visão mais crítica, consolidou-se uma política de metas de qualidade cuja adesão se tornou condição para "[...] receber o apoio técnico/financeiro do MEC" (BRASIL, 2008, p. 4). Estados e municípios que não atingissem as metas definidas pelo Plano de Desenvolvimento da Educação (PDE) para o período — estabelecidas em acordo com padrões definidos pela OCDE — deixariam de receber suporte financeiro da União.

Posso argumentar que a opção por pinçar esses momentos na política curricular recente deixou de fora uma série de outras ações que, nos governos do PT, evidenciaram um forte compromisso com uma sociedade mais justa e com as demandas "identitárias" dos diferentes grupos marginalizados. Também não desejo minimizar a ampliação dos canais de participação da sociedade na vida política, mesmo com os acordos com o pensamento liberal por ocasião da eleição, que se mantiveram ao longo dos governos. Certamente, não desejo esquecê-los nem pretendo fazê-lo, até porque minha leitura do neoliberalismo como acontecimento discursivo implica percebê-lo como "[...] inconstante, diferenciado, assistemático [e] impuro" (BROWN, 2015, p. 20, tradução nossa). Autores como Dardot e Laval (2015), Mouffe (2019) e a própria Brown (2015) defendem que, em um determinado momento, governos à esquerda no espectro político: "[...] abandonaram a ideia de que se devia enfrentar o neoliberalismo" (MOUFFE, 2019, p. 130, tradução nossa), e decidiram "[...] conduzir uma política autenticamente neoliberal com a pretensão de 'justiça social', senão de igualdade" (DARDOT; LAVAL, 2015, p. 286). Foi um momento em que a democracia liberal com a promessa de inclusão, de justiça social e de direitos humanos avançou o seu projeto de economização ascendente da vida (BROWN, 2015).

A tentativa de definir o neoliberalismo como "ordem normativa da razão" (BROWN, 2015, n.p., tradução nossa) implica tomá-lo como produtivo. Em vez de tratá-lo como um conjunto de restrições imposto ao Estado ou mesmo aos sujeitos, em diálogo com Foucault, Brown destaca os efeitos da redução de todas as esferas da vida ao econômico:

> O neoliberalismo transmodifica cada domínio e comportamento humano, assim como os humanos em si, de acordo com uma imagem específica da economia. Todas as condutas são condutas econômicas; todas as esferas da existência são enquadradas e medidas por termos e métricas econômicas, mesmo aquelas esferas não diretamente monetarizadas (BROWN, 2015, n.p., tradução nossa).

Como racionalidade, o neoliberalismo atua comodificando o Estado e seus aparatos, assim como os sujeitos, gerando versões de si que não podem ser totalizadas. Em outras palavras, não é possível pensar o Estado como ator central no processo de governança, definido por Brown (2015) como uma forma de administrar em que se produz um ambiente que direciona os sujeitos para agir com "bom senso". Se a OCDE, entre outros organismos multilaterais, foi, possivelmente, o ator mais relevante na governança neoliberal na Educação em dado momento, esse protagonismo vem se diluindo com a entrada em cena de múltiplos atores, conforme Stephen Ball em entrevista a Avelar (2016). Com isso, não quero argumentar que há uma mudança radical nas estratégias adotadas pelas novas redes plurais de atores. Defendo, apenas, a necessidade de atenção à constituição de redes de governança amplas e globais para dar conta das múltiplas e das imprevisíveis estratégias expansionistas da racionalidade neoliberal.

Nesse sentido, o trabalho de Ball (2014, p. 34), ao argumentar que "[...] as redes políticas constituem uma nova forma de governança", tem sido frutífero para entender o "[...] como do neoliberalismo. Como ele é promovido. Como ele é 'feito'. Como ele 'funciona'" (BALL, 2014, p. 24). Trata-se, para o autor, de "[...] um tipo de 'social' novo, envolvendo tipos específicos de relações sociais, de fluxos, de movimentos" (BALL, 2014, p. 29), que demanda dispositivos analíticos próprios. Antes, porém, de me dedicar ao uso metodológico que vimos fazendo do trabalho de Ball, no campo do currículo, julgo importante discutir as redes políticas como dispositivo conceitual.

Como vinha destacando em trabalhos anteriores, Ball (2014) argumenta que os novos agenciamentos das políticas públicas são produzidos

> [...] em um novo tipo de espaço de políticas em algum lugar entre agências multilaterais, governos nacionais, ONGs, *think tanks* e grupos de interesse, consultores, empreendedores sociais e empresas internacionais, em locais tradicionais e em círculos de elaboração de políticas e além (BALL, 2014, p. 35).

Tal configuração não apenas produz novas formas de governança, como também constitui cada um desses atores na relação que estabelecem com os demais. Nesse sentido, está em jogo não propriamente a substituição do Estado pelo mercado, mas a redefinição do seu papel, "[...] envolvendo uma mudança do governo para governança, isto é, da burocracia para as redes; de prestador para contratante" (BALL, 2014, p. 37).

O setor público e o Estado têm sido jogadores importantes na racionalidade neoliberal, como destacam tanto Ball (2014) quanto Brown (2015). Afinal, na medida em que é economizado — usando a língua franca da economia e da antipolítica —, o Estado se torna fundamental para gerenciar a nação, sendo "[...] compelido a servir e a facilitar uma economia na qual não se espera que ele toque" (BROWN, 2015, n.p., tradução nossa). Se as políticas educacionais do Estado estão cada vez mais marcadas pela racionalidade econômica e pelas novas formas de governança das redes globais, isso não implica a superação das clássicas estratégias de privatização, ao contrário, observa-se que ambos os processos têm funcionado de forma complementar. No Brasil, tal complementariedade é cada vez mais clara no campo da Educação. Os grandes conglomerados que oligarquizam os negócios educacionais — Eleva Educação, Inspira Redes de Educadores, Grupo SEB, Bahema Educação — vinculam-se, de formas diversas, às redes de governança das políticas públicas. Entre outros aspectos, cabe destacar a concomitância temporal entre a formação desses conglomerados e a ação mais agressiva das novas formas de governança em rede no país.

As redes que produzem as políticas públicas em Educação no Brasil agregam, hoje, diferentes jogadores em articulação com o Estado e suas burocracias responsáveis pela produção dessas políticas. Alguns deles são fundações que há muito se dedicavam à Educação e foram adaptando suas formas de ação às novas maneiras de governança. A criação do Todos pela Educação (TPE), em 2006, é um marco importante nesse processo, na medida em que reuniu de maneira sistemática, e em nível nacional, o capital social privado às burocracias do Estado, como da União Nacional dos Dirigentes Municipais de Educação (Undime) e do Conselho Nacional de Secretários de Educação (Consed), articulando-se também com redes internacionais conservadoras (BALL, 2014).

Capitaneado, inicialmente, por fundações e/ou pessoas ligadas ao Banco Itaú Unibanco e a Gerdau, o TPE reuniu, muito rapidamente, um conjunto expressivo de grupos empresariais que o suportam (MARTINS, 2016). Tais vínculos são, no entanto, borrados de tal modo que o movimento é apresentado, em sua página na internet, como constituído por pessoas físicas. Na entrada "Todos quem", por exemplo, consta apenas o corpo técnico que trabalha para o TPE, sendo os associados efetivos e fundadores também apresentados em uma nominata de pessoas físicas, sem nenhum vínculo declarado, que incluem de artistas a secretários e ministros da Educação, consultores em organismos multilaterais, presidentes de fundações privadas, parlamentares, entre outros. Desse modo, o TPE busca apresentar-se como "[...] uma organização da sociedade civil [...]. Sem fins lucrativos, não governamental" (TPE, 2021a, n.p.), ou como uma rede de "*advocacy* pela Educação" (TPE, 2021b, n.p.), mantida, genericamente, "[...] por doações de pessoas físicas, fundações, institutos e empresas [...]" (TPE, 2022, n.p.). No estudo de Martins (2016), porém, são explicitados os principais financiadores nacionais, com destaque para a Gerdau, assim como a contribuição do Banco Interamericano de Desenvolvimento (BID) por meio de financiamento de cooperação técnica.

A articulação de grandes redes público-privadas também tem se dado, no Brasil, em torno de temas mais específicos, como é o caso do Movimento pela Base (MPB), "[...] uma rede não governamental e apartidária de pessoas e instituições, que desde 2013 se dedica a apoiar a construção e implementação de qualidade da BNCC e do Novo Ensino Médio" (MPB, 2022, n.p.). No caso dessa rede, fica mais explícito o variado apoio institucional de instituições do terceiro setor e públicas, com destaque para as instituições que compõem o conselho de mantenedores: Fundação Lemann, Instituto Natura e fundações ligadas ao Banco Itaú Unibanco. Diferentes estudos no campo das políticas curriculares têm feito referência a essa rede, incluindo o mapeamento feito por Avelar e Ball (2019), que é objeto de atenção na próxima seção.

Para além de atuarem em redes nomeadas, institutos e fundações ligadas ao capital privado, também atuam em suas pautas próprias, ainda que cada vez mais tais pautas sejam articuladas também em redes menos formais e não nomeadas, capitaneadas pelos principais atores sociais. Em geral, os jogadores dessas redes são financiadores importantes do TPE e do MPB: Fundação Lemann, fundações ligadas ao Banco Itaú Unibanco e seus herdeiros, Fundação Ayrton Senna, Instituto Natura, Gerdau, Instituto Inspirare, Fundação Bradesco, Fundação Roberto Marinho, entre outros. Participam, ainda, dessas redes, instituições sem fins lucrativos criadas com finalidades específicas, em geral como desdobramento de ações desenvolvidas por um ou mais desses jogadores, como é o caso, no que tange à BNCC, do Instituto Reúna e do Porvir, para citar apenas dois. Por fim, as redes têm contato, também, com a parceria mais ou menos duradoura de jogadores da área acadêmica, vinculados ou não a instituições públicas, tais como a Fundação Centro de Políticas Públicas e Avaliação da Educação (Fundação CAEd), ligada à Universidade Federal de Juiz de Fora (UFJF), a Associação Brasileira de Avaliação Educacional (Abave) e a Fundação Getúlio Vargas (FGV) (ARAUJO; LOPES, 2021). Como é próprio das redes de governança política, alguns agrupamentos surgem entre eles para a resolução de problemas específicos, em geral com a parceria do Estado por intermédio do Ministério da Educação (MEC) e suas subunidades ou de Secretarias Municipais e Estaduais de Educação, articuladas ou não em torno da Undime e do Consed.

Em termos de atuação junto ao Estado brasileiro, talvez o exemplo mais icônico seja o da Fundação Lemann em função de sua capacidade de ação em diferentes frentes e de suas inúmeras articulações internacionais. A Fundação tem influído, entre outras áreas, na formulação de políticas públicas, na gestão das redes de ensino, na produção de material educacional, na formação de pesquisadores, assim como de quadros políticos parlamentares. Ainda que criada em 2002,[5] apenas a partir de 2006 e mais intensamente de 2010 procurou "[...] contribuir com a criação e implementação de políticas públicas de Educação que pudessem levar o Brasil a um novo patamar" (LEMANN, 2011 *apud* Canabrava, 2019, p. 141). Esse momento coincide com a consolidação das novas redes de governança público-privadas na Educação brasileira, para a qual a Fundação desempenhou papel crucial. A partir de então, a Fundação Lemann tem liderado inúmeros processos de reformulação da Educação, em especial a formulação e a implementação da BNCC e do NEM (MACEDO, 2014). Durante a pandemia, teve atuação destacada junto aos estados e aos municípios, assim como aos docentes, ampliando o espaço conquistado nas políticas de Educação pública (MACEDO, 2021b). Destaque-se que João Paulo Lemann é também o principal acionista do grupo Eleva Educação, que vem se tornando um dos maiores grupos de escolas privadas, investindo fortemente em tecnologia educacional.

Algumas metas e formas de ação da Fundação Lemann — compartilhadas pela maioria dos jogadores atuantes na definição das políticas públicas no Brasil, por exemplo, no TPE e no MPB — caracterizam uma ação não muito distinta da posta em prática por organismos multilaterais, como a OCDE, o BID, o BM. A tônica que perpassa a rede é a de uma "[...] Educação como válida primeiramente para o desenvolvimento do capital humano, onde capital humano é o que o indivíduo, o mundo do negócio e o estado buscam aumentar de modo a maximizar a competitividade" (BROWN, 2015, n.p., tradução nossa). Em documento que apresenta o "compromisso do TPE", de 2006, lê-se: "[...] a Educação deve ser considerada uma política estratégica para o desenvolvimento econômico, social, político e cultural de uma nação" (TPE, 2006, p. 24). No relatório da Fundação Lemann, de 2009, Jorge Paulo Lemann explicita seu compromisso de: "Colaborar para a

5. Canabrava (2019) destaca que o Cadastro Nacional da Pessoa Jurídica (CNPJ) da Fundação data de 2011, embora sua data de criação divulgada seja 2002. Lembra ainda que, apesar de receber o nome de Fundação, sua natureza jurídica registrada é a de associação privada.

formação de uma elite esclarecida para liderar e garantir a competitividade do país no longo prazo" (FUNDAÇÃO LEMANN, 2009, p. 4).

Mais recentemente, a linguagem econômica dos atores dessas redes vem sendo minimizada em prol de uma narrativa mais social, porém são muitos os momentos de retomada do discurso do capital humano. Apenas a título de exemplo, em 2019, o TPE organizou o evento "Educação e a agenda de competitividade: não há desenvolvimento econômico e social sem Educação Básica", em que o diretor do BM defendeu que "[...] o verdadeiro desafio do Brasil é investir no seu capital humano" (CRUZ; BRACHER, 2019, n.p.). Nas políticas mais específicas sustentadas pela rede — como as curriculares, em que projeto de vida como empreendedorismo de si se tornou um dos componentes curriculares mais centrais do Ensino Médio — permanece forte a configuração "[...] dos sujeitos, incluindo sujeitos cidadãos, por métricas de mercado do nosso tempo do capital humano de autoinvestimento" (BROWN, 2015, n.p., tradução nossa).

As técnicas de exercício da governança são, também, partilhadas na rede, que exerce seu poder *soft* a partir do que Brown (2015, n.p., tradução nossa) denomina "[...] um sofisticado senso comum". O recurso, muito comum no mundo econômico, para melhores práticas e *benchmarks* é usado à exaustão como justificativa para a tomada de decisões. São práticas selecionadas da experiência de escolas e docentes, assim como da experiência internacional — em especial nos *benchmarks* para construir narrativas possíveis de sucesso, independentes de contexto. Para Brown (2015, n.p., tradução nossa), tais práticas e *benchmarks* "[...] consolidam os empreendimentos de governos, negócios e conhecimento em uma episteme de mercado que sutilmente bane valores e propósitos não marquetizáveis". Ainda que se apresentem como neutras e técnicas, promulgam normas de mercado e "[...] exemplificam mais amplamente o poder *soft* da governança" (BROWN, 2015, n.p., tradução nossa).

Ao recorrer a *benchmarks* e mesmo a experiências internacionais, as redes explicitam a criação do que Ball (2014, p. 37) denomina, citando Ong, "[...] novos tipos de agenciamentos globais". A mobilidade das políticas vai se tornando mais visível a partir do momento em que experiências norte-americanas, europeias, australianas são apresentadas como exemplos de sucesso, o mesmo acontecendo com a mobilização de produção acadêmica de pesquisadores estrangeiros. As apropriações deixam de lado qualquer avaliação crítica e/ou negativa produzida no contexto de origem, apostando na ausência de historicidade ou de contextualização. A partir disso, de forma análoga ao que buscavam os organismos multilaterais, cria-se uma espécie de convergência global das políticas, na medida em que não apenas as soluções, mas também os próprios problemas para os quais elas se apresentam como solução são definidos pela governança exercida pelas redes. Com isso, não quero implicar que não haja especificidades nacionais e mesmo subnacionais, e que as histórias locais não tenham influência na forma como as políticas globais são vivenciadas nesses contextos. Como destaca Lingard (2021, p. 340, tradução nossa), a "[...] rápida mobilidade das ideias políticas ao redor do globo [convive] com a lenta ou talvez mais lenta implementação das políticas em lugares e instituições específicas".

No que tange às políticas públicas de currículo no Brasil, área de interesse explícito tanto de organismos multilaterais quanto das redes de governança que atuam na Educação, é possível perceber tanto a presença maciça das novas formas de governança *soft* quanto a potência das resistências produzidas pelos diferentes espaços-tempos. Não é objeto deste texto tratar de tais resistências, ainda que elas tragam um importante limite para a ação dessas redes heterárquicas.

Recentes políticas de currículo: redes de governança como método

Além de definir as redes políticas como dispositivos conceituais, Ball (2014, p. 30) as apresenta também como:

> [...] um método, uma técnica analítica para olhar a estrutura das comunidades de política e suas relações sociais. Ela[s] trabalha[m] para capturar

e descrever alguns aspectos dessas relações, isto é, alguns aspectos mais visíveis dessas relações. No entanto, nem os aspectos analíticos nem os descritivos do método apresentam-se sem dificuldades.

Ao longo de sua obra, o autor destaca algumas dessas dificuldades, que ademais vêm sendo salientadas na literatura (LEWIS, 2020; LINGARD, 2021) como ele mesmo admite. Meu objetivo aqui não é retomar tais dificuldades e, menos ainda, discutir as implicações do uso do método na sociologia política. Em outra direção, quero identificar potencialidades desse uso para os estudos das recentes políticas de currículo, tanto em contextos em que as redes são também entendidas como dispositivo conceitual quanto em situações nas quais outros aportes teóricos são mobilizados.

Em levantamento sobre estudos em política educacional no Brasil na década de 2010, Mainardes e Stremel (2021) destacam que, diferentemente do que ocorre na literatura internacional, são ainda poucas as pesquisas que utilizam a etnografia de redes no país. Ainda que os autores tenham se concentrado em dossiês que abordam o tema políticas educacionais e identificado apenas três textos com foco no currículo, suas conclusões são visíveis no campo como um todo. Na análise das mobilidades globais envolvendo políticas curriculares, é incomum o uso da etnografia de redes, pelo menos de forma explícita. O que se encontra são, por um lado, mapeamentos de redes que têm as políticas curriculares como uma de suas áreas de intervenção e, por outro, pesquisas que se valem ou subsomem mapeamentos, sem apresentá-los explicitamente.

Dentre os mapeamentos recentemente realizados no país, duas redes de *advocacy* ganham destaque por estarem centralmente envolvidas na aprovação da BNCC: o TPE, estudado por Martins (2016); e o MPB, que tem sido objeto de diferentes grupos (AVELAR; BALL, 2019; AVELAR; NIKITA; BALL, 2018; PERONI; CAETANO, 2015; MARTINS; FERREIRA, 2022), dentre os quais se sobressai, por sua amplitude, o trabalho capitaneado por Marina Avelar. Ambas as iniciativas dialogam com o campo da política, de modo que se concentram no entendimento das transformações da esfera pública e do papel do Estado na definição das políticas públicas. Nesse sentido, buscam entender as relações entre Estado, instituições filantrópicas corporativas e familiares e mercado, não se debruçando de forma mais detalhada sobre os efeitos dessas articulações sobre os sentidos de currículo e de Educação.

Ainda assim, podem-se vislumbrar muitos desses efeitos, por exemplo, no exaustivo mapeamento realizado por Martins (2016) da TPE. Mesmo que o movimento não tenha como objetivo central a defesa da Base, o fato de ele advogar pela implementação de uma cultura de metas tornou a avaliação um de seus pilares. Como um dos aspectos avaliados é a aprendizagem — com vista à melhoria da qualidade da Educação e da gestão da política —, essa cultura impacta fortemente o pedagógico e o currículo. A defesa de uma base comum curricular em nível nacional que pudesse subsidiar a avaliação da aprendizagem e a gestão do sistema educacional com base em evidências se tornou um dos pontos centrais da ação da TPE. Nesse sentido, o mapeamento de Martins (2016) traz um conjunto de informações que permitem aos pesquisadores de currículo perceber as mobilidades globais que ajudam a produzir a retórica de que um currículo nacional é imprescindível.

Os mapeamentos sobre o MPB realizados por Avelar e colaboradores lidam mais explicitamente com ações em favor da aprovação e da implementação da BNCC, com foco nas estratégias para fortalecer as novas formas de governança política. Em textos distintos (AVELAR; BALL, 2019; AVELAR; NIKITA; BALL, 2018), a autora tem buscado abordar momentos e recortes específicos dessa rede de *advocacy*, de modo que, articulados, eles compõem um mapa mais consistente das redes envolvidas no movimento pró-BNCC. Em trabalho em coautoria com Ball (AVELAR; BALL, 2019, p. 5, tradução nossa), os autores mapeiam "os [...] 'suportes institucionais' da mobilização, [que] incluem 12 organizações privadas de tipos distintos, incluindo organizações da nova filantropia (familiar e corporativa), instituições de pesquisa e associações de serviço público". Como se trata de um movimento que articula instituições e sujeitos individuais, Avelar e Ball (2019) também destacam sujeitos-chave, na medida em que eles são fundamentais para "[...] entender como os discursos do MPB fluem" (AVELAR; BALL, 2019, p. 6, tradução nossa), e seus pertencimentos tanto às organizações filantrópicas quanto às esferas de governo. O mapeamento explicita a potência das redes de *advocacy* como "[...] parte de uma miríade de pequenos movimentos, experimentos e iniciativas que podem escalar e contribuir para uma reengenharia mais profunda do sistema" (AVELAR; BALL, 2019, p. 8, tradução nossa). Ainda que tal mapeamento tenha o objetivo de entender a participação da nova filantropia na produção das políticas, em colaboração com o Estado, eles são um ponto de partida importante para os pesquisadores de currículo, na medida em que explicitam a intricada teia das formas de governança heterárquicas que produzem sentidos para currículo.

Lidando mais diretamente com as políticas curriculares, Araujo (2022) produziu um mapeamento amplo das redes envolvidas na implementação da BNCC entre os anos de 2017 e 2021. O trabalho destacou, em especial, a ação de organizações filantrópicas, como Fundação Lemann, Fundação Itaú Unibanco, Instituto Ayrton Senna, Fundação Bradesco, Natura, sem deixar de considerar as redes de *advocacy* MPB e TPE. Como já indicavam Avelar e Ball (2019), Araujo (2022) também destacou o elevado nível de imbricamento entre diferentes organizações filantrópicas e privadas, entre si e com entes públicos. O argumento da autora é de que a ampliação da rede descentrada em prol de um currículo nacional sistêmico é parte da estratégia de tornar a governança mais efetiva. Parte considerável do material que circula pela rede é produzida por algumas poucas organizações que são, também, responsáveis por sua circulação nos diferentes nós da rede. Apesar de a rede apresentar-se de forma multicêntrica e pulverizada, há uma forte concentração na sua governança, o que também pode ser observado quando se analisa o financiamento da maior parte das ações por ela desenvolvidas. Canabrava (2019), ao estudar a Fundação Lemann, dá conta de seu protagonismo no financiamento de grande parte do que é produzido nas redes de governança filantrópica no país. O mesmo se observa no trabalho de Rocha (2019) no que tange às redes da nova direita, capitalizadas por umas poucas organizações.

Esse conjunto de estudos — acrescidos dos trabalhos que não tangenciam a temática do currículo desenvolvidos no Núcleo de Estudos e Pesquisa em Políticas Educacionais (Neppe), da Universidade Federal de Pelotas (UFPel); e no Grupo de Estudos e Pesquisas em Políticas Educacionais (Greppe), da Universidade Estadual de Campinas (Unicamp), entre outros — tem mostrado uma ampla interseção das fundações corporativas e familiares envolvidas na governança da Educação, assim como seus vínculos com o Estado. Ao mapear as cofiliações de figuras-chave do MPB, por exemplo, Avelar e Ball (2019) destacam uma elevada sobreposição entre esse movimento e o TPE. Nesse sentido, o cruzamento dos diferentes mapeamentos realizados é imperativo. A força heurística do projeto que vem sendo capitaneado por Stephen Ball está no caráter extensivo de sua pesquisa, o que, no Brasil, tem sido favorecido pelas associações de diferentes pesquisadores em políticas educacionais. A importância da interconexão das diferentes "redes" para um entendimento mais efetivo das formas de governança é atravessada, no entanto, pelo fato de a noção de rede ser avessa a sínteses. Como ampliar o potencial analítico da etnografia de redes sem renunciar ao movimento que é próprio das redes, sem transformá-la em um estudo de cunho estrutural, é um grande desafio que pesquisadores do campo têm buscado endereçar.

Dentre as interseções que merecem ser mais exploradas, ganham destaque aquelas estabelecidas entre as redes de filantropia, os movimentos de *advocacy* e o *edu-business*, ainda muito pouco estudadas no Brasil.[6] Antes de tudo, é preciso lembrar que a ação mais efetiva de grandes conglomerados educacionais, assim como a criação de "grandes monopólios" educacionais, é relativamente recente no Brasil.

---

6. Avelar (2020) destaca a dificuldade de levantar informação da ação das Fundações junto aos diferentes agentes públicos.

Além disso, não é tarefa simples criar metodologias que permitam correlacionar as intervenções das redes de filantropia nas políticas públicas com os negócios de tais grupos. Pode-se, contudo, como fizeram Adrião *et al.* (2022), em estudo recente, indicar a insidiosa presença de grupos privados na Educação pública. No caso deste estudo, tal presença se deu por meio da oferta de pacotes educativos às redes municipais, ainda que os principais grupos apontados pelo estudo não tenham braços filantrópicos fortes. É difícil responder, por exemplo, sobre o impacto de uma política pública como a BNCC — alicerçada no descrédito sobre qualidade da Educação pública — na ampliação do mercado de Educação privada dominado por cinco ou seis grupos de investimento, ou, ainda, sobre o papel de um currículo nacional na criação de um mercado para material didático, impressos e de informática, e cursos de formação docente, braços importantes de tais grupos.

Essas e outras muitas questões mostram a potência das etnografias de redes para o estudo das políticas públicas na área de Educação no contexto neoliberal de imbricamento entre Estado e mercado. No campo das políticas curriculares, o seu uso tem-se constituído, na maioria das vezes, como uma etapa para entender como as novas formas de governança vêm produzindo efeitos sobre os sentidos de Educação e de currículo. Em geral, não se tem mapeado as redes — ou apresentado tal mapeamento como o resultado do estudo —, mas destacado, a partir do mapeamento, relações que se mostram relevantes na produção desses sentidos. Se algumas informações do mapeamento são sonegadas, o procedimento favorece a visualização das relações e das disputas por significação. Para alguns, tal uso não deveria ser caracterizado como etnografia de redes, na medida em que não tem por foco as novas governanças das políticas públicas. Trata-se, muito possivelmente, de uma interpretação correta. A despeito disso, tenho entendido que lançar mão do método, assim como da formulação teórica que o sustenta, é relevante para perceber como decisões curriculares têm sido produzidas por fluxos globais que se valem das novas formas de governança para se capilarizarem.

Redes globais e políticas curriculares

O mapeamento de redes de atores públicos e privados no estudo do currículo e de suas políticas precisa ser feito com cuidado. No campo da política, a apresentação dos mapeamentos tem por finalidade entender o funcionamento de novas formas de governança e, nisso, reside seu potencial analítico. Ao usá-lo no estudo dos currículos, corre-se o risco de apresentar tais redes como um problema em si. Em alguns trabalhos, os mapas — em geral muito restritos — têm sido usados apenas para argumentar que a Educação pública vem sendo privatizada. Por um lado, isso distorce a concepção de que as novas formas de governança deslocam os sentidos de público e privado. Por outro, moraliza as soluções e os problemas construídos pelos enredamentos desses diferentes atores: a presença de filantropia ou de organismos privados na Educação seria negativa. Defendo que a Educação pública é dever do Estado, mas julgo que não é possível sustentar que a filantropia é, por natureza, ruim sem detalhar os efeitos de sua ação sobre a construção de sentidos para os termos Educação e currículo.

No Grupo de Pesquisa Giros Curriculares: currículo, cultura e diferença, começamos a usar a etnografia de redes, com vista a entender a mobilidade global de demandas por currículo nacional impulsionadas no Brasil. Temos produzido mapas de redes filantrópicas, fundações privadas e agentes públicos envolvidos nas políticas curriculares recentes, ainda que, no geral, tenhamos optado por não os apresentar, em primeiro lugar, porque são parciais; em segundo, porque não queremos cristalizá-los ou apresentá-los como expressão estrutural da realidade. A complexidade dos mapas capta a atenção e permite ao leitor buscar estabelecer outras relações, mas pode também invisibilizar conexões relevantes para o tema da pesquisa. Todavia, em especial, queremos evitar que os mapas induzam ao impulso de homogeneização, como se todos os atores das redes se articulassem em torno de uma mesma demanda. Tal movimento somente se sustentaria sobre apagamentos e distorções vários, denotando uma desatenção cúmplice com a razão neoliberal. Não há dúvidas de que as novas formas de governança hegemonizam discursos globais, o que, no entanto, produz-se em negociações conflituosas com os contextos, as histórias e as temporalidades locais. Em nome da memória das diferenças, consideramos imperativo evitar a sensação do homogêneo ou de que o homogêneo é o que conta ou deve ser contado (mapeado) na pesquisa.

Nosso trabalho foi iniciado em 2014, quando os debates para a elaboração da BNCC se intensificaram, no governo do PT, com forte presença de fundações privadas. Naquele momento, chamavam-nos atenção as redes constituídas entre a Fundação Lemann e diferentes instâncias do Estado, em especial a Undime, o Consed e o próprio MEC (MACEDO, 2014). Se, por um lado, as instâncias do MEC defendiam a necessidade da Base como forma de manter o controle das políticas educacionais nas mãos do Estado, por outro, o debate era capitaneado pela Fundação. Entre as muitas ações para hegemonizar a necessidade de um currículo nacional, estava a organização de eventos diversos, que, como destacam Avelar e Ball (2019, p. 4, tradução nossa), têm sido "[...] lugares para suportar a criação, a evolução e a manutenção de uma rede política dinâmica, instável e em expansão, em que a nova filantropia, os tecnocratas que formulam as políticas e o Estado interagem".

Nos primeiros momentos de elaboração da BNCC, eventos financiados pela Fundação Lemann, com a participação de secretários de Educação e de diferentes instâncias da burocracia pública, traziam para o debate pesquisadores internacionais e apresentavam experiências internacionais descritas como exitosas. A memória de tais eventos permanecia em canais de *YouTube* e seguia sendo acessada pelas redes públicas no convencimento de seu corpo de docentes. Ao longo dos dez anos de formulação[7] da Base e na atual fase de implementação, muitos outros atores sociais vieram à cena, tornando os mapeamentos

7. Tomo o programa Currículo em Movimento, que funcionou de 2008 a 2010, como o detonador da discussão recente que culminou com a aprovação da BNCC pelo CNE. Todavia,

mais complexos, como demonstra o estudo de Araujo (2022). Isso não significou, porém, uma mudança substancial nas estratégias de ação nem a perda de protagonismo da Fundação Lemann, que passou a se articular com muitas outras organizações. O mapeamento do MPB realizado por Avelar e Ball (2019) mostra tal protagonismo pelo número elevado de relações que a Fundação estabelece no interior da rede, conclusão também sustentada pelo estudo de Araujo (2022). Cumpre também destacar a pesquisa de Canabrava (2019) que aponta para a ampliação de sua presença no conjunto das políticas públicas para a Educação.

Conforme a rede em favor de uma base nacional para o currículo foi se complexificando, passamos a notar o surgimento de estratégias de ação descentralizada, com setorização de seu funcionamento (MACEDO, 2019a, 2021a). Estamos percebendo não apenas uma clara divisão de temas entre os diferentes organismos que a compõem, mas também a referenciação cruzada no seu interior. Tais estratégias criam uma comunidade de partilha e ampliam a circulação das leituras por elas produzidas, colaborando para a consolidação de determinados sentidos. A título de exemplo, posso citar o movimento para hegemonizar a noção de competência, em geral, e de competência socioemocional, em particular. No caso da primeira, sua inserção na BNCC deu-se na última versão do documento, no qual competências gerais substituíram a noção de direitos de aprendizagem, e se desdobraram em competências menores e em habilidades. Em relação à competência socioemocional, ela nem sequer é mencionada com destaque na BNCC, mas tem sido tema frequente na fase de implementação. Ainda que se trate de conceitos que variam bastante na literatura pedagógica, no interior da rede, são partilhadas interpretações bastante homogêneas. Como destaco em outros lugares (MACEDO, 2021a, 2021b), a plataforma Porvir, mantida até 2019 pelo Instituto Inspirare e atualmente uma organização autônoma, tem sido a responsável pelo conteúdo

---

talvez seja possível remeter o processo à formulação dos Parâmetros Curriculares Nacionais (PCN) logo depois da aprovação da LDB, em 1996.

sobre competências e pela interpretação das competências gerais da BNCC que circulam por toda a rede. Na discussão sobre competências socioemocionais, além da Fundação Lemann e do Porvir/Inspirare, surge também a Fundação Ayrton Senna. A estratégia de setorização não apaga as distinções de entendimento dentro da rede, ainda que se observe uma homogeneização maior dos sentidos que nela circulam nos últimos anos.

Mesmo tendo por referência um período reduzido de apenas dez anos, talvez seja interessante considerar algumas mudanças na rede de apoio à BNCC em relação ao caráter mais homogêneo dos sentidos que ela performa. Nos primeiros levantamentos que realizamos, um aspecto que chamava atenção era justamente o fato de não haver um pensamento único nos eventos patrocinados pela Fundação Lemann. Isso nos impelia a ter o cuidado de não tratar a rede como um todo homogêneo e uniforme, ainda que houvesse clara primazia da concepção sistêmica de currículo, que o articula à avaliação e à gestão (TAUBMAN, 2009). O foco inicial da rede era transformar a necessidade de um currículo nacional em senso comum, para o que se mobilizavam experiências e pesquisadores internacionais de diferentes vertentes, em geral localizados no norte global. Em termos teóricos, autores críticos de inflexão marxista — como Michael Young — dividiam espaço com perspectivas sistêmicas e comportamentais de currículo. Autores que abordavam questões de identidade — raciais, sociais, de gênero — também eram convidados ao debate, assim como discussões sobre políticas de inclusão de pessoas com deficiência. A estratégia de apresentar *benchmarks* internacionais acrescentava ao conjunto, sem muito protagonismo, as perspectivas que os subsidiavam. Os argumentos na mesa eram distintos, aproximando-se apenas na defesa de que um currículo nacional é fundamental para a melhoria da qualidade da Educação, em especial em um país com tantas desigualdades. Aos poucos, os estudos sistêmicos foram ganhando terreno com a ampliação dos vínculos internacionais com grupos que sustentaram o *common core* americano. Os *benchmarks* internacionais também começaram a fazer referência a essa experiência e ao currículo australiano, abandonando, por exemplo, alusões inicialmente frequentes à Finlândia.

Talvez seja possível e mesmo adequado argumentar que, ao longo de todo o processo, a concepção sistêmica de currículo sempre foi muito mais prevalente e que a mobilização de outras perspectivas tinha como objetivo ampliar a aceitação da necessidade de um currículo nacional. A recusa a tomar as novas redes de governança como um todo homogêneo e uniforme, no entanto, impele o pesquisador a entendê-la também em seus enraizamentos locais e temporais. Nesse sentido, um elemento importante para a análise dos movimentos que buscam legitimar a BNCC — e, ademais, do momento político recente do Brasil — foi o golpe jurídico-político que tirou o PT do poder em 2016. Como um ponto de inflexão, a mudança de governo explicitou movimentos sociais aos quais, talvez, tenhamos dado menos importância do que possuíam. Nesse novo cenário, outros atores sociais passaram a interferir mais intensamente nas políticas públicas para a Educação e o currículo, o que, em vez de ampliar os sentidos circulantes, parece ter produzido uma uniformização maior.

Como as demandas conservadoras começaram a impactar seriamente a BNCC — transformada em um dos ícones contra os quais esses grupos lutavam —, passamos a mapear redes conservadoras. Dentre essas redes, interessamo-nos em especial pelo Movimento Brasil Livre (MBL) e pelo Escola sem Partido (ESP) (MACEDO, 2017, 2018), por suas demandas relacionadas à Educação e ao currículo. As redes que articulavam o MBL e o ESP se mostravam atavicamente ligadas ao movimento conservador americano, nucleado por instituições ligadas aos irmãos Koch: a *Atlas Network* sendo a principal delas. Não se tratava de uma novidade, na medida em que Ball (2014) já havia indicado a presença do TPE como um dos braços da *Atlas Network*; entretanto, parecia estar em curso uma intensificação de sua presença no país. Conclusão semelhante foi apontada, mais recentemente, por Lima e Hypolito (2020) ao analisarem a virada conservadora no Brasil. Em resumo, estamos diante de um conjunto de "soluções educacionais" para os problemas brasileiros gestadas pelo movimento conservador dos Estados Unidos: *homeschooling*, ações contra "doutrinação ideológica", cruzada contra a ciência e a favor de explicações criacionistas, entre outros.

Nossos mapeamentos dos movimentos conservadores indicaram conclusões paradoxais, se analisados no contexto global, o que reforça a necessidade de levar em conta o local. A clivagem entre conservadores e (neo)liberais clássicos, claramente visível nos Estados Unidos, desaparece no contexto brasileiro em que as duas redes se sobrepõem e no qual a oposição parece se fazer a um certo pensamento de esquerda.[8] Nesse sentido, organizações tipicamente neoliberais que defendem uma versão progressista do neoliberalismo — ainda que sem criar as condições de sua efetiva realização — têm surgido, em nossos mapeamentos, em articulação com redes globais conservadoras (MACEDO, 2017, 2019b, 2021a). Não desconheço que a origem da racionalidade neoliberal é, como argumenta Brown (2019), conservadora. Segundo a autora, "[...] o neoliberalismo hayekiano é um projeto político-moral que visa proteger as hierarquias tradicionais negando a própria ideia do social e restringindo radicalmente o alcance do poder político democrático nos Estados-nação" (BROWN, 2019, p. 23). Contudo, como ela, defendo a existência de ocorrências progressistas (que chamei anteriormente de clássicas) e conservadoras do neoliberalismo que, no Brasil recente, parecem se interceptar. Por suposto, analisar, de forma mais consistente, as sobreposições e as interseções entre ocorrências progressistas e conservadoras do neoliberalismo no Brasil recente é uma tarefa complexa que foge ao escopo deste texto e, em geral, do trabalho que vimos desenvolvendo. No entanto, como entendo que essas ocorrências, embora faces da mesma moeda, não são equivalentes em termos de seus efeitos sobre a vida de muitas pessoas, julgo que é preciso, o mais possível, diferenciá-las. Reconhecer suas diferenças, as formas como se aproximam e se distanciam em um determinado contexto pode ser importante para criar possibilidades de deslocamentos

8. Em outro texto (MACEDO, 2021a), sugeri — apenas na tentativa e sem maior desenvolvimento — que a articulação entre tais ocorrências é produzida na contraposição aos populismos de esquerda latino-americanos e, no caso do Brasil, ao fortalecimento do PT nas últimas décadas.

do poder que contribuam para uma vida mais justa ou "uma vida mais vivível" (BUTLER, 2015).

No momento inicial, as redes conservadoras posicionaram-se frontalmente contrárias ao controle estatal do currículo ou à existência de uma base nacional, o que ficou patente na recusa inicial ao documento. Aos poucos, a recusa foi substituída pela aceitação de uma versão expurgada de temas como gênero, sexualidade e raça — definidos como demandas de um difuso pensamento de esquerda. Ainda que o esforço por sua implementação pelo atual governo, sustentado pelo conservadorismo, seja reduzido, não se pode dizer que há uma visível oposição a um currículo nacional, como ocorre nos Estados Unidos. O custo dessa aceitação, porém, é a redução da preocupação com a diferença e do compromisso com uma versão mais inclusiva de neoliberalismo (MACEDO, 2019b). Nesse contexto, ganham ainda mais destaque perspectivas técnicas e sistêmicas de currículo, que maximizam os sentidos de currículo como metas de aprendizagem (ou expectativas, como nas primeiras versões do documento) que, uma vez atingidas, evidenciariam a qualidade da Educação.

O quadro dos estudos sobre as recentes políticas de currículo brasileiras desenvolvidos no Grupo de Pesquisa Giros Curriculares que busquei apresentar, neste texto, de forma muito sintética, parece apontar para um fortalecimento da governança neoliberal nas políticas públicas de currículo no Brasil com a entrada em cena de demandas conservadoras. Não se trata de algo novo, pois, há muitos anos, Apple (2001) já denunciava a articulação entre tais perspectivas no contexto norte-americano, em que, como argumentei, há mais distinções do que no Brasil. Entretanto, o recurso à etnografia de redes tem permitido desenhar um mapeamento mais detalhado e nuançado sobre a dinâmica das articulações entre esses e outros atores sociais. Desde que resistamos, como pesquisadores, ao convidativo desejo de explicações sintéticas que uniformizam, trata-se de um recurso que vem se mostrando poderoso para o estudo dos movimentos globais nas políticas de currículo. Sigamos atentos aos pequenos movimentos por meio dos quais são produzidas as hegemonias, e aos pequenos deslocamentos que surgem aqui e ali.

Referências

ADDEY, Camilla. O Pisa para o desenvolvimento e o sacrifício de dados com relevância política. *Educação & Sociedade*, Campinas, v. 37, n. 136, p. 685-706, 2016. DOI: http://dx.doi.org/10.1590/ES0101-73302016166001.

ADDEY, Camilla. Golden relics & historical standards: how the OECD is expanding global education governance through Pisa for development. *Critical Studies in Education*, [*s. l.*], v. 58, n. 3, p. 311-325, 2017. DOI: https://doi.org/10.1080/17508487.2017.1352006.

ADRIÃO, Theresa *et al*. *Sistemas privados de ensino na Educação pública brasileira*: consequências da mercantilização para o direito à Educação. São Carlos: Pedro & João Editores, 2022. *E-book*. DOI: https://doi.org/10.51795/9786558699514.

AGUIAR, Márcia A.; DOURADO, Luiz. *A BNCC na contramão do PNE 2014-2024*: avaliação e perspectivas. Recife: Anpae, 2018.

ANDERSON-LEVITT, Kathryn. Global flows of competence-based approaches in primary and secondary education. *Cahiers de la Recherche sur l'Éducation et les Savoirs*, [*s. l.*], v. 16, n. 1, p. 47-72, 2017.

APPLE, Michel. Reestruturação educativa e curricular e as agendas neoliberal e neoconservadora: entrevista com Michael Apple. [Entrevista cedida a] Michael F. Shaughnessy, Kathy Peca e Janna Siegel. *Currículo sem Fronteiras*, [*s. l.*], v. 1, n. 1, p. 5-33, 2001.

ARAUJO, Hellen G. *A nova filantropia e a Base Nacional Comum Curricular*: a política investigada por redes. 2022. Tese (Doutorado em Educação) — Universidade do Estado do Rio de Janeiro, Rio de Janeiro, 2022.

ARAUJO, Hellen G.; LOPES, Alice C. Redes políticas de currículo: a atuação da FGV. *Práxis Educativa*, Ponta Grossa, v. 16, p. 1-18, 2021. DOI: https://doi.org/10.5212/PraxEduc.v.16.18297.067.

AVELAR, Marina. Interview with Stephen J. Ball: analyzing his contribution to education policy research. *Education Policy Analysis Archives*, [*s. l.*], v. 24, n. 24, 2016. DOI: http://dx.doi.org/10.14507/epaa.24.2368.

AVELAR, Marina. Educação e covid-19: cenário para o avanço da privatização? *Campanha Nacional pelo Direito à Educação*, São Paulo, 4 jun. 2020. Disponível em: https://campanha.org.br/analises/marina-avelar/educacao-e-covid-19-cenario-para-o-avanco-da-privatizacao/. Acesso em: 12 jul. 2020.

AVELAR, Marina; BALL, Stephen. Mapping new philanthropy and the heterarchical state: the mobilization for the national learning standards in Brazil. *International Journal of Educational Development*, [*s. l.*], v. 64, p. 65-73, 2019. DOI: https://doi.org/10.1016/j.ijedudev.2017.09.007.

AVELAR, Marina; NIKITA, Dimitra P.; BALL, Stephen J. Education policy networks and spaces of "meetingness": a network ethnography of a Brazilian Seminar. *In*: ALTINYELKEN, Hulya K. (org.). *Global education policy and international development*: new agendas, issues and policies. London: Bloomsbury, 2018. p. 55-74.

BALL, Stephen J. *Educação global S.A.*: novas redes de políticas e o imaginário neoliberal. Tradução: Janete Bridon. Ponta Grossa: Editora UEPG, 2014.

BALL, Stephen J. Following policy: networks, network ethnography and education policy mobilities. *Journal of Education Policy*, London, v. 31, n. 5, p. 549-566, 2016. DOI: https://doi.org/10.1080/02680939.2015.1122232.

BRASIL. Constituição (1988). *Constituição da República Federativa do Brasil de 1988*. Brasília, DF: Senado: Centro Gráfico, 1988.

BRASIL. Lei n. 9.394, de 20 de dezembro de 1996. Estabelece as diretrizes e bases da Educação nacional. *Diário Oficial da União*: seção 1, Brasília, DF, n. 248, p. 27833-27841, 23 dez. 1996.

BRASIL. *PDE*: Plano de Desenvolvimento da Educação. Brasília: MEC/SEB/Inep, 2008.

BROWN, Wendy. *Undoing the demos*: neoliberalism's stealth revolution. New York: Zone Books, 2015.

BROWN, Wendy. *Nas ruínas do neoliberalismo*. São Paulo: Politeia, 2019.

BUTLER, Judith. *Quadros de guerra*: quando a vida é passível de luto. Rio de Janeiro: Civilização Brasileira, 2015.

CALLISON, William; MANFREDI, Zachary. *Mutant neoliberalism*: market rule and political rupture. New York: Fordham University Press, 2020.

CANABRAVA, Bruna W. *O Projeto Lemann e a educação brasileira*. Rio de Janeiro: Oficina Raquel, 2019.

CÁSSIO, Fernando; CATELLI JR., Roberto. *Educação é a base?* 23 educadores discutem a BNCC. São Paulo: Ação Educativa, 2019.

CRUZ, Priscila; BRACHER, Candido. Jaime Saavedra, diretor global de Educação do Banco Mundial: "O verdadeiro desafio do Brasil é investir no seu capital humano". *Todos pela Educação*, 29 out. 2019. Disponível em: https://todospelaeducacao.org.br/noticias/educacao-e-competividade-nao-ha-desenvolvimento-economico-e-social-sem-educacao-de-qualidade/. Acesso em: 20 jun. 2022.

DARDOT, Pierre; LAVAL, Christian. Uma alternativa ao neoliberalismo: entrevista com Pierre Dardot e Christian Laval. [Entrevista cedida a] Daniel Pereira Andrade e Nilton Ken Ota. *Tempo Social*, São Paulo, v. 27, n. 1, p. 275-316, 2015.

FOUCAULT, Michel. *A arqueologia do saber*. Rio de Janeiro: Forense Universitária, 1997.

FUNDAÇÃO LEMANN. *Relatório de atividades*. São Paulo, 2009. Disponível em: https://fundacaolemann.org.br/storage/materials/8XHpIF6m0qNiEBvooCcAkjaxS3XsPdvO6ug25AWe.pdf. Acesso em: 22 jun. 2022.

GIARETA, Paulo F. A produção de conhecimento sobre a Base Nacional Comum Curricular no Brasil: levantamento de teses, dissertações e artigos. *Revista de Estudios Teóricos y Epistemológicos en Política Educativa*, Ponta Grossa, v. 6, p. 1-38, 2021. DOI: https://doi.org/10.5212/retepe.v.6.18101.003.

LEWIS, Steven. The turn towards policy mobilities and the theoretical-methodological implications for policy sociology. *Critical Studies in Education*, [*s. l.*], v. 62, n. 3, p. 322-337, 2020. DOI: https://doi.org/10.1080/17508487.2020.1808499.

LIMA, Iana G.; HYPOLITO, Álvaro M. Escola sem Partido: análise de uma rede conservadora na Educação. *Práxis Educativa*, Ponta Grossa, v. 15, p. 1-17, 2020. DOI: https://doi.org/10.5212/PraxEduc.v.15.15290.053.

LINGARD, Bob. Multiple temporalities in critical policy sociology in education. *Critical Studies in Education*, [*s. l.*], v. 62, n. 3, p. 338-353, 2021. DOI: https://doi.org/10.1080/17508487.2021.1895856.

LOPES, Alice C.; MACEDO, Elizabeth. The curriculum field in Brazil since the 1990s. *In*: PINAR, William (org.). *International handbook of curriculum research.* New York: Routledge, 2014. p. 86-100.

MACEDO, Elizabeth. Base Nacional Curricular Comum: novas formas de sociabilidade produzindo sentidos para Educação. *e-Curriculum*, São Paulo, v. 12, n. 3, p. 1530-1555, 2014.

MACEDO, Elizabeht. As demandas conservadoras do Movimento Escola sem Partido e a Base Nacional Curricular Comum. *Educação & Sociedade*, Campinas, v. 38, p. 507-524, 2017. DOI: https://doi.org/10.1590/ES0101-73302017177445.

MACEDO, Elizabeth. Repolitizar o social e tomar de volta a liberdade. *Educação em Revista*, Belo Horizonte, v. 34, p. 1-15, 2018. DOI: https://doi.org/10.1590/0102-4698212010.

MACEDO, Elizabeth. Fazendo a Base virar realidade: competências e o germe da comparação. *Retratos da Escola*, Brasília, v. 13, n. 25, p. 39-58, 2019a. DOI: https://doi.org/10.22420/rde.v13i25.967.

MACEDO, Elizabeth. A Educação e a urgência de desbarbarizar o mundo. *e-Curriculum*, São Paulo, v. 17, n. 3, p. 1101-1122, 2019b. DOI: https://doi.org/10.23925/1809-3876.2019v17i3p1101-1122.

MACEDO, Elizabeth. Filantropía, iglesia y las recientes políticas curriculares en Brasil. *In*: MORELLI, Silvia (org.). *Políticas curriculares*: experiencias en contextos latinoamericanos. Rosario: Homo Sapiens, 2021a. p. 131-154.

MACEDO, Elizabeth. #Stayathome #Fiqueemcasa: opportunities for new governances of public education in Brazil. *Prospects*, [*s. l.*], v. 51, n. 1, p. 393-405, 2021b. DOI: https://doi.org/10.1007/s11125-020-09534-6.

MACEDO, Elizabeth. Transnational Curriculum Inquiry. *In*: TIERNEY, R. J.; RIZVI, F.; ERKICAN, K. *International Encyclopedia of Education*. London: Elsevier Science, 2022. p. 56-64.

MAINARDES, Jefferson; STREMEL, Silvana. A política educacional na década de 2010 a 2020: análise de publicações. *Revista Exitus*, Santarém, v. 11, n. 1, p. 1-22, 2021. DOI: https://doi.org/10.24065/2237-9460.2015v1n1ID1634.

MARTINS, Eliezer; FERREIRA, Maira. Políticas de currículo e as parcerias público-privadas: o movimento pela BNCC e os efeitos para o ensino de Ciências/Química. *Revista Insignare Scientia*, Cerro Largo, v. 5, n. 2, p. 183-203, 2022.

MARTINS, Erika M. *Todos pela Educação?* Como os empresários estão determinando a política educacional brasileira. Rio de Janeiro: Lamparina, 2016.

MAUSETHAGEN, Sølvi.Governance through concepts: the OECD and the construction of competence in Norwegian education policy. *Berkeley Review of Education*, [*s. l.*], v. 4, n. 1, p. 161-181, 2013. DOI: https://doi.org/10.5070/B84110058.

MBEMBE, Achille. What is postcolonial thinking? An interview with Achille Mbembe. *Espirit*, [*s. l.*], v. 12, p. 117-133, 2006.

MORGAN, Clara; VOLANTE, Louis. A review of the Organisation for Economic Cooperation and Development's international education surveys: governance, human capital, discourses, and policy debates. *Policy Futures in Education*, [*s. l.*], v. 14, n. 6, p. 775-792, 2016. DOI: https://doi.org/10.1177/1478210316652024.

MOUFFE, Chantal. La apuesta por un populismo de izquierda. Entrevista a Chantal Mouffe. [Entrevista cedida a] Samuele Mazzolini. *Nueva Sociedad*, Buenos Aires, n. 281, p. 129-138, 2019. Disponível em: https://nuso.org/articulo/la-apuesta-por-un-populismo-de-izquierda/. Acesso em: 7 jun. 2022.

MOVIMENTO PELA BASE. Quem somos. *Movimento pela Base*, Observatório, 2022. Disponível em: https://movimentopelabase.org.br/quem-somos/. Acesso em: 20 jun. 2022.

NIEMANN, Dennis; MARTENS, Kerstin. Soft governance by hard fact? The OECD as a knowledge broker in education policy. *Global Social Policy*, [*s. l.*], v. 18, n. 3, p. 267-283, 2018. DOI: https://doi.org/10.1177/1468018118794076.

ORGANIZAÇÃO PARA A COOPERAÇÃO E DESENVOLVIMENTO ECONÔMICO (OCDE). Meeting of the OECD Council at Ministerial Level. *OECD*, Paris, maio 2011. Disponível em: https://www.oecd.org/mcm/48064973.pdf. Acesso em: 15 jul. 2022.

PERONI, Vera M. V.; CAETANO, Maria Raquel. O público e o privado na Educação. Projetos em disputa? *Retratos da Escola*, Brasília, v. 9, n. 17, p. 337-352, 2015.

ROCHA, Camila. *Menos Marx mais Mises*: o liberalismo e a nova direita no Brasil. São Paulo: Todavia, 2019.

ROSENBERG, Justin. Globalization theory: a post mortem. *International Politics*, v. 42, p. 2-74, 2005.

SAHLBERG, Pasi. *Finnish Lessons 2.0*. Nova York: Teachers College Press, 2015.

SELLAR, Sam; LINGARD, Bob. The OECD and global governance in education. *Journal of Education Policy*, London, v. 28. n. 5, p. 710-725, 2013. Disponível em: https://doi.org/10.1080/02680939.2013.779791.

SILVA, Fabiany de Cássia T.; NOVAES, Luiz Carlos. *Conhecimentos em ação e a Base Nacional Comum Curricular*. Campo Grande: Editora Oeste, 2021.

SILVA, Fabiany de Cássia T.; XAVIER FILHA, Constantina. *Conhecimentos em disputa na Base Nacional Comum Curricular*. Campo Grande: Editora Oeste, 2019.

SOEK, Isabelli Cristine; MAINARDES, Jefferson. *Base Nacional Comum Curricular — BNCC*: levantamento de publicações (2014-2017). Ponta Grossa: UEPG, 2017. Disponível em: https://www.researchgate.net/profile/Jefferson_Mainardes. Acesso em: 7 jun. 2022.

TAUBMAN, Peter. *Teaching by numbers*: deconstructing the discourse of Standards and Accountability in Education. New York: Routledge, 2009.

TODOS PELA EDUCAÇÃO. *Compromisso Todos pela Educação*: bases éticas, jurídicas, pedagógicas, gerenciais, político-sociais e culturais. São Paulo: Todos pela Educação, 2006. Mimeografado.

TODOS PELA EDUCAÇÃO. Somos o Todos. *TPE*, São Paulo, 2021a. Disponível em: https://todospelaeducacao.org.br/quem-somos/. Acesso em: 20 jun. 2022.

TODOS PELA EDUCAÇÃO. Advocacy pela Educação. *TPE*, São Paulo, 2021b. Disponível em: https://todospelaeducacao.org.br/o-que-fazemos/#advocacy-pela-educacao. Acesso em: 20 jun. 2022.

TODOS PELA EDUCAÇÃO. Eu, você, Todos pela Educação. Vamos juntos? *TPE*, São Paulo, 2022. Disponível em: https://todospelaeducacao.org.br/doacao/. Acesso em: 20 jun. 2022.

CAPÍTULO 4

Rede política pela Educação integral:
o caso do Instituto Ayrton Senna[1]

Camila Costa Gigante

Instituto de Aplicação Fernando Rodrigues da Silveira
da Universidade do Estado do Rio de Janeiro (CAp-UERJ)

Alice Casimiro Lopes

Universidade do Estado do Rio de Janeiro (UERJ)

Introdução

O presente capítulo tem por objetivo apresentar os resultados de uma investigação sobre a rede política em defesa da Educação integral, destacando a ação do Instituto Ayrton Senna (IAS) nessa produção de sentidos. Essa investigação foi realizada a partir de uma intepretação topológica de rede política em torno da Base Nacional Comum Curricular (BNCC).

1. Este trabalho conta com o apoio do Programa da Coordenação de Aperfeiçoamento de Pessoal de Nível Superior (Capes).

A pesquisa associa-se aos trabalhos, em diferentes perspectivas teóricas, que vêm identificando as mudanças nas formas de produção das políticas educacionais por ação das redes de instituições e de seus atores em novos modos de governança (ARAÚJO; LOPES, 2021; CARVALHO; AFONSO, 2021; ROSA; FERREIRA; SILVA, 2020; SHIROMA, 2020). O foco no IAS, por sua vez, justifica-se pelo fato de que essa organização vem ganhando crescente destaque no campo da Educação, com ações diferenciadas no que tange a outras instituições, particularmente no que concerne à Educação integral.

A pesquisa de Silva e Jacomini (2018) localiza a produção acadêmica que faz referência ao IAS, no período de 2002 a 2015, pontuando que as "[...] produções analisadas consideraram as parcerias entre o IAS e os municípios positivas, porém, a maior parte dos autores as considerou negativas, porque inseriram valores mercadológicos na escola pública" (SILVA; JACOMINI, 2018, p. 922). Outras pesquisas também apresentam o IAS como objeto, seja para focalizar sua forma de gerencialismo da Educação pública, compreendendo o privado como parâmetro de qualidade (PERONI; COMERLATTO, 2017), seja para relacioná-lo com "[...] novos mecanismos de privatização, no contexto da globalização, das redefinições do Estado e dos movimentos de Nova Gestão Pública (NGP) e governança" (SCHERER; NASCIMENTO; CÓSSIO, 2020, p. 1).

Em busca de aprofundarmos tais conclusões, investigamos as formas de atuação do IAS e os efeitos que produz para as políticas de currículo, com foco na noção de Educação integral no âmbito das recentes políticas de centralidade curricular, via BNCC. As ações do IAS foram identificadas em uma pesquisa mais ampla (GIGANTE, 2021) como um dos principais nós da rede política em torno da BNCC. Tal trabalho partiu de uma investigação detalhada do que as instituições da rede política em pauta decidem expor sobre o tema por intermédio de suas publicações nos endereços eletrônicos oficiais. É por meio desses canais de disseminação que foram identificados diferentes sentidos para a Educação integral.

Realizamos nossa investigação alinhadas às críticas a uma política de centralidade curricular (DÍAZ-BARRIGA, 2021; HAGE; SENA, 2021; LOPES; MACEDO, 2021), que visa legitimar determinadas aprendizagens para todos os cidadãos, sendo essas aprendizagens registradas como metas instrucionais associadas a uma ideia de justiça social e igualdade/equidade, passíveis de serem garantidas a partir de um conhecimento compreendido como essencial. Tais ideias de igualdade/equidade e justiça social, disseminadas na política de centralidade curricular, são apresentadas na BNCC (BRASIL, 2017), sem que o significante equidade contribua para questionar a igualdade educacional expressa em metas de aprendizado, como se fosse possível operar com sua homogeneização, de forma consensual e sem conflitos, ao ser posta em prática (LOPES; MOREIRA, 2020). Igualmente, essa garantia de direitos vem associada a uma tentativa de garantia de qualidade, relacionando-a, diretamente, à defesa da Educação integral, como destacado no primeiro parágrafo da introdução desse documento:

> A BNCC expressa o compromisso do Estado Brasileiro com a promoção de uma **Educação integral** voltada ao acolhimento, reconhecimento e desenvolvimento pleno de todos os estudantes, com respeito às diferenças e enfrentamento à discriminação e ao preconceito. Assim, para cada uma das redes de ensino e das instituições escolares, este será um documento valioso tanto para adequar ou construir seus currículos como para reafirmar o compromisso de todos com a redução das desigualdades educacionais no Brasil e a promoção da equidade e da **qualidade das aprendizagens** dos estudantes brasileiros (BRASIL, 2017, p. 5, grifos nossos).

A demanda por uma Educação integral é bem antiga no contexto brasileiro. Segundo o Centro de Referências de Educação Integral,[2] há registros nessa direção no Manifesto dos Pioneiros da Educação

2. As informações citadas estão disponíveis em: https://educacaointegral.org.br. Acesso em: 5 jan. 2022.

Nova, em 1932; em 1950, quando Anísio Teixeira apresentou o projeto da Escola-Parque; em 1960, quando Anísio Teixeira e Darcy Ribeiro, entre outros idealizadores, apresentaram um modelo de Educação integral para a Educação Básica, que gerou o Centro de Educação Elementar em Brasília; em 1980, com a proposta dos Centros Integrados de Educação Pública (CIEPs); em 1990, com o projeto das Cidades Educadoras. Nos anos mais recentes, o Centro de Referências em Educação Integral reúne grande parte dos registros em defesa da integralidade da Educação.[3]

Pontuamos, contudo, que o sintagma "Educação integral" não representa sempre a mesma ideia nem carreia os mesmos sentidos. Em cada um desses momentos, diferentes processos políticos buscaram fixar sentidos do que se entende por Educação integral, sem deixarem de negociar com a longa tradição que confere certa positividade a esse sintagma. Tal positividade inclui a indefinição dessa expressão, mantendo-a fortemente sob rasura. Nesse movimento de ampliação de sentidos da demanda pela Educação integral, torna-se, cada vez maior, a quantidade de instituições, privadas e/ou filantrópicas, que se mobilizam por essa demanda, atuando nas políticas educacionais na tentativa de produzir soluções para o campo, bem como apoiar a elaboração e a "implementação"[4] da BNCC.

Pensamos ser importante também destacar que o estudo aqui apresentado se diferencia de outras pesquisas sobre Educação integral e seus desdobramentos, por considerar a ideia de integralidade para além de uma simples ampliação de tempo da jornada escolar ou de grade horária por meio da oferta de novas atividades e disciplinas.

---

3. Para mais informações e exemplos de iniciativas, acessar a linha do tempo do Centro de Referências em Educação Integral. Disponível em: https://educacaointegral.org.br/linha-do-tempo/. Acesso em: 11 abr. 2019.

4. O termo "implementação" é altamente difundido nas políticas educacionais. Entretanto, acreditamos que a lógica da implementação de uma política não deva ser entendida como produtora de uma dicotomia entre proposta/implementação no processo de produção da política, como se os documentos orientadores fossem pensados por instituições governamentais e a aplicabilidade de suas ideias fosse função do contexto escolar. Para mais desenvolvimentos sobre o assunto, ver Lopes e Macedo (2011, 2021).

Nossa perspectiva de integralidade expande-se aos discursos que produzem uma política de Educação integral. Defendemos que essa política está centralmente relacionada ao IAS, sendo compreendida em uma perspectiva mais ampla, decorrente da articulação de diferentes demandas curriculares.

No momento atual, políticas educacionais vêm sendo desenvolvidas, em uma perspectiva neoliberal, por redes de instituições caracterizadas como uma filantropia 3.0. Como uma de nós defendeu em artigo anterior (ARAÚJO; LOPES, 2021), é cada vez maior a ascensão das instituições privadas e filantrópicas nessas redes de discursos. Há mudanças no modo de governança, com desdobramentos na produção curricular, gerados pelas políticas em rede. A desejada autonomia das escolas na elaboração de seus currículos vem sendo substituída por planos de aula e guias disponibilizados pelas instituições privadas e fundações filantrópicas, fora de ações usualmente entendidas como instituídas pelo poder público. Como mencionam Ball e Avelar (2019) e Ball (2014), há um deslocamento para relações heterárquicas, nas quais o poder não está reduzido ao setor público ou aos cargos políticos. Nessas relações, pesa não somente o poder legítimo do Estado em espaços formais de formulação de políticas, mas também o poder dos atores sociais que financiam a política de diferentes modos, reforçando discursos — que também são práticas — neoliberais.

Como destaca Brown (2019), o neoliberalismo não é apenas sobre formas de gerenciar o trabalho e a economia. Trata-se de uma constelação de princípios, de políticas, de práticas e de formas de governar a razão por meio da utopia "[...] de uma ordem liberal desigualitária em que indivíduos e famílias seriam pacificados politicamente pelo mercado e pela moral e subentendidos por um Estado autônomo e com autoridade, mas despolitizado" (BROWN, 2019, p. 27). Em outras palavras, o mercado e a moral seriam habilitados para governar e disciplinar indivíduos.[5] Nas palavras de Ball (2014, p. 25), a perspec-

---

5. Ficará para outros artigos defender, também com Brown (2019), como tal processo produziu a demonização do social e da versão democrática da vida política, fazendo com que o

tiva neoliberal envolve tanto a "[...] 'economização' da vida social e da 'criação' de novas oportunidades de lucro", quanto um conjunto de práticas incoerentes e contraditórias em torno de uma fantasia de mercado que opera na produção de dispositivos de governamentalidade das pessoas, reduzidos a sua capacidade de empreender, de produzir.

A identificação das redes políticas que atuam sob esses princípios e essas práticas passa a ser crucial para investigar como o neoliberalismo vem mudando as políticas educacionais, dentre elas as curriculares. Tendo em vista a perspectiva discursiva e pós-estrutural com a qual trabalhamos, incorporamos a noção de discurso como articulação de demandas frente a um exterior constitutivo (LACLAU, 2011), compreendendo as redes políticas de atores e de instituições como discursivas. Atores e instituições são identificados por tais processos articulatórios, fazendo com que a investigação de como a rede se constitui seja também uma investigação das demandas que operam nessa mesma rede.

A ideia de rede política favorece a interpretação das relações entre estrutura social (uma estrutura topológica) e os agentes políticos que dela participam (MACEDO, 2016), produzindo suas identidades processualmente. Os agentes políticos e a composição de instituições envolvidas na produção da política compõem essa rede, nas quais demandas são articuladas, de forma a hegemonizar uma política de BNCC e a noção de Educação integral que ela abarca.

Desse modo, interpretamos discursos hegemônicos na construção da ideia de integralidade na BNCC, partindo da investigação dos sintagmas: formação humana integral; desenvolvimento integral; protagonismo juvenil; projetos de vida; itinerários formativos; tempo integral e posicionamento crítico, defendidos como desdobramentos de sentidos sobre o significante integralidade na política da BNCC e possíveis de serem interpretados, de acordo com a rede política produzida.

---

neoliberalismo gerasse um Frankenstein ultraconservador e reacionário, articulando racismo, niilismo, fatalismo e ressentimento, que, se não faziam parte de seus propósitos, foram, também, por eles mobilizados ao atacarem a sociedade e a justiça social.

Para a apresentação das conclusões desta pesquisa, trazemos para discussão a relação entre metagovernança e nova filantropia na Educação, com vista a pensar a constituição da rede política que defende a Educação integral e sua articulação com a BNCC. Apresentamos, também, uma interpretação topográfica dessa articulação, por meio de um enfoque investigativo de publicações nos endereços eletrônicos das instituições envolvidas. Ao defendermos o IAS como o maior produtor de sentidos para a relação entre Educação integral e BNCC, com base na visibilidade que confere a essa relação em suas publicações, optamos por considerar múltiplos sentidos sobre como a demanda pela integralidade da Educação tem sido desdobrada na política da BNCC por meio do IAS.

Nessa investigação, aproximamo-nos de todos os que consideram que a pesquisa da política curricular não se limita à interpretação de um documento oficial, sendo a política muito além e bem aquém dos atores sociais que assinam um documento, e dos processos que levaram a sua escrita e a sua promulgação. Desse modo, faz parte da argumentação deste estudo das redes políticas potencializar outras formas de pensar e de investigar a produção política educacional e curricular, fomentando a discussão de que o IAS é um grande produtor de sentidos para a relação entre Educação integral e BNCC. Argumentamos, ainda, que a disseminação desses vínculos entre integralidade e centralidade curricular é desenvolvida por meio da defesa da formação de um cidadão do século XXI com competências gerais apresentadas como possibilidade de trabalho com a integralidade.

Rede política, metagovernança e nova filantropia

Nossa interpretação de uma rede política é embasada principalmente nas contribuições de Ball (2014, 2016, 2018) e Ball e Avelar (2019), mas busca dialogar, também, com noções da teoria do discurso, de forma a problematizar a questão da identificação/subjetivação e ampliar o debate da interpretação discursiva dessas redes.

As redes passam a ser consideradas como expressões políticas, produzidas e significadas na linguagem, sempre passíveis de desconstruções. Podem ser pensadas como uma categoria teórica, e não simplesmente descritiva ou empírica, de produção de sentidos (MACEDO, 2016). A projeção das redes é passível de mudanças e constituída na luta política, possibilitando uma interpretação da política social que desloca a dinâmica das relações interpessoais e da produção de significação por meio das possibilidades discursivas da articulação de demandas.

Como já discutido em Costa e Lopes (2018), o sujeito não é concebido a partir de sua história de vida, de sua experiência profissional, de seu engajamento partidário ou corporativo. O sujeito, como subjetivação, é contingencialmente produzido pela via discursiva, na precipitação, por diferenças sociais articuladas em um momento equivalencial. Conceber a rede política de sujeitos implica, desse modo, conceber os atores sociais e as instituições como nomes que expressam essa articulação de demandas frente a um exterior antagônico constitutivo.

A ideia de rede política dialoga também com a noção de metagovernança, entendida como uma possibilidade de governança em rede, central em obras de Stephen Ball (2014, 2016, 2018). Ao mesmo tempo, trata-se do atravessamento de uma mudança da noção de governo para governança, em outras palavras, uma rearticulação da noção de governo e de autoridade baseada em uma mudança ontológica das últimas décadas (TRIANTAFILLOU, 2004). A metagovernança refere-se à organização das condições para governança, em um sentido mais amplo, representando uma mudança na organização e nas práticas do Estado. De acordo com esse entendimento, é possível explorarmos o mercado e o neoliberalismo, considerando sua influência e suas práticas não como um simples conjunto de ideias flutuantes (BALL, 2014).

Operamos, então, com a metagovernança como uma nova forma de organizar a sociedade, com reflexos no campo da Educação, de um ponto de vista neoliberal. Isso implica dizer que conexões e convergências produzidas no mundo contemporâneo demandam modelos de pesquisa diferentes dos anteriormente utilizados, bem como evidenciações de novas relações produzidas socialmente. Segundo Ball (2009), há uma necessidade de pensarmos a política para além do nacional, levando em conta novos microespaços globais, processos de globalização possibilitados pela localização e pelo hibridismo.

Com a globalização vernacular (LINGARD, 2004) e a crescente lógica neoliberal afetando o contexto educacional, passaram a ser constantes os entrecruzamentos entre instituições e atores sociais no que diz respeito à influência internacional de produção das políticas. Para Ball (2014, p. 9), não é mais possível desconsiderar certa mobilidade, "[...] um movimento transnacional de ideias políticas". Ideias, programas e políticas, quando interpretadas, constituem novas formas e novos efeitos, articulados a um novo modo de governança e de modalidade estatal de produção. As relações de rede e de mobilizações são compreendidas como outra possibilidade de tradução e de interpretação para as políticas curriculares, considerando múltiplos aspectos silenciados em outros momentos.

A noção de nova filantropia da Educação também contribui para entendermos esse panorama educacional globalizado marcado por investimentos privados e discursos híbridos que precisam se localizar para ter efeito global. A nova filantropia é baseada em conseguir retorno e permitir o envolvimento de instituições, muitas vezes não educacionais, em decisões sobre como o dinheiro é usado. Consequentemente, traz novos participantes ao campo da política social e educacional, em uma espécie de repovoamento e de reconfiguração das redes políticas já existentes (BALL; OLMEDO, 2011 *apud* BALL; AVELAR, 2019). Assim, é possível interpretarmos o social e o financeiro intimamente interligados, de forma a produzir uma ideia de necessidade e de urgência, articulando risco e retorno, imbricados e escondidos em uma lógica de auxílio na tarefa de educar, anteriormente apresentada como papel exclusivo do Estado.

O discurso instituído por meio dessa lógica de auxílio é registrado, muitas vezes, por intermédio da intencionalidade de gerar soluções rápidas para problemas difíceis. Tais soluções podem ser consideradas técnicas (geralmente baseadas na aplicação de uma nova tecnologia); genéricas (entendidas como universalmente aplicáveis, independentemente do contexto em que serão pensadas); ou aplicadas (considerando a ampliação do âmbito local ao nacional ou, até mesmo, internacional). O foco, assim, é estender o alcance por meio de uma colaboração fomentada entre os setores público e privado (BALL, 2014).

A Educação passa a ser pensada como uma oportunidade de lucro e de serviços. Políticas estritamente educacionais, como dispositivos de formação de identidades, passam a ser mercantilizadas, compradas e vendidas.

> A relação do Estado com provedores privados de serviços educacionais é agora comumente articulada pela lógica de mercado, dentro da qual o Estado se torna um criador de mercados, contratante e monitorador, enquanto o setor privado e outros provedores assumem cada vez mais o trabalho prático do governo, no sentido imediato e mundano. [...]. Oferece-se ao mercado o acesso a "todo o corpo social e generalizado dentro de todo o sistema social que, normalmente, não passa pelo mercado ou é autorizado por ele" (FOUCAULT, 2010, p. 248). Isso é tanto uma nova estratégia de acumulação, quanto, em certa medida, uma transferência dos custos e dos riscos do Estado para o setor privado (BALL, 2014, p. 123).

Assim, uma nova articulação entre Estado, mercado e filantropia vai sendo produzida, na qual esses três elementos e suas lógicas anteriores são retrabalhados. O Estado passa a ser reformulado como um formador de mercado, comissário de serviços e monitor de desempenho. O mercado vai se expandindo para sujeitar cada vez mais o social e o público aos rigores do lucro. A filantropia é reformulada pelos discursos e pela sensibilidade dos negócios, adotando, por exemplo, práticas de impacto, avaliação, eficiência e concorrência (BALL; AVELAR, 2019).

Interpretação topológica: a construção da rede política

Ao aprofundarmos a aproximação das redes políticas com a perspectiva teórica pós-estrutural, passamos a compreender as redes como formadas "[...] quando demandas específicas e distintas se tornam equivalentes e constituem, nesse movimento, comunidades políticas pelo partilhamento, contingente, dessas demandas" (MACEDO, 2014, p. 1538). Isso nos leva a conceber que não há uma identidade estabilizada que permita antever, pressupor, uma dada ação política ou a expressão de uma demanda. As identidades políticas, bem como as comunidades em nome dessas identidades, são constituídas pela articulação de demandas, fazendo com que não baste identificar nomes de atores e de instituições vinculadas às redes. Como apresentado em Costa e Lopes (2018), demandas educacionais fazem referências à tradição curricular, aos discursos pedagógicos sedimentados, mas a própria luta política modifica tanto tradições quanto demandas, constituem outros discursos em virtude das articulações realizadas.

Também decorrente dessa opção teórica, torna-se uma escolha para esta investigação não focar nomes específicos de indivíduos na rede política produzida, como fazem outros estudos — por exemplo, Ball (2014) —, por compreendermos como mais pertinente aos propósitos desta pesquisa interpretar as instituições que fomentam e acabam por hegemonizar discursos sobre Educação integral na política da BNCC. Em nível documental, os indivíduos assinam e respondem pelas respectivas instituições, sem, muitas vezes, identificarem-se. Mudam, frequentemente, as pessoas que participam dessas políticas, mas nem por isso os discursos estão sendo desconsiderados. Enfatizamos que essa rede produzida reflete um determinado momento e contexto da política investigada.

Nesse sentido, concordamos com Macedo (2014, p. 1538) ser possível aproximar a compreensão de comunidades políticas na teoria do discurso com a noção apresentada nas obras de Stephen Ball. Para Ball

(MACEDO, 2014), essas comunidades são articuladas considerando problemas sociais comuns, que não apresentam soluções estáticas.

> As redes são tratadas por Ball como "comunidades políticas" descentradas, articuladas em torno de problemas sociais comuns, tendo em vista suas soluções. São, portanto, fluidas e as articulações que as constituem deslizam na medida em que tanto os problemas quanto as soluções não são estáticos (MACEDO, 2014, p. 1538).

Em relação à teoria do discurso, as comunidades políticas devem considerar a contextualização radical de sua investigação. Por radical, compreendemos uma prática sem garantias ou fundamentos. "Investigamos sempre um contexto — que não é delimitado espacial ou temporalmente, mas pelas cadeias de substituições possíveis que constituem um dado discurso" (LOPES; COSTA, 2016, p. 1028), dando foco às demandas mobilizadas e que, uma vez articuladas, permitem a organização de diferentes grupos que se unem em uma luta política (LACLAU, 2013).

A metodologia apresentada por Ball (2014) busca, por meio de dados localizados na internet, mapear as políticas de Educação globais, dando visibilidade a novas políticas neoliberais, agentes políticos e ações sociais desenvolvidas por tais agentes. Assim, torna-se possível interpretarmos a chamada etnografia de rede da política. Essa forma de interpretação permite o afastamento de uma compreensão de estrutura social fixa, dotada de um centro, possibilitando a noção de fluxos interpessoais e interinstitucionais. Segundo Ball (2014), devemos atentar-nos para o fato de que uma aposta na centralidade das redes pode levar à exclusão de certas relações e características específicas de alguns de seus participantes, negando inclusive o processo de produção de diferenças que envolve a produção contínua das políticas educacionais, o que, por sua vez, pode vir a engessar a interpretação da proposta de redes.

Pensarmos a Educação integral como rede política permite evidenciar algumas nuances da interpretação etnográfica em questão.

Optamos por investigar a rede política partindo de outra rede anteriormente produzida na pesquisa sobre a BNCC (GIGANTE, 2021), denominada Movimento pela Base (MPB) e justificada pela importância desse movimento no que tange às discussões sobre a BNCC.

O MPB (2021, n.p.) define-se como "[...] um grupo não governamental e apartidário de pessoas, organizações e entidades que, desde 2013, se dedica à causa da construção e implementação da BNCC e do Novo Ensino Médio". Salientamos que o MPB foi criado anteriormente à produção do documento oficial da BNCC, pois muitas políticas educacionais — dentre elas a própria Lei de Diretrizes e Bases (LDB), Lei n. 9.394, de 20 de dezembro de 1996 (BRASIL, 1996) — já apresentavam a ideia de construção de uma base nacional curricular como necessária para a Educação brasileira e eram valorizadas pelos integrantes do MPB. Com a homologação da política em 2017, o movimento passou a ganhar força e ampliou suas parcerias.

Com essa opção de situar redes dentro de outras redes, tentamos afastar-nos da ideia de uma origem fixa ou de pressupor, antes da investigação da política em questão, uma instituição específica arbitrária como envolvida nesse movimento de produção curricular sobre a Educação integral. Diferentemente, para desenvolver e investigar as discussões sobre a ideia de integralidade em relação à política da BNCC, realizamos uma pesquisa com enfoque nos discursos que circulam e se evidenciam nas publicações de instituições atuantes no processo de produção da política de centralidade curricular em curso.

Por compreendermos que a integralidade não é explícita apenas pelo significante "integral", levamos em consideração o seguinte caminho investigativo: (1) as publicações que mencionam a ideia de "tempo integral" ou " Educação integral", motivo de termos começado fazendo a busca pelo radical "integra" nas publicações e nos documentos; (2) as que mencionam a escola como um espaço de integração sociocultural, de formação humana, o que nos levou a buscar o significante "formação" e "escola" nas publicações; (3) as que mencionam a oferta de tempos, espaços, oportunidades educativas ou a formação social de um sujeito crítico e emancipado, levando à busca pelos significantes "cidadania" e pelos radicais "critic", "emancip" e "plen" — este último no sentido de plenitude, de algo que auxilie de forma eficaz na formação do sujeito; (4) as que interpretam a cultura local/comunitária como produção relevante para o indivíduo, por meio da busca pelo significante "cultura".

É importante pontuarmos que as ideias relacionadas à discussão de integralidade e seus múltiplos sentidos foram consideradas como rastros discursivos de políticas de Educação integral, anteriormente hegemonizados e difundidos por meio das obras de muitos autores, dentre eles Anísio Teixeira. O desejo desse autor era o de uma "[...] Educação ambiciosamente integrada e integradora [...] com mais tempo para se fazer uma escola de formação de hábitos (e não de adestramentos para passar em exames) e de hábitos de vida, de comportamento, de trabalho e de julgamento moral e intelectual" (TEIXEIRA, 1976, p. 85). É possível considerarmos, assim, que muitas dessas ideias se relacionam com rastros discursivos ainda mais antigos em relação à política de Educação integral.

No que concerne à pesquisa dos *sites* das instituições mencionadas, o caminho investigativo realizado foi padronizado:

1. Entrada nos endereços eletrônicos das instituições que fazem parte da rede produzida neste estudo. As instituições referidas são: Comunidade Educativa Cedac, Conselho Nacional de Secretários de Educação (Consed), Fundação Maria Cecília Souto Vidigal, Fundação Roberto Marinho, Instituto Unibanco, Instituto Natura, Todos pela Educação, União Nacional dos Dirigentes Municipais de Educação (Undime), Instituto Porvir, Centro de Estudos e Pesquisas em Educação, Cultura e Ação Comunitária (Cenpec), Instituto Inspirare, Fundação Itaú BBA, Fundação Lemann e Instituto Ayrton Senna (IAS).
2. Busca pelas menções de "BNCC" e "Base Nacional Comum Curricular".

3. Leitura dos documentos e das publicações, observando, antes de tudo, se os significantes anteriormente mencionados, provenientes do levantamento bibliográfico, eram evidenciados. Posteriormente, se outras expressões sobre a ideia de integralidade eram evidenciadas nas publicações.
4. Criação de um documento com os fragmentos que fazem menção a essa articulação, pensando na significação de integralidade para a política da BNCC — esses fragmentos foram selecionados por meio de uma leitura e de interpretação sobre como a articulação mencionada é explorada nos documentos, organizados em um único arquivo para facilitar o desenvolvimento desse momento de realização da pesquisa. Posteriormente, realizamos a interpretação das congruências e dos destaques dessa significação para pensar a política pesquisada.

Consideramos que a escolha por interpretar as publicações localizadas nos endereços eletrônicos das instituições não resume nem restringe suas ações na produção de sentidos para a BNCC e a Educação integral. O que é inserido e publicado no *site* é proveniente de escolhas, inclusive políticas, do que se quer vincular, da representação da política que se pretende construir; desse modo, a exposição *on-line* é também uma ação política. Assim, não estamos tratando que o que está sendo investigado nessa rede política corresponde a todas as ações que as instituições estão produzindo. Todavia, defendemos que, ao focalizarmos o que é publicado nos *sites*, investigamos o que essas instituições estão optando por visibilizar e destacamos a articulação discursiva investigada.

Ao interpretarmos o MPB como caminho investigativo para iniciar a produção desta rede, identificamos 14 menções à BNCC em relação à ideia de integralidade, de acordo com os critérios anteriormente pontuados. A estratégia utilizada foi, além de identificarmos essas relações no MPB, continuarmos a busca nos endereços eletrônicos das instituições que se denominam como "Apoio Institucional" do MPB, na aba "Quem somos" da página do movimento em questão.

Ao fazermos uma análise do número de publicações que trazem como discussão a BNCC e que desenvolvem a ideia de integralidade por meio de distintos significantes e sentidos, quatro instituições destacam-se por terem uma quantidade de publicações muito superior às demais. São elas: Cenpec, Undime, Plataforma Educacional Porvir e IAS. É importante mencionarmos que, por mais que sejam apresentadas em endereços eletrônicos de instituições diferentes, muitas publicações apresentam ou fazem menção a documentos institucionais ou interinstitucionais que se repetem em outros endereços eletrônicos, dando mais visibilidade a certos textos e atuando na produção discursiva do que vem a ser interpretado como integralidade na política da BNCC.

Com vista a auxiliar na construção da rede política, optamos por sua ampliação ao pesquisarmos, também, as parcerias que constituem o apoio institucional explícito nos endereços eletrônicos dessas quatro instituições que mais mencionam a articulação investigada. Apontamos que, tal como as publicações são escolhas e atos políticos das instituições e do que querem evidenciar sobre essa relação, a exposição das parcerias também o é. Como caminho investigativo deste estudo, optamos, na rede política produzida (Figura 1), por buscar as interligações expostas nos endereços eletrônicos, com o objetivo de interpretarmos o que é evidenciado e, consequentemente, valorizado nesse processo.

Conforme foi realizada a ampliação da rede, notamos haver um distanciamento da ligação ao MPB e um enfraquecimento da preocupação no que diz respeito à articulação entre BNCC e Educação integral. Isso nos permite justificar a interrupção de um maior aprofundamento dessa rede por meio da pesquisa de outras relações e parcerias estabelecidas, até porque esse número de publicações (cinco) é menor do que a quantidade de publicações relacionadas com as quatro instituições que optamos por evidenciar: Cenpec (12), Undime (12), Porvir (12) e IAS (14).

Figura 1 — Rede política da articulação entre BNCC e integralidade

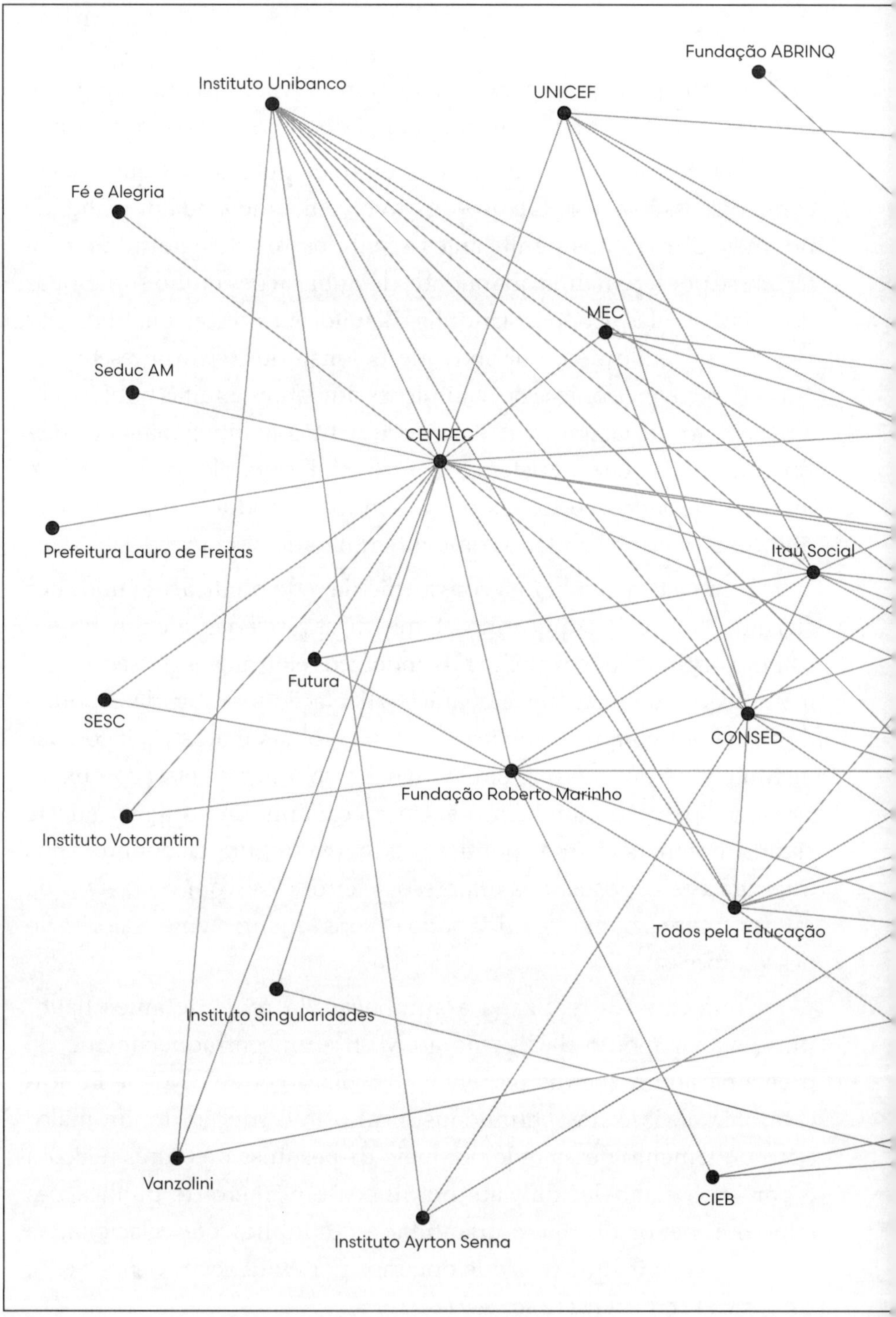

Fonte: elaborada no NodeXL. Dados das autoras.

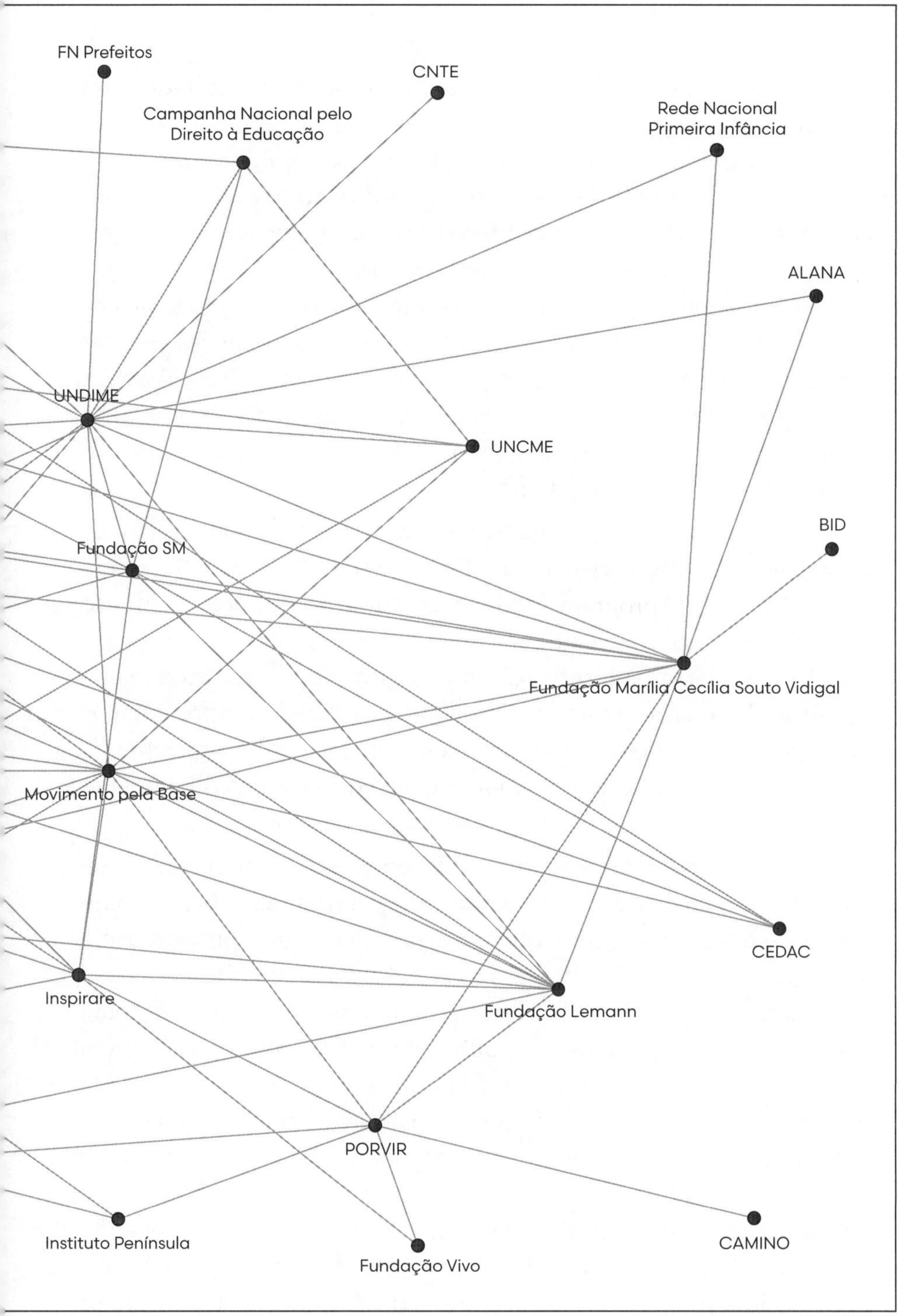
FN Prefeitos
CNTE
Campanha Nacional pelo Direito à Educação
Rede Nacional Primeira Infância
ALANA
UNDIME
UNCME
BID
Fundação SM
Fundação Marília Cecília Souto Vidigal
Movimento pela Base
CEDAC
Inspirare
Fundação Lemann
PORVIR
Instituto Península
Fundação Vivo
CAMINO

É importante mencionarmos que, no momento escolhido para estancar a exposição das instituições elencadas, há uma limitação da rede política, pois exige a padronização gráfica das linhas que representam as relações entre as instituições. Essas relações podem ser mais potentes ou mais fracas, e essa diferença é muito difícil de ser exposta na representação apresentada anteriormente. Para tal, seria preciso não uma imagem em duas dimensões, mas um vídeo em pelo menos três dimensões, no qual o movimento tentasse também representar como os fluxos alteram sua intensidade ao longo do tempo. Todavia, ainda que haja limitações em interpretar uma ilustração em duas dimensões, consideramos possível que esse gráfico contribua para o entendimento de sentidos da política.

O programa utilizado para a produção dessa rede política, permitindo sua organização visual para discorrer sobre seus desdobramentos, é o NodeXL. O programa pode ser acessado no endereço eletrônico https://nodexl.com/. A utilidade do programa para esta pesquisa foi a de auxiliar na interpretação topológica da política investigada por meio da construção imagética da rede, com vista a representar as interligações e os possíveis desenhos investigativos de produção de sentidos sobre a ideia de integralidade. Fizemos essa escolha por ser o programa utilizado por Ball (2014) em suas investigações.

Com este trabalho, foi possível interpretarmos discursos hegemônicos na construção da ideia de integralidade na BNCC, como formação humana integral; desenvolvimento integral; protagonismo juvenil; projetos de vida; itinerários formativos; tempo integral e posicionamento crítico, defendidos como desdobramentos de sentidos sobre o significante integralidade na política da BNCC, possíveis de serem interpretados de acordo com a rede política produzida. Foi realizada uma investigação detalhada do que as instituições que fazem parte da rede política considerada decidem expor sobre o tema, por intermédio de suas publicações nos endereços eletrônicos oficiais, permitindo o debate de diferentes sentidos para um mesmo significante, elevando a potência democrática da política ao considerar a ampliação dos espaços de luta por significação. Dentre essas instituições, a que mais se destaca para o contexto investigado é o IAS, por ter maior produção de sentidos sobre a articulação entre integralidade e BNCC evidenciada nos endereços eletrônicos. Passamos, então, a destacar essa instituição.

O Instituto Ayrton Senna na rede política em defesa da Educação integral

O IAS (2021, n.p.) apresenta-se como "[...] uma organização sem fins lucrativos que trabalha para ampliar as oportunidades de crianças e jovens por meio da Educação". Além de se descrever como apoio institucional do MPB, apresenta-se, também, como a instituição apoiadora que investe em uma articulação entre a BNCC e a defesa de integralidade, referida na política curricular como o trabalho com as competências socioemocionais. Consideramos essa uma importante discussão para este estudo por dar ênfase à outra vertente da BNCC: o trabalho com as dez competências gerais da Educação Básica. Por mais que sejam defendidas como primordiais para a implementação da BNCC, por meio de uma pretendida garantia dos direitos de aprendizagem e desenvolvimento humano (BRASIL, 2017), essas competências e a própria defesa de integralidade estão inseridas em uma perspectiva neoliberal pelo estímulo a uma desresponsabilização do Estado em vários aspectos da esfera social, política e econômica. A produção de sentidos sobre o tema articula discursos sobre integralidade e BNCC difundidos por diferentes instituições políticas, educacionais ou não, que fazem parte da rede política produzida.

Segundo o IAS (2019a), um estudo englobando as dez competências gerais, realizado pelo pesquisador Oliver P. John — membro do Conselho Científico do Instituto Ayrton Senna —, revelou que cada uma "[...] é constituída por aspectos cognitivos, socioemocionais, híbridos, entre outras dimensões, de modo integrado aos princípios éticos, estéticos e políticos" (IAS, 2019a, p. 2). Lembramos que, em uma perspectiva discursiva, compreendemos que o trabalho com as dez competências gerais proposto pela BNCC está diretamente relacionado ao trabalho com a integralidade, uma vez que, segundo o documento (BRASIL, 2017, p. 25), as competências pretendem assegurar "[...] uma formação humana integral que vise à construção de uma sociedade justa, democrática e inclusiva".

Ancoradas em uma perspectiva discursiva, consideramos que instituições são discursivamente produzidas, sendo criadas para ser possível colocar em movimento certas demandas. Operamos nesse registro compreendendo a articulação de instituições como articulações de demandas, antagonizando-se ao que se entende como uma Educação que não leva em conta a noção de integralidade — aquela que vem sendo realizada nas escolas.

O IAS faz parte da rede política desenvolvida como uma força discursiva maior do que as outras instituições da rede no que tange à articulação entre BNCC e integralidade. Elencamos, aqui, alguns dos motivos que nos levam a essa conclusão: (1) o IAS é a instituição com o maior número de publicações que relacionam a BNCC e a ideia de integralidade; (2) o nome de seu atual diretor de Articulação e Inovação, Mozart Neves Ramos, é citado ou aparece como produtor de artigos sobre o tema três vezes em diferentes publicações, sendo duas delas do MPB, o que justifica a influência de ideias do IAS na produção política da BNCC, e uma é do Consed; (3) por meio de uma busca pelo nome do IAS, encontramos outra menção em um evento por ele realizado, chamado "Alfabetização 360° na perspectiva da Educação integral", tendo como referência as noções da BNCC, divulgado pelo Todos pela Educação. Isso permite ponderarmos que o IAS também realiza alguns eventos sobre a temática, destacando-se na produção de sentidos da rede política, ainda que opte por não mencionar essas publicações de forma oficial em seu *site*.

Além das publicações divulgadas pelo IAS, o movimento de articulação de demandas pela centralidade curricular e demandas pela integralidade também conta com muitas menções a um documento intitulado "Caminhos para a Educação integral" (MOVIMENTO PELA BASE NACIONAL COMUM, 2019), resultado de uma parceria entre o

Movimento pela Base e o Consed. Esse documento é citado seis vezes pelas instituições componentes dessa rede política. As competências gerais da BNCC, apesar de terem um endereço eletrônico específico (https://www.competenciasnabncc.org.br/), são diagramadas e citadas por muitas outras instituições, em um total de 11 vezes. Foram os únicos documentos citados frequentemente pelas instituições (mais de duas vezes). Utilizamos, então, esses dados para corroborar nossa opção por priorizar o debate realizado.

Segundo o IAS, a seção introdutória da BNCC enfoca três elementos estruturantes para a Educação integral: visão de estudante, desenvolvimento pleno e integração curricular. O primeiro faz referência à formação de sujeitos críticos, autônomos, cidadãos solidários capazes de lidar com as demandas do século XXI e construir seus projetos de vida. O segundo remete ao desenvolvimento de competências para aprender a aprender, lidar com informações disponíveis, atuar com responsabilidade nos contextos de culturas digitais, aplicar conhecimentos para resolução de problemas e ter autonomia para tomar decisões, dentre outros. O terceiro considera uma Educação sem fragmentação radical dos componentes curriculares, com sentido para os estudantes, promovendo pontes entre o conhecimento e a vida, por meio da valorização do contexto em que o estudante se insere (IAS, 2018a).

A ideia de integralidade passa a ser relacionada, segundo a BNCC (BRASIL, 2017), com inovação e inclusão, bem como com a avaliação do aprendizado. Para que o aluno possa reconhecer-se em seu contexto histórico-cultural, é defendida a necessidade de valores como comunicação, criatividade, análise crítica, participação, abertura às novidades, colaboração, resiliência, produção e responsabilidade, para além de um simples acúmulo de informações (BRASIL, 2017).

Para o economista James Heckman,[6] grande influenciador e participante da agenda de estudos e de formulações políticas educativas,

6. "James J. Heckman é professor emérito de economia 'Henry Schultz' da Universidade de Chicago, ganhador do Prêmio Nobel de Economia e especialista em economia do desenvolvimento humano". Disponível em: https://heckmanequation.org/resource/a-equacao-heckman/. Acesso em: 3 mar. 2022.

as competências socioemocionais são um poderoso recurso para a melhoria da qualidade da Educação e auxiliam na redução das desigualdades dentro do sistema educativo. Diversos países ao redor do mundo priorizam esse tema em suas políticas públicas educacionais, tais como Canadá, Austrália e Cingapura, apostando em uma reestruturação curricular e de programas de formação de professores.[7]

Para o IAS, as competências gerais evidenciam o compromisso da Educação Básica com relação à Educação integral e à formação dos estudantes para "[...] se colocar no lugar do outro, ser colaborativos, flexíveis e sensíveis às questões coletivas", auxiliando no "[...] desenvolvimento pleno dos estudantes na vida escolar e adulta" (IAS, 2019b, n.p.). Isso se torna possível se for atrelado ao fato de que o "[...] desenvolvimento socioemocional não pode constar em uma parte isolada dos textos do currículo, nem pode aparecer neles de forma subentendida, pouco valorizada ou apenas a serviço da aprendizagem de conteúdos" (IAS, 2019b, n.p.). Passa a ser considerado responsabilidade das construções curriculares estaduais e municipais, das escolas em seus Projetos Político-Pedagógicos, "[...] planejar experiências e vivências de aprendizagem dos estudantes que contemplem o desenvolvimento intencional das habilidades e competências mencionadas em aula" (IAS, 2019b, n.p.), pois "[...] é lá que o estudante passa parte significativa do seu tempo, em contato com o saber, os colegas e os professores, enfrentando desafios, seja em relação ao aprendizado, seja em relação ao convívio social" (IAS, 2019b, n.p.).

As dez competências gerais são apresentadas como pensadas e desenvolvidas nos ambientes escolares. É defendido que elas devem ser trabalhadas durante toda a Educação Básica, por meio de um aprendizado considerado contínuo e gradual, com vista a permitir que "[...] o aluno consiga desenvolver todas as competências. Todos os professores devem avaliar quais aspectos de suas disciplinas contribuem para o desenvolvimento das dez competências e incluí-las com

7. Mais informações disponíveis em: https://institutoayrtonsenna.org.br/content/dam/institutoayrtonsenna/radar/estante-educador/revista_educacao_Integral.pdf. Acesso em: 30 jan. 2021.

clareza nas aulas" (NOVA ESCOLA, [ca. 2019]).[8] Destacamos, aqui, o quanto é formulada uma separação entre as dimensões cognitiva e afetiva, espectralmente remetida aos velhos domínios de Bloom. Se é possível haver uma decisão de inserção de algumas das dez competências gerais nas disciplinas, compreendemos que essa separação se torna evidente. A integralidade é apresentada como sendo fragmentada, desenvolvendo-se contrariamente a uma proposta de desenvolvimento humano integral e integrado, como proposto pela própria BNCC.

O debate acerca das dez competências gerais para a Educação Básica é longo, ampliado ainda mais pela justificativa do IAS:

> Vários estudos mostram que a Educação do futuro (e o futuro é agora) vai exigir aumento de qualidades humanas. A oferta de uma Educação com significado, que seja capaz de desenvolver o potencial pleno das pessoas, torna-se, então, condição imperativa para o acesso aos postos de trabalho do futuro, em particular com o advento do chamado trabalho 4.0. A pergunta que agora se coloca é: como fazer a BNCC chegar ao chão de escola? Como redesenhar os currículos de forma que possam incorporar as 10 competências gerais? (RAMOS, 2020, n.p.).

Para o IAS, a ideia de Educação integral visa ao trabalho que busca garantir um ensino considerado de qualidade nos componentes curriculares, relacionado à promoção de competências gerais que os estudantes podem desenvolver na perspectiva de formação humana integral. Embora o texto introdutório da BNCC apresente com clareza a necessidade de oferecer essa Educação integral, bem como explicite um conjunto de dez competências gerais a serem trabalhadas em todas as etapas e áreas do conhecimento, é considerado pelo IAS que ainda é preciso avançar bastante, a fim de que a ideia do que se entende por implementação da base consiga efetivar essa proposta (IAS, 2020). Antônio Neto[9] afirmou:

---

8. Em debate disponível em: https://institutoayrtonsenna.org.br/pt-br/BNCC/proximos-passos.html. Acesso em: 30 jan. 2021.

9. Consultor em Educação do IAS e ex-secretário de Educação do Rio de Janeiro.

> Daí a importância de debater e procurar construir sugestões de caminhos para essa implementação. Quando essa construção é feita de forma colaborativa e participativa, temos ainda mais chances de que esse trabalho seja significativo e de fato dialogue com a realidade dos educadores que atuam por essa Educação (IAS, 2020, n.p.).

Pensamos que a ideia de implementação da BNCC é exposta como uma intenção colaborativa, apostando em um viés participativo de diferentes atores sociais envolvidos no processo educativo, mas que passa a ser negada pelo próprio processo de definição do que se compreende como importante ao considerarmos possíveis metas para essa Educação.

Assim como ocorre com a ideia de integralidade, há uma ampliação significativa de definições do que vem a ser entendido como competências para o século XXI. Alguns pesquisadores as defendem como as habilidades fundamentais para estudar, viver e trabalhar, necessárias para o atual contexto social. Segundo o IAS (2018b, p. 14), "[...] já foram identificadas mais de 160 competências como: curiosidade, autoconfiança, organização, pensamento crítico, integridade, resiliência e resolução de problemas".

Essas definições são consideradas um conjunto bastante híbrido, abrangendo "[...] competências com maior espectro socioemocional e outras com maior carga cognitiva, como é o caso do pensamento crítico" (IAS, 2018b, p. 14). Assim, afirmam ser "[...] importante delimitar o que estamos chamando de competência socioemocional e discutir as evidências que amparam nossas escolhas para o seu desenvolvimento em ambiente escolar" (IAS, 2018b, p. 14), bem como considerar que a formação de um aluno em negociação com essas competências é um processo complexo, que não deve ser entendido como unilateral e previamente definido na construção curricular. Essa divisão exposta entre "competências com maior espectro socioemocional e outras com maior carga cognitiva" reforça a separação apresentada entre os aspectos cognitivo e afetivo, evidenciada pela política da BNCC.

Na perspectiva aqui defendida, consideramos que evidenciar a discussão de integralidade em múltiplos segmentos, em vez de elencar apenas um, auxilia em seu não estancamento. Isso abre a possibilidade de defender a ideia de integralidade para além do trabalho diretamente relacionado ao documento das dez competências gerais da Educação Básica, tal como evidenciado pelos discursos produzidos pelo IAS.

Conclusões

Procuramos defender, ao longo deste capítulo, a fertilidade da pesquisa da política da Educação integral por meio dos registros disponibilizados no endereço eletrônico do IAS. Consideramos ser uma forma produtiva de fazer uso da etnografia de redes como um conjunto de técnicas que permitem uma sensibilidade de pesquisa no estudo de políticas a partir de uma compreensão global de Educação, possibilitando incluir a circulação de diferentes discursos (JUNEMANN; BALL; SANTORI, 2018) defendidos como relevantes na significação da integralidade.

No caso do IAS, sua posição central na política ocorre por produzir e disseminar um discurso em defesa da integralidade da Educação. O IAS defende o desenvolvimento de um trabalho com a integralidade, apresentada na BNCC como "As Dez Competências Gerais da Educação Básica", de forma articulada a uma ideia de formação humana integral, com vista a construir uma sociedade justa, democrática e inclusiva (BRASIL, 2017). Essa formação, segundo a política, é conquistada pelo desenvolvimento das dez competências gerais da Educação Básica, asseguradas aos estudantes por meio das aprendizagens essenciais previamente definidas. Essa pretensão de garantir simples aprendizagens essenciais pré-estipuladas para todos os estudantes do Brasil, a partir dos investimentos educacionais de instituições filantrópicas, favorece a inserção dessas demandas nas políticas educacionais.

Defendemos que as articulações estabelecidas na rede política produzidas neste estudo são constituídas por relações antagônicas a toda Educação realizada nas escolas e concebida como não integral. Há, nesse processo, um sentido de negatividade constitutiva no que tange ao currículo das escolas. Desse modo, a relação antagônica possibilita a constituição de uma identidade da Educação escolar como não integral. Cabe, então, às instituições privadas e não filantrópicas desenvolver a luta pela integralidade da Educação, de forma a "salvar" as escolas com as dez competências gerais, visando à formação de um sujeito autônomo — o cidadão do século XXI —, bem como o fortalecimento de um pensamento crítico, pelo trabalho com aspectos socioemocionais. Ao apostar nessa ideia de igualdade, de habilidades e de competências consideradas comuns, em uma lógica de garantia de direitos com vista à integralidade, é frequentemente desconsiderada a constante negociação de sentidos de cada uma dessas noções (competências, habilidades e integralidade).

Diferentemente, defendemos ser necessária a ampliação dos espaços de poder de decisão (MOUFFE, 1996), com vista a questionar toda e qualquer perspectiva de centralização curricular em nível nacional, afastando-se de ideias como unificação de sentidos do que vem a ser Educação, forjada e escondida em um sentido de igualdade de direitos. Nesse sentido, questionamos a possibilidade de uma ideia de integralidade da Educação articulada a uma política de centralidade curricular. Já que a BNCC é, no momento em que escrevemos este capítulo, o texto orientador de uma política curricular que vai sendo (im)posta, preferimos apostar, de forma contingencial e fluida, nas múltiplas possibilidades de Educação integral nas diferentes e contextuais práticas escolares.

Referências

ARAÚJO, Hellen; LOPES, Alice. Redes políticas de currículo: a atuação da Fundação Getúlio Vargas. *Práxis Educativa*, Ponta Grossa, v. 16, e2118297, p. 1-18, 2021. DOI: https://doi.org/10.5212/PraxEduc.v.16.18297.067.

BALL, Stephen J. Policy enactments in the UK secondary school: examining policy, practice and school positioning. *Journal of Education Policy*, [s. l.], v. 25, p. 547-560, 2009. DOI: https://doi.org/10.1080/02680931003698544.

BALL, Stephen J. *Educação Global S.A.*: novas redes de políticas e o imaginário neoliberal. Tradução: Janete Bridon. Ponta Grossa: Editora UEPG, 2014.

BALL, Stephen J. Following policy: networks, network ethnography and education policy mobilities. *Journal of Education Policy*, [s. l.], v. 31, n. 5, p. 1-18, 2016. DOI: https://doi.org/10.1080/02680939.2015.1122232.

BALL, Stephen J. Política Educacional Global: reforma e lucro. *Revista de Estudios Teóricos y Epistemológicos en Política Educativa*, Ponta Grossa, v. 3, p. 1-15, 2018. DOI: https://doi.org/10.5212/retepe.v.3.015.

BALL, Stephen J.; AVELAR, Marina. Mapping new philanthropy and the heterarchical state: the mobilization for the national learning standards in Brazil. *International Journal of Educational Development*, [s. l.], v. 64, p. 65-73, 2019. DOI: https://doi.org/10.1016/j.ijedudev.2017.09.007.

BRASIL. *Lei n. 9.394, de 20 de dezembro de 1996*. Estabelece as diretrizes e bases da Educação nacional. Brasília: Presidência da República, Casa Civil, Subchefia para Assuntos Jurídicos, 1996. Disponível em: http://www.planalto.gov.br/ccivil_03/leis/l9394.htm. Acesso em: 30 jan. 2021.

BRASIL. Ministério da Educação. *Base Nacional Comum Curricular*: 3ª versão revista. Brasília: MEC, 2017.

BROWN, Wendy. *Nas ruínas do neoliberalismo*: a ascensão da política antidemocrática no Ocidente. São Paulo: Editora Filosófica Politeia, 2019.

CARVALHO, Ana Paula; AFONSO, Nataly. Governança em rede: sentidos que se deslocam no movimento da formação continuada de professores alfabetizadores. *Currículo sem Fronteiras*, [s. l.], v. 21, n. 3, p. 1405-1422, set./dez. 2021. DOI: https://doi.org/10.35786/1645-1384.v21.n3.22.

COSTA, Hugo; LOPES, Alice. School subject community in times of death of the subject. *Policy Futures in Education*, [s. l.], v. 17, n. 2, p. 105-121, 2018. DOI: https://doi.org/10.1177/1478210318766955.

DÍAZ-BARRIGA, Ángel. Políticas curriculares y de evaluación en México, proyectos de los organismos internacionales y cambios en la práctica docente. *Currículo sem Fronteiras*, [*s. l.*], v. 21, n. 3, p. 1001-1027, set./dez. 2021. DOI: https://doi.org/10.35786/1645-1384.v21.n3.2.

GIGANTE, Camila. *A educação integral na Base Nacional Comum Curricular*. 2021. Tese (Doutorado em Educação) — Faculdade de Educação, Universidade do Estado do Rio de Janeiro, Rio de Janeiro, 2021.

HAGE, Salomão; SENA, Ivânia. Direito à Educação na pandemia — defender a vida e não as prescrições curriculares da BNCC. *Espaço do Currículo*, João Pessoa, v. 14, n. 2, p. 1-14, 2021. DOI: https://doi.org/10.22478/ufpb.1983-1579.2021v14n2.58060.

HECKMAN, James J. A equação Heckman. *Heckman*, 2021. Disponível em: https://heckmanequation.org/resource/a-equacao-heckman/. Acesso em: 10 fev. 2022.

INSTITUTO AYRTON SENNA. Guia BNCC: construindo um currículo de Educação integral. *Instituto Ayrton Senna*, São Paulo, 2018a. Disponível em: https://institutoayrtonsenna.org.br/pt-br/BNCC.html. Acesso em: 27 jan. 2021.

INSTITUTO AYRTON SENNA. *Educação integral para o século 21*: o desenvolvimento pleno na formação para a autonomia. São Paulo: [*s. n.*], 2018b. Disponível em: https://institutoayrtonsenna.org.br/content/dam/institutoayrtonsenna/radar/estante-educador/revista_educacao_Integral.pdf. Acesso em: 19 jan. 2021.

INSTITUTO AYRTON SENNA. 10 competências gerais da BNCC e as competências socioemocionais. *Instituto Ayrton Senna*, São Paulo, 2019a. Disponível em: https://institutoayrtonsenna.org.br/content/dam/institutoayrtonsenna/hub-socioemocional/instituto-ayrton-senna-as-10-competencias-gerais-da-bncc-e-as-competencias-socioemocionais.pdf?utm_source=site&utm_medium=hub-socioemocional. Acesso em: 31 jan. 2021.

INSTITUTO AYRTON SENNA. Desenvolvimento pleno. *Instituto Ayrton Senna*, São Paulo, 2019b. Disponível em: https://institutoayrtonsenna.org.br/pt-br/BNCC/desenvolvimento.html. Acesso em: 31 jan. 2021.

INSTITUTO AYRTON SENNA. Sugestões para implementação da Educação integral na BNCC. *Instituto Ayrton Senna*, São Paulo, 8 set. 2020. Disponível em: https://www.institutoayrtonsenna.org.br/pt-br/conteudos/Sugestoes-para-implementacao-da-educacao-Integral-na-BNCC.html. Acesso em: 1 fev. 2021.

INSTITUTO AYRTON SENNA. Instituto Ayrton Senna: educação do futuro, agora. *Instituto Ayrton Senna*, São Paulo, 2021. Disponível em: https://www.ayrtonsenna.com.br/idolo/ayrton-para-sempre-legado/instituto-ayrton-senna/. Acesso em: 5 fev. 2022.

JUNEMANN, Carolina; BALL, Stephen J.; SANTORI, Diego. On network(ed) ethnography in the global education policyscape. *In*: BEACH, Dennis; BAGLEY, Carl; SILVA, Sofia Marques da (org.). *The Wiley Handbook of ethnography of education*. New Jersey: John Wiley & Sons, 2018. p. 455-477. DOI: https://doi.org/10.1002/9781118933732.ch20.

LACLAU, Ernesto. *Emancipação e diferença*. Rio de Janeiro: Editora da UERJ, 2011.

LACLAU, Ernesto. *A razão populista*. São Paulo: Três Estrelas, 2013.

LINGARD, Bob. É e não é: globalização vernacular, política e reestruturação educacional. *In*: BURBULES, Nicholas; TORRES, Carlos Alberto (org.). *Globalização e Educação*. Porto Alegre: Artmed, 2004. p. 59-76.

LOPES, Alice Casimiro; COSTA, Hugo. A comunidade disciplinar em Goodson: impasses em um registro pós-estrutural. *Revista Brasileira de Educação*, Rio de Janeiro, v. 21, n. 67, p. 1009-1032, out./dez. 2016. DOI: https://doi.org/10.1590/S1413-24782016216751.

LOPES, Alice Casimiro; MACEDO, Elizabeth. *Teorias de currículo*. São Paulo: Cortez, 2011.

LOPES, Alice Casimiro; MACEDO, Elizabeht. Prefácio: Em defesa das escolas como produtoras de políticas. *In*: BALL, Stephen J.; MAGUIRE, Meg; BRAUN. Annette. *Como as escolas fazem as políticas*. 2. ed. Ponta Grossa: Editora UEPG, 2021. p. 7-18.

LOPES, Alice Casimiro; MOREIRA, Nubia Regina. Em nome da democracia: igualdade, diversidade e equidade na BNCC do ensino médio. *In*: RODRIGUES, Alexsandro; CAETANO, Márcio; SOARES, Maria da Conceição S. (org.). *Queer(i)zando currículos e Educação*: narrativas do encontro. Salvador: Devires, 2020. p. 292-307.

MACEDO, Elizabeth. Base Nacional Curricular Comum: novas formas de sociabilidade produzindo sentidos para Educação. *e-Curriculum*, São Paulo, v. 12, n. 3, p. 1530-1555, out./dez. 2014.

MACEDO, Elizabeth. Por uma leitura topológica das políticas curriculares. *Archivos Analíticos de Políticas Educativas*, [*s. l.*], v. 24, n. 26, p. 1-20, 2016. DOI: https://doi.org/10.14507/epaa.24.2075.

MOUFFE, Chantal. *O regresso do político*. Coimbra: Gradiva, 1996.

MOVIMENTO PELA BASE. Quem somos. *Movimento pela Base*, 2021. Disponível em: https://movimentopelabase.org.br/quem-somos/. Acesso em: 20 dez. 2020.

MOVIMENTO PELA BASE NACIONAL COMUM. *Caminhos para a educação integral*: princípios e orientações para a implementação da Educação integral. 2019. Disponível em: https://movimentopelabase.org.br/wp-content/uploads/2019/09/BNCC-trajetorias_diagramado_17.09_interativo_final.pdf. Acesso em: 28 jan. 2022.

NOVA ESCOLA. Competências gerais da BNCC. *Nova Escola*, [ca. 2019]. Disponível em: https://nova-escola-producao.s3.amazonaws.com/WSsWGqKuShzQ9wCn3aDJdpE2fjCpc2ybKmpUxFHfpEDajfa GS5ZvC7CzvTN/copia-de-novaescola-competenciasbncc-v01.pdf. Acesso em: 30 jan. 2021.

PERONI, Vera; COMERLATTO, Luciani. Parceria público-privada e a gestão da educação: o Programa Gestão Nota 10 do Instituto Ayrton Senna. *Perspectiva*, Florianópolis, v. 35, n. 1, p. 113-133, jan./mar. 2017. DOI: https://doi.org/10.5007/2175-795X.2017v35n1p113..

RAMOS, Mozart Neves. Um currículo de Educação integral. *Instituto Ayrton Senna*, 8 set. 2020. Disponível em: https://www.institutoayrtonsenna.org.br/pt-br/conteudos/um-curriculo-de-educacao-integral.html. Acesso em: 30 jan. 2021.

ROSA, Luciane O. da; FERREIRA, Valéria S.; SILVA, Sandra Cristina V. da. Elaboração e análise de redes de política. *Revista de Estudios Teóricos y Epistemológicos en Política Educativa*, Ponta Grossa, v. 5, e2014421, p. 1-12, 2020. DOI: https://doi.org/10.5212/retepe.v.5.14421.001.

SCHERER, Susana; NASCIMENTO, Flávia; CÓSSIO, Maria de Fátima. Parcerias público-privadas: atuação do Instituto Ayrton Senna na Educação pública do estado do RS. *Educação & Sociedade*, Campinas, n. 41, p. 1-18, 2020. DOI: https://doi.org/10.1590/ES.241715.

SHIROMA, Eneida. Redes, experts e a internacionalização de políticas educacionais. *Revista de Estudios Teóricos y Epistemológicos en Política Educativa*, Ponta Grossa, v. 5, e2014425, p. 1-22, 2020. DOI: https://doi.org/10.5212/retepe.v.5.14425.003.

SILVA, Fernando; JACOMINI, Marcia. Relação público-privado na Educação: produção acadêmica sobre o Instituto Ayrton Senna (2002-2015). *Diálogo Educacional*, Curitiba, v. 18, n. 58, p. 922-948, jul./set. 2018. DOI: https://doi.org/10.7213/1981-416X.18.058.AO03.

TEIXEIRA, Anísio. *Educação no Brasil*. 2. ed. São Paulo: Companhia Editora Nacional, 1976.

TRIANTAFILLOU, Peter. Addressing network governance through the concepts of governmentality and normalization. *Administrative Theory & Praxis*, [s. l.], v. 26, n. 4, p. 489-508, 2004. DOI: https://doi.org/10.1080/10841806.2004.11029471.

PARTE II

Perspectivas teórico-epistemológicas e a pesquisa de políticas educacionais

CAPÍTULO 5

Estudos críticos de políticas educacionais: um panorama[1]

Tebeje Molla

School of Education, Deakin University (Austrália)

Introdução

Este capítulo apresenta uma visão geral dos estudos críticos das políticas (ECP) em Educação. Na literatura de estudos de políticas educacionais, não é incomum encontrarmos estudos que declaram ter elaborado uma perspectiva, teoria ou abordagem crítica, mas com pouco ou nenhum esclarecimento sobre o que torna esse trabalho "crítico". Em outras palavras, em muitos casos, o que significa ser crítico permanece obscuro para os leitores. Nesse contexto e levando em conta as recentes transformações socioeconômicas e tecnológicas, este capítulo discute as principais características dos ECP sob quatro temas: pressupostos metodológicos, raízes interdisciplinares, objetivos analíticos duradouros e contextos empíricos emergentes. Se os pesquisadores críticos de políticas educacionais têm clareza dos fundamentos

1. Publicado originalmente em inglês, em *Archivos Analíticos de Políticas Educativas*, v. 29, 2021, com tradução de Janete Bridon e revisão técnica de Jefferson Mainardes.

teóricos e das orientações metodológicas de sua escolha, então eles estão em melhor posição para enquadrar questões de pesquisa pertinentes e articular o significado analítico dos conceitos que invocam.

Historicamente, pesquisas sobre políticas foram dominadas pelo que é comumente referido como tradição das ciências políticas (LASSWELL, 1951, 1970, 2003). Guiados pelo positivismo lógico, os "cientistas políticos" assumem que existe um mundo social empiricamente "dado" que pode ser "descoberto" e explicado. Em uma investigação positivista, como Horkheimer (2002,[2] p. 154) enfatizou: "[...] não há nada além de fatos, e todo o aparato conceitual da ciência serve para determiná-los e predizê-los". A tradição da ciência política produz conhecimento "objetivo" com uma finalidade pragmática de melhorar as práticas governamentais. No entanto, nas últimas quatro décadas, a tradição das ciências políticas tem sofrido críticas significativas, especialmente de pesquisadores que adotam abordagens sociológicas e antropológicas para as pesquisas das políticas. Na década de 1970, em resposta às críticas sobre os propósitos e os pressupostos metodológicos das pesquisas positivistas, uma abordagem crítica da análise de políticas surgiu como alternativa (ver FAY, 2014; ROSENTHAL, 2018). Os ECP criaram raízes profundas na década de 1980 no contexto de circunstâncias políticas, culturais e econômicas específicas, compreendidas por meio de recursos teóricos e metodológicos próprios. Os ECP têm um histórico de desafiar os limites. Estudiosos críticos da Sociologia da Educação têm problematizado reflexivamente a lógica neoliberal da governança como um contexto de política e produção de conhecimento sobre política (OZGA, 1987, 2019; SEDDON, 1996).

Empiricamente, as nações e as economias tornaram-se cada vez mais interconectadas e interdependentes (a globalização), e as forças de mercado infiltradas em todos os aspectos da vida (o neoliberalismo). Como resultado desses desenvolvimentos, os agentes de políticas globais têm consolidado o seu poder, a Educação tornou-se uma mercadoria e, com a prevalência da racionalidade do mercado

2. Primeira edição publicada em 1937.

em todos os aspectos da vida, o papel do Estado foi redefinido. Consequentemente, o aumento da incerteza e da mudança, bem como as redes e a interdependência, constituiu novos contextos de pesquisa política. Seguindo a ascensão do neoliberalismo como modo primário de governança no início dos anos 1980, os estudiosos das políticas começaram a usar lentes analíticas críticas para problematizar os efeitos das forças de mercado na Educação. Em termos de recursos teóricos, os novos desenvolvimentos expressaram-se na consolidação da Nova Esquerda (movimento neomarxista); na tradução das obras de Bourdieu, Foucault, Freire etc. para o inglês; e na crescente influência dos estudiosos da primeira e da segunda geração da Escola de Frankfurt (por exemplo, Habermas) em Ciências Sociais, incluindo a Educação. A pesquisa crítica pressupõe que aquilo que é observado no mundo social pode não capturar totalmente os mecanismos geradores subjacentes aos eventos e às experiências empíricas: "[...] o visível, o que é imediatamente dado, esconde o invisível que o determina" (BOURDIEU, 1990, p. 126).

Pesquisas críticas de políticas em Educação são conhecidas por diferentes rótulos. Com um grau variável de precisão e escopo, são amplamente referidas como "sociologia das políticas educacionais"[3] (BALL, 1994; OZGA, 1987), "sociologia crítica das políticas educacionais" (GALE, 2001), "análise crítica das políticas" (APPLE, 2019b;

3. Neste livro, optamos por traduzir *policy sociology* como sociologia das políticas educacionais e *critical policy sociology* como sociologia crítica das políticas educacionais. O termo *policy sociology* foi utilizado por Jenny Ozga, em 1987, no capítulo: "Studying education through the lives of the policy makers", publicado no livro *Changing policies, changing teachers: new directions for schooling*?, organizado por Stephen Walker e Len Barton (Sussex: Falmer Press, 1987. p. 138-150). Ozga definiu a sociologia das políticas como "[...] enraizada na tradição das ciências sociais, historicamente informada e baseada em técnicas iluminativas" (OZGA, 1987, p. 144). A sociologia das políticas emergiu a partir da década de 1980, quando um grupo de sociólogos da educação reagiu e procurou desafiar as tendências positivistas na pesquisa de políticas, e se engajou em análises que desafiavam as relações de poder e desigualdades existentes. Esses estudiosos eram oriundos de universidades do Reino Unido e da Austrália, tais como: Jenny Ozga, Stephen J. Ball, Trevor Gale, Bob Lingard, Fazal Rizvi, Barry Troyna, entre outros. Os pesquisadores que se utilizam da sociologia crítica das políticas educacionais enquadram seus estudos como um desafio às formas dominantes e elitistas de poder político, econômico e cultural. (Nota do revisor da tradução.)

HORSFORD; SCOTT; ANDERSON, 2019; PRUNTY, 1985; TAYLOR, 1997), "estudos críticos sobre políticas educacionais" (GUNTER; MILLS, 2017), "abordagens críticas à análise de políticas educacionais" (YOUNG; DIEM, 2017) ou "estudos críticos das políticas" (GRACE, 1998a, 1998b). Grace definiu ECP como uma abordagem analítica multidisciplinar que une "[...] os pontos fortes da *teoria crítica* (com sua forte consciência de opressões estruturais e ideológicas e contradições de política) com as tradicionais *condutas de investigação* (delineamento cuidadoso de evidências e argumentos, conclusões equilibradas e judiciosas)" (GRACE, 1998a, p. 209, grifos nossos). Neste capítulo, uso o enquadramento de Grace e amplio a noção de ECP, delineando seus pressupostos metodológicos, diversas raízes multidisciplinares, objetivos duradouros e contextos empíricos emergentes.

As partes finais deste capítulo apresentam contextos duradouros e emergentes da política educacional e da produção de conhecimento sobre políticas. Identificam-se especificamente oito elementos interativos que afetam a política educacional em nosso tempo, considerando três deles casos exemplares para elaboração. Com a intensificação da racionalidade do mercado como pano de fundo, o dataísmo está tomando conta da política educacional, a desigualdade atingiu um novo nível e o "panóptico digital" está lentamente permeando as salas de aula. Agora também vivemos em uma época de grande transformação tecnológica e crise ambiental. A hiperautomação de empregos de colarinho branco significa que os sistemas educacionais estão sob pressão para equipar os alunos com habilidades para empregos futuros. As interferências na política populista e a pandemia global provavelmente afetarão os desfavorecidos (por exemplo, refugiados e pobres) mais do que qualquer outro grupo da sociedade. Precisamos de estudos críticos e imaginativos agora mais do que nunca. Este capítulo explora como os ECP podem permanecer uma abordagem analítica valiosa em face dessas e de outras mudanças. A discussão nas seções a seguir destaca por que os ECP voltam-se à tarefa de apoiar as respostas de políticas às mudanças emergentes que impactam a Educação. Os ECP podem desempenhar papéis vitais especificamente na análise de quem obtém o que nos sistemas educacionais, cujos valores estão sendo alocados com autoridade nos instrumentos de política e cujas vozes são silenciadas nos processos de política.

O restante do capítulo está organizado em quatro seções principais. A primeira seção discute brevemente dois pressupostos metodológicos centrais dos ECP: contexto da política e posicionalidade do pesquisador. A segunda seção cobre a raiz multidisciplinar dos ECP na Educação. A terceira seção cobre os objetivos analíticos duradouros dos ECP. A quarta seção descreve as principais transformações socioeconômicas e tecnológicas que têm implicações consideráveis para a formulação de políticas e pesquisas críticas sobre políticas em Educação. O capítulo termina com algumas observações finais.

Premissas metodológicas dos estudos críticos das políticas

A vantagem analítica dos ECP é que eles colocam questões de política educacional específicas dentro de um "quadro mais amplo" de contextos históricos, socioeconômicos e políticos. Os ECP reconhecem o valor do *rigor metodológico*, a *contextualidade da política* e a *posicionalidade do analista de política*. Grace (1998a, p. 212) enfatiza: "Se os estudos críticos das políticas pretendem reivindicar a integridade em seus modos de análise, então sua intenção crítica deve harmonizar com o respeito pelas evidências e com a imparcialidade no argumento". Da mesma forma, Ozga (2019) destacou a reflexividade e o engajamento dialógico com evidências como características-chave das pesquisas críticas sobre política educacional.

Em termos de contextualidade da política, os ECP reconhecem que a política reflete os valores de grupos específicos, e é formulada e promulgada em um dado contexto. Em outras palavras, se a política é "[...] uma alocação competente de valores" (EASTON, 1953, p. 3), ou se a governança é uma "atuação competente de significado" (HAJER, 2009, p. 2), a política é um instrumento fundamental de atribuição de valores e de significado. Em outras palavras, os valores — definidos como "[...] suposições ou crenças sobre o que é desejável e como as coisas são" (OZGA, 2000, p. 47) — informam as decisões políticas e as pesquisas. Como tal, os ECP priorizam os valores humanos como centrais para a compreensão dos processos políticos e visam explicar até que ponto a política é um processo profundamente humano, impregnado de suposições, de aspirações, de vieses e de preferências políticas.

Em um processo da política, agentes de visões opostas sobre como as coisas são e o que é desejável negociam sobre prioridades e estratégias. As ideias e o conhecimento das políticas "[...] são mediados por relações de poder na sociedade; certos grupos da sociedade são privilegiados em detrimento de outros e exercem uma força opressora sobre os grupos subordinados"; e, como tal, "[...] o que é apresentado como 'fato' não pode ser desvinculado da ideologia e do interesse próprio de grupos dominantes" (KOOIMAN, 2003, p. 272). Uma abordagem crítica à análise de políticas, portanto, reconhece a natureza carregada de valores da política, busca iluminar quem é sistematicamente privilegiado ou excluído e analisa a estrutura oculta de poder nos discursos públicos. A compreensão de quais valores e significados são adotados ou excluídos em um processo da política requer posturas metodológicas dialógicas e interativas. Por meio da problematização dos contextos sócio-históricos e culturais da política, a análise crítica da política visa "[...] tornar visíveis os princípios reguladores" (GRACE, 1995, p. 3) que sustentam as ações e as inações das políticas. Além da análise textual, os pesquisadores que se utilizam da sociologia crítica das políticas também problematizam contextos de influência e de atuação das políticas. Eles reconhecem que atuações localizadas das políticas "[...] não são unívocas, e o pensamento e a prática são produzidos dentro de ambiguidades, contingências, indeterminações e contradições históricas (sedimentadas)" (WEBB, 2014, p. 368). O objetivo principal da análise crítica é, portanto, gerar histórica e socioculturalmente explicações causais específicas para os processos políticos. Como Ball (1997, p. 264) enfatiza:

> A ideia de que as ciências humanas como os estudos educacionais ficam fora ou acima da agenda política da gestão da população ou, de alguma forma, têm um *status* neutro incorporado em um racionalismo progressivo flutuante são conceitos perigosos e debilitantes.

Quando se trata da posicionalidade reflexiva do pesquisador, o foco está na consciência sobre valores profundamente arraigados e como eles influenciam as questões de pesquisa, bem como as escolhas teóricas e metodológicas. Em uma investigação social, o viés intelectual ocorre "[...] quando os pesquisadores são insuficientemente críticos em relação aos pressupostos inscritos no ato de pensar sobre o mundo" (BOURDIEU; WACQUANT, 1992, p. 39). Estudiosos críticos superam vieses por meio da reflexividade. Os ECP adotam a investigação dialógica e crítica reflexiva do pesquisador como forma válida de conhecimento. Aqui a reflexividade é amplamente definida como "[...] a inclusão de uma teoria da prática intelectual como um componente integral e condição necessária de uma teoria crítica da sociedade", e envolve atender ao "*inconsciente social e intelectual* incorporadas em ferramentas e operações analíticas" (BOURDIEU; WACQUANT, 1992, p. 36, grifos dos autores). Ao contrário dos empiristas, os estudiosos críticos das políticas não suspendem suas crenças e seus valores. Em vez disso, eles se envolvem reflexivamente com avaliações que sustentam o problema em questão. Como Myrdal (1969, p. 5) observa, ser um pesquisador social reflexivo significa "[....] elevar a valoração que atualmente determina nossa pesquisa teórica, bem como nossa pesquisa prática à plena consciência [...]"; "[...] examiná-las do ponto de vista da relevância, da significância e da viabilidade na sociedade sendo estudada [...]"; e "[...] transformá-las em premissas de valores específicos para a pesquisa". Em outras palavras, a reflexividade está preocupada com a compreensão do pesquisador em relação à sua posição na sociedade, às suas raízes intelectuais e aos pressupostos de seus recursos teóricos, e à articulação de como esses fatores podem influenciar a questão, o método e o processo de pesquisa.

A suposição positivista comum é que coletamos informações por meio de nossos sentidos e, então, após uma avaliação cuidadosa, raciocinamos de nossa maneira para fazermos afirmações sobre o mundo que investigamos. Todavia, ser objetivo não é ser neutro; a própria escolha que fazemos em relação aos nossos tópicos e métodos de pesquisa reflete nossas suposições e nossos valores implícitos. Na pesquisa social, uma descrição simples de eventos acarreta atos de escolha e seleção. Mesmo nas chamadas ciências *puras*, como Lewontin (2010) argumenta em *Biology as ideology* (Biologia como ideologia), agendas e achados de pesquisa podem ser *contaminados* por pressupostos sociais e políticos. Em sua crítica ao que ele chama de *empirismo ingênuo* na pesquisa social, o sociólogo e economista ganhador do Prêmio Nobel, Gunnar Myrdal (2017), escreveu em 1954:

> Os fatos não se organizam em conceitos e teorias apenas por serem observados; na verdade, exceto dentro da estrutura de conceitos e de teorias, não há fatos científicos, mas apenas caos. Há um elemento inevitável *a priori* em todo o trabalho científico. As perguntas devem ser feitas antes que as respostas possam ser dadas. As perguntas são uma expressão de nosso interesse no mundo, elas são, basicamente, valorações. As valorações estão, portanto, necessariamente envolvidas já no estágio em que observamos os fatos e realizamos análises teóricas, e não apenas no estágio em que extraímos inferências políticas de fatos e valorações (MYRDAL, [1954] 2017, p. XLI).

Da mesma forma, ao rejeitar o que ele via como "culto aos fatos" dos positivistas, o renomado historiador E. H. Carr citou uma analogia útil: "[...] um fato é como um saco — não vai ficar de pé até que você coloque algo nele" (CARR, 1987, p. 11). Esse "algo" podem ser perspectivas teóricas ou sistemas de valores do pesquisador. Em seu livro, *Objectivity is not neutrality*, Thomas Haskell (1998, p. 157) fez uma observação semelhante: "[...] os fatos só tomam forma sob a égide de paradigmas, pressupostos, teorias e semelhantes". Em essência, só podemos ter como objetivo a "objetividade posicionada", visto que não se pode compreender totalmente o mundo social sem um ponto de vista — uma "visão de lugar nenhum" é impraticável. Nos ECP, por exemplo, uma escolha de teoria é essencialmente uma escolha de

"[...] um ponto de visão, um lugar de onde ver" (BALL, 1997, p. 270). Conceitos e teorias que invocamos sinalizam nossa *posição*, e orientam nosso *olhar intelectual* para problemas, métodos e objetivos específicos.

Na pesquisa crítica, a realidade social é acessada por meio da interpretação de significados tácitos incorporados em discursos, quadros e metáforas, por intermédio dos quais as questões são divulgadas como agenda pública. Ao longo dos anos, estudiosos críticos de políticas educacionais implantaram uma série de *estratégias analíticas*, incluindo análise do discurso, análise interpretativa, análise de rede, estudos de agenciamento (*assemblage*), análise de estrutura (*frame analysis*) e análise de metáfora (ver EMERY, 2016; GALE, 1999, 2001; GALEY-HORN; FERRARE, 2020; LESTER; LOCHMILLER; GABRIEL, 2016; MILLS *et al.*, 2017; MOLLA; GALE, 2019; MOLLA; NOLAN, 2019).

Raízes multidisciplinares

A pesquisa crítica de políticas transcende as fronteiras disciplinares. Tem raízes e orientações multidisciplinares. Embora fundamentada principalmente nas disciplinas de Sociologia e Antropologia, a análise crítica de políticas é com frequência apresentada como uma abordagem multidisciplinar, na medida em que diferentes teorias, conceitos e métodos são trazidos para o quadro analítico, dependendo do problema de pesquisa em questão. Como Tamboukou e Ball (2003, p. 2) argumentam, o aspecto multidisciplinar da pesquisa das políticas representa uma forma de "cruzamento de fronteira intelectual" e reconhece "[...] as agendas epistemológicas e políticas de diferentes tradições de pesquisa histórica e social" (TAMBOUKOU; BALL, 2003, p. 10). Estudiosos críticos da política educacional usam *recursos teóricos* extraídos da teoria social crítica, da teoria cultural, do pós-estruturalismo, do feminismo, da teoria pós-colonial, da teoria racial crítica etc. Nesta seção, enfocarei três áreas disciplinares/teóricas: sociologia das políticas, antropologia das políticas e pós-estruturalismo.

Sociologia das políticas

Uma das primeiras tentativas de tornar a pesquisa sociológica relevante para políticas públicas foi a de C. Wright Mills, que enfatizou a importância de uma "imaginação sociológica" na problematização da interação entre "problemas pessoais" e "questões públicas" (MILLS, 2000). A análise sociológica da política educacional é comumente conhecida como sociologia das políticas. Ozga (1987, p. 144) definiu a sociologia das políticas como uma abordagem de pesquisa da política que está "[...] enraizada na tradição das ciências sociais", e se baseia em "técnicas qualitativas e iluminativas". No Reino Unido, a sociologia das políticas surgiu no contexto da consolidação de uma lógica neoliberal de governança que minava o investimento em serviços sociais e era antitética ao conhecimento sociológico. Os pesquisadores que se utilizam da sociologia das políticas veem a política como artefatos textuais (um documento que declara com autoridade valores e aloca recursos para alcançar as intenções declaradas), discurso (quem diz o quê e quem permanece em silêncio na tomada de decisão política) ou prática (o que é promulgado e quem são os atores-chave no campo da implementação) (BALL, 1993).

Sociólogos críticos das políticas envolvem-se com processos sistêmicos e contextos institucionais, que estabelecem as condições e as possibilidades de formulação e atuação (*enactment*) das políticas (BALL, 1994; DALE, 1989; GALE, 2001; OZGA, 1987, 2000; PRUNTY, 1985; TAYLOR, 1997; TROYNA, 1994). A ênfase está nas "[...] suposições subjacentes que moldaram como um 'problema' foi conceituado e como as 'soluções' foram selecionadas (e quem fez a definição e a seleção), precisaram ser submetidas a um escrutínio crítico" (OZGA, 2019, p. 5). Na maioria dos casos, os sociólogos políticos (por exemplo, MILLS; GALE, 2007; MORROW, 1994; OLSSEN; PETERS, 2015; TORRES, 2013; YOUNG; DIEM, 2017) usam a teoria social crítica para explicar por que as pessoas desfavorecidas podem "reconhecer erroneamente" suas condições de desigualdade e exploração; e compreender a interação de "problemas pessoais" e "questões públicas", e como estas se traduzem em problemas da política. Outros (por exemplo, DALE, 2005; MOLLA, 2014, 2018, 2019a, 2019b; RIZVI; LINGARD, 2010; ROBERTSON; DALE, 2016; WILKINS, 2013) problematizam a lógica da política neoliberal e a globalização das ideias de política educacional.

Abordagens sociológicas críticas são dominadas por uma abordagem epistemológica que rejeita a maioria dos fundamentos positivistas (senão todos) da tradição das ciências políticas sobre o que conta como conhecimento válido. Em contraste, um argumento dominante na pesquisa sociológica é que qualquer alegação de que alguém pode acessar fatos e conhecimentos não lapidados por meio da razão (racionalismo) e da evidência dos sentidos (empirismo) é falha. A visão alternativa é que a pesquisa ofereça uma imagem parcial de qualquer "realidade" que existe além da percepção e da interpretação humana. Para muitos sociólogos críticos das políticas, as políticas educacionais não são objetos de valor neutro; e o ato de interpretar políticas é aquele que une fatos e valores (REGMI, 2019). A pesquisa é, portanto, uma tentativa importante, embora sempre imperfeita, de capturar o mundo além dos processos humanos de criação de significado.

Antropologia das políticas

Os estudiosos da política educacional crítica também empregam a *teoria cultural* e as metodologias antropológicas para compreender a política (*politics*) dos processos das políticas (*policy*). O antropólogo Clifford Geertz foi um dos principais estudiosos que primeiro aplicou interpretações culturais da política. Em seu ensaio *The politics of meaning*, Geertz (1973, p. 311) argumentou que "[...] a política de um país reflete o desenho de sua cultura". Ele definiu cultura como "[...] as estruturas de significado por meio das quais os homens [e as mulheres] dão forma à sua experiência"; ele via a política como "[...] uma das principais arenas nas quais tais estruturas se desdobram publicamente" (GEERTZ, 1973, p. 312). Uma descrição cultural dos processos políticos, portanto, concentra-se nos sistemas de significado individual e coletivo. Para Geertz (1973, p. 313), o desafio crítico na análise política (ou da política) é "[...] como enquadrar uma análise do significado — as estruturas conceituais que os indivíduos usam para construir a experiência — que será ao mesmo tempo circunstancial o suficiente para transmitir convicção e abstrair o suficiente para avançar a teoria".

Seguindo as interpretações culturais da política de Geertz (1973), antropólogos políticos (por exemplo, APTHORPE, 1996; GRAY, 1978; HOPPE, 2006; MILLER, 1977; OKONGWU; MENCHER, 2000; SHORE; WRIGHT, 1997, 2011; WILDAVSKY, 2018; WRIGHT; SHORE, 1995) demonstraram que uma análise de política sensível à cultura não apenas captura os contextos socioeconômicos do raciocínio público, mas também mostra a interação da política com a mudança cultural. A formulação das políticas e os formuladores de políticas estão profundamente inseridos em contextos socioculturais e históricos. Wildavsky (2018, p. 396), um dos pioneiros da análise antropológica das políticas, argumentou:

> Se a cultura é concebida como valores e crenças que unem as relações sociais, então a análise das políticas está intimamente envolvida com a cultura de duas maneiras: (1) as soluções para os problemas das políticas refletem e são limitadas pela consistência moral das relações sociais históricas; (2) soluções para problemas das políticas, ao mudar a estrutura das relações sociais, alteram os valores e as crenças que sustentam a estrutura social.

Embora, no início, o foco fosse uma explicação cultural dos problemas e das soluções das políticas, a segunda onda da antropologia das políticas tem dado atenção crescente à globalização e ao neoliberalismo em relação ao poder, à governança e aos processos políticos (ver APTHORPE, 1996; HOPPE, 2006; OKONGWU; MENCHER, 2000; SHORE; WRIGHT, 1997, 2011; WRIGHT; SHORE, 1995). Seguindo o exemplo de Geertz, os antropólogos problematizam a interação da política e da cultura, rastreiam a mobilidade das políticas e analisam a atuação contextual e os seus resultados.

Pós-estruturalismo

Muitos estudiosos críticos das políticas que se baseiam no *pós-estruturalismo* rejeitam a universalidade das afirmações da verdade e endossam a pluralidade de interpretações (por exemplo, BACCHI, 2009; BACCHI; GOODWIN, 2016; BELSEY, 2002; PETERS; BURBULES, 2004; WAGENAAR, 2015). O foco desses analistas desconstrutivos das políticas educacionais está na problematização das políticas, ou melhor, no entendimento de como as agendas das políticas são estruturadas, produzidas, mobilizadas e transformadas. Para os pós-estruturalistas, os problemas das políticas são construções discursivas (BACCHI, 2009; BACCHI; GOODWIN, 2016); como as realidades sociais são históricas, contingentes e abertas a desafios e a mudanças, os processos das políticas são "[...] imprevisíveis, caóticos e contraditórios" (WEBB, 2014, p. 369). No cerne da investigação pós-estrutural não está "o que existe", mas "o que podemos *dizer* com precisão que existe" (BELSEY, 2002, p. 71, grifo do autor) — e, como tal, o pós-estruturalismo está preocupado com o que acontece na linguagem para representar o significado e a verdade. De modo geral, os pós-estruturalistas são apáticos em relação a grandes narrativas totalizantes, mas, como Belsey (2002, p. 71) argumenta, eles "[...] não duvidam (normalmente) de que existe um mundo: sua ansiedade diz respeito ao que podemos afirmar saber sobre ele com alguma certeza". Nas palavras de Sarup (1993, p. 3): "Enquanto o estruturalismo vê a verdade como estando 'atrás' ou 'dentro' de um texto, o pós-estruturalismo enfatiza a interação do leitor e do texto como uma produtividade".

Comumente, estudiosos críticos das políticas que trabalham sob a égide do pós-estruturalismo se concentram em analisar narrativas, discursos, redes e mobilidades de políticas (ver, por exemplo, CARNEY,

2009, 2016; ANDERSON; HOLLOWAY, 2020; LEWIS, 2020; SAVAGE, 2018; WEBB, 2014; WEBB; GULSON, 2015). Os pós-estruturalistas usam a noção de agenciamento para "[...] reconceber formas globais não como uma força externa totalizante, mas como um elemento que funciona em combinação com outros elementos heterogêneos em situações e contextos locais" (KOH, 2011, p. 89). Em outras palavras, os atores políticos globais exercem pressão sobre os espaços de políticas nacionais apenas por meio da mobilização de interações situadas, decisões e práticas que respondem pela heterogeneidade dos resultados das políticas, embora tenham origens semelhantes. Por exemplo, Savage (2018, p. 309) sintetizou conceitos e teorias multidisciplinares para destacar a eficácia de uma abordagem de um conjunto de políticas para capturar o fenômeno do fluxo e das mobilidades de políticas transnacionais, e explorar "[...] políticas em um mundo marcado pela complexidade, pela não linearidade e pela emergência". Da mesma forma, vista a partir da perspectiva da teoria ator-rede (TAR) (LAW, 1999), a política assume sua forma e atributos a partir de sua interação com outras entidades no campo da prática. Uma análise de política educacional informada pela TAR reconhece a relacionalidade da formulação e da atuação (*enactment*) de políticas e traça os fatores contextuais que constituem esses processos. A questão-chave é: como a política cria novos atores, sujeitos e espaços?

Os estudiosos críticos das políticas também aplicam cada vez mais conceitos e ferramentas analíticas extraídas da teoria crítica da raça (BELL, 1993, 2004), da teoria pós-colonial (SPIVAK, 1999) e do feminismo (BUTLER, 1999; CONNELL; PEARSE, 2009), respectivamente para: (a) desmascarar estruturas e ideologias que legitimam sutilmente a desigualdade racial na e por meio da Educação (por exemplo, ANDREOTTI, 2011; COLE, 2017; LADSON-BILLINGS; TATE, 2006; MANSFIELD; THACHIK, 2016; ZAMUDIO *et al.*, 2011); (b) problematizar os legados coloniais e os papéis assimilativos da Educação (LEONARDO; SINGH, 2017); e (c) explicar como as culturas de gênero hegemônicas e os legados históricos minam as experiências e a representação das mulheres nas políticas, nos sistemas e nas instituições educacionais (por exemplo, BACCHI, 2009; BLACKMORE, 2017; MARSHALL, 1999; MARSHALL; JOHNSON; EDWARDS, 2017). Um traço comum entre essas diversas orientações teóricas é que a política não é vista como dada, mas, sim, como uma construção social que precisa ser interpretada no contexto.

Também é imperativo observar que essas raízes teóricas/disciplinares não são mutuamente exclusivas. Por exemplo, ao problematizar os processos das políticas educacionais, alguns proponentes da sociologia política (por exemplo, Ball) recorrem às ferramentas de pensamento pós-estrutural.

Objetivos analíticos duradouros

Atos de nomenclatura e questões de política de enquadramento são necessariamente atos de poder. A classe privilegiada protege seus interesses definindo padrões de distribuição de recursos e de oportunidades, como a Educação. Em outras palavras, a política é uma forma de exercer a autoridade dos grupos dominantes. Por exemplo, como a elite controla as agendas do governo (MILLS, 2000), não seria um erro presumir que os objetivos da Educação traçados pelos governos geralmente refletem os interesses socioeconômicos da elite. Consequentemente, com a globalização da política educacional e a difusão dos regimes de políticas neoliberais como pano de fundo, o olhar analítico dos estudiosos das políticas tem sido cada vez mais direcionado para: (a) relações de poder que determinam os fluxos de ideias e práticas políticas além das fronteiras; e (b) os impactos distributivos das agendas de políticas educacionais mercantilizadas. Os analistas críticos das políticas estão interessados em compreender as relações de poder que produzem a política em questão. Eles problematizam a interação dos agentes das políticas globais nos campos da política nacional (DALE, 2005; LINGARD, 2018; MOLLA, 2014, 2018, 2019a; MOUTSIOS, 2010; RIZVI; LINGARD, 2010), o papel das elites na formulação das políticas

(GREK, 2011) e o fenômeno da "midiatização" da política (LINGARD; RAWOLLE, 2004; RAWOLLE, 2005). Além disso, estudiosos críticos das políticas estão dispostos à justiça social (LESTER; LOCHMILLER; GABRIEL, 2016; OZGA, 2000; PRUNTY, 1985). A "atitude crítica" de um cientista social se manifesta em sua "preocupação com a abolição da injustiça social" (HORKHEIMER, 2002, p. 242).

Se as políticas representam "[...] o equilíbrio de encargos e benefícios entre determinadas categorias de pessoas" (OFFE, 1984, p. 105), é fundamental para os estudiosos das políticas questionarem constantemente se o equilíbrio é justo ou não, em especial no que diz respeito aos membros mais desfavorecidos da sociedade. Ao contrário da pesquisa científica política que é "domesticada para os requisitos do estado" (GRACE, 1998a, p. 216), os ECP visam problematizar o papel da Educação na reprodução e na transformação das condições de desvantagens e da injusta desigualdade na sociedade. Em outras palavras, muitos estudiosos críticos das políticas estão interessados não apenas em compreender como os "problemas privados" são traduzidos em "questões públicas" (MILLS, 2000), mas também em vislumbrar alternativas para a mudança por meio de *crítica* fundamentada e *defesa* baseada em evidências. Nesta seção, discutirei brevemente esses dois temas.

Crítica

Um estudioso reflexivo das políticas está interessado em "[...] não simplesmente dizer a verdade deste mundo, como pode ser revelado por métodos objetivistas de observação, mas também mostrar que este mundo é um local de uma luta contínua para dizer a verdade deste mundo" (BOURDIEU *apud* WACQUANT, 1989, p. 35). A crítica é a essência da criticidade. Aqui, criticar não é mera objeção; ao contrário, significa problematizar suposições e crenças que sustentam a aparência objetiva da realidade e os sistemas de significado subjetivos associados à representação externa. O objetivo é desmascarar discursos hegemônicos (GRAMSCI, 1971) que mantêm os desfavorecidos em conformidade com suas condições — expor como a classe dominante instala seus próprios valores como senso comum da sociedade como um todo. Por exemplo, a doutrina neoliberal perpetua uma política "[...] 'racional' — uma política considerada ideologicamente neutra e, em última análise, indiscutível, uma vez que se baseia em puras considerações de eficácia e eficiência" (WACQUANT, 2009, p. 247). Portanto, criticar é problematizar enquadramentos e suposições nos processos políticos. Para Foucault (2000, p. 456): "A crítica não consiste em dizer que as coisas não vão bem como estão. Consiste em ver em que tipo de suposições, de noções familiares, de formas de pensar estabelecidas e não examinadas se baseiam as práticas aceitas". Vista dessa perspectiva, criticidade é uma "atitude ou *éthos*" de questionar com propósito e atenção plena (SIMONS; OLSSEN; PETERS, 2009). Criticar a construção discursiva das agendas políticas, portanto, visa reavaliar as normas e os valores vigentes. É um meio de desmascarar relações de poder e de posições ideológicas que suprimem inconsistências, mascaram silêncios e marginalizam vozes dissidentes no debate político (APPLE, 2019b; DIEM; YOUNG; SAMPSON, 2019; GALE, 2001; GRACE, 1998b). Para usar a formulação de Foucault (2007, p. 17), criticar é reivindicar "[...] o direito de questionar a verdade sobre seus efeitos de poder e questionar o poder sobre seus discursos de verdade". Da mesma forma, as pessoas desfavorecidas tendem a internalizar uma crença que legitima sua própria subordinação. Em seu discurso no Parlamento da Austrália (Camberra), o pensador social francês Jacques Rancière observou que:

> [...] as pessoas são subjugadas porque ignoram a lei do sistema, porque são enganadas pelas imagens e as falácias que a máquina de dominação lhes apresenta para esconder a realidade de seu mecanismo e impedir que tomem consciência de sua real situação. Portanto, a tarefa da crítica era libertar os subalternos de sua ignorância e ilusão, desmascarando todos os truques e disfarces da dominação [...] (RANCIÈRE, 2007, p. 565).

A crítica não se limita, por conseguinte, a explicar as contradições e as omissões. Trata-se também de identificar estruturas que sustentem relações sociais injustas e desempenhar um papel na transformação do problema. O objetivo é conscientizar as pessoas sobre as causas estruturais da injustiça e da repressão na sociedade. Para estudiosos críticos, "iluminação cognitiva" é uma precondição para a emancipação. Collier (1998, p. 461, grifo do autor) enfatiza: "Quando é *apenas* um conjunto de falsas crenças que escravizam, sua substituição por crenças verdadeiras é a liberação". Ao criticar a construção discursiva das agendas políticas, o estudioso crítico das políticas pode desmascarar estruturas ocultas de poder e injustiça, e expor a falsa consciência dos desfavorecidos. O objetivo é promover a autocompreensão e destacar quem é sistematicamente privilegiado e excluído, iluminando, assim, as estruturas ocultas de poder e de exclusão. Em essência, na medida em que expõe estruturas de desigualdade injusta, tendências de relações de poder repressivas e formas de produção de conhecimento, a crítica é uma prática política — ela constitui o que é denominado "estudo ativista" (HALE, 2008). De outro modo, os ECP são abertamente políticos. Ao contrário da perspectiva da ciência política que busca esclarecer o que é, os ECP se preocupam com o que deveria ser. A análise de Emery (2016) da política de *Social and Emotional Learning* [Aprendizagem Social e Emocional] na Inglaterra e no País de Gales é um exemplo de pesquisa crítica sobre política como uma crítica. Ao criticar as políticas, os estudiosos críticos reconhecem que, embora nem todos os problemas possam ser resolvidos, eles podem ser iluminados.

Defesa

Para a maioria dos estudiosos críticos das políticas, a crítica é apenas o primeiro passo para imaginar uma alternativa ao *status quo*. Os estudiosos críticos das políticas estão dispostos a entreter a dupla preocupação de por que as coisas são como são e como podem ser diferentes. Portanto, além de produzir conhecimento que pode expor os efeitos exclusivos e exploradores da política (crítica), muitos estudiosos críticos das políticas também defendem questões políticas específicas. No cerne do trabalho de ativismo de um estudioso de políticas está a habilidade e a vontade de imaginar possibilidades alternativas — uma melhoria para o presente — e ter uma agenda para a mudança, para a emancipação. A defesa de políticas pode assumir a forma de empurrar o debate público para um enquadramento alternativo, especialmente durante eventos como eleições e momentos de crise ou otimismo que abrem "janelas políticas" (KINGDON, 2013). O argumento emancipatório da investigação crítica é sustentado pela suposição de que: (a) um sistema social repressivo que beneficia os grupos dominantes opera em parte porque os membros dos grupos dominados incorporam crenças que defendem os interesses do grupo dominante; (b) membros de grupos desfavorecidos frequentemente aceitam suas condições como normais e incontestáveis; e (c) é responsabilidade do cientista social lançar luz sobre as condições da desvantagem para que ele possa problematizar as crenças que sustentam sua visão de mundo e quebrar esse círculo de escravidão, de ilusão e de injustiça (GEUSS, 1981). Em outras palavras, o papel transformador dos ECP é expresso por sua capacidade de produzir "parâmetros normativos conceituais" contra os quais podemos avaliar os arranjos existentes e prever direções futuras. Em certo sentido, estudiosos críticos das políticas compartilham o que o sociólogo C. Wright Mills considerou como tarefas mestras para intelectuais: "[...] definir a realidade da condição humana e tornar as definições públicas; [...] libertar a imaginação humana, para explorar todas as alternativas agora abertas à comunidade humana, transcendendo tanto a mera exortação de grandes princípios como a mera reação oportunista" (MILLS, 2008, p. 222).

Levitas (2013, p. 218) sustentou que a pesquisa não crítica das políticas é "fragmentada" e se concentra na "limitação de danos"; como tal, ela "naturaliza os principais contornos da sociedade atual", incluindo a desigualdade, a dominação e a crise climática. Em contraste, os ECP com uma intenção emancipatória são utópicos, no sentido de que criticam o presente e exploram possibilidades alternativas. Os ECP orientam-se pela teoria crítica que enfatiza a importância de articular "[...] não os *recursos* de uma ordem social justa, mas as *condições* que possibilitam tal ordem e os *processos* para alcançá-la" (AZMANOVA, 2020, p. 28-29, grifos da autora). Da mesma forma, o sociólogo Erik O. Wright identificou três tarefas básicas às quais ele se refere como uma "ciência social emancipatória", a saber: "[...] elaborar um diagnóstico sistemático e crítico do mundo como ele existe; imaginar alternativas viáveis; e compreender os obstáculos, as possibilidades e os dilemas da transformação" (WRIGHT, 2010, p. 7). Os estudiosos críticos das políticas abordam todas essas três tarefas básicas — a crítica representa o primeiro papel e a defesa captura os dois últimos elementos da pesquisa social emancipatória. Como tal, a intenção emancipatória dos ECP envolve a compreensão das condições de desigualdade, bem como a definição de estratégias para remover as fontes de injustiça na sociedade.

Como Levitas (2013, p. xi) argumenta, ainda, um método utópico não só fornece ferramentas críticas "para expor as limitações dos discursos políticos atuais", mas também "[...] facilita o pensamento genuinamente holístico sobre os futuros possíveis, combinado com reflexividade, provisionalidade e envolvimento democrático com os princípios e as práticas desses futuros". No cerne dos ECP, está, portanto, um plano de ação, uma proposta para ampliar o horizonte de possibilidades. Para usar as categorias de Freire, o estudo crítico é caracterizado por uma atitude rebelde que denuncia a injustiça e uma posição revolucionária que anuncia "uma nova utopia". Freire (2001, p. 54) ressalta: "A transformação do mundo implica uma dialética entre duas ações: denunciar o processo de desumanização e anunciar o sonho de uma nova sociedade". Ser crítico é, portanto, ser capaz de ver alternativas e buscá-las ativamente. Sem essa intenção emancipatória, estudiosos críticos das políticas correm o risco de serem rotulados como "teóricos cínicos" (PLUCKROSE; LINDSAY, 2020) ou "críticos educados" que "[...] encontram segurança em sua experiência, em seu idealismo, em sua capacidade de desprezo intelectualizado, em desvios educados tão assustadoramente nebulosos quanto reconfortantemente densos" (ALLEN, 2017, p. 158).

A pesquisa emancipatória das políticas une teoria e prática, pensamento e ação — trabalho intelectual e decisão política. A prática e a teoria estão unidas em um propósito. Como Lefebvre (1968, p. 4) afirma: "Tanto a teoria quanto a prática são baseadas em uma ideia essencial, a de 'superar', de 'ir além'". O que quer que você faça (atividade, tarefa, prática, ação), você está fazendo para "ir além", para melhorar o existente, para escapar do *status quo*. Da mesma forma, aplica-se a teoria a eventos, textos, problemas ou questões para ir além do que é apresentado nessas entidades. O valor do conhecimento das políticas não se limita a mostrar quais são as questões públicas. As decisões políticas são influenciadas por considerações de prioridade e de viabilidade. O papel do estudo crítico das políticas é, portanto, convencer os formuladores de políticas de que as soluções são viáveis e de que o problema é de grande importância. Além de criticar o *status quo*, Rizvi e Lingard (2010, p. 51) falam da importância de delinear "[...] estratégias para mudanças progressivas que podem desafiar estruturas e práticas opressivas". Por exemplo, o estudo crítico pode ser instrumental na construção da "eficácia coletiva" por meio do aumento da consciência pública sobre as fontes estruturais e as estratégias para lidar com problemas pessoais.

No entanto, também é igualmente importante observar que nem todos os estudiosos críticos das políticas se comprometem com os objetivos emancipatórios da pesquisa das políticas. Por exemplo, enquanto os teóricos sociais críticos de orientação marxista enfatizam objetivos de longo alcance de suas pesquisas, os pós-estruturalistas são "[...] profundamente céticos em relação ao projeto emancipatório" de sua análise (BARKIN; SJOBERG, 2017, p. 18). Além disso, enquanto alguns (por exemplo, HAMMERSLEY, 2005) limitam o propósito da investigação social crítica à produção de conhecimento, outros alertam que a teoria crítica "[...] deve rejeitar alternativas improváveis, assim como rejeita a permanência da ordem existente" (COX, 1980, p. 130). Em outras palavras, os futuros alternativos do estudioso da política devem ser realistas. Estudiosos críticos das políticas que analisam as políticas com uma intenção emancipatória são guiados pelo "idealismo pragmático", expresso na preparação estratégica para "fazer o melhor e causar a mudança certa" (SAID, 1994, p. 75). Vistos dessa perspectiva, os ECP são uma forma de engajamento com o mundo — implica reimaginar possibilidades alternativas. O pressuposto subjacente para clamar por ações políticas transformadoras é que, no mundo social, o que antes era impensável pode de repente se tornar inevitável. Isso fica evidente no impacto drástico da covid-19 nas esferas política, econômica e social.

Contextos empíricos emergentes

Embora os objetivos analíticos e os focos de ECP permaneçam de alguma forma estáveis, seu contexto empírico mudou consideravelmente. Como se pôde observar na introdução deste texto, o surgimento dos ECP remonta à institucionalização do neoliberalismo que coincide com a "virada crítica" na pesquisa em Ciências Sociais. Entretanto, os fatores que deram origem à investigação social crítica são amplamente históricos. Na esfera intelectual, novos recursos teóricos tornaram-se disponíveis para estudiosos de políticas educacionais. A teoria das redes de poder, de Castells (2010), a sociologia da mobilidade, de Urry (2007), a teoria crítica do reconhecimento, de Honneth (2012), a teoria da ideologia, de Zizek (1989), e o conceito de agenciamento, de Deleuze e Guattari (2008), todos contribuem com lentes teóricas valiosas para os estudos críticos.

Além disso, vivemos, atualmente, em uma época de transformações socioeconômicas e tecnológicas aceleradas. O modelo octógono a seguir (Figura 1) descreve oito forças interativas contínuas e emergentes que moldam a política educacional, a prática, a teoria e a pesquisa.

Por exemplo, a confiança canônica na *racionalidade de mercado* corroeu o investimento público em Educação. Tecnologias como o "panóptico digital" e o reconhecimento facial estão lentamente chegando às salas de aula (BARON, 2019; DANS, 2018; LOVELL, 2019), colocando em risco a privacidade de alunos e de professores. Na era da *Indústria 4.0* (MOLLA; CUTHBERT, 2019), o trabalho também está cada vez mais automatizado, e a pressão política sobre as instituições educacionais é preparar graduados prontos para o trabalho. Da mesma forma, os Megadados (*Big Data*) tornaram-se um novo instrumento de governança e uma fonte vital de riqueza (principalmente para grandes empresas de tecnologia). Com os avanços em exploração de dados, analítica da aprendizagem e inteligência artificial, a natureza e o processo de produção de conhecimento estão mudando; como Williamson (2020, p. 209) observa, "[...] a pesquisa em Educação está sendo refeita como uma ciência experimental com uso intensivo de dados". As implicações de longo prazo para a justiça social da *ruptura política* causada pelo populismo e pelas tensões raciais (CASTELLS, 2018) permanecem desconhecidas e merecem uma exploração crítica. Com o crescente problema da desigualdade econômica, social e racial, a política educacional também se tornou um local de luta política (DORLING, 2015; MOLLA, 2020; REAY, 2017). Além disso, as *mudanças climáticas* representam uma ameaça existencial. A Educação é uma ferramenta poderosa para enfrentar o problema, pois as pessoas instruídas são mais propensas a apoiar os esforços para evitar a crise ambiental (O'NEILL *et al.*, 2020). Finalmente, *pandemias globais*, como a da covid-19, expuseram a fraqueza do Ocidente (MICKLETHWAIT; WOOLDRIDGE, 2020) e as vulnerabilidades dos sistemas educacionais em todo o mundo — mudanças precipitadas para a aprendizagem remota aprofundaram as desigualdades no acesso a experiências de aprendizagem de qualidade (SHARMA, 2020; UNESCO, 2020).

Diante dessas mudanças e desses desafios, como os ECP podem permanecer uma abordagem analítica valiosa? Olhando para o futuro, a relevância dos ECP reside em sua capacidade de responder criativamente às questões socioeconômicas e culturais atuais e emergentes que têm implicações diretas para a política educacional. Esta seção reflete sobre as realidades em mudança das políticas educacionais e suas implicações para a pesquisa crítica das políticas. Por uma questão de espaço, aqui elaborarei apenas três desses oito elementos que influenciam contextos e conteúdos da política educacional e da pesquisa: desigualdade, Megadados (*Big Data*) e panóptico digital.

Figura 1 — Contextos duradouros e emergentes que moldam a política educacional, a prática, a teoria e a pesquisa

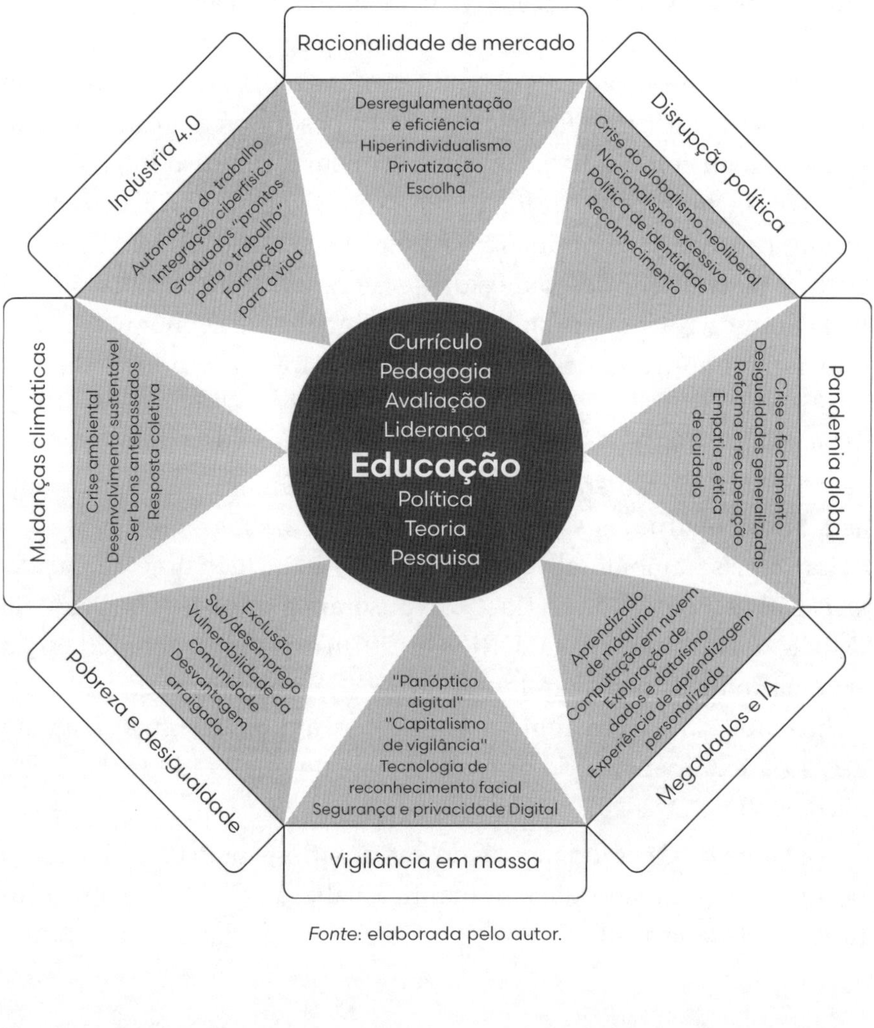

Fonte: elaborada pelo autor.

Desigualdade

A desigualdade dentro e entre as sociedades ficou fora de controle (ATKINSON, 2015; GOODHART, 2018; PIKETTY, 2014, 2020; PISTOR, 2019; SCANLON, 2018). A riqueza concentrou-se nas mãos de poucos. De acordo com a Oxfam (2019), em 2018, os 26 bilionários mais ricos tinham a mesma quantidade de riqueza que a metade inferior da população mundial. Os avanços nas tecnologias de produção e distribuição (incluindo inteligência artificial, aprendizado de máquina, robótica, automação e Megadados) estão transformando perfis de trabalho e requisitos de habilidades no local de trabalho. Como resultado, agora (mais do que nunca) a participação econômica depende em grande parte do nível de conhecimento e das habilidades. Sem uma ação política adequada para ampliar o acesso ao Ensino Superior, a nova realidade econômica pode levar a um aumento da desigualdade que mina a coesão social e a mobilidade social. Há mais de duas décadas, em seu livro precursor, *The end of work*, Rifkin (1995, p. 13) advertiu:

> Se os dramáticos ganhos de produtividade da revolução da alta tecnologia não forem compartilhados, mas antes usados principalmente para aumentar o lucro corporativo, para o benefício exclusivo dos acionistas, dos principais gerentes corporativos e da elite emergente de trabalhadores do conhecimento de alta tecnologia, as chances são de que o fosso crescente entre os que têm e os que não têm conduzirá a uma convulsão social e política em escala global.

Desvantagem educacional — avaliada em termos de quem tem acesso a que tipo de Educação e com quais experiências e resultados — é um fator significativo de desigualdade social. Se o aumento da desigualdade está associado ao acesso desigual a conhecimentos e habilidades valorizados (DORLING, 2015; PIKETTY, 2014; THE ECONOMIST, 2015), a resposta da política deve incluir a ampliação do acesso ao Ensino Superior de qualidade e relevante. Um estudioso crítico das políticas reconhece que desigualdades crescentes e injustas estão destinadas a criar descontentamento em instituições, sistemas e sociedades. Com a consolidação do sistema econômico intensivo em conhecimento, o interesse analítico dos ECP está em como a Educação pode amenizar o *aumento da desigualdade* dentro e entre as sociedades.

O aumento da desigualdade precipitou a crise do globalismo neoliberal. A partir do início da década de 1980, a globalização neoliberal intensificou-se. O mercado sem restrições foi defendido como uma ideologia prevalecente (embora com sinais recentes de ruptura). A prevalência da racionalidade do mercado corroeu a democracia e legitimou a desigualdade, resultando em consequências indesejadas, como nacionalismo excessivo e indiferença à verdade (BROWN, 2019; VORMANN; LAMMERT, 2019). A elevada interdependência econômica das nações criou perdedores e vencedores. No Norte global, enquanto os ganhos da globalização fluem principalmente para as elites corporativas e tecnológicas, milhões de empregos desapareceram e o Estado de Bem-estar Social encolheu. Além disso, a hiperautomação de empregos e a crise de refugiados que o mundo testemunhou em meados da década de 2010 desencadearam rupturas políticas, insegurança econômica e tensões culturais nas democracias liberais (CASTELLS, 2018). Contra o pano de fundo dessas crises, um estudioso crítico das políticas precisa se perguntar: além dos relatos distributivos da desvantagem educacional, quais devem ser as bases de informação para avaliar a desigualdade? Como podemos discernir os fatores estruturais de desvantagem que sustentam as desigualdades injustas em oportunidades, experiências e resultados educacionais? Ou, parafraseando Apple (2019a), como a sociedade usa a Educação para legitimar a desigualdade?

Big Data

Diariamente, em nossa vida profissional e pessoal, produzimos dados multifacetados em uma taxa e volume sem precedentes. O conceito de Megadados (*Big Data*) refere-se à combinação de megadados, complexos e rápidos, e "[...] técnicas e tecnologias analíticas inovadoras para capturar, armazenar, distribuir, gerenciar e analisar" esse corpo multifacetado de dados (DANIEL, 2015, p. 907). No centro dos Megadados está a capacidade de transformar dados complexos e não estruturados em informações úteis e lucrativas. Em essência, os Megadados resultam do que o sociólogo Manuel Castells (2018, p. 1, grifo nosso) chamou de "[...] uma *sociedade transparente* na qual todos nós fomos transformados em dados".

Dois livros provocativos publicados recentemente, *The age of surveillance capitalism* (A era do capitalismo de vigilância) (ZUBOFF, 2019) e *The cost of connection: how data is colonizing human life and appropriating it for capitalism*[4] (COULDRY; MEJIAS, 2019), mostram que os Megadados são exploradores — são um meio de extração de lucro. Os autores argumentam que agentes externos (por exemplo, grandes empresas de tecnologia) coletam e armazenam informações sobre experiências humanas privadas e compartilhadas. Em seguida, usando ferramentas computacionais avançadas (por exemplo, inteligência artificial — IA), os agentes traduzem as informações em "dados comportamentais" e "produtos de previsão" que podem ser vendidos a clientes empresariais que usariam o produto para fornecer bens e serviços aos consumidores. O resultado é o "capitalismo de vigilância", "[...] uma nova ordem econômica que reivindica a experiência humana como matéria-prima gratuita para práticas comerciais ocultas de extração, previsão e vendas" (ZUBOFF, 2019, p. 8). Os Megadados não são apenas exploradores, mas também opressores. Ao criarem-se conjuntos de dados que alimentam a IA, o ato de escolha que utilizamos na classificação de dados é uma expressão de relações de poder desiguais na sociedade. A classificação de dados apresenta hierarquias e assimetrias no mundo ao nosso redor — Bartoletti (2020) descreve essa forma sutil e incontestável de silenciar as pessoas como "violência de dados".

---

4. Tradução possível: Os custos da conexão: como os dados estão colonizando a vida humana e se apropriando dela para o capitalismo. (Nota de tradução.)

Como um modo de ideologia, dataísmo ou dataficação, (a) insiste que todos os aspectos da vida humana devem ser coletados e processados para usos instrumentais; (b) vê os Megadados como uma forma superior de conhecimento e saber; e (c) é cético em relação ao conhecimento interpretativo (COULDRY; MEJIAS, 2019; HAN, 2017b). Para os proponentes dos Megadados, tudo o que vale a pena saber deve ser mensurável e contável. O crescente ceticismo em relação à pesquisa social crítica é, então, captado — nas palavras de Chris Anderson, ex-editor-chefe da revista *Wired* e um renomado escritor de ciências: "Quem sabe por que as pessoas fazem o que fazem? A questão é que elas fazem isso e podemos rastreá-las e medi-las com uma fidelidade sem precedentes. Com dados suficientes, os *números falam por si*" (ANDERSON, 2008, § 7, grifos nossos). Isso está em claro contraste com o objetivo da pesquisa social crítica, que é "[...] *descobrir as intenções* que os atores têm ao fazer o que quer que estejam fazendo" (FAY, 2014, p. 73, grifos nossos). Estudiosos críticos da política educacional assumem a posição de Fay. Por exemplo, a tecnologia herda os valores de seus criadores (FEENBERG, 2010), tornando "robôs racistas" uma possibilidade real (BENJAMIN, 2019b). Como tal, uma análise crítica da automação na Educação precisa articular e criticar os valores embutidos nas tecnologias em questão. Sem problematização, a tecnologia pode ser simplesmente um instrumento que nos acultura "[...] em uma cultura de conformidade construída na adesão voluntária à prescrição" (FRANKLIN, 2004, p. 70).

O pressuposto positivista ontoepistemológico que sustenta os Megadados é que "[...] o mundo é conhecível por meio de cálculo e medição, e pode ser representado como a agregação de unidades discretas, independentes e empiricamente observáveis" (LAKE, 2017, p. 3). É com essa acepção que os atores políticos no âmbito global, nacional e local usam dados de pesquisas comparativas internacionais em grande escala (por exemplo, o Programa Internacional de Avaliação de Estudantes da OCDE, Pisa) como "um dispositivo governante" (OZGA, 2016, p. 70). O aumento do uso de IA e dados em grande escala no trabalho das políticas e da governança deu origem ao que

Gulson e Webb (2017) se referiram como "política de Educação computacional". Com base em uma ampla gama de recursos teóricos, muitos estudiosos examinaram o papel dos dados comparativos de desempenho na política e na governança (por exemplo, ver GORUR, 2014, 2016; GREK, 2009; LINGARD, 2011; OZGA, 2009; SELLAR, 2015; SELLAR; LINGARD, 2013; WILLIAMSON, 2018). É preciso perguntar-se também se a prevalência dos Megadados leva a testes quantitativos de propostas e resultados de políticas. Em outras palavras, a questão-chave que precisa ser abordada é: o que o surgimento dos Megadados implica para o conhecimento e a formulação de políticas na Educação? E como os estudiosos críticos das políticas devem responder à onipresença dos Megadados nos espaços da política educacional?

Panóptico digital

Para muitos estudiosos críticos, os Megadados não são apenas mais uma forma de recursos para grandes empresas de tecnologia. Com a atuação total da tecnologia de rastreamento e *software* de reconhecimento facial, os dados têm se tornado cada vez mais "um instrumento de vigilância e de controle" (PISTOR, 2020, § 2). Segundo Foucault (1998), durante muito tempo, o liberalismo e o capitalismo industrial apoiaram-se na biopolítica que combinava a disciplina (por meio de instituições econômicas, pedagógicas, punitivas, médicas e militares, que controlam e ordenam os corpos individuais) e o conhecimento dos processos biológicos da população como instrumento de governança (biopoder). O Estado faz biopolítica quando coleta censo populacional para mapear tendências de reprodução e de mortalidade na população, e para criar e sustentar estratificações sociais (KELLY, 2013). No entanto, como observou o teórico cultural sul-coreano Byung-Chul Han, agora vivemos em uma era de "psicopolítica", em que o neoliberalismo e o capitalismo financeiro dependem fortemente do controle do pensamento em vez do controle do corpo (HAN, 2017a). Ele vê a ascensão dos Megadados como uma tecnologia de controle ou um "panóptico digital" (HAN, 2017b, p. 37). Para Han, a vigilância digital (ou seja, o "psicopoder") é mais eficiente do que o biopoder, na medida em que opera de uma forma sutil — "[...] vigia, controla e influencia os seres humanos não de fora, mas *de dentro*", e tem acesso direto ao "inconsciente coletivo" (HAN, 2017b, p. 80, grifos do autor). O psicopoder permite que governos e empresas prevejam nossas escolhas e manipulem nossos desejos.

Graças às tecnologias de vigilância, o fenômeno do "autoritarismo em rede" (MACKINNON, 2013) ou do "autoritarismo de dados" (PISTOR, 2020) passou a existir. O caso do novo chamado Sistema de Crédito Social da China é ilustrativo aqui. Foi relatado que o governo chinês usa uma rede de câmeras de vigilância para controlar como os cidadãos agem na esfera pública. O aparelho de vigilância combina câmeras de reconhecimento facial e tecnologias de inteligência artificial para coletar informações pessoais em tempo real. O resultado de tal empreendimento foi surpreendente. No final de 2018, o governo chinês proibiu mais de 23 milhões de pessoas de comprar passagens de trem ou avião como punição por "conduta não confiável", desde não pagar impostos pessoais até divulgar informações falsas e passear com o cachorro na coleira (KUO, 2019). O problema da vigilância digital não termina no controle e na comercialização. As ferramentas dos Megadados também são discriminatórias. Um importante relatório do Departamento de Comércio dos Estados Unidos mostra que as tecnologias de reconhecimento facial são racialmente tendenciosas (GROTHER; NGAN; HANAOKA, 2019), dando origem ao que veio a ser conhecido como "injustiça algorítmica" em sentenças criminais (BENJAMIN, 2019a; MBADIWE, 2018), ou "software negro" de forma mais ampla (MCILWAIN, 2020). Nos Estados Unidos, o primeiro caso de prisão injusta de um homem negro devido a uma falha do algoritmo de reconhecimento facial foi relatado pelo jornal *The New York Times* em junho de 2020 (HILL, 2020).

O que é ainda mais preocupante é que o sistema de vigilância digital se infiltrou na escola. Foi relatado que uma escola de segundo grau em Hangzhou (China) instalou câmeras de reconhecimento facial na sala de aula para monitorar a atenção e o envolvimento acadêmico dos alunos. As câmeras "examinam os rostos dos alunos a cada 30 segundos para tentar detectar seu humor, classificando-o como surpresa, tristeza, antipatia, raiva, felicidade, medo ou neutro — registrando e calculando a média durante cada aula" (DANS, 2018, § 6). Mesmo assim, a ascensão do psicopoder não foi examinada criticamente em relação às políticas e às práticas educacionais. Nos ECP, as perguntas que valem a pena fazer incluem: o que o surgimento da *vigilância digital* significa para o trabalho pedagógico e a pesquisa de políticas educacionais? O que a invasão da vigilância digital nas escolas implica para proteger a vida digital dos alunos?

Conclusão

Este capítulo teve como objetivo destacar as principais características dos estudos críticos das políticas (ECP) na Educação. A suposição norteadora é de que, se os pesquisadores forem mais claros sobre os fundamentos teóricos e as orientações metodológicas de sua escolha, eles estarão em melhor posição para enquadrar questões de pesquisa pertinentes e articular o significado analítico dos conceitos que invocam. Com esse pressuposto, este texto mostrou que os ECP reconhecem a natureza carregada de valores da política; buscam iluminar quem é sistematicamente privilegiado ou excluído; analisam a estrutura oculta de poder nos discursos públicos; e visam transformar as condições indesejáveis dos desfavorecidos na sociedade por meio da defesa baseada em evidências. Estudiosos críticos das políticas consideram o "quadro geral" do processo político: eles examinam a interação de atores estatais e não estatais, e desmascaram relações de poder e posições ideológicas de grupos de interesse. Além disso, enquanto o individualismo ontológico vê a sociedade como uma mera coleção de indivíduos (ROBEYNS, 2007), para estudiosos críticos das políticas, os fenômenos sociais não podem ser totalmente explicados em termos de fatos sobre disposições, crenças e recursos dos indivíduos. É necessário capturar tanto os sistemas de significados subjetivos quanto as estruturas objetivas que medeiam o conteúdo, a produção, a mobilidade e a atuação das políticas.

Neste texto, também argumentei que, no presente, os estudiosos críticos das políticas devem trabalhar no contexto de considerável transformação socioeconômica e tecnológica, que vai desde o aumento injusto da desigualdade até a vigilância digital e os Megadados. Os desafios do nosso tempo são muitos. Vivemos em uma época de ansiedade econômica e identidade política que sustentam a força disruptiva dos movimentos populistas. Se o recente surto e a catástrofe global do coronavírus nos dizem alguma coisa, é o fato de que nossas conquistas tecnológicas e prosperidade econômica não nos libertaram totalmente dos riscos e das incertezas. Além das mudanças aceleradas no mundo do trabalho, enfrentamos interrupções tecnológicas, mudanças climáticas e um risco persistente de uma nova pandemia global. Respostas inovadoras a essas questões devem incluir um novo pensamento na política educacional e na aprendizagem. E estudiosos críticos das políticas têm um papel fundamental a desempenhar nesse processo. Precisamos de estudos críticos e imaginativos agora mais do que nunca. O filósofo e político brasileiro Roberto Unger (2001) observou que a imaginação prevê crises, e nos permite "colocar o *atual* sob a luz do *possível*". Ele enfatizou:

> Nossa capacidade de fazer isso, entretanto, é condicionada por nosso poder de ver e pensar *mais do que* nossos sistemas institucionais e discursivos podem permitir. Ao dar voz, por meio da imaginação, à inesgotabilidade da mente, somos capazes de reconhecer a inesgotabilidade do real que nos rodeia: vendo-o como irredutível ao que agora se manifesta (UNGER, 2001, p. lii, grifos nossos).

As mudanças exigem uma nova maneira de pensar sobre os objetivos socioeconômicos da Educação, e sobre os papéis que o Estado e as forças de mercado desempenham no sistema. É necessário que estudiosos críticos das políticas problematizem a interação das macro e microforças que exercem influência direta sobre as políticas e as práticas educacionais. Olhando para o futuro, é minha opinião que os ECP permanecerão relevantes, na medida em que se engajar criativamente com essas e outras transformações emergentes na vida cultural, política, econômica, tecnológica e educacional da sociedade. Ao analisar a interação entre tecnologia e Educação, a investigação crítica precisa expor os motivos da vigilância, investigar se e como a tecnocracia perpetua o poder da elite e a desigualdade injusta, e destacar possibilidades alternativas.

Agradecimentos

Quero agradecer aos cinco revisores anônimos por seus valiosos comentários e críticas construtivas sobre a versão anterior deste manuscrito. O texto também se beneficiou muito das discussões com o Professor Trevor Gale (Universidade de Glasgow), o Professor Associado Glenn Savage (Universidade da Austrália Ocidental) e a Dra. Jessica Gerrard (Universidade de Melbourne). Todas as possíveis deficiências, é claro, permanecem sendo minhas.

Referências

ALLEN, Ansgar. *The cynical educator*. London: Mayfly Books, 2017.

ANDERSON, Chris. The end of theory. *Wired*, 23 jun. 2008. Disponível em: https://www.wired.com/2008/06/pb-theory/. Acesso em: 21 jul. 2021.

ANDERSON, Kate T.; HOLLOWAY, Jessica. Discourse analysis as theory, method, and epistemology in studies of education policy. *Journal of Education Policy*, [*s. l.*], v. 35, n. 2, p. 188-221, 2020. DOI: https://doi.org/10.1080/02680939.2018.1552992.

ANDREOTTI, Vanessa. *Actionable postcolonial theory in education*. London: Palgrave Macmillan, 2011.

APPLE, Michael W. *Ideology and curriculum*. 4. ed. London: Routledge, 2019a.

APPLE, Michael W. On doing critical policy analysis. *Educational Policy*, [*s. l.*], v. 33, n. 1, p. 276-287, 2019b. DOI: https://doi.org/10.1177/0895904818807307.

APTHORPE, Raymond. Policy anthropology as expert witness. *Social Anthropology*, [*s. l.*], v. 4, n. 2, p. 163-179, 1996. DOI: https://doi.org/10.1111/j.1469-8676.1996.tb00323.x..

ATKINSON, Anthony B. *Inequality*: what can be done? Cambridge: Harvard University Press, 2015.

AZMANOVA, Albena. *Capitalism on edge*. New York: Columbia University Press, 2020.

BACCHI, Carol. *Analysing policy*: what's the problem represented to be? London: Pearson, 2009.

BACCHI, Carol; GOODWIN, Susan. *Poststructural policy analysis*: a guide to practice. London: Palgrave Macmillan, 2016.

BALL, Stephen. What is policy? Texts, trajectories and toolboxes. *Discourse*, [*s. l.*], v. 13, n. 2, p. 10-17, 1993. DOI: https://doi.org/10.1080/0159630930130203.

BALL, Stephen. Researching inside the state: issues in the interpretation of elite interviews. *In*: HALPIN, David; TROYNA, Barry (ed.). *Researching education policy*: ethical and methodological issues. Basingstoke: Falmer Press, 1994. p. 101-126.

BALL, Stephen. Policy sociology and critical social research: a personal review of recent education policy and policy research. *British Educational Research Journal*, [*s. l.*], v. 23, n. 3, p. 257-274, 1997. DOI: https://doi.org/10.1080/0141192970230302.

BALL, Stephen J. Performativity, commodification and commitment: an I-spy guide to the neoliberal university. *British Journal of Educational Studies*, [*s. l.*], v. 60, n. 1, p. 17-28, 2012. DOI: https://doi.org/10.1080/00071005.2011.650940.

BARKIN, Samuel; SJOBERG, Laura. Introduction: why quantitative methods for constructivist and critical theorizing? *In*: BARKIN, Samuel; SJOBERG, Laura (ed.). *Interpretive quantification*: methodological explorations for critical and constructivist IR. Ann Arbor: University of Michigan Press, 2017. p. 1-28.

BARON, Jessica. Classroom technology is indoctrinating students into a culture of surveillance. *Forbes*, 29 jan. 2019. Disponível em: https://www.forbes.com/sites/jessicabaron/2019/01/29/classroom-technology-is-indoctrinating-students-into-a-culture-of-surveillance/#2719a8633320. Acesso em: 22 jul. 2021.

BARTOLETTI, Ivana. *An artificial revolution*: on power, politics and AI. London: The Indigo Press. 2020.

BELL, Derrick. *Faces at the bottom of the well*: the permanence of racism. New York: Basic Books, 1993.

BELL, Derrick. *Silent covenants*: Brown v. Board of Education and the unfulfilled hopes for racial reform. Oxford: University Press, 2004.

BELSEY, Catherine. *Critical practice*. 2. ed. London: Routledge, 2002.

BENJAMIN, Ruha. *Captivating technology*: race, carceral technoscience, and liberatory imagination in everyday life. Durham: Duke University Press, 2019a.

BENJAMIN, Ruha. *Race after technology*: abolitionist tools for the new Jim Code. Boston: Polity Press, 2019b.

BLACKMORE, Jillian. Afterword: critical policy analysis: purpose and practice. *In*: YOUNG, Michelle D.; DIEM, Sarah (ed.). *Critical approaches to education policy analysis*: moving beyond tradition. Basingstoke: Springer Nature, 2017. p. 275-281.

BOURDIEU, Pierre. *The logic of practice*. London: Polity Press, 1990.

BOURDIEU, Pierre; WACQUANT, Loïc J. D. *An invitation to reflexive sociology*. Chicago: University of Chicago Press, 1992.

BROWN, Wendy. *In the ruins of neoliberalism*: the rise of antidemocratic politics in the West. New York: Columbia University Press, 2019.

BUTLER, Judith. *Gender trouble*: feminism and the subversion of identity. London: Routledge, 1999.

CARNEY, Stephen. Negotiating policy in an age of globalization: exploring educational "policyscapes" in Denmark, Nepal, and China. *Comparative Education Review*, [*s. l.*], v. 53, n. 1, p. 63-88, 2009. DOI: https://doi.org/10.1086/593152.

CARNEY, Stephen. Global education policy and the postmodern challenge. *In*: MUNDY, Karen *et al.* (ed.). *Handbook of global education policy*. New Jersey: Wiley, 2016. p. 504-518.

CARR, Edward H. *What is history?* 2. ed. London: Penguin Books, 1987.

CASTELLS, Manuel. *The rise of the network society*: the information age: economy, society, and culture. 2. ed. New Jersey: Wiley-Blackwell, 2010. v. 1.

CASTELLS, Manuel. *Rupture*: the crisis of liberal democracy. London: Polity Press, 2018.

COLE, Mike. *Critical race theory and education*: a marxist response. 2. ed. London: Palgrave Macmillan, 2017.

COLLIER, Andrew. Explanation and emancipation. *In*: ARCHER, Margaret *et al.* (ed.). *Critical realism*: essential readings. London: Routledge, 1998. p. 444-472.

CONNELL, Raewyn; PEARSE, Rebecca (ed.). *Gender*: in world perspective. 2. ed. Cambridge: Polity, 2009.

COULDRY, Nick; MEJIAS, Ulises A. *The costs of connection*: how data is colonizing human life and appropriating it for capitalism. Santa Clara: Stanford University Press, 2019.

COX, Robert. Social forces, states and world orders. *Millennium*: Journal of International Studies, [*s. l.*], v. 10, n. 2, p. 126-155, 1980. DOI: https://journals.sagepub.com/doi/10.1177/03058298810100020501.

DALE, Roger. *The state and education policy*. London: Open University Press, 1989.

DALE, Roger. Globalisation, knowledge economy and comparative education. *Comparative Education*, [*s. l.*], v. 41, n. 2, p. 117-149, 2005. DOI: https://doi.org/10.1080/03050060500150906.

DANIEL, Ben. Big data and analytics in higher education: opportunities and challenges. *British Journal of Educational Technology*, London, v. 46, n. 5, p. 904-920, 2015. DOI: https://doi.org/10.1111/bjet.12230.

DANS, Enrique. Surveillance in schools: Where is this taking us? *Forbes*, 23 ago. 2018. Disponível em: https://www.forbes.com/sites/enriquedans/2018/08/23/surveillance-in-schools-where-is-this-taking-us/#5a81eb5bbee7. Acesso em: 22 jul. 2021.

DELEUZE, Gilles; GUATTARI, Félix. *A thousand plateaus*: capitalism and schizophrenia. Tradução: B. Massumi. London, New York: Continuum, 2008.

DIEM, Sarah; YOUNG, Michelle D.; SAMPSON, Carrie. Where critical policy meets the politics of education: an introduction. *Education Policy*, [*s. l.*], v. 33, n. 1, p. 3-15, 2019. DOI: https://doi.org/10.1177/0895904818807317.

DORLING, Danny. *Injustice*: why social inequalities persist. ed. rev. Bristol: The Policy Press, 2015.

EASTON, David. *The political system*. New York: Alfred A. Knopf, 1953.

EMERY, Carlos. A critical discourse analysis of the New Labour discourse of Social and Emotional Learning (SEL) across schools in England and Wales: conversations with policymakers. *Education Policy Analysis Archives*, [*s. l.*], v. 24, n. 104, p. 1-28, 2016. DOI: http://dx.doi.org/10.14507/epaa.24.2236.

FAY, Brian. *Social theory and political practice*. Crows Nest: Allen and Unwin, [1975] 2014.

FEENBERG, Andrew. *Between reason and experience*: essays in technology and modernity. Cambridge: The MIT Press, 2010.

FOUCAULT, Michel. *The history of sexuality*: the will to knowledge. Tradução: R. Hurley. New York: Penguin, 1998. v. 1.

FOUCAULT, Michel. So is it important to think? *In*: FAUBION, James D. (ed.). *Power*: the essential works of Michel Foucault. New York: The New Press, 2000. p. 454-458. v. III.

FOUCAULT, Michel. The politics of truth. *In*: LOTRINGER, Sylvère; HOCHROTH, Lysa (ed.). *The politics of truth*. Los Angeles: Semiotext(e), 2007.

FRANKLIN, Ursual M. *The real world of technology*. ed. rev. Toronto: House of Anansi, [1990] 2004.

FREIRE, Paulo. *Pedagogy of freedom*: ethics, democracy, and civic courage. Tradução: P. Clarke. Washington: Rowman & Littlefield, 2001.

GALE, Trevor. Policy trajectories: treading the discursive path of policy analysis. *Discourse*: Studies in the Cultural Politics of Education, [*s. l.*], v. 20, n. 3, p. 393-407, 1999. DOI: https://doi.org/10.1080/0159630990200304.

GALE, Trevor. Critical policy sociology: historiography, archaeology and genealogy as methods of policy analysis. *Journal of Education Policy*, [*s. l.*], v. 16, n. 5, p. 379-393, 2001. DOI: https://doi.org/10.1080/02680930110071002.

GALEY-HORN, Sarah; FERRARE, José J. Using policy network analysis to understand ideological convergence and change in educational subsystems. *Education Policy Analysis Archives*, [*s. l.*], v. 28, p. 118-129, 2020. DOI: https://doi.org/10.14507/epaa.28.4508.

GEERTZ, Clifford. The Politics of Meaning. *In*: GEERTZ, Clifford. *The interpretation of cultures*: selected essays. New York: Basic Books, 1973.

GEUSS, Raymond. *The idea of a critical theory*: Habermas and the Frankfurt School. Cambridge: University Press, 1981.

GOODHART, Michael. *Injustice*: political theory for the real world. Oxford: University Press, 2018.

GORUR, Radhika. Towards a sociology of measurement technologies in education policy. *European Educational Research Journal*, [*s. l.*], v. 13, n. 1, p. 58-72, 2014. DOI: https://doi.org/10.2304/eerj.2014.13.1.58.

GORUR, Radhika. Seeing like Pisa: a cautionary tale about the performativity of international assessments. *European Educational Research Journal*, [*s. l.*], v. 15, n. 5, p. 598-616, 2016. DOI: https://doi.org/10.1177/1474904116658299..

GRACE, Gerald. *School leadership*: beyond education management: an essay in policy scholarship. Basingstoke: Falmer Press, 1995.

GRACE, Gerald. Critical policy scholarship: reflections on the integrity of knowledge and research. *In*: SHACKLOCK, G.; SMYTH, J. (ed.). *Being reflexive in critical educational and social research*. Basingstoke: Falmer Press, 1998a. p. 204-220.

GRACE, Gerald. Scholarship and ideology in education policy studies. *International Studies in Sociology of Education*, [*s. l.*], v. 8, n. 1, p. 135-140, 1998b. DOI: https://doi.org/10.1080/0962021980020015.

GRAMSCI, Antonio. *Selections from the prison notebooks of Antonio Gramsci*. New Your: International Publishers, 1971.

GRAY, Kirk L. *Using anthropology in policy relevant research*. Santa Monica: The Rand Corporation, 1978.

GREK, Sotiria. Governing by numbers: the Pisa "effect" in Europe. *Journal of Education Policy*, [*s. l.*], v. 24, n. 1, p. 23-37, 2009. DOI: https://doi.org/10.1080/02680930802412669.

GREK, Sotiria. Interviewing the education policy elite in Scotland: a changing picture? *European Educational Research Journal*, [*s. l.*], v. 10, n. 2, p. 233-241, 2011. DOI: https://doi.org/10.2304/eerj.2011.10.2.233.

GROTHER, Patrick; NGAN, Mei; HANAOKA, Kayee. Face recognition vendor test (FRVT) part 3: demographic effects. *U.S. Department of Commerce*, 2019. Disponível em: https://www.nist.gov/publications/face-recognition-vendor--test-part-3-demographic-effects. Acesso em: 22 jul. 2021.

GULSON, Kalervo; WEBB, P. Taylor. Mapping an emergent field of 'computational education policy': policy rationalities, prediction and data in the age of Artificial Intelligence. *Research in Education*, [*s. l.*], v. 98, n. 1, p. 14-26, 2017. DOI: https://doi.org/10.1177/0034523717723385.

GUNTER, Helen M.; MILLS, Collin. *Consultants and consultancy*: the case of education. New York: Springer, 2017.

HAJER, Maarten A. *Authoritative governance*: policy-making in the age of mediatization. Oxford: University Press, 2009.

HALE, Charles R. (ed.). *Engaging contradictions*: theory, politics, and methods of activist scholarship. Oakland: University of California Press, 2008.

HAMMERSLEY, Martyn. Should social science be critical? *Philosophy of the Social Sciences*, [*s. l.*], v. 35, n. 2, p. 175-195, 2005. DOI: https://doi.org/10.1177/0048393105275279.

HAN, Byung-Chul. *In the swarm*: digital prospects. Tradução: Erik Butler. Cambridge: The MIT Press, 2017a.

HAN, Byung-Chul. *Psychopolitics*: neoliberalism and new technologies of power. Tradução: Erik Butler. New York: Verso, 2017b.

HASKELL, Thomas L. *Objectivity is not neutrality*: explanatory schemes in history. Baltimore: Johns Hopkins University Press, 1998.

HILL, Kashmir. Wrongfully accused by an algorithm. *The New York Times*, New York, 24 jun. 2020. Disponível em: https://www.nytimes.com/2020/06/24/technology/facial-recognition-arrest.html. Acesso em: 21 jul. 2021.

HONNETH, Axel. *The I in we*: studies in the theory of recognition. Tradução: J. Ganahl. Cambridge: Polity, 2012.

HOPPE, Robert. Applied cultural theory: tool for policy analysis. *In*: FISCHER, Frank; MILLER, Gerald J.; SIDNEY, Mara S. (ed.). *Handbook of public policy analysis*: theory, politics and methods. Boca Raton: CRC Press, 2006. p. 289-308.

HORKHEIMER, Max. *Critical theory*: selected essays. London, New York: Continuum, [1937] 2002.

HORSFORD, Sonia D.; SCOTT, Janelle T.; ANDERSON, Gary L. *The politics of education policy in an era of inequality*: possibilities for democratic schooling. London: Routledge, 2019.

KELLY, Mark G. E. *Foucault's history of sexuality*: the will to knowledge. Edinburgh: University Press, 2013. v. 1.

KINGDON, John W. *Agendas, alternatives and public policies*. 2. ed. London: Pearson, 2013.

KOH, Aaron. Singapore's 'global assemblage': digging into the culture of education policy making. *Critical Studies in Education*, [*s. l.*], v. 52, n. 3, p. 267-278, 2011. DOI: https://doi.org/10.1080/17508487.2011.604076.

KOOIMAN, Jan. *Governing as governance*. Newbury Park: Sage, 2003.

KUO, Lily. China bans 23m from buying travel tickets as part of 'social credit' system. *The Guardian*, London, 2 mar. 2019. Disponível em: https://www.theguardian.com/world/2019/mar/01/china-bans-23m-discredited-citizens-from-buying-travel-tickets-social-credit-system. Acesso em: 21 jul. 2021.

LADSON-BILLINGS, Gloria; TATE, William F. Toward a critical race theory of education. *In*: DIXSON, Adrienne D.; ROUSSEAU, Celia K. (ed.). *Critical race theory in education*: all God's children got a song. London: Routledge, 2006. p. 11-30.

LAKE, Robert W. Big Data, urban governance, and the ontological politics of hyperindividualism. *Big Data & Society*, [*s. l.*], v. 4, n. 1, p. 1-10, 2017. DOI: https://doi.org/10.1177/2053951716682537.

LASSWELL, Harold D. The policy orientation. *In*: LERNER, Daniel; LASSWELL, Harold D. (ed.). *The policy sciences*: recent developments in scope and method. Serra Mall: Stanford University Press, 1951. p. 3-15.

LASSWELL, Harold. D. The emerging conception of the policy sciences. *Policy Sciences*, [*s. l.*], v. 1, n. 1, p. 3-14, 1970. DOI: https://doi.org/10.1007/BF00145189.

LASSWELL, Harold D. On the policy sciences in 1943. *Policy Sciences*, [*s. l.*], v. 36, n. 1, p. 71-98, 2003. DOI: https://doi.org/10.1023/A:1022999931810.

LAW, John. After ANT: complexity, naming and topology. *The Sociological Review*, [*s. l.*], v. 47, n. 1, p. 1-14, 1999. DOI: https://doi.org/10.1111/j.1467-954X.1999.tb03479.x.

LEFEBVRE, Henri. *The sociology of Marx*. Tradução: Norbert Guterman. New York: Random House, 1968.

LEONARDO, Zeus; SINGH, Michael. Fanon, education and the fact of coloniality. *In*: PARKER, Stephen; GULSON, Kalervo; GALE, Trevor (ed.). *Policy and inequality in education*. Basingstoke: Springer, 2017. p. 91-110.

LESTER, Jessica N.; LOCHMILLER, Chad R.; GABRIEL, Raquel. Locating and applying critical discourse analysis within education policy: an introduction. *Education Policy Analysis Archives*, [*s. l.*], v. 24, p. 102-116, 2016. DOI: https://doi.org/10.14507/epaa.24.2768.

LEVITAS, Ruth. *Utopia as method*: the imaginary reconstitution of society. London: Palgrave Macmillan, 2013.

LEWIS, Steven. The turn towards policy mobilities and the theoretical-methodological implications for policy sociology. *Critical Studies in Education*, [*s. l.*], v. 62, n. 3, p. 322-337, 2020. DOI: https://doi.org/10.1080/17508487.2020.1808499.

LEWONTIN, Richard C. *Biology as ideology*. ed. rev. Toronto: Anansi Press, 2010.

LINGARD, Bob. Policy as numbers: ac/counting for educational research. *Australian Educational Researcher*, [*s. l.*], v. 38, n. 4, p. 355-382, 2011. DOI: https://doi.org/10.1007/s13384-011-0041-9.

LINGARD, Bob. Reforming education: the spaces and places of education policy and learning. *In*: HULTQVIST, Elisabeth *et al.* (ed.). *Critical analyses of educational reforms in an era of transnational governance*. London: Springer, 2018. p. 41-60.

LINGARD, Bob; RAWOLLE, Shaun. Mediatizing educational policy: the journalistic field, science policy, and cross-field effects. *Journal of Education Policy*, [*s. l.*], v. 19, n. 3, p. 361-380, 2004. DOI: https://doi.org/10.1080/0268093042000207665.

LOVELL, Brian. Face recognition technology in classrooms is here — and that's ok. *The Conversation*, 14 fev. 2019. Disponível em: https://theconversation.com/face-recognition-technology-in-classrooms-is-here-and-thats-ok-111351. Acesso em: 21 jul. 2021.

MACKINNON, Rebecca. *Consent of the networked*: the worldwide struggle for Internet freedom. New York: Basic Books, 2013.

MANSFIELD, Katherine C.; THACHIK, Stefani. L. A critical policy analysis of Texas' closing the gaps 2015. *Education Policy Analysis Archives*, [*s. l.*], v. 24, n. 3, 2016. DOI: http://dx.doi.org/10.14507/epaa.24.1991.

MARSHALL, Catherine. Researching the margins: feminist critical policy analysis. *Educational Policy*, [*s. l.*], v. 13, n. 1, p. 59-76, 1999. DOI: https://doi.org/10.1177/0895904899131006.

MARSHALL, Catherine; JOHNSON, Mark; EDWARDS, Torrie. A feminist critical policy analysis of patriarchy in leadership. *In*: YOUNG, Michelle D.; DIEM, Sarah (ed.). *Critical approaches to education policy analysis*: moving beyond tradition. Basingstoke: Springer Nature, 2017. p. 131-154.

MBADIWE, Tafari. Algorithmic injustice. *The New Atlantis*: a Journal of Technology and Society, [*s. l.*], v. 54, n. 1, p. 3-28, 2018.

MCILWAIN, Charlton D. *Black software*: the internet & racial justice, from the Afronet to Black Lives Matter. Oxford: University Press, 2020.

MICKLETHWAIT, John; WOOLDRIDGE, Adrian. *The wake-up call*: why the pandemic has exposed the weakness of the West, and how to fix it. New York: Harper Via, 2020.

MILLER, Frank C. Knowledge and power: Anthropology, policy research, and the Green Revolution. *American Ethnologist*, [*s. l.*], v. 4, n. 1, p. 190-198, 1977. DOI: https://doi.org/10.1525/ae.1977.4.1.02a00110.

MILLS, Carmen *et al*. Metaphor as a methodological tool: Identifying teachers' social justice dispositions across diverse secondary school settings. *British Journal of Sociology of Education*, [*s. l.*], v. 38, n. 6, p. 856-871, 2017. DOI: https://doi.org/10.1080/01425692.2016.1182009.

MILLS, Carmen; GALE, Trevor. Researching social inequalities in education: towards a Bourdieuian methodology. *International Journal of Qualitative Studies in Education*, [s. l.], v. 20, n. 4, p. 433-447, 2007. DOI: https://doi.org/10.1080/09518390601176523.

MILLS, Charles W. *The power elite*. Oxford: University Press, [1956] 2000.

MILLS, Charles W. *The politics of truth*: selected writings of C. Wright Mills. Seleção e introdução: J. H. Summers. Oxford: University Press, 2008.

MOLLA, Tebeje. 'Knowledge aid' as instrument of regulation: World Bank's non-lending higher education support for Ethiopia. *Comparative Education*, [s. l.], v. 50, n. 2, p. 229-248, 2014. DOI: https://doi.org/10.1080/03050068.2013.807645.

MOLLA, Tebeje. *Higher education in Ethiopia*: structural inequalities and policy responses. London: Springer, 2018.

MOLLA, Tebeje. Educational aid, symbolic power and policy reform: the World Bank in Ethiopia. *London Review of Education*, [s. l.], v. 17, n. 3, p. 329-344, 2019a. DOI: https://doi.org/10.18546/lre.17.3.09.

MOLLA, Tebeje. Human development optimism and political pitfalls in Ethiopia. *Forum for Development Studies*, [s. l.], v. 46, n. 2, p. 367-391, 2019b.

MOLLA, Tebeje. Refugees and equity policy in Australian higher education. *Policy Reviews in Higher Education*, [s. l.], v. 5, p. 5-27, 2020. DOI: https://doi.org/10.2139/ssrn.3757881.

MOLLA, Tebeje; CUTHBERT, Denise. Calibrating the PhD for Industry 4.0: global concerns, national agendas and Australian institutional responses. *Policy Reviews in Higher Education*, [s. l.], v. 3, n. 2, p. 167-188, 2019. DOI: https://doi.org/10.1080/23322969.2019.1637772.

MOLLA, Tebeje; GALE, Trevor. Positional matters: school leaders engaging with national equity agendas. *Journal of Education Policy*, [s. l.], v. 34, n. 6, p. 858-876, 2019. DOI: https://doi.org/10.1080/02680939.2018.1556811.

MOLLA, Tebeje; NOLAN, Andrea. The problem of inequality in Australia's early childhood education and care sector: a policy frame analysis. *Australian Journal of Education*, [s. l.], v. 63, n. 3, p. 322-339, 2019. DOI: https://doi.org/10.1177/0004944119880612.

MORROW, Raymond A. *Critical theory and methodology*. Newbury Park: Sage, 1994.

MOUTSIOS, Stavros. Power, politics and transnational policy-making in education. *Globalisation, Societies and Education*, [*s. l.*], v. 8, n. 1, p. 121-141, 2010. DOI: https://doi.org/10.1080/14767720903574124.

MYRDAL, Gunnar. *Objectivity in social research*. New York: Pantheon Books, 1969.

MYRDAL, Gunnar. *The political element in the development of economic theory*. London: Routledge, [1954] 2017. DOI: https://doi.org/10.4324/9781315133881.

O'NEILL, Brian C. *et al*. The effect of education on determinants of climate change risks. *Nature Sustainability*, [*s. l.*], n. 3, p. 520-528, 2020. DOI: https://doi.org/10.1038/s41893-020-0512-y.

OFFE, Claus. *Contradictions of the welfare state*. London: Hutchinson, 1984.

OKONGWU, Anne F.; MENCHER, Joan P. The anthropology of public policy: Shifting terrains. *Annual Review of Anthropology*, [*s. l.*], v. 29, n. 1, p. 107-124, 2000. DOI: https://doi.org/10.1146/annurev.anthro.29.1.107.

OLSSEN, Mark; PETERS, Michael A. Marx, education and the possibilities of a fairer world: Reviving radical political economy through Foucault. *Linguistic and Philosophical Investigations*, [*s. l.*], v. 14, v. 1, p. 39-69, 2015.

OXFAM. Public good or private wealth? *Oxfam*, 21 jan. 2019. Disponível em: https://oxfamilibrary.openrepository.com/bitstream/handle/10546/620599/bp-public-good-or-private-wealth-210119-en.pdf. Acesso em: 21 jul. 2021.

OZGA, Jenny. Studying education policy through the lives of the policy-makers: An attempt to bridge the macro-micro gaps. *In*: BARTON, Len; WALKER, Stephen (ed.). *Policy, teachers and education*. London: Open University Press, 1987. p. 138-150.

OZGA, Jenny. *Policy research in educational settings*: contested terrain. London: Open University Press, 2000.

OZGA, Jenny. Governing education through data in England: from regulation to self-evaluation. *Journal of Education Policy*, [*s. l.*], v. 24, n. 2, p. 149-162, 2009. DOI: https://doi.org/10.1080/02680930902733121.

OZGA, Jenny. Trust in numbers? Digital education governance and the inspection process. *European Educational Research Journal*, [*s. l.*], v. 15, n. 1, p. 69-81, 2016. DOI: https://doi.org/10.1177/1474904115616629. Acesso em: 17 jan. 2024.

OZGA, Jenny. Problematising policy: the development of (critical) policy sociology. *Critical Studies in Education*, [s. l.], v. 62, n. 3, p. 290-305, 2019. DOI: https://doi.org/10.1080/17508487.2019.1697718.

PETERS, Michael; BURBULES, Nicholas C. *Poststructuralism and educational research*. Washington: Rowman & Littlefield, 2004.

PIKETTY, Thomas. *Capital in the twenty-first century*. Tradução: Arthur Goldhammer. Cambridge: Belknap Press of Harvard University Press, 2014.

PIKETTY, Thomas. *Capital and ideology*. Tradução: Arthur Goldhammer. Cambridge: Harvard University Press, 2020.

PISTOR, Katharina. *The code of capital*: how the law creates wealth and inequality. Princeton: University Press, 2019.

PISTOR, Katharina. Preventing data authoritarianism. *Project Syndicate*, 27 abr. 2020. Disponível em: https://www.project-syndicate.org/onpoint/preventing-data-authoritarianism-by-katharina-pistor-2020-04. Acesso em: 21 jul. 2021.

PLUCKROSE, Helen; LINDSAY, James. *Cynical theories*: how activist scholarship made everything about race, gender, and identity-and why this harms everybody. Durham: Pitchstone Publishing, 2020.

PRUNTY, John. Signposts for a critical educational policy analysis. *The Australian Journal of Education*, [s. l.], v. 29, n. 2, 133-140, 1985. DOI: https://doi.org/10.1177/000494418502900205.

RANCIÈRE, Jacques. What does it mean to be un? *Continuum*: Journal of Media & Cultural Studies, [s. l.], v. 21, n. 4, p. 559-569, 2007. DOI: http://dx.doi.org/10.1080/10304310701629961.

RAWOLLE, Shaun. Cross-field effects and temporary social fields: a case study of the mediatization of recent Australian knowledge economy policies. *Journal of Education Policy*, [s. l.], v. 20, n. 6, p. 705-724, 2005. DOI: https://doi.org/10.1080/02680930500238622.

REAY, Diane. *Miseducation*: inequality, education and the working classes. Bristol: Policy Press, 2017.

REGMI, Kapil. Critical policy sociology: key underlying assumptions and their implications for educational policy research. *International Journal of Research & Method in Education*, [s. l.], v. 42, n. 1, p. 59-75, 2019.

RIFKIN, Jeremy. *The end of work*: the decline of the global labour force and the dawn of the post-market era. New York: Putnam, 1995.

RIZVI, Fazal; LINGARD, Bob. *Globalizing educational policy*. London: Routledge, 2010. DOI: https://doi.org/10.4324/9780203867396.

ROBERTSON, Susan; DALE, Roger. Comparing education policies in a globalising world: Methodological reflections. *In*: HADJAR, Andreas; GROSS, Christiane (ed.). *Education systems and inequalities*: international comparisons. Bristol: Policy Press, 2016. p. 33-49.

ROBEYNS, Ingrid. The capability approach: a theoretical survey. *Journal of Human Development*, [*s. l.*], v. 6, n. 1, p. 93-117, 2007. DOI: https://doi.org/10.1080/146498805200034266.

ROSENTHAL, Gabriele. *Interpretive social research*. Göttingen: University Press, 2018.

SAID, Edward. *Representations of the intellectual*. New York: Vintage, 1994.

SARUP, Madan. *An introductory guide to post-structuralism and postmodernism*. 2. ed. Hertfordshire: Harvester Wheatsheaf, 1993.

SAVAGE, Glenn. Policy assemblages and human devices: a reflection on 'assembling policy'. *Discourse*: Studies in the Cultural Politics of Education, [*s. l.*], v. 39, n. 2, p. 309-321, 2018. DOI: https://doi.org/10.1080/01596306.2017.1389431.

SCANLON, Thomas M. *Why does inequality matter?* Oxford: Oxford University Press, 2018.

SEDDON, Terri. The principle of choice in policy research. *Journal of Education Policy*, [*s. l.*], v. 2, n. 2, p. 200-214, 1996. DOI: https://doi.org/10.1080/0268093960110205.

SELLAR, Sam. A feel for numbers: affect, data and education policy. *Critical Studies in Education*, [*s. l.*], v. 56, n. 1, p. 131-146, 2015. DOI: https://doi.org/10.1080/17508487.2015.981198.

SELLAR, Sam; LINGARD, Bob. The OECD and global governance in education. *Journal of Education Policy*, [*s. l.*], v. 28, n. 5, p. 710-725, 2013. DOI: https://doi.org/10.1080/02680939.2013.779791.

SHARMA, Nikita. Torn safety nets: how covid-19 has exposed huge inequalities in global education. *World Economic Forum*, 5 jun. 2020. Disponível em: https://www.weforum.org/agenda/2020/06/torn-safety-nets-shocks-to-schooling-in-developing-countries-during-coronavirus-crisis/. Acesso em: 21 jul. 2021.

SHORE, Chris; WRIGHT, Susan. Policy: a new field of anthropology. *In*: SHORE, Chris; WRIGHT, Susan (ed.). *Anthropology of policy*: critical perspectives on governance and power. London: Routledge, 1997. p. 3-33.

SHORE, Chris; WRIGHT, Susan. Conceptualising policy: technologies of governance and the politics of visibility. *In*: SHORE, Chris; WRIGHT, Susan; PERO, Davide (ed.). *Policy worlds*: anthropology and the analysis of contemporary power. Oxford: The European Association of Social Anthropologists; New York: Berghahn Books, 2011. p. 1-26.

SIMONS, Maarten; OLSSEN, Mark; PETERS, Michael (ed.). *Re-reading education policies*. Boston: Sense Publishers, 2009.

SPIVAK, Gayatri C. *A critique of postcolonial reason*: toward a history of the vanishing present. Cambridge: Harvard University Press, 1999.

TAMBOUKOU, Maria; BALL, Stephen J. Introduction — genealogy and ethnography: fruitful encounters or dangerous liaisons? *In*: TAMBOUKOU, Maria; BALL, Stephen J. (ed.). *Dangerous encounters*: genealogy and ethnography. New York: Peter Lang, 2003. p. 1-36.

TAYLOR, Sandra. Critical policy analysis: exploring contexts, texts and consequences. *Discourse*: Studies in the Cultural Politics of Education, [*s. l.*], v. 18, n. 1, p. 23-35, 1997. DOI: https://doi.org/10.1080/0159630970180102.

THE ECONOMIST. Education and class: America's new aristocracy. *The Economist*, 22 jan. 2015. Disponível em: https://www.economist.com/leaders/2015/01/22/americas-new-aristocracy. Acesso em: 21 jul. 2021.

TORRES, Carlos Alberto. Neoliberalism as a new historical bloc: a Gramscian analysis of neoliberalism's common sense in education. *International Studies in Sociology of Education*, [*s. l.*], v. 23, n. 2, p. 80-106, 2013. DOI: https://doi.org/10.1080/09620214.2013.790658.

TROYNA, Barry. Critical social research and education policy. *British Journal of Educational Studies*, [*s. l.*], v. 42, n. 1, p. 70-84, 1994. DOI: https://doi.org/10.1080/00071005.1994.9973984.

UNITED NATIONS EDUCATION, SCIENTIFIC AND CULTURAL ORGANIZATION (UNESCO). Inclusion and education: all means all. *Global Education Monitoring Report*, Unesco, 2020. Disponível em: https://en.unesco.org/gem-report/report/2020/inclusion. Acesso em: 21 jul. 2021.

UNGER, Roberto. *False necessity*: anti-necessitarian social theory in the service of radical democracy. ed. rev. New York: Verso, 2001.

URRY, John. *Mobilities*. Boston: Polity Press, 2007.

VORMANN, Boris; LAMMERT, Christian. *Democracy in crisis*: the neoliberal roots of popular unrest. Tradução: Susan H. Gillespie. Philadelphia: University of Pennsylvania Press, 2019.

WACQUANT, Loic. Towards a reflexive sociology: a workshop with Pierre Bourdieu. *Sociological Theory*, [*s. l.*], v. 7, n. 1, p. 26-63, 1989. DOI: https://doi.org/10.2307/202061.

WACQUANT, Loic. *Punishing the poor*: the neoliberal government of social insecurity. Durham: Duke University Press, 2009.

WAGENAAR, Hendrik. *Meaning in action*: interpretation and dialogue in policy analysis. London: Routledge, 2015.

WEBB, P. Taylor. Policy problematization. *International Journal of Qualitative Studies in Education*, [*s. l.*], v. 27, n. 3, p. 364-376, 2014. DOI: https://doi.org/10.1080/09518398.2012.762480.

WEBB, P. Taylor; GULSON, Kalervo N. Policy scientificity 3.0: theory and policy analysis in-and-for this world and other-worlds. *Critical Studies in Education*, [*s. l.*], v. 56, n. 1, p. 161-174, 2015. DOI: https://doi.org/10.1080/17508487.2014.949812.

WILDAVSKY, Aaron. *The art and craft of policy analysis*. London: Palgrave Macmillan, [1979] 2018.

WILLIAMSON, Ben. *Big data in education*: the digital future of learning, policy and practice. Newbury Park: Sage, 2018.

WILLIAMSON, Ben. New digital laboratories of experimental knowledge production: artificial intelligence and education research'. *London Review of Education*, v. 18, n. 2, p. 209-220, 2020. DOI: https://doi.org/10.14324/LRE.18.2.05.

WILKINS, Andrew. Libertarian paternalism: policy and everyday translations of the rational and the emotional. *Critical Policy Studies*, [*s. l.*], v. 7, n. 4, p. 395-406, 2013. DOI: https://doi.org/10.1080/19460171.2013.784622.

WRIGHT, Erik O. *Envisioning real utopias*. New York: Verso, 2010.

WRIGHT, Susan; SHORE, Chris. Towards an anthropology of policy. *Anthropology in Action*, [*s. l.*], v. 2, n. 2, p. 27-31, 1995.

YOUNG, Michelle D.; DIEM, Sarah. Introduction: critical approaches to education policy analysis. *In*: YOUNG, Michelle D.; DIEM, Sarah (ed.). *Critical approaches to education policy analysis*: moving beyond tradition. Basingstoke: Springer Nature, 2017. p. 1-18.

ZAMUDIO, Margaret M. *et al*. *Critical race theory matters*: education and ideology. London: Routledge, 2011.

ZIZEK, Slavoj. *The sublime object of ideology*. New York: Verso, 1989.

ZUBOFF, Shoshana. *The age of surveillance capitalism*. London: Profile Books, 2019.

CAPÍTULO 6

A abordagem da problematização de políticas e sua aplicação à pesquisa sobre Política Educacional[1]

Pablo Pastore

Universidad Nacional de San Martín (Argentina)

Jorge Gorostiaga

Universidad Nacional de San Martín (Argentina)

César Tello

Universidad Nacional de La Plata (Argentina)

Introdução

A pesquisa sobre Política Educacional reconhece grande pluralidade de abordagens e perspectivas, largamente derivada de desenvolvimentos teórico-metodológicos do campo dos estudos sobre políticas públicas. A partir de sua origem, na década de 1950, esse campo teve

1. Tradução de Elita Medeiros.

orientação predominantemente racionalista e positivista, direcionada à **resolução de problemas** no contexto do desenvolvimento do Estado de Bem-estar Social. Não obstante, diversas variantes de abordagens pós-positivistas, gerencialistas, críticas e pós-estruturalistas surgiram a partir da década de 1970, incorporando visões e suposições alternativas próprias de diferentes paradigmas das ciências sociais (DEUBEL, 2008; SIMONS; OLSSEN; PETERS, 2009). A partir dos anos de 1990, por sua vez, as transformações do Estado e a intensificação dos processos globalizadores levantaram a necessidade de superar o nacionalismo e o estatismo metodológicos, dando lugar a importantes reformulações das ferramentas de interrogação sobre as políticas públicas (SIMONS; OLSSEN; PETERS, 2009; TELLO, 2015).

Neste capítulo, apresentamos uma breve caracterização de uma abordagem pós-estruturalista para análise da política pública e nos detemos em sua aplicação ao campo da Política Educacional. A abordagem em questão, a problematização de políticas, nutre-se do pensamento de Foucault e foi desenvolvida conceitualmente por Webb (2014), Webb e Gulson (2015), Bacchi (2009), e Bacchi e Goodwin (2016). Por sua vez, Bacchi (2009) propôs um procedimento metodológico, a abordagem *What's the problem represented to be?*[2] (WPR), na qual nos focamos particularmente neste texto.

A abordagem da problematização de políticas inscreve-se no paradigma pós-estruturalista, mas, no que lhe diz respeito, compartilha com abordagens próprias de outros paradigmas a ideia de que as políticas constroem problemas em vez de soluções. Em torno de propostas muito diferentes, autores como Edelman (1977 *apud* ROSEN, 2009), Fischer (1993) e Majone (1997) enfatizam o papel da linguagem e da argumentação nos processos de definição das questões de política pública. Também, no campo específico da pesquisa sobre políticas educacionais, existem antecedentes importantes. Rosen (2009), por exemplo, cita vários trabalhos publicados a partir do início da década

2. Nota de tradução: *O que o problema representa ser?*

de 1990, que, dentro de uma perspectiva de construcionismo social inspirada em Berger e Luckmann (1968), postulam que a política pública pode ser vista como uma atividade de **constituição** da realidade, questionando a concepção de que as políticas consistem em respostas a condições sociais objetivas.[3]

O paradigma pós-estruturalista implica uma concepção dos textos e dos mecanismos de política como espaços dinâmicos e produtivos, em que os problemas de política são negociados por meio da atribuição de significados (WILKINS, 2022). Dentro desse paradigma, a obra de Foucault tem influenciado particularmente no estudo de políticas e reformas educacionais por intermédio de autores como Ball e Popkewitz, para citar alguns dos mais reconhecidos. Contudo, a abordagem de problematização não está entre as mais difundidas. Seus principais referenciais teóricos são Bacchi (2009), Bacchi e Goodwin (2016) e Webb (2014), este último com foco específico nas políticas educacionais.

Este capítulo está organizado em três seções seguidas pelas considerações finais. Na primeira, situamos a abordagem de problematização de políticas em uma aproximação pós-estruturalista para o estudo da política pública que se assenta nos conceitos de governamentalidade e problematização. Na segunda, expomos brevemente o procedimento metodológico WPR, como principal operacionalização dessa perspectiva. Na terceira seção, ilustramos a aplicação da abordagem no estudo de políticas educacionais a partir da discussão de uma série de trabalhos publicados. Finalizamos com algumas considerações sobre as potencialidades da problematização de políticas para o campo da pesquisa em Política Educacional.

3. A concepção das políticas educacionais como processos de construção ou representação dos problemas está presente, mesmo assim, em trabalhos que se fundamentam nas abordagens cognitivas das políticas (por exemplo, em BARROSO *et al.*, 2007), ou em teorias das relações internacionais (como em DALE; ROBERTSON, 2009). Também cabe fazermos referência a outros trabalhos que recorrem ao termo **problematização** em um sentido mais amplo, vinculado a um questionamento crítico das políticas educacionais e de sua relação com processos históricos e com contextos sociais (por exemplo, em OZGA, 2021).

Uma abordagem pós-estruturalista para a pesquisa sobre Política Educacional: a problematização de políticas

A partir da rejeição das visões racionalistas e mais convencionais que concebem as políticas públicas como processos de busca de soluções para problemas existentes, a abordagem de problematização propõe analisar toda política pública como um processo de produção de problemas. A maneira como os **problemas** são constituídos é a questão-chave na análise das políticas, porque é o que determina que tipo de **soluções** são propostas e, em última instância, o que explica como se desenvolve o governo da sociedade. O propósito da abordagem é identificar os pressupostos e as limitações das propostas de política ou de mudança, questionando suas lógicas e, eventualmente, gerando formas alternativas de pensar a Educação (WEBB, 2014), ou mesmo propostas que possam conduzir a um governo com graus menores de dominação (BACCHI; GOODWIN, 2016).

Embora essa abordagem esteja sustentada na complexa rede conceitual foucaultiana, podemos afirmar que sua característica distintiva está na ênfase ao conceito de problematização e na sua vinculação com o conceito de governamentalidade (CHAO, 2019), que, por sua vez, encontra-se associado aos desenvolvimentos foucaultianos sobre a biopolítica e o biopoder. Em outras palavras, quando a população se transforma no principal objeto da arte de governo no ocidente, no século XVIII (FOUCAULT, 2006). Como **governo**, refere-se a toda atividade que busca guiar ou afetar a conduta dos indivíduos; **governamentalidade** descreve uma forma particular de governo — própria das democracias ocidentais — em que "[...] segurança, reprodução, produtividade e estabilidade da população são preocupações do Estado"[4] (BACCHI; GOODWIN, 2016, p. 41, tradução nossa).

4. "The security, reproduction, productivity, and stability of the 'population' are concerns of the state" (BACCHI; GOODWIN, 2016, p. 41).

Os estudos sobre governamentalidade têm seu foco no que torna o governo moderno possível, atendendo tanto às **racionalidades** como às **tecnologias** presentes, não somente nas instituições políticas, mas também em uma multiplicidade de agências e grupos — inclusive os acadêmicos — que contribuem com a administração do social. A análise das racionalidades de governo implica examinar minuciosamente "[...] as formas de pensar que guiam e dão forma a como funciona o governo"[5] (BACCHI; GOODWIN, 2016, p. 43, tradução nossa). Por sua vez, o conceito de problematização, na perspectiva foucaultiana, tem dupla acepção. A primeira, no sentido analítico, implica interrogar, colocar em questão um objeto de estudo, em busca de identificar o pressuposto e o assumido, que foi naturalizado. A segunda refere-se ao processo de constituir e conformar algo como **problema** (BACCHI; GOODWIN, 2016). Para Foucault (2011, p. 13), a partir do ponto de vista analítico, o estudo da problematização articula o questionamento arqueológico e genealógico: "[...] a dimensão arqueológica da análise permite investigar as formas próprias da problematização; sua dimensão genealógica, sua formação a partir das práticas e de suas modificações". Por isso, a problematização consiste no "[...] conjunto das práticas discursivas ou não discursivas que fazem com que algo entre no jogo do verdadeiro e do falso, e lhe constitui como objeto para o pensamento" (FOUCAULT, 1999, p. 371).

Segundo Bacchi (2009), o estudo das políticas públicas a partir de uma abordagem pós-estruturalista implica colocar a problematização em primeiro plano. O governo atua por meio das formas como questões distintas são problematizadas. Nas palavras da autora, "[...] somos governados por meio de problematizações e não por meio de políticas"[6] (BACCHI, 2009, p. xi, tradução nossa). Uma abordagem de problematização consiste em estudar como se **representam** ou

5. "Forms of thinking that guide and shape how governing takes place" (BACCHI; GOODWIN, 2016, p. 43).

6. "We are governed through problematisations rather than through policies" (BACCHI, 2009, p. xi).

constituem os problemas de política pública, quais são os fundamentos conceituais dessa representação, enquanto toda política supõe uma proposta que se fundamenta em uma representação particular do **problema** que busca abordar ou **resolver**. Ademais, Bacchi e Goodwin (2016, p. 112, tradução nossa) explicam que "[...] a análise pós-estrutural busca estudar não as opiniões das pessoas, mas como é possível que tais opiniões existam".[7] Por essa razão, Chao (2019, p. 144) afirma que "[...] entre o construcionismo e os estudos de governamentalidade, a autora tece um ponto de vista que busca essencialmente se distanciar de uma parte importante das análises de políticas públicas que naturalizam os problemas sociais".

Devemos compreender o construcionismo[8] em Foucault como oposto ao essencialismo. Entre o construcionismo e o pós-estruturalismo, está a busca por "[...] experiências, novas, distintas e opostas, que transformem o sistema relacional e estratégico colocado no poder" (ALEMÁN, 2003, p. 2), considerando que o poder, em Foucault, é instância produtora de subjetividade.

Na mesma linha de Bacchi, mantendo o objetivo de contestar as abordagens racionalistas na análise de política que pretendem identificar soluções mais ou menos efetivas para **resolver** os **problemas** educacionais, Webb (2014) afirma que o que faz a abordagem de problematização ser única e distinta é a identificação das condições de possibilidade na produção dos **problemas** (e **soluções**), as múltiplas e as contraditórias formas de pensá-los e representá-los, e, ao mesmo tempo, a oportunidade e o convite para pensar (e representar) **diferente** sobre o mesmo objeto.

O conceito de *enactment* (BALL; MAGUIRE; BRAUN, 2012) é central para o modo como Webb entende a problematização de política,

7. "Poststructural policy analysis aims to study, not people's views, but how it is possible for such views to exist" (BACCHI; GOODWIN, 2016, p. 112).

8. Bacchi (2009, p. 277) define o construcionismo como "[...] uma tradição intelectual que aceita que o conhecimento é uma construção social".

enquanto enfatiza as operações de sentido e traduções dos atores na **ação** das políticas.

> A problematização de política tenta identificar as condições e os registros nos quais os problemas e as soluções foram postos em ação e expressados. Mais importante ainda, a problematização de política identifica condições e registros que desqualificaram pensamentos, práticas e ações paralelas (significa que são rivais, contraditórias)[9] (WEBB; GULSON, 2015, p. 40, tradução nossa).

Essa aproximação pode ser considerada complementar àquela de Bacchi: enquanto a última aponta principalmente para a análise das propostas ou iniciativas de política (na chave da governamentalidade), a abordagem de Webb concentra-se na política em ação, nas formas múltiplas e contraditórias que as práticas dos atores adotam em um contexto local determinado.

O procedimento metodológico WPR

Conforme Chao (2019) expõe, Bacchi é quem mais tem se ocupado em consolidar e estruturar uma metodologia para a análise de política pública a partir de uma perspectiva foucaultiana de problematização, por meio do que ela tem chamado de abordagem *What's the problem represented to be?* (WPR). Partindo de uma série de postulados teóricos que toma o marco conceitual foucaultiano (BACCHI; GOODWIN, 2016), a singular contribuição da autora consiste na proposta de um questionário, por intermédio de uma metodologia que permitiria a

9. "Policy problematizations attempt to identify conditions and registers in which problems and solutions have been enacted and expressed. More importantly, policy problematizations identify conditions and registers that have disqualified parallel (i.e., rival, contradictory) thoughts, practices, and enactments" (WEBB; GULSON, 2015, p. 40).

operacionalização da abordagem de problematização para a análise de política pública.

A primeira pergunta da lista, ponto de partida do questionamento, é: Qual é o **problema** representado em uma política específica?[10] Essa pergunta inicial é chave para Bacchi, pois as políticas contêm representações implícitas nos **problemas** sociais que, em sua suposta intenção de atendê-los, as constituem. Significa que, a partir das **soluções** propostas pela política, o pesquisador deve reconstruir os processos de problematização subjacentes.

A segunda pergunta é: Quais premissas ou pressupostos subjazem a essa representação do problema?[11] Aqui é possível observar a interconexão das perguntas que a autora propõe. Em outras palavras, uma vez identificadas as representações implícitas na política, deve tratar-se de indagar, no sentido arqueológico foucaultiano, quais saberes e conceitos sustentam as representações que se observaram na primeira pergunta. Para a autora, é chave realizar uma análise ontoepistemológica desses pressupostos e premissas para, dessa forma, poder compreender as racionalidades de governo (governamentalidade).

Em terceiro lugar, Bacchi propõe perguntar: Como se chegou a essa representação do **problema**?[12] Nesse ponto, o pesquisador deve considerar uma genealogia da problematização. Ela não se trata de uma simples historicização da problematização, porque implica conhecer as reviravoltas, as convulsões e as práticas institucionais que a história tradicional não observa. Uma análise genealógica, ao contrário, exclui o pressuposto de uma evolução linear.

A indagação proposta nessa instância envolve dois objetivos interconectados: (a) a análise dos aspectos não discursivos, que dizem respeito às decisões e aos desenvolvimentos específicos em espaços institucionais concretos; e (b) a análise dos processos de disputa

10. "What's the 'problem' represented to be in a specific policy?"

11. "What presuppositions or assumptions underlie this representation of the 'problem'?"

12. "How has this representation of the 'problem' come about?"

mediante os quais as representações, no fazer político, competiram entre si para se instalar no discurso, prevalecendo aquela que é objeto de análise na primeira pergunta. Não fosse essa a representação triunfante, "[...] as coisas poderiam ter se desenvolvido de maneira bastante diferente"[13] (BACCHI, 2009, p. 10). Desse modo, essa pergunta permite ver, segundo a autora, como se tecem relações de poder que geram diversas estruturas de dominação entre as representações. Em última análise, o propósito central dessa pergunta é identificar e destacar as condições de possibilidade que resultaram na dominância de uma representação particular do **problema**. A autora expõe claramente que, se essas dominações de umas representações ocorrem sobre outras, existe a possibilidade de refletir acerca das "lacunas e dos silêncios"[14] nas representações dos **problemas** (BACCHI, 2009, p. 12), dando lugar à pergunta seguinte, no esquema de análise.

Quarta pergunta: "O que resta desproblematizado na representação do 'problema'? Onde estão os silêncios? O problema pode ser pensado de maneira diferente?"[15] Essa pergunta permitirá, segundo a explicação da autora, começar a explorar potenciais críticas dessa política pública analisada, e, de algum modo, ir se aproximando do objetivo da abordagem WPR, que consiste em problematizar as problematizações consideradas naturalizadas. O questionamento-chave dessa pergunta é: O que não se está problematizando? Também se observa o convite para **pensar diferente**, o que supõe um compromisso ativo do pesquisador, que deverá colocar outras e suas próprias representações do **problema** em jogo.

Em quinto lugar, a autora propõe perguntar: "Que efeitos essa representação do **problema** produz?"[16] A análise dessa questão centra-se nos efeitos. Para a autora, é possível identificar três tipos de

13. "Things could have developed quite differently".

14. "Gaps and silences".

15. "What is left unproblematic in this problem representation? Where are the silences? Can the 'problem' be thought about differently?"

16. "What effects are produced by this representation of the 'problem'?"

efeitos interconectados e sobrepostos: (a) efeitos discursivos, derivados dos limites impostos ao que pode ser dito e pensado; (b) efeitos de subjetivação ou efeitos de subjetificação, que dizem respeito às formas em que os sujeitos e as subjetividades são constituídos no discurso; e (c) efeitos vividos, isto é, que afetam diretamente a vida material das pessoas.

Com relação a essa quinta interrogação analítica, a autora põe uma série de questionamentos auxiliares que são chave para a compreensão da pergunta geral e análise dos efeitos:

> O que é provável que mude com essa representação do **problema**? O que é provável que permaneça igual? Quem se beneficiará com essa representação do **problema**? Quem pode ser prejudicado por essa representação do **problema**? Como a atribuição da responsabilidade do **problema** afeta os destinatários e as percepções do restante da comunidade na definição de quem é o **culpado**?[17] (BACCHI, 2009, p. 18, grifos nossos, tradução nossa).

A sexta e última pergunta é: "Como/onde foi produzida, difundida e defendida essa representação do **problema**? Como poderia ser questionada, interrompida e substituída?"[18] Segundo a autora expõe, essa pergunta está muito vinculada à terceira, já que centra a atenção nas práticas e nos processos que permitem que certas representações do problema sejam dominantes sobre outras. Aqui diz respeito a pensar no modo em que as representações de problemas "[...] chegam ao público destinatário e alcançam legitimidade"[19] (BACCHI, 2009,

17. "What is likely to change with this representation of the 'problem'? What is likely to stay the same? Who is likely to benefit from this representation of the 'problem'? Who is likely to be harmed by this representation of the 'problem'? How does the attribution of responsibility for the 'problem' affect those so targeted and the perceptions of the rest of the community about who is to 'blame'? (BACCHI, 2009, p. 18).

18. "How/where has this representation of the 'problem' been produced, disseminated and defended? How could it be questioned, disrupted and replaced?"

19. "Reach their target audience and achieve legitimacy".

p. 19). Da mesma forma, é importante o convite para pensar em formas possíveis de concorrência dessa dominância, ou seja, um convite para a transformação política a partir da crítica.

Por último, mas não menos importante, Bacchi propõe que, para realizar investigações em políticas públicas, devemos submeter nossas próprias representações ao escrutínio. Em outras palavras, aplicar o questionário WPR em um processo de autoanálise e reflexividade sobre as próprias representações acerca dos **problemas** que se estudam. Esse **sétimo passo** da abordagem supõe uma atitude atenta, autocrítica e reflexiva por parte do pesquisador.[20]

O material empírico que adota essa metodologia cobre um amplo espectro de produções discursivas, como podem ser documentos de política, textos legislativos, textos acadêmicos, atas de assembleias, relatórios organizacionais, orçamentos, documentos de multimídia, entre outros.[21] Em qualquer caso, isso não é mais do que um insumo inicial para a pergunta, já que a finalidade não é a análise do discurso em si, mas a problematização das problematizações no campo da política pública — entendidas como construções discursivas legitimadas nas interações de poder em uma comunidade política — e de seus efeitos no governo de indivíduos e populações.

Aplicações da abordagem de problematização aos estudos de políticas educacionais

Nas linhas seguintes, ilustramos a aplicação da abordagem de problematização nos estudos de políticas educacionais a partir da discussão de uma série de artigos publicados em revistas acadêmicas

20. Isso se assemelha ao que Webb (2014, p. 8) recomenda: "Researchers should provide nuanced accounts of their current positionings within objects of thoughts" [Os pesquisadores devem fornecer relatos sutis de seus posicionamentos atuais dentro dos objetos de pensamento].

21. Para uma lista mais detalhada, ver Bacchi e Goodwin (2016, p. 17-18).

de língua espanhola e inglesa na última década. O *corpus* foi obtido mediante busca em diferentes bases e repositórios especializados e no Google Acadêmico, utilizando combinações das palavras-chave "problematização", "Foucault", "Bacchi", "Webb" e "Política Educacional", em espanhol e inglês.

Se considerarmos a distribuição geográfica dos trabalhos em função da afiliação institucional de seus autores, podemos observar que eles se localizam na Austrália, no Canadá, no Chile, nos Estados Unidos, na Irlanda, em Portugal, no Reino Unido e na Suécia. Em nossa exposição, ocupamo-nos, inicialmente, dos textos produzidos em outros continentes para, depois, estudarmos especificamente o caso chileno, pois nos interessa particularmente pensar a aplicação dessa abordagem na região latino-americana. Prestamos especial atenção à operacionalização da perspectiva de problematização, razão para apresentar os trabalhos agrupados e diferenciados segundo os procedimentos seguidos pelos autores na produção de conhecimento.

Em primeiro lugar, encontramos uma série de trabalhos que seguem o procedimento analítico WPR proposto por Bacchi (2009). Southgate e Bennett (2014) empregam-no com o propósito de identificar as posições subjetivas que produzem as políticas de ampliação de acesso à Educação Superior na Austrália. Segundo expressa o estudo, a análise textual dos documentos de política seguiu um processo de codificação axial orientado pelas perguntas propostas por Bacchi. Contudo, essa aplicação é seletiva e parcial: concentra-se fundamentalmente em suas dimensões arqueológica (como os discursos representam o **problema**, quais são seus pressupostos e seus silêncios) e produtiva (quais são seus efeitos), ficando ausentes a dimensão genealógica e o **sétimo passo** de reflexividade. Esse recorte é coerente com o propósito do artigo e com a metáfora da escavação a que recorrem a partir do próprio título. Destacamos, entre seus resultados, a identificação de 11 efeitos de subjetificação em duas posições subjetivas (**o indivíduo capaz** e **o aspirante apropriado**).

Com o mesmo objeto de estudo (as políticas de ampliação de acesso à Educação Superior), mas para o caso inglês, Jones (2021) também aplica a estratégia analítica WPR, apesar de curiosamente omitir o trabalho antecedente australiano. A aplicação do questionário de Bacchi também é parcial aqui, e a diferença do trabalho anterior é que recorre a entrevistas semiestruturadas, em busca de ler as interpretações dos decisores de política sobre os documentos de política. Por sua vez, Molla (2013) estuda a problematização da desigualdade de gênero na Educação Superior na Etiópia. Em seu trabalho, observam-se algumas inconsistências com os fundamentos teóricos propostos por Bacchi (2009) e desenvolvidos por Bacchi e Goodwin (2016). Em diferentes partes do trabalho, podemos perceber facilmente que o autor não coloca sua própria representação do **problema** em questão — à qual atribui uma entidade real — e se mantém dentro de pressupostos racionalistas expressos nas ideias de **adequação** e **efetividade** das políticas. A confusão volta a aparecer quando identifica sua análise como **interpretativa** (com o que Bacchi não concordaria); e encontra, na representação do problema, **abordagem superficial**, **localização equivocada** e **categorias problemáticas**, assim naturalizando sua própria representação do problema e esquecendo o último passo da abordagem proposto por Bacchi. A aplicação do questionário WPR tampouco é completa, pois se concentra principalmente nos pressupostos e nos silêncios dos documentos de política. Outro exemplo mais recente de uma aplicação parcial do procedimento WPR para o estudo de políticas de Educação Superior encontra-se em Custers e Magalhães (2021).

Em outro campo de pesquisa, Loutzenheiser (2015) também faz uso parcial dessa ferramenta analítica para estudar dois casos de políticas educacionais de nível local, dirigidas a atender ao **problema** da diversidade sexual, em particular da experiência escolar de jovens *gays*, bissexuais, *queer*, transgêneros e *two spirit* (bigênero) nos estados da Colúmbia Britânica, no Canadá. Propõe-se demonstrar como a linguagem das políticas acomoda significados e (re)produz formas particulares de saber/conhecimento. Novamente as perguntas **genealógicas** da abordagem não são levantadas: Como se chegou a essa representação do **problema**? (Passo 3 do questionário); Como/

onde foi produzida, difundida e defendida essa representação do **problema**? (Passo 6).

Exemplos de uma aplicação mais completa da série de perguntas proposta por Bacchi encontram-se em Jobér (2020) e Ideland, Jobér e Axelsson (2021). O primeiro artigo analisa como se constituíram o **problema** e a necessidade das tutorias particulares no sistema educacional sueco. Foram estudadas páginas da internet, além de entrevistas e artigos jornalísticos. No segundo artigo, que tem a participação da autora do primeiro, estudou-se, por meio da problematização de discursos publicados em páginas da internet, como os **eduempreendedores** oferecem soluções de mercado para problemas educacionais e participam da produção destes últimos. Em ambos os trabalhos, o questionário de Bacchi combina-se com a etnografia de rede proposta por Ball (2016).

Em segundo lugar, outra série de estudos referencia-se tanto em Webb (2014) como em Bacchi, sem recorrer a uma estratégia analítica padrão. Um deles é o trabalho que o próprio Webb publicou em colaboração com Gulson (GULSON; WEBB, 2016), no qual problematizam o processo de estabelecimento de uma escola alternativa para a população afrodescendente no Canadá. Começam por analisar a **narrativa oficial** nas comunicações da página oficial de internet da Junta Escolar de Toronto, e historicizam o movimento das escolas alternativas em Toronto para problematizar esse discurso. Em seguida, recorrem a entrevistas realizadas com membros da Junta que participaram da votação do estabelecimento da escola (GULSON; WEBB, 2016).

Em outro trabalho, seguindo a abordagem de Gulson e Webb (2016), Chew (2019) propôs-se problematizar o mecanismo de loteria para a alocação de vagas escolares nos Estados Unidos e sua suposta neutralidade. Assume uma abordagem metodológica **abdutiva**, que qualifica como complementar à abordagem de problematização. Como procedimento, Chew (2019) recorre à análise de dois filmes como **instâncias** e à contextualização do mecanismo de loteria. A pergunta que o mobilizou foi: "Como é possível a existência de uma prática discursiva neutra no contexto de um movimento de livre escolha escolar que busca recompensar seus participantes com base em seus desempenhos comparados?"[22] (CHEW, 2019, p. 600, tradução nossa). Já os trabalhos de Spohrer, Stahl e Bowers-Brown (2018) e Spohrer e Bailey (2020), com referências tanto em Bacchi quanto em Webb, adotam uma estratégia analítica singular, baseada em Foucault (2000) e Dean (2009), e instrumentada a partir de uma série de questionamentos *ad hoc* para seus objetos de estudo. Suas perguntas buscam combinar as quatro dimensões da analítica de governo de Dean com as quatro dimensões da ética em Foucault para produzir conhecimento sobre os efeitos de subjetificação das políticas e o governo dos indivíduos. No primeiro caso citado, são analisados dez documentos de política educacional para estudar como os discursos **aspiracionais** se constituem como tecnologia de governo. No segundo, o estudo concentra-se em um único documento de política, com o objetivo de examinar como se constroem e legitimam os **problemas** e as **soluções** de política educacional mediante conhecimento especializado. Finalmente, dentro desse segundo conjunto de trabalhos, encontramos, em Hernando-Lloréns (2018) e Kirwan e Hall (2015), exemplos de uma abordagem de problematização que enfatiza a análise genealógica.

Passando a estudar as aplicações da abordagem de problematização no contexto latino-americano, encontramos cinco trabalhos, todos de autores radicados no Chile (APABLAZA SANTIS, 2016; BRIONES; LEYTON, 2020; GALIOTO, 2021; HERRERA, 2021; INFANTE JARAS; MATUS CÁNOVAS; VIZCARRA REBOLLEDO, 2011). Os artigos estudaram políticas de inclusão educacional, atenção à diversidade e à qualidade educacional. Coincidem em empregar uma estratégia de análise discursiva, mas variam em suas referências e formas de abordagem. Apablaza Santis (2016, p. 336) manifesta empregar como recursos analíticos "[...] a etnografia pós-estrutural, a análise política do discurso (APD) e a governamentalidade", embora a apresentação e

22. "How could such a neutral discursive practice exist within a school choice movement seeking to reward its participants based on their comparative performances?" (CHEW, 2019, p. 600).

a aplicação dessa abordagem não estejam suficientemente explicadas, tampouco resulte clara sua vinculação com as conclusões anteriores. Por sua vez, mesmo referenciados em Bacchi para conceitualizar problematização, tanto Briones e Leyton (2020) quanto Herrera (2021) recorrem à Análise Crítica do Discurso (ACD) como ferramenta analítica. No primeiro caso, sustentam sua análise do Programa de Acompanhamento e Acesso Efetivo à Educação Superior chilena em um marco teórico foucaultiano estruturado em torno das categorias de discurso, regime de subjetivação e de governamentalidade. Vale citarmos sua apropriação da abordagem de problematização:

> Mediante a problematização, buscamos analisar as cosmovisões, os saberes, as técnicas e as posições morais que constroem um problema de política educacional e suas propostas de soluções. Não se busca avaliar a efetividade da política, mas suas condições, suas racionalidades, as relações e as disposições subjetivas que a política assume e estabelece, as noções que articulam a referida política, e os enunciados que lhe dão forma (BRIONES; LEYTON, 2020, p. 12, tradução nossa).

No segundo caso (HERRERA, 2021, p. 196), o emprego da ACD para o estudo dos significados que adquire o significante **participação** em duas políticas de Educação inclusiva é fundamentado "[...] considerando que a referida modalidade [a ACD] é a que melhor se ajusta no que diz respeito ao discurso — e às políticas públicas que o contém e produzem — como fenômeno cultural, social e político". Resulta curioso que não seja feita menção às razões para descartar a proposta de Bacchi, também citada dentro do marco teórico. O artigo de Herrera (2021) fica menos claro em seus procedimentos e sua vinculação com os resultados expostos. Finalmente, Infante Jaras, Matus Cánovas e Vizcarra Rebolledo (2011) e Galioto (2021) produziram seus próprios procedimentos de questionamento. Os primeiros propõem-se a "[...] descrever e problematizar como as políticas educacionais constroem a noção de diferença através dos conceitos de diversidade, inclusão e vulnerabilidade, reforçando sistemas de inclusão/exclusão através de seus marcos normativos" (INFANTE JARAS; MATUS CÁNOVAS; VIZCARRA REBOLLEDO, 2011, p. 146), para o que propõem as seguintes questões:

> Por meio de quais mecanismos as ideias de diferença circulam nas políticas educacionais? Quais são as imagens vinculadas com a noção de diferença apresentada nos textos? Quais são os pressupostos que subjazem a essas imagens? De maneira mais geral, a orientação das perguntas é: Como mudam os significados sobre a ideia de diferença? Como alguns significados (sobre diferença) são privilegiados e outros são negados? (INFANTE JARAS; MATUS CÁNOVAS; VIZCARRA REBOLLEDO, 2011, p. 147, tradução nossa).

Galioto (2021), por sua vez, propõe-se a **interrogar criticamente** as políticas de asseguramento da qualidade educacional do sistema escolar chileno, focando as teorias da ação subjacentes a partir de postulados de Hobbes e Spinoza. Seu questionamento não apresenta maior elaboração: "Quais teorias da ação subjazem no sistema de asseguramento da qualidade das escolas no Chile?" (GALIOTO, 2021, p. 2). Seu método é a análise textual interpretativa a partir desse marco filosófico, emoldurado na tradição da filosofia da Educação.

Considerações finais

Segundo o que foi exposto, a abordagem de problematização de política é uma perspectiva que tem sido pouco explorada no campo da Política Educacional, em particular na região latino-americana. Em nosso entendimento, sua potencialidade está radicada no convite a um pensamento crítico que desnaturalize o que tem sido **dado como certo** e na preocupação por seus efeitos enquanto mobiliza um **pensar diferente**. A investigação genealógica e arqueológica com base foucaultiana que implica essa abordagem supõe reconhecer o carácter disputado e contingente da agenda política, relendo os processos que resultaram na predominância de determinadas problematizações e na subordinação ou na anulação de outras. A análise dos pressupostos e dos silêncios em uma proposta de política realiza-se simultaneamente com a busca de alternativas que, por sua vez, não deixam de ser problematizadas. É assim que a abordagem de problematização tem um potencial tanto crítico quanto criativo.[23]

A análise dos trabalhos de pesquisa que aplicaram a abordagem de problematização ao estudo de políticas educacionais encontra uma coincidência fundamental e, também, uma notável pluralidade metodológica que, em alguns casos, mostra inconsistências e falta de clareza. A coincidência consiste em adotar a problematização como intencionalidade de pôr em questão o que está naturalizado, sendo a governamentalidade neoliberal o objeto preferido de problematização. Essa abordagem ofereceria, então, uma contribuição significativa no contexto de um campo global de Política Educacional assinalado por um imaginário social neoliberal (RIZVI; LINGARD, 2013). Essa é uma contribuição especialmente relevante na região latino-americana, em que categorias centrais da agenda global de reforma educacional (como a **qualidade educacional** e a **inclusão educacional**) têm sido incorporadas aos programas de governo sem problematização suficiente (como questionamento crítico arqueológico-genealógico), tarefa que pode ser assumida tanto por decisores de política como por acadêmicos, que, em algumas das publicações discutidas, tenta-se avançar.

Contudo, embora Bacchi proponha um procedimento metodológico sistemático e cuidadosamente fundamentado para a abordagem de problematização de políticas, são poucos os trabalhos que o seguem para estudar as políticas educacionais. Alguns autores, em vez disso, optam por procedimentos difusos sobre os quais se torna difícil estabelecer o nexo entre premissas, procedimentos e resultados. Da

23. "Policy problematizations, furthermore, are designed for creative possibilities, and the development of new educational concepts" (WEBB; GULSON, 2015, p. 47). [As problematizações de políticas, além disso, são pensadas para possibilidades criativas e para o desenvolvimento de novos conceitos educacionais.]

mesma forma, entre aqueles que recorrem à proposta metodológica de Bacchi, observamos uma aplicação parcial e apontamos a dificuldade para conduzir estudos que englobem a dimensão genealógica da abordagem, bem como a ausência da problematização das próprias representações sobre o **problema**.

Ainda verificamos que, nos trabalhos produzidos no contexto latino-americano, prevalecem as aproximações da Análise Política e da Análise Crítica do Discurso, em relação às quais uma análise foucaultiana pode se diferenciar (ANDERSON; HOLLOWAY, 2020; GRAHAM, 2005). De fato, Bacchi (2015) classifica essas abordagens como **interpretativas,** e esclarece seu distanciamento da abordagem de problematização de políticas e da metodologia analítica que ela promove.

Petersen (2015) argumenta que, mesmo assumindo um marco referencial pós-estruturalista, as pesquisas sobre políticas educacionais tendem a adotar uma ontologia realista e a adequar-se a um método científico padrão, mais próximo do (neo)positivismo. Tomando essa referência e com base no exposto neste trabalho, consideramos que a abordagem de problematização, em particular a proposta metodológica de Bacchi, possui uma potencialidade que merece ser mais explorada no campo de pesquisa de Política Educacional no âmbito global, especialmente na região latino-americana, onde não conseguimos encontrar antecedentes de aplicação dessa metodologia (o procedimento WPR), embora existam avanços valiosos localizados na abordagem de problematização.

Referências

ALEMÁN, Jorge. Lacan, Foucault: el debate sobre el "construccionismo". *Virtualia*, v. 2, n. 7, p. 1-7, abr./maio 2003.

ANDERSON, Kate T.; HOLLOWAY, Jessica. Discourse analysis as theory, method, and epistemology in studies of education policy. *Journal of Education Policy*, London, v. 35, n. 2, p. 188-221, 2020. DOI: https://doi.org/10.1080/02680939.2018.1552992.

APABLAZA SANTIS, Marcela. Discursos de diferencia en educación: análisis de la política de diversidad/inclusion chilena. *In*: CONGRESSO IBERO-AMERICANO EM INVESTIGAÇÃO QUALITATIVA (CIAIQ2016), 5., 2016, Porto. *Anais* [...]. Porto: CIAIQ2016, 2016. p. 336-345.

BACCHI, Carol. *Analysing policy*: what's the problem represented to be? Melbourne: Pearson, 2009.

BACCHI, Carol. The turn to problematization: political implications of contrasting interpretive and poststructural adaptations. *Open Journal of Political Science*, v. 5, n. 1, p. 1-12, 2015. DOI: https://doi.org/10.4236/ojps.2015.51001.

BACCHI, Carol; GOODWIN, Susan. *Poststructural policy analysis*: a guide to practice. New York: Palgrave Pivot, 2016.

BALL, Stephen J. Following policy: networks, network ethnography and education policy mobilities. *Journal of Education Policy*, London, v. 31, n. 5, p. 549-566, 2016. DOI: https://doi.org/10.1080/02680939.2015.1122232.

BALL, Stephen J.; MAGUIRE, Meg; BRAUN, Annette. *How schools do policy*: policy enactments in secondary schools. London: Routledge, 2012.

BARROSO, José *et al.* As políticas educativas como objecto de estudo e de formação em Administração Educacional. *Sísifo*, Feira de Santana, n. 4, p. 5-20, set./dez. 2007.

BERGER, Peter; LUCKMANN, Thomas. *La construcción social de la realidad*. Cidade Autónoma de Buenos Aires: Amorrortu, 1968.

BRIONES, Jocelyn; LEYTON, Daniel. Excepcionalidad meritocrática y política de acción afirmativa en la educación superior en Chile. *Education Policy Analysis Archives*, [*s. l.*], v. 28, n. 136, p. 1-31, set. 2020. DOI: https://doi.org/10.14507/epaa.28.5262.

CHAO, Daniel. Problematizaciones, problemas representados y gubernamentalidad. Una propuesta analítica para el estudio de las políticas públicas y el Estado. *De Prácticas y Discursos*, Chaco, v. 8, n. 1, p. 123-152, mar. 2019. DOI: https://doi.org/10.30972/dpd.8113807.

CHEW, Adrian W. Quasi-markets, competition, and school choice lotteries. *Educational Policy*, Boston, v. 33, n. 4, p. 587-614, jul. 2019. DOI: https://doi.org/10.1177/0895904817719522.

CUSTERS, Benedikte; MAGALHÃES, Antônio M. Problematising 'education' in the modernisation agenda for higher education: the onset of language(s) of education. *European Educational Research Journal*, [*s. l.*], v. 22, oct. 2021. DOI: https://doi.org/10.1177/14749041211047334.

DALE, Roger; ROBERTSON, Susan. The World Bank, the IMF, and the possibilities of critical education. *In*: APPLE, Michael; AU, Waine; GANDIN, Luís Armando (ed.). *The Routledge International Handbook of critical education*. London: Routledge, 2009. p. 23-35.

DEAN, Mitchell M. *Governmentality*: power and rule in modern society. Los Angeles: Sage Publications, 2009.

DEUBEL, André-Noël Roth. Perspectivas teóricas para el análisis de las políticas públicas: ¿de la razón científica al arte retórico? *Estudios Políticos*, Medellín, n. 33, p. 67-91, jul./dez. 2008.

FISCHER, Frank. Policy discourse and the politics of Washington think tanks. *In*: FISCHER, Frank; FORESTER, John (ed.). *The argumentative turn in policy analysis and planning*. London: UCL Press Limited, 1993. p. 21-42.

FOUCAULT, Michel. *Estética, ética y hermenéutica*. Barcelona: Paidós, 1999.

FOUCAULT, Michel. On the genealogy of ethics. *In*: RABINOW, Paul (ed.). *Michel Foucault*: ethics. London: Penguin, 2000. p. 253-280.

FOUCAULT, Michel. *Seguridad, territorio, población*: curso en el collège de France (1977-1978). Buenos Aires: Fondo de Cultura Económica, 2006.

FOUCAULT, Michel. *Historia de la sexualidad* 2: el uso de los placeres. Buenos Aires: Siglo XXI, 2011.

GALIOTO, Carmelo. El sistema de aseguramiento de la calidad educativa de las escuelas en Chile y sus teorías de la acción. Una interrogación filosófica. *Revista de Estudios Teóricos y Epistemológicos en Política Educativa*, Ponta Grossa, v. 5, p. 1-13, 2021. DOI: https://doi.org/10.5212/retepe.v.5.17107.026.

GRAHAM, Linda J. Discourse analysis and the critical use of Foucault. *In*: THE AUSTRALIAN ASSOCIATION OF RESEARCH IN EDUCATION ANNUAL CONFERENCE, 2005, Sydnei. *Anais* [...]. Sydnei: Parramatta Campus, 2005. p. 1-15. Disponível em: https://eprints.qut.edu.au/2689/. Acesso em: 4 mar. 2022.

GULSON, Kalervo N.; WEBB, P. Taylor. Not just another alternative school: policy problematization, neoliberalism, and racial biopolitics. *Educational Policy*, [*s. l.*], v. 30, n. 1, p. 153-170, nov. 2016. DOI: https://doi.org/10.1177/0895904815615438.

HERNANDO-LLORÉNS, Belén. Differentiating citizenship, criminalizing diversity: problematizing convivencia in education in Spain. *Curriculum Inquiry*, [*s. l.*], v. 48, n. 5, p. 521-539, 2018. DOI: https://doi.org/10.1080/03626784.2018.1546541.

HERRERA, Cláudio. ¿Dar cabida o hacer parte? Significados de la participación en dos políticas inclusivas chilenas. *Revista Latinoamericana de Educación Inclusiva*, Santiago, v. 15, n. 1, p. 189-205, 2021. DOI: https://doi.org/10.4067/S0718-73782021000100189.

IDELAND, Malin; JOBÉR, Anna; AXELSSON, Thom. Problem solved! How eduprenuers enact a school crisis as business possibilities. *European Educational Research Journal*, [*s. l.*], v. 20, n. 1, p. 83-101, 2021. DOI: https://doi.org/10.1177/1474904120952978.

INFANTE JARAS, Maria; MATUS CÁNOVAS, Claudia; VIZCARRA REBOLLEDO, Ruby. Razonando sobre la idea de diferencia en las políticas educativas chilenas. *Universum*: Revista de Humanidades y Ciencias Sociales, Talca, v. 2, n. 26, p. 143-163, 2011.

JOBÉR, Anna. How to become indispensable. Private tuition and policy processes within Swedish education system. *Sisyphus:* Journal of Education, [*s. l.*], v. 8, n. 2, p. 7-25, 2020. DOI: https://doi.org/10.25749/sis.18663.

JONES, Ian. Reconceptualizing the 'problem' of widening participation in higher education in England. *London Review of Education*, London, v. 19, n. 2, p. 1-14, 2021. DOI: https://doi.org/10.14324/LRE.19.1.02.

KIRWAN, Liz; HALL, Kathy. The mathematics problem: the construction of a market-led education discourse in the Republic of Ireland. *Critical Studies in Education*, [*s. l.*], v. 57, n. 3, p. 376-393, 2015. DOI: https://doi.org/10.1080/17508487.2015.1102752.

LOUTZENHEISER, Lisa W. "Who are you calling a problem?": addressing transphobia and homophobia through school policy. *Critical Studies in Education*, [*s. l.*], v. 56, n. 1, p. 99-115, 2015. DOI: https://doi.org/10.1080/17508487.2015.990473.

MAJONE, Giandomenico. *Evidencia, argumentación y persuasión en la formulación de políticas*. México: Fondo de Cultura Económica, 1997.

MOLLA, Tebeje. Higher education policy reform in Ethiopia: the representation of the problem of gender inequality. *Higher Education Policy*, [*s. l.*], v. 26, n. 2, p. 193-215, 2013. DOI: https://doi.org/10.1057/hep.2012.25.

OZGA, Jenny. Problematising policy: the development of (critical) policy sociology. *Critical Studies in Education*, [*s. l.*], v. 62, n. 3, p. 290-305, 2021. DOI: https://doi.org/10.1080/17508487.2019.1697718.

PETERSEN, Eva Bendix. What crisis of representation? Challenging the realism of post-structuralist policy research in education. *Critical Studies in Education*, [*s. l.*], v. 56, n. 1, p. 147-160, 2015. DOI: https://doi.org/10.1080/17508487.2015.983940.

RIZVI, Fazal; LINGARD, Bob. *Políticas educativas en un mundo globalizado*. Madrid: Morata, 2013.

ROSEN, Lisa. Rhetoric and symbolic action in the policy process. *In*: SYKES, Gary; SCHNEIDER, Barbara; PLANK, David N. (ed.). *Handbook of education policy research*. New York: Routledge, 2009. p. 267-285.

SIMONS, Maarten; OLSSEN, Mark E. H.; PETERS, Michael A. *Re-reading education policies*: a handbook studying the policy agenda of the 21st century. Boston: Sense Publisher, 2009.

SOUTHGATE, Erica; BENNETT, Anna. Excavating widening participation policy in Australian higher education: subject positions, representational effects, emotion. *Creative Approaches to Research*, [*s. l.*], v. 7, n. 1, p. 21-45, 2014.

SPOHRER, Konstanze; BAILEY, Patrick L. J. Character and resilience in English education policy: social mobility, self-governance and biopolitics. *Critical Studies in Education*, [*s. l.*], v. 61, n. 5, p. 561-576, 2020. DOI: https://doi.org/10.1080/17508487.2018.1537297.

SPOHRER, Konstanze; STAHL, Garth; BOWERS-BROWN, Tamsin. Constituting neoliberal subjects? 'Aspiration' as technology of government in UK policy discourse. *Journal of Education Policy*, London, v. 33, n. 3, p. 327-342, 2018. DOI: https://doi.org/10.1080/02680939.2017.1336573.

TELLO, César (comp.). *Los objetos de estudio en política educativa*: hacia una caracterización del campo teórico. Buenos Aires: Autores de Argentina, 2015.

WEBB, P. Taylor. Policy problematization. *International Journal of Qualitative Studies in Education*, [*s. l.*], v. 27, n. 3, p. 364-376, 2014. DOI: https://doi.org/10.1080/09518398.2012.762480.

WEBB, P. Taylor; GULSON, Kalervo N. Policy problematization. *In*: WEBB, P. Taylor; GULSON, Kalervo N. (ed.). *Policy, geophilosophy and education*. Rotterdam: Sense Publishers, 2015. p. 33-48. DOI: https://doi.org/10.1007/978-94-6300-142-7_3.

WILKINS, Andrew. Mapping the field of policy foundations of education. *In*: WILKINS, Andrew (ed.). *Policy foundations in education*. London: Bloomsbury, 2022. p. 1-39.

CAPÍTULO 7

Agenciamento e/de políticas curriculares: pensar com Deleuze e Guattari

Thiago Ranniery

Universidade Federal do Rio de Janeiro (UFRJ)

Pensar *com*

> Não há retorno à natureza, só há um problema político da alma coletiva, as conexões de que uma sociedade é capaz, os fluxos que ela suporta, inventa, deixa ou faz passar. (DELEUZE, 1997, p. 63).

Para a minha geração de pesquisadores em currículo, os nomes de Gilles Deleuze e Félix Guattari evocam de pronto uma mudança de orientação no pensamento curricular brasileiro que marcou a primeira década dos anos 2000: a inflexão pela diferença em si; como caracterizou, certa vez, Marlucy Paraíso (2010), a diferença sem referente ou sem dependência da identidade. A virada pós-estrutural que, então, começava a fazer trama no campo do currículo no Brasil e que, àquela altura, criou para si a marca de *teoria pós-crítica* (CORAZZA,

2001; SILVA, 1999) ecoava múltiplos ventos conceituais deleuzianos e deleuze-guattarianos, vastamente traduzidos no Brasil. Não por outro motivo, François Dosse (2010) argumentou que as terras brasileiras quiçá fossem a terra da esperança para a esquizoanálise, dado o entusiasmo com a recepção da filosofia de Deleuze e Guattari nas décadas de 1990 e 2000. Para muitos de nós — ouso escrever na primeira pessoa do plural —, toda aquela constelação conceitual nos soava inspiradora e particularmente atrativa por permitir, mesmo com ares românticos, ir além do sonho prescritivo e tecnicista que, vai não vai, assombra a teorização curricular. Sonho que, bem notou Julio Groppa Aquino (2015), termina por sedimentar uma arraigada cultura metafísica no seio das teorias e das práticas educacionais.

Os significados e as ressonâncias dessa reverberação de duas décadas no campo do currículo no Brasil ainda estão para ser objeto de um enfrentamento mais robusto. Contudo, de lá para cá, é perceptível, pelo menos para a pesquisa na área de Educação de forma geral, um aumento substancial dos estudos inspirados pelo pensamento deleuziano e/ou deleuze-guattariano (VINCI, 2017; VINCI; RIBEIRO, 2015). Há uma década, ao comentar os Trabalhos Encomendados do GT12 Currículo, para a Reunião Nacional da Associação Nacional de Pós-Graduação e Pesquisa em Educação (ANPEd) de 2011, a respeito da temática *Políticas de Currículo e Escola*, Janete Carvalho (2012), por exemplo, já notava a presença e a constituição de um corpo de estudos marcados pela filosofia da diferença e pelos trabalhos de Deleuze e Guattari interessados em explorar o tema.

A novidade dessa filosofia no campo curricular brasileiro não foi apenas sentida e levada a cabo pelas múltiplas políticas das diferenças. Sem demoras, ela foi incorporada a variações experimentais de investigação em currículo e suas inflexões estéticas e éticas — aquilo que Sandra Corazza (2016) chamou de transcriação do currículo — e fez rizoma nos estudos curriculares do cotidiano, por exemplo. Em contrapartida, a despeito da profícua difusão conceitual, a presença de conceitos de Deleuze e Guattari em certos temas ou áreas de investigação curricular é bem menos evidente ou direta do que se poderia esperar. Um desses horizontes, com o qual me vejo implicado, é o da investigação em políticas de currículo, ainda que a relevância da obra de Deleuze e Guattari seja no mínimo tão grande quanto de pensadores como Michel Foucault e Jacques Derrida, cujos trabalhos já foram extensivamente absorvidos na pesquisa sobre políticas curriculares no Brasil. Notável, por exemplo, é que a publicação organizada por Éric Alliez (2000), resultante de seminário realizado no Brasil em 1996, na ocasião do falecimento de Deleuze, conte com uma seção inteira de capítulos dedicados a discutir política. Diga-se de passagem: obras como *Anti-Édipo* e *Mil platôs* têm sido reivindicadas por formulações influentes sobre a dinâmica do capitalismo.

Com este texto,[1] espero ofertar uma pequena contribuição, no sentido de extrair algumas poucas reverberações do vasto mapa conceitual que floresce de suas obras. Desejo sugerir um aprofundamento de uma aliança entre um conceito de Deleuze e Guattari e as investigações em políticas curriculares, perguntando o que acontece quando tomadas desde o ponto de vista do agenciamento, uma vez que este tem sido caracterizado como potente no campo das pesquisas em políticas educacionais ao permitir "[...] olhar além dos limites do domínio e das fronteiras disciplinares e fazer conexões [...] entre eles" (YOUDELL, 2015, p. 111, tradução nossa). Entretanto, antes de seguir adiante, não seria demasiado reconhecer que a recorrência a essa filosofia pode soar abstrata e de difícil acesso, para não dizer distante diante de algo que parece tão terra a terra quanto as políticas curriculares e a longa tradição sociológica que, no Brasil, vem informando as pesquisas em currículo desde, pelo menos, a emergência da teoria crítica. Mesmo assim, não pretendo afirmar o que teriam querido dizer os autores com o conceito de agenciamento ou que enfim tal conceito é e como pode ser definitivamente usado com precisão.

Deleuze (2017) lembra que a pergunta *o que é?* nunca é uma boa questão de partida, e que perguntas do tipo *quem?*, *quanto?*, *como?*,

1. Este texto foi desenvolvido no âmbito de projeto de pesquisa financiado pela Fundação Carlos Chagas Filho de Amparo à Pesquisa do Estado do Rio de Janeiro (Faperj) e pelo Conselho Nacional de Desenvolvimento Científico e Tecnológico (CNPq).

onde?, *quando?* são mais instigantes para se explorar um conceito. No ensaio *Sobre o teatro: um manifesto de menos; o esgotado*, sobre o dramaturgo, encenador e cineasta Carmelo Bene, Deleuze (2010) comenta ainda que um autor pode ser objeto de dois tipos de tratamento. De um lado, uma operação na qual "[...] de um pensamento se faz uma doutrina, de uma maneira de viver se faz uma cultura, de um acontecimento se faz História. Pretende-se assim reconhecer e admirar, mas de fato normaliza-se" (DELEUZE, 2010, p. 7). Contra esse estilo, Deleuze (2010, p. 37) opõe uma segunda operação "[...] para extrair devires contra a História, vidas contra a cultura, pensamentos contra a doutrina, graças ou desgraças contra o dogma". O que se segue é, assim, um exercício de leitura limitado, não o único, nem o último possível e, senão obrigatoriamente interessante, ao menos deliberadamente interessado. A questão que o habita é aquela colocada por Ian Buchanan (2021, p. 2, tradução nossa): "[...] o que o conceito de agenciamento nos habilita a ver que não podíamos ver antes?". Por meio dela, agenciamento é menos explicativo do que as políticas curriculares são e mais um operador conceitual a ser sobreposto, um intercessor, nos termos do próprio Deleuze (1992), para *pensar com* e traçar uma analítica das políticas curriculares.

Um conceito, três línguas

> Os conceitos se acomodam uns aos outros, superpõem-se uns aos outros, coordenam seus contornos, compõem seus respectivos problemas, pertencem à mesma filosofia, mesmo se tem histórias diferentes. Com efeito, todo o conceito, tendo um número finito de componentes, bifurcará sobre outros conceitos, compostos de outra maneira, mas que constituem outras regiões do mesmo plano, que respondem a problemas conectáveis, participam de uma co-criação. (DELEUZE; GUATTARI, 1992, p. 30).

"Agenciamento" é a tradução para o português da palavra francesa *agencement*, instaurada como conceito por Gilles Deleuze e Félix

Guattari em *Kafka: por uma literatura menor* (DELEUZE; GUATTARI, 2017), obra de 1975 traduzida no Brasil em 2017. Essa escolha de tradução aparece em português, pela primeira vez, na tradução daquele que é provavelmente um dos textos mais famosos e emblemáticos de Deleuze e Guattari, "Rizoma", o capítulo de abertura do primeiro volume de *Mil platôs* (DELEUZE; GUATTARI, 2011a), originalmente de 1980 e publicado no Brasil em 1995.[2] No entanto, lembra Eduardo Pellejero (2010), embora, por vezes, possam passar despercebidas, referências ao termo agenciamento, ainda que escassas, já povoavam *O anti-Édipo*, obra disruptiva de 1972, traduzida para o português em 2010. Ali, a certa altura, Deleuze e Guattari (2010, p. 428) afirmam: "[...] a análise não tem de se ocupar com o que quer que seja que se assemelhe a um conceito ou a uma pessoa [...]. Ela deve ocupar-se apenas (exceto na sua tarefa negativa) dos agenciamentos maquínicos apreendidos no elemento de sua dispersão molecular".

Retomo a tradução do conceito no Brasil, porque há toda uma recente literatura internacional, em especial de língua inglesa, de matriz pós-estrutural, voltada à análise das políticas educacionais, que vem oferecendo eco ao conceito de agenciamento, desde pelo menos o trabalho de Taylor Webb (2009), *Teacher assemblage*. Glenn Savage (2022) chega a descrever uma espécie de explosão do conceito nos estudos de políticas, o que o leva a apelar para um cuidado conceitual e metodológico, ao qual desejo acrescentar o cuidado tradutório. Não que pretenda almejar a possibilidade de abolir toda e qualquer parcela de intraduzibilidade — como se, de resto, isso fosse possível — ou deseje alcançar um sentido único ou fixo para um conceito que tem viajado em três línguas no interior daquilo que William Pinar (2004) chamou da conversa complicada que se tornou o campo do currículo. Meu interesse é apenas situar a relação entre o conceito de agenciamento e uma analítica das políticas curriculares nessa conversação

2. A nota dos editores brasileiros faz constar que os conhecidos cinco volumes da edição no Brasil, publicados entre 1995 e 1997, são resultado de um projeto editorial próprio para o volume único da obra em francês.

entre línguas, uma vez que é perceptível a constituição de um campo receptivo à obra de Deleuze e Guattari em inglês, cujo movimento não encontra similaridade na ampla difusão do pensamento dos filósofos no Brasil. Trata-se da emergência da chamada *assemblage theory*,[3] na esteira da explícita proposição de uma teoria reconstruída do agenciamento realizada por Manuel DeLanda (2006, 2016).[4]

Assemblage é a escolha de tradução de Paul Patton[5] e Paul Foss tomada de empréstimo por Brian Massumi na sua tradução para o inglês de *Mil platôs* (DELEUZE; GUATTARI, 1987). Embora esta tenha se tornado a tradução mais comumente usada, não tem passado incólume a críticas. Éric Alliez e Andrew Goffey (2011), por exemplo, argumentam que a palavra *assemblage* pode captar muito bem a colagem de elementos díspares, mas obscurece como tal processo engendra sentido — a lógica do sentido, para escrever com Deleuze (2000). A tradução do termo *assemblage* para o português é, por sua vez, outro exercício difícil de realizar e, não raro, desemboca no termo "montagem", no sentido de colocar coisas juntas.[6] No entanto, *agencement*, nota John Law (2004, p. 41, tradução nossa), tem uma gama de significados: "arranjar, dispor, encaixar, combinar, ordenar". A escolha por operar com "montagem", traduzindo diretamente do inglês, excluiria que *assemblage* também existe em língua francesa e não é uma palavra usada por Deleuze e Guattari, cuja tradução em

3. Por certo, quero frisar que não estou afirmando que a força conceitual da filosofia de Deleuze e Guattari em língua inglesa possa ser reduzida à *assemblage theory*.

4. Acrescentaria ainda o trabalho de John Law (2004) sobre *messy objects*, sem tradução em português, bem como a tradução para o inglês da teoria do ator-rede de Bruno Latour (2012), ambos largamente devedores das formulações de Deleuze e Guattari. É interessante notar que a tradução brasileira de *Reagregando o social* (LATOUR, 2012) trabalhou com uma série de palavras como "fazer conjunto", "agregar/agregados", "associar/associação", cuja tradução inglesa (LATOUR, 2005) opera com noções como *assemblage/assembly/assembling*.

5. Paul Patton e Paul Fauss traduziram, em 1981, para o periódico *Ideology and Consciousness*, o capítulo "Rizoma" do livro *Mil platôs*. O próprio Patton (2000) tem um livro instigante sobre Deleuze e a política.

6. Samuel Molina Schnorr e eu nos deparamos com esse trabalho ao traduzirmos, para a revista *Práxis Educativa*, da Universidade Estadual de Ponta Grossa (UEPG), o artigo de Glenn Savage (2022), ao qual faço referência neste texto.

português também poderia ser montagem, mistura ou reunião de coisas. A tradução literal de *assemblage theory* por teoria da montagem[7] tende, portanto, a privilegiar uma situação estática, retirando que estamos diante de uma processualidade em movimento contínuo, "[...] seu poder de conexão ao infinito, em todos os sentidos e em todas as direções" (DELEUZE; GUATTARI, 2010, p. 514).

A escolha por "montagem" pode implicar a tendência identificada por Glenn Savage (2022) de tomar o conceito de agenciamento de forma excessivamente descritiva, levando a uma análise que não passaria de um simples exercício de junção e mapeamento de vários pedaços e fragmentos da política. Em especial, serviria para nomear uma característica invariável de um estado das políticas curriculares, como se fosse um atributo substantivo delas. Não sem razão, alguns comentadores em língua inglesa preferem traduzir por *arrangement* (BUCHANAN, 2021), palavra que também existe em francês, e que, como seu literal tradutório "arranjo" em português, dá ares de voltar-se novamente para o problema da forma.[8] Contudo, lembra Alliez (1997, p. 54-55), inspirado por Guattari, "[...] toda forma é enquanto tal portadora de uma potencialidade energética". O enfoque não é tanto o conteúdo das coisas, mas as relações de forças que dão sentido às coisas. Como argumenta John Phillips (2006), a prioridade do conceito de agenciamento não está nem no estado de coisas (essência), nem na afirmação (enunciação), mas, sim, na conexão.

---

7. Seria preciso registrar a teoria da montagem de Georges Didi-Huberman desenvolvida em diversas de suas obras traduzidas no Brasil e que poderia, por si só, oferecer contributos para uma análise das políticas curriculares — exercício ainda por se fazer. Derivada da conversa com o cinema e as artes, a montagem opera, nessa perspectiva, uma renúncia à totalização unificadora e à imobilização temporal, articulando tempos heterogêneos, "[...] para além dos puros aglomerados, aquém de toda síntese, o conhecimento por montagem faz pensar o real como uma modificação" (DIDI-HUBERMAN, 2015, p. 156).

8. Agradeço a Ricardo Scofano Medeiros por ter notado o pensamento musical de Deleuze e Guattari, de modo que a tradução "arranjo" poderia ser uma opção instigante, pois compor um arranjo é jogar com formas de expressão sonoras diferentes, ritmos, mudanças de tom, dissonâncias e reverberações que, por vezes, transfiguram uma música conhecida. Um exemplo é o conceito de ritornelo no volume quatro de *Mil platôs* (DELEUZE; GUATTARI, 2012a).

Longe de considerar a tradução para o inglês errada ou inadequada, espero, em primeiro lugar, evitar uma concepção voluntarista e chapada de tradução — que, por sua vez, é uma concepção de linguagem — do conceito de agenciamento e do correlato trabalho de operação analítica entre três línguas. A tradução é mais um elemento na constituição do *pensar com* o conceito, introduzindo uma complexidade diferencial adicional ao processo que ela põe em movimento. Em segundo plano, essa notação permite-me salientar uma cautela necessária para lidarmos, simultaneamente, com a ressonância da filosofia de Deleuze e Guattari entre nós, no Brasil, em especial na Educação, e com a conformação de um campo de pesquisas em língua inglesa que consolida essa ressonância em uma análise sociológica das políticas curriculares. Faço esse exercício porque, como nota Eduardo Viveiros de Castro (2007), ao traçar as alianças entre a filosofia de Deleuze e Guattari e a antropologia, o que está em jogo desde *O anti-Édipo* é uma antissociologia[9] das multiplicidades. Em outras palavras, quando o conceito não se refere somente ao somatório ou à composição de coisas ou partes supostamente preexistentes, somos levados para longe de uma explicação mecânica ou funcionalista da política, "[...] nem forma nem extensão, nem representação nem projeção" (DELEUZE; GUATTARI, 2010, p. 556).

Em "Balanço-programa para máquinas desejantes", apêndice escrito por Guattari, incluído na segunda edição de *O anti-Édipo*, há uma lição sobre como partes ou engrenagens de um processo não simplesmente se sobrepõem. Há entre elas uma associação, outra relacionalidade, e isso nos faz chegar à "[...] necessidade de quebrar as associações [...] como princípio da esquizoanálise" (DELEUZE; GUATTARI, 2010, p. 521). Para ser direto, seria preciso situar o conceito de agenciamento no interior de um amplo exercício realizado por

---

9. Deleuze empreende uma retomada das ideias do sociólogo, por assim dizer, menor Gabriel Tarde como em *Diferença e repetição* (DELEUZE, 2006) e *A dobra*: *Leibniz e o barroco* (DELEUZE, 1991). Sobre as limitações teóricas do conceito de "sociedade", ver Strathern (2006) e Viveiros de Castro (2002).

Deleuze e Guattari para traçar uma linha de fuga diante da consagrada noção circulante de estrutura. Como afirmam Deleuze e Guattari (1992, p. 63), "[...] não são filósofos aqueles funcionários que não renovam a imagem do pensamento, e não têm sequer consciência do problema, na beatitude de um pensamento inteiramente pronto, que ignoram até o labor daqueles que pretendem tomar por modelos".

Conceitos trazem uma nova maneira de pensar algo que ainda não pensamos, e não fixar um rótulo em algo que supomos já conhecer. Não passará despercebido, assim, que opto por escrever em termos de *conceito* de agenciamento em vez de teoria do agenciamento. Em parte, porque, como expus anteriormente, situo-me na esteira da difusão do pensamento de Deleuze e Guattari no campo do currículo no Brasil. Segundo, busco evitar a institucionalização e a ortodoxia que, mesmo reconhecidamente atraente, a recorrência à noção de "teoria" poderia, à primeira vista, evocar. Insisto em tomar agenciamento como um conceito porque, como Deleuze e Guattari (1992, p. 24) lembram, mais de uma vez, "[...] não há conceito simples. Todo conceito tem componentes, e se define por eles. Todo conceito tem um contorno irregular, definido pela cifra de seus componentes. [...] o conceito é questão de articulação, corte e superposição". Percorro nas duas sessões seguintes linhas de força dessa complexa conceituação e suas variações para *pensar com* o agenciamento uma analítica das políticas curriculares. Ao longo desta exposição, essas linhas entrelaçam-se e é bem provável que se repitam.

Como partir da multiplicidade?

> Não reconhecemos nem cientificidade nem ideologia, somente agenciamentos. O que existe são os agenciamentos maquínicos de desejo, assim como os agenciamentos coletivos de enunciação. Sem significância e sem subjetivação [...]. Um agenciamento em sua multiplicidade trabalha forçosamente, ao mesmo tempo, sobre fluxos semióticos, fluxos materiais e fluxos sociais [...]. Não se tem mais uma tripartição entre um campo de

realidade, o mundo, um campo de representação, o livro, e um campo de subjetividade, o autor. (DELEUZE; GUATTARI, 2011a, p. 22)[10]

A citação de abertura desta seção foi extraída de "Rizoma", provavelmente um dos capítulos mais célebres de *Mil platôs*. A partir dela, Deborah Youdell (2015, p. 112, tradução nossa) propõe pensar o que nomeia de *agenciamento educacional*, "[...] para reconhecer e analisar as interconectividades e as potencialidades de uma variedade de partes móveis" de uma política. É perceptível como, nas suas palavras, reverberam o primeiro e o segundo princípios por meio dos quais Deleuze e Guattari (2011a, p. 22) apresentam o conceito de rizoma, a saber, os "princípios de conexão e de heterogeneidade". Em resumo, um agenciamento não cessaria de conectar incessantemente elementos díspares e partes heterogêneas, de modo que Youdell (2015) caminha para defender a etnografia, em um movimento que lembra Latour (2012), como metodologia de pesquisa para empreender uma análise de uma política educacional em funcionamento.

Etnografar a política com o conceito de agenciamento é um convite metodológico da autora para "[...] nos mover através — e encontrar movimento através — de toda uma gama de ordens, domínios e preocupações" (YOUDELL, 2015, p. 118, tradução nossa). Youdell (2015, p. 118, tradução nossa) continua: agenciamentos são "[...] sobre a interação produtiva do inesperado — componentes que nós não vemos chegar, movimentos que não podem ser antecipados". Esse argumento, se levado às últimas consequências, coloca em suspensão o próprio adjetivo "educacional" que acompanha, dado que o conceito traz à tona associações pelas quais a política vai se realizando, não somente suspendendo qualquer sequencialidade e previsibilidade, como também qualquer circunscrição da política em termos de um conjunto definido de elementos e partes. Uma política curricular

10. Comentadores de Deleuze e Guattari identificam as dificuldades em diferenciar os dois tipos de agenciamento, o agenciamento maquínico e o agenciamento coletivo de enunciação (COLE, 2000). Embora possamos associar o primeiro aos corpos e o segundo às palavras, tal distinção é pouco produtiva para os propósitos deste texto.

nunca é um sistema fechado em si mesmo, nem pode ser definida por um tipo de natureza substantiva. O que acontece em diferentes dimensões das políticas não possui mais os limites fixos de uma forma, incluindo a forma educacional ou curricular reconhecida. Nos termos de Deleuze (2006, p. 56), "[...] renunciando ao modelado, isto é, ao símbolo plástico da forma, a linha abstrata adquire toda a sua força e participa do fundo tanto mais violentamente quanto dele se distingue sem que ele se distinga dela". Qualquer política curricular pode ser, portanto, descrita como um agenciamento, ou melhor, como imparável desagenciamento e reagenciamento (YOUDELL; MCGIMPSEY, 2015) de elementos e partes.

Pensar com o agenciamento desloca a política de currículo de ser um ato, um evento discreto ou uma série de ações, mas é, antes, o (des) dobramento de dimensões, colocando sob o foco analítico os padrões de ressonância de conexões — não entidades ou coisas propriamente ditas, mas as relações nas quais elas se arranjam e se imbricam umas com as outras. Não se privilegia, aqui, nenhuma vontade de fechamento, completude ou compacidade das políticas curriculares. O conceito de agenciamento surge, desse modo, como um antídoto para perspectivas que só veem começos e fins, pontos de partida e pontos de chegada, intencionalidade e pretensão. Em outros termos, seu mais importante contributo seja, talvez, como permite recusar os termos desenvolvimentistas ou teleológicos de descrição das políticas curriculares, porque nenhuma política tem começo claro ou final lógico, e como privilegia tomar o engendramento de relações ao descrever suas operações e sua constituição interna de multiplicidade processual.

A essa altura, uma observação de DeLanda (2006) é produtiva: o conceito de multiplicidade em Deleuze é fruto de uma decisão inaugural de natureza antiessencialista e antitaxonomista. Com sua criação, Deleuze (2006) pretende destronar as noções metafísicas clássicas de essência e tipo, e oferece um esforço para "pensar" o pensamento como uma atividade que se distingue da tarefa de reconhecer, de classificar e de julgar para tomar, enfim, o que há a pensar — em nosso caso, a política de currículo — como diferença, a "irredutível desigualdade, que forma a condição do mundo" (DELEUZE, 2006, p. 269). Por efeito, a noção de processo com a qual adjetivei a multiplicidade de uma política perde seu caráter meramente descritivo ou declaratório, pois o processo é antes:

> [...] uma ruptura, uma irrupção, uma brecha que quebra a continuidade de uma personalidade, arrastando-a numa espécie de viagem através de um "mais de realidade" intenso e assustador, seguindo linhas de fuga onde natureza e história, organismo e espírito se devoram (DELEUZE, 2016, p. 32).

Políticas curriculares não são lineares, transparentes, abstratas e determinadas, mas imanentes, escalares, abundantes e indeterminadas, e não conhecem nenhuma instância de determinação que as guie segundo uma causalidade unívoca. Em vez de vê-las como um projeto, um documento ou modelo estático que orienta a construção de ações específicas em quaisquer níveis que seja, o que o conceito faz é lembrá-las como "[...] uma força orgânica — ou como eu prefiro, selvagem, uma biota que prospera sobre o anúncio de cataclismos" (LEA, 2014, n.p., tradução nossa). Longe de tomá-las como um ponto que acontece no espaço e se desenrola no tempo, trata-se do espaço e do tempo emaranhado (RANNIERY; MEDEIROS, 2021), sem impor direcionalidade ao processo de sua produção e insistindo na política como uma composição disruptiva de relações que se repetem, "[...] o afrontamento entre [...] passagens, alternâncias e superposições" (DELEUZE; GUATTARI, 2012b, p. 3). Percorrer os elementos constitutivos de uma política curricular é, em resumo, para quebrar essas relações, de modo a ultrapassar e rever modelos teóricos atualmente existentes, antes que simplesmente apontar ou indicar partes diferentes e como se relacionam, posto que o conceito projeta uma analítica que ignora a distinção entre "parte" e todo".

> Só acreditamos em totalidades ao lado. E se encontramos uma totalidade ao lado das partes, ela é um todo dessas partes, mas que não as totaliza,

> uma unidade de todas essas partes, mas que não as unifica, e que se junta a elas como uma nova parte composta à parte. [...]. O todo não só coexiste com as partes, como também é contíguo a elas, produzido à parte, e aplicando-se a elas [...] (DELEUZE; GUATTARI, 2010, p. 61-63).

Uma política curricular é produzida como um todo com partes díspares ou heterogêneas, que não são de um mesmo lastro e podem vir de diferentes agenciamentos. Essas partes são inseridas umas nas outras, imbricadas umas nas outras, de tal modo que o todo é também uma parte a parte e emerge mais como efeito retroativo da relação entre partes, carregando seus traços — uma reterritorialização. Quando sigo insistindo em relação ou relações entre elementos e partes de uma política de currículo, não se trata de qualquer relação ou de apelar para uma relação de integração holista e totalizante. Estamos diante daquilo que Deleuze (2006) chamou de síntese disjuntiva ou disjunção inclusiva, na qual é mantida a indiscernibilidade de heterogêneos, antes que a conciliação de contrários, e que faz da relação um movimento de "[...] implicação recíproca assimétrica que não se resolve nem como equivalência nem como identidade de ordem superior" (ZOURABICHVILI, 2004, p. 55). Os diferentes elementos e partes mantêm sua heterogeneidade, mas são, entretanto — quiçá, em virtude disso —, captados por uma (re)territorialização contingente e parcial — "[...] a única unidade do agenciamento é do co-funcionamento" (DELEUZE; PARNET, 1998, p. 83). Conceber um agenciamento de políticas curriculares é vê-las em termos do que está antes e além do que é instituído, quando e onde linhas abertas conectam elementos heterogêneos aparentemente irreconciliáveis, oferecendo-as como um centrífugo movimento selvagem que nos permite escapar ao poderoso atrator da contradição ou da dialética.

Logo, uma política curricular nunca é uma solução racional para um problema educacional específico. Como mostra Tess Lea (2014), a formulação de políticas é rizomática, ocorre sempre *pelo meio*, mas sempre oblitera tal multiplicidade porque está atada a uma imagem de si mesma — uma imagem de pensamento, diria Deleuze (2006) — que define e mede a política pelo "progresso". Para desfazer esse clichê, seria preciso separar a "política" como uma entidade conceitual de suas miríades de iterações como esta ou aquela política, mas também de todo sentido de resultados e produtos esperados. Resultados das políticas são também componentes do agenciamento de uma determinada política e não algum tipo de ápice da sua vida. Essa formulação vai muito além do modelo de *feedback* não linear de "formulação-implementação-reformulação" que DeLanda (2006) sugere e que já aparecia, de um modo ou de outro, do conceito de ciclo de políticas de Stephen Ball (1994). DeLanda e Ball sugerem, por caminhos muito diferentes, um meio de acomodar a lacuna amplamente conhecida entre formulação e implementação de políticas.

Embora tais formulações possam funcionar para inserir fluidez no processo de implementação de políticas, terminam por manter a possibilidade de avaliar os resultados e os efeitos. O que o conceito de agenciamento faz a uma analítica das políticas curriculares é mais radical: interrompe as repetições de uma totalidade, segundo a qual uma política de currículo poderia ser pensada em termos sistêmicos ou cíclicos e avaliada posteriormente por quem pesquisa a sua promulgação, deixando assim de pensar, como em um passe de mágica, fora da lógica do sistema que está sendo criticado. Como Lea (2014) demonstra, o modelo de "formulação implementação-reformulação" é intrínseco à própria ideia da política de si mesma. Por exemplo, pode existir uma disposição para admitir que as coisas não saíram como planejado. Contudo, mesmo essa atitude é expressão do agenciamento, porque a "[...] ideia de intenções que deram errado finge que não havia opacidade fundamental nas previsões políticas originais" (LEA, 2014, n.p., tradução nossa). De nossa parte, também não é incomum fingirmos que não há opacidade nos caminhos metodológicos traçados.

O cuidado com a metodologia para o qual apela Savage (2022) não estaria, desse modo, somente voltado à explicitação ou à clareza com os procedimentos de investigação que levamos a cabo em nossas pesquisas. Se, na sugestão do autor, pensar as políticas com o conceito de agenciamento depende de uma abordagem metodológica atenta às relações entre diferentes componentes, nem mesmo a pesquisa poderia ser colocada para fora dessa ontologia relacional por meio de um apelo súbito à transparência. Essa atenção precisaria ser voltada também à incomensurabilidade entre as tradições metodológicas da pesquisa qualitativa e a filosofia das multiplicidades de Deleuze e Guattari. Seguir com o conceito de agenciamento exige um trabalho de investigação das políticas curriculares ligeiramente diferente, aquele segundo o qual "[...] as multiplicidades constituem o plano de onde é preciso partir ou que é preciso atingir" (LAPOUJADE, 2017, p. 47). Um aviso, contudo: não é que tomando a multiplicidade como partida da análise apenas se deseje afirmar uma efervescência celebratória à diferença enquanto tal. Tal afirmação da multiplicidade é apenas, continua Lapoujade (2017), um efeito de como o que está em jogo é uma crítica a todo e qualquer fundamento.

Dada uma política curricular específica, Deleuze e Guattari podem inspirar algumas perguntas: Que tipo de agenciamento metodológico seria necessário para investigá-la? Seria possível conjurar essa multiplicidade sem que a vida processual desta ou daquela política em particular seja encapsulada em um estado inteligível e domável de objeto de pesquisa?[11] Não posso oferecer respostas a essas questões porque, sejam quais forem, não podem ser colocadas *a priori*, nem funcionarem como uma solução, já que, nessa perspectiva, "[...] os aliados não preexistem mais, é preciso criá-los você mesmo, à medida que se combate" (LAPOUJADE, 2017, p. 17). O que me interessa sugerir é que, ao impedir que uma política curricular se reduza a um sistema, a uma estrutura ou a uma história de ciclos que se encerram uns sobre os outros, recusa-se à pesquisa em políticas curriculares o princípio de autonomia, bem como o acesso privilegiado a uma complexidade forjada no bojo de uma concepção progressista de movimento do tempo. O que o conceito de agenciamento oferece é um modo de

11. A resposta de Elizabeth St. Pierre (2018), por exemplo, é claramente negativa. No argumento da autora, é impossível seguir com a filosofia de Deleuze e Guattari conciliando-a com os métodos de pesquisa qualitativa de natureza sociológica, descendente do humanismo moderno e do cogito cartesiano.

investigar que é, sobretudo, uma forma de interagir com uma política curricular — um modo de criar antes que de refletir, comunicar ou representar uma política curricular a ser conhecida, agora adjetivada de heterogênea e múltipla,

Em virtude disso, gosto de ler a atração recente pelo conceito e, por implicação, pelo pensamento de Deleuze e Guattari na pesquisa em política de currículo como uma resposta à crescente sensibilidade na virada do século XXI para um novo tipo de problema social e cultural, que John Law (2004) chamou de "objetos bagunçados". Logo, se o conceito é produtivo por trazer à tona a bagunçada complexidade do engendramento das políticas curriculares, o agenciamento não traz à tona uma entidade chamada política, nem consiste em um agregado de coisas ou entes relacionados que podem ser acessados de forma transparente. O que o conceito faz é insistir que qualquer política curricular é "[...] essa linha frenética de variação, [...] linha de direção variável, que não traça qualquer contorno e não delimita forma alguma..." (DELEUZE; GUATTARI, 2012b, p. 226). Em meu argumento, *pensar com* o conceito de agenciamento cria uma analítica das políticas curriculares que privilegia o diferencial e a variação em detrimento da unidade e da combinação de unidades; tende tanto à multiplicidade quanto valoriza a totalidade; e se volta para a conexão e a relação de elementos heterogêneos mais do que para a correspondência ou a equivalência entre eles.

Insisto, e sei que posso parecer repetitivo: *pensar com* o conceito não se resume a determinar modos de organizar ou arranjar um conjunto de partes díspares com objetivos de controle previamente determinados por fatores causais, nem é um simples convite para interpretá-los; muito menos se define por mapear ou se resume em declarar que se relacionam, porque uma política curricular é um engendramento de relações que estão nela implicadas. O problema a ser investigado é o de cartografar o que uma política curricular constitui relacionalmente e percorrer a "[...] ligação não localizável entre elementos que vão animar uma máquina explosiva, uma fuga generalizada" (DELEUZE, 2016, p. 24). Esse é um trabalho que pode ser crucial para as pesquisas em políticas de currículo perceberem a volatilidade, a difusão e a transformação das políticas no interior do capitalismo globalizado, sem, contudo, caírem na paranoia.

Como chegar ao capitalismo?

> O agenciamento não tem somente duas faces. De um lado, é segmentário, estendendo-se ele mesmo sobre vários segmentos contíguos, ou se dividindo em segmentos que são, por seu turno, agenciamentos. Essa segmentaridade pode ser mais ou menos dura ou flexível, mas essa flexibilidade é tão constritiva e mais sufocante que a dureza [...]. Os segmentos são, a um só tempo, poderes, territórios: também captam o desejo, territorializando-o, fixando-o [...], extraindo dele uma imagem de transcendência à qual ele se prende, a ponto de opor a si mesmo essa imagem. [...]. Mas, de outra parte, deve-se dizer igualmente que um agenciamento tem *pontos de desterritorialização*, ou, que dá no mesmo, que ele tem sempre uma *linha de fuga*, pela qual ela mesma foge, e faz ecoar suas enunciações e expressões que se desarticulam, não menos que seus conteúdos que se deformam ou se metamorfoseiam; ou ainda, o que dá no mesmo, que o agenciamento se estende ou penetra em um campo de imanência ilimitado que faz fundir os segmentos [...]. (DELEUZE; GUATTARI, 2017, p. 154, grifos dos autores).

Esse excerto deriva do capítulo final de *Kafka: por uma literatura menor*, intitulado "O que é um agenciamento?". A partir dele, vou dedicar-me a duas outras linhas do conceito de agenciamento que me interessa destacar: a linguagem e o poder. Entre elas, insisto que o conceito de agenciamento é mais do que uma moda receptiva à filosofia de Deleuze e Guattari ou recurso heurístico para uma explicação abstrata do funcionamento das políticas curriculares, porque nos leva a um diagnóstico renovado de uma reconfiguração emergente do capitalismo. De fato, quando Deleuze e Guattari exploram o conceito, fazem-no no interior de uma cartografia do funcionamento e da capacidade de flexibilização do capitalismo. *Mil platôs*, por exemplo, está repleto de descrições detalhadas de diversos desses processos. O problema não consiste, entretanto, em determinar os limites a partir dos quais o capitalismo começa a vacilar, mas criticar o duplo mecanismo de desterritorialização e de reterritorialização, demonstrando seus impactos. A tese pode ser resumida em: o capitalismo não é mais apenas um aparelho repressor ou docilizador de corpos das sociedades disciplinares que Foucault (2013a) uma vez caracterizou, mas também um aparelho que torna possível a circulação ilimitada do desejo e, logo, a crítica deve passar pelos mecanismos promovidos pelas formas múltiplas de desterritorialização.

Nesse sentido, permito-me, agora, realizar uma pequena digressão para argumentar que a contribuição que o conceito de agenciamento oferece para pensar uma analítica das políticas curriculares pode ser situada na esteira da conversa que Deleuze estabelece com Foucault. Toda a obra *Foucault* (DELEUZE, 1988) bem poderia, por exemplo, ser lida como uma conversa sobre diferentes linhas de composição do conceito de agenciamento (ZOURABICHVILI, 2004). Deleuze (1988) abre esse livro anunciando que um novo cartógrafo chegou à cidade e que este irá se ocupar da questão dos enunciados, "[...] anteriores às frases e proposições, [...], formadores de palavras e de objetos" (DELEUZE, 1988, p. 24). No segundo volume de *Mil platôs*, no capítulo "Postulados de linguística", Deleuze e Guattari (2011b) voltam a afirmar o primado do enunciado, lançado no livro sobre Kafka, e retomam o conceito de agenciamento. De outra ponta, François Zourabichvili (2004) faz notar como, nesse percurso de conversas com Foucault, do conceito de agenciamento decorre uma filosofia da linguagem — uma pragmática — que se opõe tanto à linguística quanto à psicanálise, pelo menos tal como praticadas nas décadas que Deleuze e Guattari escreviam.

Deleuze e Guattari não deixam de assumir as teses circulantes sobre a força dos atos de linguagem, embora o façam, tomando de Nietzsche o conceito de força e de relações de força, isto é, "[...] o de uma força que se relaciona contra outra força. Sob esse aspecto a força se chama vontade" (DELEUZE, 2018, p. 16). Não há, entretanto, intencionalidade nessa vontade. Duas outras implicações. A primeira delas refere-se a como não apenas as palavras, mas também todo e qualquer objeto ou parte do mundo são descritos como constituídos por forças "[...] que se expressam na coisa enquanto fenômeno complexo" (DELEUZE, 2018, p. 17). Para fazer uso de outra longa citação, desta vez de Deleuze e Parnet (1998, p. 55):

> A unidade real mínima não é a palavra, nem a ideia ou o conceito, nem o significante, mas o *agenciamento*. É sempre um agenciamento que produz os enunciados. Os enunciados não têm por causa um sujeito que agiria como sujeito da enunciação, tampouco se referem a sujeitos como sujeitos de enunciado. O enunciado é produto de um agenciamento, sempre coletivo, que põe em jogo, em nós e fora de nós, populações, multiplicidades, territórios, devires e afetos.

Não somente a linguagem tem a força de fazer e produzir efeitos, mas também "[...] o conjunto das transformações incorpóreas que efetuam a condição da linguagem" (DELEUZE; GUATTARI, 2011b, p. 27). Todo e qualquer processo ou objeto são um composto de relações de força que se apoderam deles, e podem realizar coisas, cabendo percorrer seu (des)dobramento para além do que se é reconhecível. Eis, aqui, a dupla face do conceito de agenciamento: qualquer coisa pode entrar em relação com algo no mesmo passo que são aplicadas descrições a essas coisas que as transformam. Essas forças e relações de forças incorpóreas não são da ordem da significação, mas do afeto, daquilo que compõe um organismo.

O conceito de afeto em Deleuze e Guattari (1992) e sua inspiração em Spinoza são deveras conhecidos. Por ora, quero somente destacar como Deleuze (2009) argumenta, ao diferenciar afecção e afeto, que o afeto é uma passagem, uma transição, de um estado corporal a outro. Inspirada por essa diferença, Youdell (2015, p. 113, tradução nossa) nota que aceitar o afeto como componente do agenciamento das políticas educacionais é um convite para "[...] acrescentar à nossa compreensão do significado dos sujeitos subjetivados uma consideração das potencialidades e fluxos produtivos de sentimentos e corpos pré-pessoais". Arrolaria também que é um modo de alinhar a analítica das políticas curriculares com as perspectivas "pós-humanistas" e "neomaterialistas" que hoje brotam em outros campos de investigação (MACEDO; RANNIERY, 2018; RANNIERY, 2018). A questão é efetivamente a possibilidade de converter a política, uma noção classicamente tomada como coordenada básica das relações sociais humanas, em modalidade de abertura para a atuação além ou mesmo aquém do humano, já que toda e qualquer coisa — documentos, objetos, forças, estado, agentes diversos, discursos — atuam no engendramento de uma política.

Dito de outro modo, o afeto não leva a uma teoria da identificação dos sujeitos humanos com esta ou aquela política ou consigo mesmos, mas, sim, à "intensificação afetiva" (PUAR, 2013, p. 363), ressaltando como posicionamentos aparentemente irreconciliáveis se relacionam. Diferentemente de determinar de quem é a culpa, o agenciamento indaga quais condições afetivas são necessárias para uma política curricular se (des)dobrar. O que importa é o ímpeto rítmico mutante capaz de conectar disjuntivamente componentes heterogêneos. Estamos diante da esfera dos mecanismos de produção da subjetividade que não funciona predominantemente por meio da significação, e como se deve caracterizá-los mediante modulação de capacidades de tendências afetivas[12] para "[...] evitar qualquer ilusão progressista ou qualquer visão sistematicamente pessimista" (GUATTARI, 2012, p. 15).

Segunda implicação: Deleuze e Guattari recusam o individualismo metodológico, afirmando, mais de uma vez, que "[...] não existe enunciação individual nem mesmo sujeito do enunciado" (DELEUZE; GUATTARI, 2011b, p. 18). Todo e qualquer agenciamento remetem

12. Um exemplo, nesse sentido, pode ser a investigação de Peter Taubman (2009), na qual o autor demonstra como a linguagem da pedagogia é correlata a uma esfera de afetos que cria possibilidades de adesão dos professores às políticas de *accountability*, sugerindo conexões entre o mercado, uma amplitude e diversidade de teorias e práticas educacionais, além dos desejos docentes por segurança, controle e reconhecimento.

sempre ao coletivo. O recurso de Deleuze e Guattari (2011b) à linguística recoloca que a linguagem não é apenas um ordenamento do que fazemos uns aos outros, mas também discursos agenciados coletivamente. Coletividade não é, aqui, um conjunto simples de indivíduos reunidos, "[...] deve ser entendido no sentido de multiplicidade que se desenvolve para além do indivíduo, junto ao *socius*, assim aquém da pessoa, junto a intensidades pré-verbais" (GUATTARI, 2012, p. 19). É a própria matriz de comutação de linhas infinitas que se atravessam, imbricam-se, entrelaçam-se, afetando umas às outras, compondo formas de experiência. Independentemente do refinamento conceitual, o conceito de agenciamento pode ser limitado caso se mantenham a presunção e a singularidade automática do sujeito. Distinto de Savage (2022) que, ao mobilizar o conceito, deposita a agência na ação de indivíduos e de instituições no interior da maquinaria de produção das políticas, a transformação e a mobilidade são elas mesmas constitutivas das relações de forças do agenciamento das políticas curriculares. Caso possamos manter o termo agência, trata-se de uma agência sem sujeito, pré-individual e coletiva, que se define menos pelo conflito ou oposição com o que quer que seja e mais "[...] pelas linhas de fuga que [...] atravessam [o campo social]" (DELEUZE; GUATTARI, 2011b, p. 34).

Dessa forma, o que se compara ou se combina em termos analíticos, quando políticas curriculares se movimentam, "[...] são graus de desterritorialização conjugados ou alternados, e as operações de reterritorialização que estabilizam, em um dado momento, o conjunto" (DELEUZE; GUATTARI, 2011b, p. 31). Dito de outro modo, o conceito se pergunta quais transformações afetivas — e ontológicas — são requeridas para se constituir variações transversais e tão rapidamente voláteis entre as diferentes configurações conhecidas de políticas curriculares globalmente. Com alguma licença, talvez fosse possível finalmente sugerir: o que Deleuze (1988) sequestra de Foucault é que aquilo que está no coração do primado do enunciado não é a significação ou o discurso, mas o poder, as relações de poder.

No mesmo livro sobre Foucault, Deleuze (1988, p. 35) pondera que "[...] não é assim, nem disso que procede o poder: ele é menos uma propriedade que uma estratégia, e seus efeitos não são atribuíveis a uma apropriação [...]. Em suma o poder não tem homogeneidade [...]". É o poder entendido como multiplicidades de correlações de força imanentes e heterogêneas ao domínio em que as forças se exercem, o que permitiria recusar a distinção entre elementos "macropolíticos" — tais como a economia ou o estado — e elementos "micropolíticos" — o cotidiano das escolas e as ações de professores, por exemplo. Por outra via, tomam-se "[...] as forças produtivas dos componentes, e as produtividades das relações entre eles são indefinidas e móveis" (YOUDELL, 2015, p. 112, tradução nossa). De tal modo, o agenciamento de uma política curricular não remete a um produto estabilizado emanado do Estado ou do que ou quem quer que seja, porque se refere a "[...] um estado preciso de mistura de corpos em uma sociedade, compreendendo todas as atrações e repulsões, as simpatias e as antipatias, as alterações, as alianças, as penetrações e expansões que afetam os corpos de todos os tipos, uns em relação aos outros" (DELEUZE; GUATTARI, 2011b, p. 33). Nessas condições, a distinção entre macropolítica e micropolítica não se sustenta, porque o conceito de agenciamento nos obriga a considerar "macro" e "micro" em conexão, também como componentes ou partes de um complexo polifônico volátil multiescalar.

Não se trata somente de levar a sério a lição de Foucault (2013b) sobre como o poder é produtivo, espraiado, não proprietarizável, disperso; enfim, propriamente microfísico. Desde essa microfísica do poder, Deleuze (1992) extrai um deslocamento ao propor uma passagem das sociedades disciplinares para as sociedades do controle. É nas poucas páginas do pequeno texto "*Post-scriptum* sobre as sociedades de controle" (DELEUZE, 1992) que outra linha componente do conceito de agenciamento pode ser finalmente puxada: "[...] nossas sociedades não mais funcionam à base de códigos e de territorialidades, mas, ao contrário, sobre o fundo de uma decodificação e de uma desterritorialização massiva" (DELEUZE, 2016, p. 32). Em *Segurança, território, população*, Foucault (2008, p. 16) afirma: "[...] disciplina é um modo de individualizacão das multiplicidades, e não algo que, a partir dos indivíduos trabalhados primeiramente a título individual, construiria em seguida uma espécie de edifício de elementos múltiplos". O argumento de Deleuze (1992) identifica, contudo, que, no decorrer do século XX, uma forma diferente de organização de poder suplementou o poder disciplinar sem, entretanto, substituí-lo:

> Os diferentes internatos ou meios de confinamento pelos quais passa o indivíduo são variáveis independentes: supõe-se que a cada vez ele recomece do zero, e a linguagem comum a todos esses meios existe, mas é analógica. Ao passo que os diferentes modos de controle, os controlatos, são variações inseparáveis, formando um sistema de geometria variável cuja linguagem é numérica (o que não quer dizer necessariamente binária). Os confinamentos são moldes, distintas moldagens, mas os controles são uma modulação, como uma moldagem autodeformante que mudasse continuamente, a cada instante, ou como uma peneira cujas malhas mudassem de um ponto a outro (DELEUZE, 1992, p. 220-221).

Quando o agenciamento contempla o diagrama das relações de poder, o conceito não constrói uma imagem de uma política de currículo como uma unidade isolada sem precedentes. É a lógica do sentido e dos afetos do capitalismo que também é trazida à cena, segundo a qual movimentos de desterritorialização intensiva e reterritorialização, por vezes violenta, são suas forças ontológicas.[13] Quando afirmo que o conceito de agenciamento nos leva aos mecanismos heterogêneos de controle do capitalismo, é para apontar, por um lado, como os vários processos de mobilidade de políticas curriculares, no cerne do que Ball (2014) chamou de redes globais, não são simples formalismos teóricos. O conceito nos leva para a indissociabilidade desses mecanismos da

13. Sobre esse aspecto, ver Alliez e Lazzarato (2021).

produção de subjetividade — como bem notou Fredric Jameson (1996), um dos últimos enclaves a ser colonizado pelo capitalismo tardio. Por outro, se concebêssemos como o conceito de agenciamento traz a modulação subjetiva, seria possível traçar como relações de força prolongam e alteram, mutam e correlacionam políticas curriculares em uma escala propriamente microfísica.

Capitalismo não é uma força homogeneizante da economia política que determina políticas curriculares globalmente e que caberia à análise sintetizar. Ao contrário, há variação entre diferentes políticas, mas a variação não é a mesma coisa que políticas curriculares como unidades diferentes em si mesmas, localmente adaptadas, de modo que tal transformabilidade não pode ser julgada nem positiva nem negativamente. Em vez de tomar como certo o fluxo das políticas curriculares, já divididas em unidades, se não idênticas, parecidas entre si, de maneira que o fluxo global é considerado o mesmo em qualquer espaço e a qualquer tempo, o agenciamento desmonta as políticas como unidades administrativas, desafiando essa projeção hipotética dos modos de (des)dobramento da política, segundo a qual a repetição em diferentes escalas e espaços é composta por similaridade de partes idênticas.

Novamente, retornamos à questão das ressonâncias dos padrões de relações. Que mutabilidade é requerida para que diferentes políticas se tornem reconhecidas como similares? Responder a essa pergunta implica considerar simultaneamente abrangência e parcialidade, continuidade e instabilidade, mobilidade e situacionalidade das políticas curriculares. *Pensar com* o conceito de agenciamento forja uma analítica das políticas curriculares que pode responder ao mesmo tempo a suas ancoragens territorializadas e suas (des)contínuas aberturas, com implicações sociais e culturais. A resposta da pesquisa em políticas curriculares à natureza mutável das circunstâncias do capitalismo globalizado não deveria ser perguntar se o mundo foi ou será melhor do que é, se haverá política curricular para, enfim, expurgar os demônios. Poderíamos estar procurando por novas armas. *Pensar com* o conceito de agenciamento é uma delas.

Devir

Este texto não passou de um conjunto amontado de algumas notas desde a filosofia de Deleuze e Guattari para *pensar com* o conceito de agenciamento uma analítica das políticas curriculares. Optei, contudo, por apresentá-las de forma menos sistemática do que deveria e o fiz a partir de dois exercícios interrogativos: *Como partir da multiplicidade? Como chegar ao capitalismo?* Ambas as questões ecoam umas nas outras, temas se repetem entre elas, e a disposição dos parágrafos e dos argumentos bem poderia ser outra. Não consegui extirpar a bagunça. Este texto é ele mesmo um agenciamento de interesses teóricos para a pesquisa em políticas curriculares, significando que não há um ou vários fios principais que se encadeiam, mas, sim, eixos conceituais que convergem, divergem e se fundem. Estive por meio deles me perguntando o que as linhas do conceito fazem funcionar, o que criam e que questões de pesquisa sobre políticas permitem colocar. Se me mantive tão próximo às formulações de Deleuze e Guattari, é porque considero que não podemos ir tão longe com conceito de agenciamento para pensar uma analítica das políticas curriculares sem a força de sua filosofia.

Essa força está longe de ter se esgotado no campo do currículo no Brasil. Há um profícuo trabalho a ser feito para além da imagem de pensamento com a qual os dois, por vezes, são capturados. Em última instância, esta seção final não é propriamente uma conclusão. Somente sintetiza um problema que assombrou este texto, aquilo que o conceito de agenciamento nos traz: o de imaginar — construir — um conceito não contratualista e não dialético de política de currículo: nem interesse racional, nem teologia inconsciente, nem trabalho do significante. A questão do agenciamento não é revelar a verdade nua da produção das políticas curriculares por debaixo do véu do que quer que seja, mas, antes, é sobre libertá-las de suas funções subjetivantes dentro da máquina do capitalismo, devolvendo-as a seu elemento constitutivo, o devir.

Referências

ALLIEZ, Éric. *A assinatura do mundo*: o que é a filosofia de Deleuze e Guattari? São Paulo: Editora 34, 1997.

ALLIEZ, Éric (org.). *Gilles Deleuze*: uma vida filosófica. São Paulo: Editora 34, 2000.

ALLIEZ, Éric; GOFFEY, Andrew. Introduction. *In*: ALLIEZ, Éric; GOFFEY, Andrew (org.). *The Guattari effect*. London: Continuum, 2011. p. 8-14.

ALLIEZ, Éric; LAZZARATO, Maurizio. *Guerras e capital*. São Paulo: Ubu, 2021.

AQUINO, Julio Groppa. A crítica educacional como recusa à metafísica pedagógica. *Revista de Educação Pública*, Cuiabá, v. 24, n. 56, p. 351-364, maio/ago. 2015.

BALL, Stephen J. *Educational reform*: a critical and post-structural approach. Buckingham: Open University Press, 1994.

BALL, Stephen J. *Educação global S.A.*: novas redes de políticas e o imaginário neoliberal. Tradução: Janete Bridon. Ponta Grossa: Editora UEPG, 2014.

BUCHANAN, Ian. *Assemblage theory and method*. New York: Bloomsbury, 2021.

CARVALHO, Janete. Campos gravitacionais discursivos sobre as políticas de currículo. *In*: FERRAÇO, Carlos Eduardo; GABRIEL, Carmen Teresa; AMORIM, Antonio Carlos (org.). *Políticas de currículo e a escola*. Campinas: FE/Unicamp, 2012. p. 1-24.

COLE, David. Deleuze and the narrative forms of educational otherness. *In*: SEMESTKY, Inna (org.). *Nomadic education*: variations on a theme. Rotterdam: Sense, 2000. p. 17-34.

CORAZZA, Sandra Mara. *O que quer um currículo?* Pesquisas pós-críticas em Educação. Petrópolis: Vozes, 2001.

CORAZZA, Sandra Mara. Currículo e Didática da tradução: vontade, criação e crítica. *Educação & Realidade*, Porto Alegre, v. 41, n. 4, p. 1-26, out./dez. 2016.

DELANDA, Manuel. *A new philosophy of society*: assemblage theory and social complexity. London: Continuum, 2006.

DELANDA, Manuel. *Assemblage theory*. Edinburgh: Edinburgh University Press, 2016.

DELEUZE, Gilles. *Foucault*. São Paulo: Brasiliense, 1988.

DELEUZE, Gilles. *A dobra*: Leibniz e o barroco. São Paulo: Papirus, 1991.

DELEUZE, Gilles. *Conversações*. São Paulo: Editora 34, 1992.

DELEUZE, Gilles. *Crítica e clínica*. São Paulo: Editora 34, 1997.

DELEUZE, Gilles. *Lógica do sentido*. São Paulo: Perspectiva, 2000.

DELEUZE, Gilles. *Diferença e repetição*. Rio de Janeiro: Graal, 2006.

DELEUZE, Gilles. *Espinosa*: filosofia da prática. São Paulo: Escuta, 2009.

DELEUZE, Gilles. *Sobre o teatro*: um manifesto de menos; o esgotado. Rio de Janeiro: Jorge Zahar, 2010.

DELEUZE, Gilles. *Dois regimes de loucos e outros textos*. São Paulo: Editora 34, 2016.

DELEUZE, Gilles. *A ilha deserta e outros textos*. São Paulo: Iluminuras, 2017.

DELEUZE, Gilles. *Nietzsche e a filosofia*. São Paulo: N-1 Edições, 2018.

DELEUZE, Gilles; GUATTARI, Félix. *A thousand plateaus*: capitalism and schizophrenia. Minneapolis: University of Minnesota Press, 1987.

DELEUZE, Gilles; GUATTARI, Félix. *O que é a filosofia?* São Paulo: Editora 34, 1992.

DELEUZE, Gilles; GUATTARI, Félix. *O anti-Édipo*: capitalismo e esquizofrenia. São Paulo: Editora 34, 2010.

DELEUZE, Gilles; GUATTARI, Félix. *Mil platôs*: capitalismo e esquizofrenia. São Paulo: Editora 34, 2011a. v. 1.

DELEUZE, Gilles; GUATTARI, Félix. *Mil platôs*: capitalismo e esquizofrenia. São Paulo: Editora 34, 2011b. v. 2.

DELEUZE, Gilles; GUATTARI, Félix. *Mil platôs*: capitalismo e esquizofrenia. São Paulo: Editora 34, 2012a. v. 4.

DELEUZE, Gilles; GUATTARI, Félix. *Mil platôs*: capitalismo e esquizofrenia. São Paulo: Editora 34, 2012b. v. 5.

DELEUZE, Gilles; GUATTARI, Félix. *Kafka*: por uma literatura menor. Belo Horizonte: Autêntica, 2017.

DELEUZE, Gilles; PARNET, Claire. *Diálogos*. São Paulo: Escuta, 1998.

DIDI-HUBERMAN, Georges. *Diante do tempo*: história da arte e anacronismo das imagens. Belo Horizonte: Editora da UFMG, 2015.

DOSSE, François. *Gilles Deleuze e Félix Guattari*: biografia cruzada. Porto Alegre: Artmed, 2010.

FOUCAULT, Michel. *Segurança, território, população*: curso dado no Collège de France (1977-1978). São Paulo: Martins Fontes, 2008.

FOUCAULT, Michel. *Vigiar e punir*: nascimento da prisão. Petrópolis: Vozes, 2013a.

FOUCAULT, Michel. Soberania e disciplina. *In*: FOUCAULT, Michel. *Microfísica do poder*. São Paulo: Graal, 2013b.

GUATTARI, Félix. *Caosmose*: um novo paradigma estético. São Paulo: Editora 34, 2012.

JAMESON, Fredric. *Pós-modernismo*: a lógica cultural do capitalismo tardio. São Paulo: Ática, 1996.

LAPOUJADE, David. *Deleuze, os movimentos aberrantes*. São Paulo: N-1 Edições, 2017.

LATOUR, Bruno. *Reassembling the social*: an introduction to actor-network-theory. Nova York: Oxford University Press, 2005.

LATOUR, Bruno. *Reagregando o social*: uma introdução à teoria do ator-rede. Salvador: Editora UFBA, 2012.

LAW, John. *After method*: mess in social research. Nova York: Routledge, 2004.

LEA, Tess. "From little things, big things grow": the unfurling of wild policy. *e-flux*, [*s. l.*], v. 58, p. 1-8, out. 2014.

MACEDO, Elizabeth; RANNIERY, Thiago. Políticas públicas de currículo: diferença e a ideia de público. *Currículo sem Fronteiras*, [*s. l.*], v. 18, n. 3, p. 739-759, set./dez. 2018.

PARAÍSO, Marlucy. Diferença no currículo. *Cadernos de Pesquisa*, São Paulo, v. 40, n. 140, p. 587-604, maio/ago. 2010.

PATTON, Paul. *Deleuze and the political*. London: Routledge, 2000.

PELLEJERO, Eduardo. Entre dispositivos e agenciamentos: o duplo deleuziano de Foucault. *Margens*, Abaetetuba, v. 6, n. 7, p. 11-21, 2010.

PHILLIPS, John. Agencement/assemblage. *Theory, Culture & Society*, [*s. l.*], n. 2-3, p. 108-109, 2006.

PINAR, William. *What is curriculum theory?* Mahwah: Lawrence Erlbaum Associates, 2004.

PUAR, Jasbir. "Prefiro ser um ciborgue a ser uma deusa": interseccionalidade, agenciamento e política afetiva. *Meritum*, [*s. l.*], v. 8, n. 2, p. 343-370, jul./dez. 2013.

RANNIERY, Thiago. Vem cá, e se fosse ficção? *Práxis Educativa*, Ponta Grossa, v. 13, n. 3, p. 982-1002, 2018.

RANNIERY, Thiago; MEDEIROS, Ricardo S. Uma rede passa pelo currículo: difração e modos de existência na política curricular. *Roteiro*, Joaçaba, v. 46, p. 1-24, jan./dez. 2021.

SAVAGE, Glenn. O que é agenciamento de políticas? *Práxis Educativa*, Ponta Grossa, v. 17, e2220018, p. 1-21, 2022.

SILVA, Tomaz Tadeu de. *Documentos de identidade*: uma introdução às teorias do currículo. Belo Horizonte: Autêntica, 1999.

ST. PIERRE, Elizabeth. Uma história breve e pessoal da pesquisa pós-qualitativa: em direção à "pós-investigação". *Práxis Educativa*, Ponta Grossa, v. 13, n. 3, p. 1044-1064, set./dez. 2018.

STRATHERN, Marilyn. *O gênero da dádiva*: problemas com as mulheres e problemas com a sociedade na Melanésia. Campinas: Editora da Unicamp, 2006.

TAUBMAN, Peter. *Teaching by numbers*: deconstructing the discourse of standards and accountability in education. New York: Routledge, 2009.

VINCI, Christian F. Ribeiro Guimarães. O canto dos malditos: uma análise quantitativa da difusão do pensamento de Gilles Deleuze na pesquisa educacional brasileira (1990-2010). *Pró-Posições*, Campinas, v. 28, p. 12-38, set./dez. 2017.

VINCI, Christian F. Ribeiro Guimarães; RIBEIRO, Cintya Regina. Implicações midiáticas e acadêmicas nos modos de apropriação do pensamento de Gilles Deleuze e Félix Guattari para o debate em Educação no Brasil. *Educação Temática Digital*, Campinas, v. 17, p. 125-141, 2015.

VIVEIROS DE CASTRO, Eduardo. *A inconstância da alma selvagem*. São Paulo: Cosac & Naify, 2002.

VIVEIROS DE CASTRO, Eduardo. Filiação intensiva, aliança demoníaca. *Novos Estudos Cebrap*, São Paulo, n. 77, p. 91-126, mar. 2007.

WEBB, P. Taylor. *Teacher assemblage*. Rotterdam: Sense Publishers, 2009.

YOUDELL, Deborah. Assemblage theory and education policy sociology. *In*: GULSON, Kalervo N.; CLARKE, Matthew; PETERSEN, Eva Bendix. *Education policy and contemporary theory*: implications for research. New York: Routledge, 2015. p. 110-121.

YOUDELL, Deborah; MCGIMPSEY, Ian. Assembling, disassembling and reassembling "youth services" in Austerity Britain. *Critical Studies in Education*, [*s. l.*], v. 56, n. 1, p. 116-130, 2015.

ZOURABICHVILI, François. *O vocabulário de Gilles Deleuze*. Rio de Janeiro: Relume Dumará, 2004.

CAPÍTULO 8

O Estado é o objeto de estudo da Política Educacional?

Contextualizações histórico-epistemológicas[1]

César Tello

Universidad Nacional de La Plata (Argentina)

Introdução

Iniciamos este capítulo, de caráter teórico-analítico, afirmando que o debate sobre os objetos de estudo dos campos de conhecimento em Ciências Sociais tem ocorrido em diferentes campos do conhecimento das Ciências Sociais nos últimos 70 anos. Dessa forma e respondendo à pergunta que se propõe no título, inferimos que o Estado (ou suas ações) se estabeleceu[2] durante muito tempo como objeto de estudo da **Política Educacional**. No entanto, ele não é. Então, propondo em outros

1. Tradução de Elita Medeiros.

2. Empregamos o termo *estabeleceu* como uma construção artificial e naturalizada que deriva de outra episteme de época.

termos: o Estado e as ações do governo são os objetos de estudo das **políticas públicas em Educação**. Ainda, o campo da Política Educacional é muito mais amplo do que as políticas públicas em Educação.

Para respondermos à pergunta, é necessário considerarmos os traços históricos do campo acadêmico e seu desenvolvimento teórico. Fazemos isso dentro da estrutura do que chamamos de Enfoque das Epistemologias da Política Educacional (*Enfoque de las Epistemologías de la Política Educativa* — Eepe),[3] dentro das reflexões que surgiram na *Red Latinoamericana de Estudios Teóricos y Epistemológicos en Política Educativa* — ReLePe[4]).

O Eepe tem por finalidade propor um esquema de análise sobre o campo de pesquisa como campo teórico, a partir de componentes que contribuem com a reflexão meta-analítica do campo (MAINARDES, 2021; TELLO, 2012, 2019). A partir dessa abordagem, argumentamos que o objeto de estudo se constrói a partir de uma episteme de época (FOUCAULT, 2008), da década de 1950, e com base em uma decisão do campo acadêmico. Isso não ocorre necessariamente a partir do campo teórico.

Debate sobre os campos, as perspectivas e os objetos de estudo

Estamos atravessando uma etapa de profundas mudanças sociais, com realidades cada vez mais complexas de serem abordadas pelas estruturas conceituais convencionais, o que leva ao fato de que a realidade dos fenômenos que se apresentam aos pesquisadores em Ciências Sociais carece de referências conceituais e vice-versa. As estruturas e as categorias conceituais com as quais nomeávamos, de algum modo, o que acontecia socialmente carecem de potencialidade

3. Ver Tello (2012) e Tello e Mainardes (2015b).

4. Disponível em: www.relepe.org. Acesso em: 17 jan. 2024.

explicativa. Enfim, estamos vivendo a revolução contemporânea do saber e a complexidade social (SOTOLONGO CODINA; DELGADO DÍAZ, 2006). Diante dessa situação, Wallerstein (1999) pontua que as Ciências Sociais têm grandes limitações no estudo das realidades sociais, para as quais se deveria pensar em novos fundamentos epistemológicos. Para isso, propõe-se um desafio: dispensar as Ciências Sociais que se opõem à categoria de repensá-las, pois repensá-las se converteria em uma barreira epistêmica para a criação de novas epistemologias. Assim, começam a emergir — no âmbito internacional e latino-americano — algumas perspectivas analíticas da realidade social, denominadas pensamento alternativo (VERGARA ESTÉVEZ, 1991).

Conforme assinalado anteriormente, podem ser traçados os múltiplos debates e a prolífica literatura especializada sobre diversos campos. Aqui, somente mencionamos algumas que nos interessam de um modo particular, por seus entrecruzamentos, como eixos reticulares com o campo da Política Educacional.

Esse é o caso da Antropologia que, segundo Ramos (2019), foi pensada em termos de sua relação com a construção de nação e do império (STOCKING JUNIOR, 1982) a partir de estilos nacionais (GERHOLM; HANNERZ, 1982), como Antropologias do Sul (KROTZ, 1997), centrais *versus* periféricas (OLIVEIRA, 1999/2000), ou hegemônicas e não hegemônicas e, logo, também dissidentes (RESTREPO, 2012; RIBEIRO; ESCOBAR, 2008). Ainda, com base em uma perspectiva situada, Ribeiro e Escobar (2008) argumentam que, embora durante o século XX as transformações na Antropologia tenham estado relacionadas ao sujeito/objeto de estudo, nas últimas décadas, elas se encontram vinculadas às "[...] relações entre antropólogos localizados em diferentes partes do sistema-mundo" (RIBEIRO; ESCOBAR 2008, p. 11, tradução nossa).

No mesmo sentido, as Ciências Políticas enfrentam questões semelhantes, por exemplo, seguindo os postulados de Sartori (2004), em um reconhecido artigo intitulado "Onde está a ciência política" ("¿Dónde está la ciencia política?"). Cansino, no ano 2006 (e depois, em 2008), anunciou o adeus à ciência política como a crônica de uma morte anunciada, com muitos debates a seu redor. O autor explica que "[...] terminou se afastando do pensamento e da reflexão, até fazer dessa ciência um elefante branco gigantesco, repleto de dados, mas sem ideias nem substância, presa em conhecimento inútil para se aproximar da complexidade do mundo" (CANSINO, 2006, p. 13, tradução nossa). No mesmo eixo de reflexão, Sierra *et al.* (2006, p. 51, tradução nossa) pontuam que, na América Latina, nos últimos anos, a dimensão crítico-utópica se debilita nas Ciências Sociais, afirmando que "[...] há menos reflexão sobre a disciplina, e mais sobre o uso que a sociedade faz do conhecimento das ciências sociais". Por sua vez, Borón (2006, p. 16, tradução nossa) adverte que é necessária "[...] uma discussão minuciosa sobre alguns dos principais problemas que propõe a necessária reconstrução das ciências sociais sobre novas bases epistemológicas".

Na pesquisa em Educação e em seus diversos campos, também se observam essa crise e transformação que têm a ver com a episteme de época e uma reconfiguração teórica. Esse é o caso dos estudos sobre Currículo, História da Educação e Sociologia da Educação.

Díaz Barriga (2002, p. 165, tradução nossa), referindo-se aos estudos do campo do currículo, destaca que não se pode "[...] desconhecer que as fronteiras do campo curricular são frágeis, que, da mesma forma que o levam para o campo da didática ou para o estudo de experiências em sala de aula, pode se diluir em estudos de graduados ou da atuação profissional". Fazendo breve referência ao campo da didática, Kansanen e Meri (1999) pontuam que já existe, há muito tempo, uma discussão sobre o que é Didática: Qual é seu objeto de estudo? Qual deve ser e que função deveria ter? Essa discussão tem sido, em parte, internacional, e podemos considerar que ainda não se esgotou. Segundo destacam Abreu *et al.* (2018), o objeto de estudo da didática é múltiplo, assim como as perspectivas empregadas para defini-lo. Assim, "[...] é possível definir objetos de estudo centrados em: a) ensino, b) aprendizagem, c) processos de ensino e aprendizagem, d) processo educacional, e d) currículo" (ABREU *et al.*, 2018, p. 76, tradução nossa).

Sobre a História da Educação, Arata e Pineau (2019, p. 14, tradução nossa), na introdução à publicação que compilaram, intitulada *Latinoamérica: la educación y su historia. Nuevos enfoques para su debate y enseñanza*, perguntam "[...] que histórias[5] da Educação se escrevem e circulam na região sobre o que acontece no século XXI e como podem ser ensinadas?". Os autores propõem que:

> [...] remete a um ciclo histórico em que floresceram iniciativas políticas e sociais inimagináveis há anos, que estimularam um reencontro e uma revisão ampla de nosso passado e dos modos que se ensina a pensar historicamente sobre o marco da formação docente e universitária. Já no início do século, o protagonismo alcançado por projetos políticos progressistas em inúmeros países latino-americanos e os tratados internacionais firmados entre eles permitiram abrir e instalar, na opinião pública e na academia, novos debates sobre os conteúdos e as perspectivas presentes na formação das e dos futuros docentes, pedagogos e especialistas que atuavam nos âmbitos educacionais: a partir da recuperação de autores e autoras "esquecidos" pela historiografia liberal dominante, passando pela discussão sobre as articulações entre história, Educação e política, até a recuperação de alternativas educacionais que tiveram lugar além dos sistemas escolares, a primeira década e meia do século XXI foi um campo fértil para a gestação de novos olhares historiográficos sobre a Educação e seus processos (ARATA; PINEAU, 2019, p. 14, tradução nossa).

No caso da Sociologia da Educação, Fernández Enguita (1989) pontua que o objeto de estudo foi se transformando pela preponderância das perspectivas epistemológicas que assinalavam a agenda do debate. Levando-se em consideração que esse campo surgiu no período pós-Segunda Guerra Mundial, sob o paradigma dominante do funcionalismo estrutural como um mero mecanismo para analisar a estrutura escolar, sem vincular o sujeito educativo ao seu entorno social, político, econômico e cultural. Para Fernández Enguita (1989), são as

5. Os autores utilizam *histórias*, no plural.

abordagens crítico-reprodutivistas, as teorias da reprodução e a teoria da correspondência que levam a realizar alguns olhares microssociológicos que estudam empiricamente os processos sociais além do escolar, desenvolvendo-se, na Sociologia da Educação, "diversos objetos de estudo segundo os lapsos temporais entre as distintas abordagens" (FERNÁNDEZ ENGUITA, 1989, p. 53, tradução nossa). Finalmente, o autor pontua que existem "[...] mudanças substanciais no entorno sociológico da escola que exigem redefinir o papel da Sociologia da Educação" (FERNÁNDEZ ENGUITA, 1989, p. 56, tradução nossa).

Poderíamos esboçar algumas referências a outros campos da Pedagogia ou das Ciências da Educação, mas o interesse desta seção é indicar como foram e continuam ocorrendo, atualmente, transformações teóricas e observações disciplinares, não apenas no campo da Política Educacional, que é o eixo analítico deste capítulo.

A Política Educacional como campo teórico

Devemos discorrer que algumas correntes assumem o objeto de estudo do campo teórico da Política Educacional como *objeto estabelecido* em outra episteme de época. Em termos históricos, isso ocorreu durante o período de desenvolvimentismo na América Latina, tal como abordamos mais adiante.

Nesta seção, é necessário analisarmos uma definição que se tem empregado de forma considerável (pelo menos no Ocidente) e que tem relação com a influência anglo-saxã do campo das políticas públicas em geral. Referimo-nos, aqui, aos termos *politics* e *policy*, mas, para os falantes de línguas anglo-saxãs, são categorias que, como afirma Cox (2006, p. 3, tradução nossa), "[...] não se pode recuperar o sentido do segundo termo se não estiver especificando políticas setoriais". Tentarmos definir a Política Educacional a partir dessas categorias gera, portanto, confusão nas regiões que devem realizar a tradução (é o caso dos países hispano-lusofalantes da América Latina, tampouco existe um modo de traduzir essas categorias para o francês, o alemão ou o italiano).

Essa questão não é menor para nós, que tentamos analisar e estudar o campo teórico da Política Educacional, pois, como destaca Dror (1982, p. 33, grifos nossos, tradução nossa), a falta de:

> [...] uma diferença entre *politics* e *policy* em muitos idiomas cria um grande problema no desenvolvimento da análise de políticas em diversos países. Ao mesmo tempo, a falta dessa diferença assinala *realidades e percepções descuidadas na análise de políticas* [...].

Nesse sentido, Pastor Albaladejo (2014) tenta fazer uma combinação de inglês e espanhol para tratar de esclarecer as categorias:

> Dessas concepções da política, o termo *policy* é o que faz referência à política pública ou às políticas públicas (*policies*). Eis a razão pela qual alguns autores hispanofalantes geralmente recorrem à denominação *policy* pública (GUERRERO, 1993) ou de *policies* de Estado (GARCÍA-PELAYO, 1977, p. 18, tradução nossa).

Tomemos como caso os postulados de Nohlen (2003), tendo em vista sua proposição das três dimensões das políticas que, devido às limitações idiomáticas, nem em português ou em espanhol podemos diferenciar conceitualmente bem: *polity*, *politics* e *policy* (em inglês); ou seja, a forma, o processo e o conteúdo da política (NOHLEN, 2003). Nesse sentido, o autor usa um exemplo referindo-se à questão da democracia e explica que, para que o pesquisador conheça a categoria de democracia, deve atravessar três momentos: como forma (*polity*), como processo (*politics*) e as condições internas das democracias como resultado (*policy*). Aqui devemos compreender, inicialmente, que nenhum dos três designa o campo teórico e epistemológico da Política Educacional. Também aqui temos um primeiro ponto histórico-epistemológico: a forma como se nomeia o campo é pelo que se pesquisa, analisa ou se desdobra: *polity educational*? *Politics educations*? *Policy education*?

A diferença do que poderia ocorrer em outro campo, se fazemos referência, por exemplo, às Ciências Políticas em sua própria categorização de ciências, pareceria permitir encontrar o contexto teórico e epistemológico. Isso é muito importante, já que podemos definir, analisar e observar o campo teórico da Política Educacional, mas a partir de uma perspectiva acadêmico-cultural que nos é estranha, e, assim, a análise tornar-se-á obstaculizada em termos epistemológicos por uma questão de linguagem e de tradução da escola anglo-saxã. Isso não implica desconhecer as contribuições-chave que foram realizadas.

Nesse sentido, concordamos com a advertência de Murcia (2019, p. 3, tradução nossa) quando pontua "[...] que cada definição de política depende do momento histórico e do contexto político-institucional em que foi formulada". A partir de então é que pode haver múltiplas definições segundo perspectivas epistemológicas, modelos teóricos, traços históricos e epistemes de época.

Murcia (2019), seguindo Salazar Vargas (2009), destaca que pode haver entre 30 e 40 definições acadêmicas de políticas. Ainda, a partir das diversas definições é que se encontram concepções da tradição pragmática estadunidense, definições com ênfase no normativo com base na tradição europeia ocidental, e não há dúvida de que todas elas têm sustentação epistemológica, em ocasiões são realizadas transferências arbitrárias, partindo do território em que foram pensadas.

Assim, permitimo-nos questionar a definição cinquentenária de Dye (1975), da política como tudo aquilo que os governos decidem fazer ou não. Essa definição corresponde a um momento em que o Estado, pelo menos em sua visão normativa, caracterizava-se por desempenhar um papel predominante no político, momento em que o Estado era outro Estado.

Para compreendermos o campo teórico da Política Educacional, é preciso considerarmos algumas ligações históricas da Política Educacional com a Ciência Política. Em particular, devemos considerar o surgimento da "abordagem de análise das políticas públicas",[6] que surgiu nos Estados Unidos, no pós-guerra, com o livro *The policy sciences: recent developments in scope and method*, organizado por Lerner e Lasswell, publicado em 1951. O enfoque da análise de políticas públicas foi incorporado pelo campo acadêmico da Política Educacional, enquanto o campo teórico começou a tomar outro dinamismo, particularmente a partir da década de 1980, com o surgimento de novos enfoques nas pesquisas de Política Educacional.

Isso não implica ignorar o papel do Estado, nem a abordagem das *policies*, nem mesmo a fortaleza do Estado como interventor ou como Estado ausente. O papel do Estado, na teoria social, é chave, como influencia suas decisões e políticas públicas na vida social e suas interações. Minha ideia não é anular o Estado, mas nomeá-lo de um modo que esclareça o campo teórico e epistemológico da Política Educacional. Claramente existe uma prolífica literatura sobre a definição e a conceitualização de políticas públicas, desde distintas perspectivas e modelos de *análise de políticas*. Poderíamos mencionar a definição de Hernández Millán (1994, p. 45, grifo nosso, tradução nossa) quando afirma que, "[...] nas modernas sociedades atuais, as políticas públicas referem-se, em geral, à formulação, à execução e à avaliação de decisões (*e de suas ações correspondentes*) que, acerca do tratamento de assuntos públicos, cumprem instituições governamentais". Nesse sentido, devemos considerar que as políticas públicas podem ser entendidas como ações de governo, materializadas em instrumentos de gestão postos em ação — em outras palavras, como pautas gerais de decisão e ação encaminhadas para responder aos

---

6. A abordagem da análise das políticas públicas tem desenvolvido múltiplos modelos de análise, a partir de diversas perspectivas teóricas e epistemológicas, também respondendo às epistemes de época. Entre elas, podemos mencionar: *advocacy coalition framework* (SABATIER; WEIBLE, 1999); triângulo de análise de políticas (WALT; GILSON, 1994); teoria de correntes múltiplas (KINGDON, 1984); a metáfora das etapas (LASSWELL, 1956); *policy-making process* (LINDBLOM, 1959); ciclo de políticas ou modelo sequencial (JONES, 1970); teoria sistêmica (EASTON, 1957, 1982); teoria de jogos (ELSTER, 1984); modelo de lixeira/anarquia organizada (COHEN; MARCH; OLSEN, 1972); perspectiva do neoinstitucionalismo (NORTH, 1990); abordagem WPR (BACCHI, 2009); *new policy sciences* (CAIRNEY; WEIBLE, 2017), entre outros.

problemas da agenda política (KRIEGER, 2005). Para levar essas pautas adiante, com êxito, "[...] é necessário que os sistemas de formulação de política contem com capacidades de prever, identificar e definir problemas, e para estabelecer consensos que permitam gestar e implementar políticas [...]" (POET, 2006, p. 8, tradução nossa) que cumpram os objetivos estabelecidos. Ainda, para Bacchi (2009, p. 9, tradução nossa), "[...] o termo Política Pública se utiliza para descrever os programas governamentais".

Para Mény e Thoenig (1992, p. 129, tradução nossa), políticas públicas são "[...] o produto da atividade de uma autoridade investida de poder público e de legitimidade governamental". Também poderíamos assumir a perspectiva mais complexa, de Muller e Surel (2002, p. 17), quando afirmam que "[...] o prisma analítico das políticas públicas permite uma interrogação constante sobre a natureza evolutiva do Estado e suas relações". Nesse sentido, é preciso compreendermos, como pontua Lahera (2004, p. 7, tradução nossa), que:

> A política e as políticas públicas são entidades diferentes [...]. Tanto a política como as políticas públicas compreendem o poder social. Contudo, enquanto a política é um conceito amplo, relativo ao poder em geral, as políticas públicas correspondem a soluções específicas de como lidar com os assuntos públicos.

Por essa razão e partilhando a concepção política com Arditi (1995, p. 333, tradução nossa), devemos considerar que a esfera:

> [...] das questões estatais não esgota o campo do político. Tanto é assim que Schmitt [1991] começou seu texto afirmando que "o conceito de Estado pressupõe o de político", e não ao contrário. [...]. Hoje em dia, a política se estende para além da esfera estatal.

Tendo proposto esses esclarecimentos nominais, poderíamos pensar na possibilidade de definir a Política Educacional ingressando no caminho demarcacionista da epistemologia clássica, para entendê-la como ciência, disciplina, pseudociência etc. Ao contrário, como pesquisadores em Política Educacional, preocupamo-nos e ocupamo-nos em definir alguns aspectos do campo teórico da Política Educacional, sem tentar estabelecer as categorias demarcacionistas mencionadas, já que não faríamos outra coisa além de um ato de reducionismo epistemológico entrando no falso caminho do cientificismo; de maneira oposta, assumimos o sentido de Wallerstein (1999), uma postura a favor da ciência e do conhecimento, e contra o cientificismo.

Devemos considerar que, de algum modo, os regulamentos internos do campo da Política Educacional se estruturam com base em sua relação com outros campos de estudo (Economia, Sociologia, Ciências Políticas, História, Antropologia, entre outros), e, neles, nos encontraremos com o campo teórico da Política Educacional — utilizando um termo que pareceria contraditório — em seu estado puro. Ressaltamos *que pareceria contraditório* porque seu *estado puro* como campo está relacionado à complexidade de campos com os quais se vincula. Desse modo, consideramos o campo teórico da Política Educacional como um espaço reticular, ao mesmo tempo que define um campo de conhecimento a partir da epistemologia contemporânea como a possibilidade de novas construções conceituais que permitem a interação múltipla e recíproca entre distintos campos de conhecimento. Em termos de Gianella (2006, p. 79, tradução nossa), "[...] o retículo tem uma estrutura duplamente complexa, já que na rede se admitem integrantes que, por sua vez, são redes". Dessa maneira, poderíamos pensar na perspectiva do rizoma deleuziano para definir o campo da Política Educacional, enquanto a fluidez de qualquer parte do rizoma pode se impregnar com outra. Ainda, esse componente teórico cristaliza como têm se desdobrado, nos últimos anos, os campos das Ciências da Educação e da Pedagogia, em termos de desenvolvimento e dos processos atuais da ciência. Nessa perspectiva, Ortiz (2004, p. 161, tradução nossa) afirma:

> [...] é muito importante lembrar que as ciências sociais, como os mesmos objetos de estudo, descobrem sua força na multidisciplinariedade e, também, na diversidade de temáticas novas, que podem ser estudadas

> a partir de muitos ângulos complementares para, assim, abranger todos os fatores que materializam um fato social, pois essa história abreviada dos paradigmas em ciências sociais revisa a necessidade de corresponder diversas interpretações para conseguir visões panorâmicas que tendam a pesquisar e resolver conflitos variados, que são os que aparecem na hora de aprofundar a variada realidade social que temos vivido. [...]. Nesse sentido, seguindo os postulados de Bourdieu, devem-se criticar os padrões dominantes da produção e, por outros caminhos, a porosidade das fronteiras nas ciências sociais.

Em outras palavras, ao concebermos a prática da pesquisa que tenta oferecer novas respostas a uma realidade sempre variável, é quando deveríamos ir configurando o campo, como um campo com porosidades e multiplicidade de componentes.

O objeto de estudo da Política Educacional e a episteme de época

Como primeiro ponto desta seção, assumimos a conceitualização de episteme de época de Foucault conforme Castro (2006, p. 174, grifos nossos, tradução nossa) quando explica:

> Foucault não busca expor como a história de uma determinada disciplina resulta inteligível a partir da tradição de sentido que a anima começando em seus atos fundadores; ao contrário, busca mostrar como suas condições de surgimento, ou para utilizar seu vocabulário, sua emergência responde, ou antes, a *condições históricas de possibilidade* que, por um lado, são comuns a todos ou a vários saberes de uma época, e, por outro, que mudam de uma época para outra. Com a noção de episteme, o saber não é analisado a partir da perspectiva de sua forma racional ou de sua objetividade, mas a partir do ponto de vista da homogeneidade descontínua que rege a formação de diferentes discursos pertencentes a uma mesma época.

Nesse sentido, Núñez Sarmiento (2001) explica que o pesquisador em Ciências Sociais deve cumprir quatro requisitos para estabelecer um olhar a partir do conhecimento científico. Aqui interessa assinalarmos dois deles: "2. Reconhecer e analisar quais são suas ideologias, e qual é a influência que elas exercem sobre sua prática de pesquisa. 3. Identificar conscientemente as coações a que estão expostos" (NÚÑEZ SARMIENTO, 2001, p. 109, tradução nossa). Interessa, por conseguinte, a dimensão da Política Educacional e episteme de época (FOUCAULT, 2008), em termos de que existem consensos programáticos do próprio campo acadêmico (e não do campo teórico) para caracterizar a Política Educacional e seu objeto de estudo. Por essa razão, devemos considerar que o objeto de estudo da Política Educacional se constrói de um modo que não é neutro.

Nessa linha de análise, caracterizamos o objeto de estudo da Política Educacional por sua episteme de época. Desse modo, o objeto de estudo da Política Educacional não é mais do que uma construção complexa do contexto histórico que se constitui como uma homogeneidade descontínua de diferentes discursos pertencentes a uma mesma época. Como pontua Bacchi (2009, p. 275, grifo nosso, tradução nossa), quando explica a definição de episteme de época:

> Foucault usou o termo para se referir ao conjunto de relações em uma época específica, que fundamentam conhecimentos específicos e, portanto, possibilitam o que se considera "verdade". A ideia de epistemes propõe um desafio para uma explicação progressiva e linear da história das ideias.

Assim, caracterizamos o objeto de estudo da Política Educacional por sua episteme de época. Dessa forma, o objeto de estudo da Política Educacional não é mais do que uma construção complexa do contexto histórico, que se constitui como uma homogeneidade descontínua de diferentes discursos pertencentes a uma mesma época.

Ao entendermos as transformações do campo nas diversas regiões do mundo — desde a sociologia política na Grã-Bretanha, passando pela abordagem das políticas públicas nos Estados Unidos, até os estudos de política e administração da Educação de corrente francesa mais tradicional; ou os últimos desenvolvimentos conceituais na perspectiva da sociopsicoanálise na pesquisa em Política Educacional, ou, também, na corrente francesa, o que se tem chamado de sociologia da ação pública, ou, ainda, a análise cognitiva —, de algum modo, podemos observar que começam a se deslocar os estudos tradicionais centrados no Estado. Podem ser vistas, também, análises de perspectivas pluralistas que temos analisado em outro estudo (TELLO; MAINARDES, 2015a).

Devemos considerar, portanto, o impacto dessas correntes sobre o campo. Em uma breve historicização, é possível firmarmos, como notas históricas sobre o campo teórico da Política Educacional, que, no ano de 1948, a pedido da Organização das Nações Unidas para a Educação, a Ciência e a Cultura (Unesco), reuniram-se, em Paris, especialistas e estudiosos das Ciências Políticas com a finalidade de tratar de redefinir e delimitar seu objeto de estudo. As deliberações concluíram-se com a confecção da célebre Lista Tipo,[7] elaborada sob forte influência do pensamento anglo-saxão. Embora ela constitua tão somente uma mera enumeração pragmática de temas, segue sendo, apesar dos 70 anos de sua criação, um eixo de referência para a elaboração de marcos teóricos e para a confecção de currículos universitários em relação às Ciências Políticas. Caso se observe a Lista Tipo, é possível comprovar sua presença no desenvolvimento curricular das universidades da América Latina nos espaços de formação em Política Educacional. Assim, desconsideram-se vários temas próprios da Política Educacional, mais vinculados às representações, à construção

7. Os distintos temas propostos foram agrupados em quatro seções: I. Teoria política: a) Teoria política; b) História das ideias políticas. II. Instituições políticas: a) Constituição; b) Governo central; c) Governo regional e local; d) Administração pública; e) Funções econômicas e sociais do governo; f) Instituições políticas comparadas. III. Partidos, grupos e opinião pública: a) Partido político; b) Grupos e associações; c) Participação do cidadão no governo e na administração; d) Opinião pública. IV. Relações internacionais: a) Política internacional; b) Organização e administração internacional (UNESCO, 1950).

de subjetividades, aos olhares etnográficas ou à denominada *vida cotidiana da escola*.

A partir da década de 1950, começaram a se desenvolver, em distintas universidades latino-americanas, as Ciências Políticas como campo de estudo com *pretensão científica*, e quase exclusivamente a partir da abordagem jurídico-institucionalista (BARRIENTOS DEL MONTE, 2009). Isso se produz considerando que, finalizada a Segunda Guerra Mundial, desenvolveram-se políticas de bem-estar que se centraram em questões como a saúde, o desenvolvimento econômico e a Educação. Dessa maneira, é possível observarmos que começou a emergir um novo modo de conceber as políticas públicas na Europa e na América Latina. Com o desdobramento das políticas de bem-estar, os organismos de governo apelaram aos pesquisadores em Ciências Sociais em busca de soluções para os problemas que supunham o planejamento das atividades estatais, incluindo aquelas relacionadas ao crescimento e à reforma dos sistemas educacionais.

Dotada das características principais das Ciências Políticas, surgiu, na década de 1950, a Política Educacional como campo eminentemente profissional — no marco da forte influência do desenvolvimento latino-americano —, com uma visão fortemente centrada no planejamento de políticas públicas, na legislação governamental, e com estudos com bases constitucionais de cada país — em alguns casos, com componentes da Educação comparada. Esta última não tinha o desenvolvimento epistemológico atual além de, basicamente, consistir em estabelecer eixos de comparação legislativos de diversos países e da estrutura do sistema educacional, entre outros temas de comparação linear e quase descontextualizada. Contudo, não há dúvida de que respondia à matriz analítica das Ciências Sociais e Políticas na América Latina com uma marcada abordagem jurídico-institucionalista, com a influência do estrutural-funcionalismo norte-americano e com a forte incidência da Unesco nas carreiras de Ciências da Educação e de Pedagogia. Nesse perspectiva, Miranda (2016, p. 435, tradução nossa) pontua:

> Os diagnósticos a partir do planejamento e da pesquisa educacional incorporam-se ao que fazer das administrações nacionais e provinciais, com o apoio de organismos internacionais, como a UNESCO. Isso daria lugar a novos espaços de inserção profissional, como o trabalho nas áreas técnicas de planejamento, desenho de programas e projetos dos ministérios nacionais e provinciais. O planejamento aparecia como o instrumento da política educacional para vincular a Educação às exigências de desenvolvimento dos países, incorporando-a como um aspecto relevante no planejamento econômica no fim dos anos cinquenta.

Foi nesse período que se começou a observar, na Argentina, no Brasil, no Chile, no México e na Colômbia, entre outros países da região, alguns processos de *institucionalização* da Política Educacional como campo, e que se desdobraram por meio da criação de cátedras ou disciplinas de política(s) educacional(is) nas universidades.[8] Considerando que não nos referimos ao início das reflexões políticas sobre a Educação — dado que estas poderiam se localizar em Aristóteles ou Platão —, mas ao processo de *institucionalização*, em termos de Gómez Campo e Tenti Fanfani (1989), quando explicam que os processos pelos quais certas práticas se recortam como específicas, com a criação de uma cátedra, de uma carreira, de um centro de estudos ou de um departamento no âmbito universitário, demonstram o processo histórico e a presença real de um espaço institucional, que permite a circulação e a produção do conhecimento. Contudo, nesse período, era imperioso contar com profissionais na Política Educacional para assessorar ou diretamente planejar ações de governo. Ainda, esses profissionais das políticas educacionais constituíam-se com o perfil e a formação mencionados anteriormente.

---

8. Sobre as mudanças que tomaram as carreiras de Pedagogia em direção às Ciências da Educação ou as novas perspectivas que se desenvolveram no interior delas mesmas, ver: para a Argentina: Carlino (1993), Southwell (2003) e Suasnábar (2009); para o México: Marín (1997) e Pontón Ramos (2002); para o Brasil: Saviani (2007) e Stremel (2016); para o Chile: Avalos (2002), Cox e Gysling (1990) e Núñez Prieto (2002); para a Colômbia: Jiménez Becerra e Figueroa (2002) e Restrepo (1983).

A Política Educacional como campo teórico e seu objeto de estudo: entre o político e a decisão política

Burch (2009), opondo-se à definição clássica do objeto de estudo da Política Educacional como ação de um Estado ou governo, explica que cada vez fica mais difícil sustentar o modelo tradicional do objeto de estudo da Política Educacional, pois o campo está a cada dia mais *congestionado*: novas relações e novas formas de relação estão sendo estabelecidas na política e em relação a ela. A autora explica que existe uma multiplicidade de vozes que intervém nos diálogos em torno da política e novos trajetos pelos quais se incorpora o discurso ao debate de ideias sobre o tema.

Poderíamos, aqui, tomar a advertência de Virno (2006, p. 34, tradução nossa) quando afirma que:

> [...] o êxodo não é nostalgia, mas considerar o Estado-nação como refúgio, sim, é nostálgico. O êxodo não é um retroceder, mas um sair da terra do faraó; a terra do faraó foi, há uma ou duas gerações, o Estado-nação, mas hoje a terra do faraó é o Estado mundial, e os Estados nacionais são como cascas vazias, como caixas vazias, e por isso, sobre ele, há uma carga emotiva que, naturalmente, é muito perigosa.

Ball (2011, p. 11, grifos nossos, tradução nossa) afirma: "[...] hoje em dia, a política educacional e social, dentro do governo, se pensa, se faz e recebe influências em muitos lugares diferentes, *e a comunidade que constitui a política educacional é cada vez mais diversa e instável*", o que implica uma passagem de desenvolvimento de "[...] relações que supõem reciprocidade e interdependência, em contraposição à hierarquia e à independência" (PETERSON, 2003, p. 1 *apud* BALL, 2011, p. 28, tradução nossa). Com isso, afirmamos que claramente existem modelos analíticos das políticas educacionais centradas no Estado, as quais denominamos modelos de análises de políticas públicas em

Educação. Entretanto, também há outros temas, nem por isso são menos importantes.

Nesse viés, Flores-Crespo (2011, p. 14, tradução nossa), ao tomar as categorias da escola americana, propõe:

> [...] talvez, como consequência do vazio conceitual, alguns estudos no campo das políticas educacionais não conseguiam identificar, com clareza suficiente, qual era o objeto de estudo, e se tendia a descrever, em maior grau, o macroambiental político (*politics*), sem dar maior atenção ao processo de política (*policy process*).

Os campos teóricos possuem mediações de investigação. Em nosso caso, devemos compreender que as mediações para abordar o político podem ser a escola, as leis, o Estado etc. **Com isso, pressupomos: o objeto de estudo da Política Educacional é o fato político em termos educacionais e não as mediações.**

Seguindo o politólogo francês Georges Burdeau (1983), o fato político, em si, não existe se não for tomado simultaneamente como fato social e que, tampouco, pode haver um fenômeno social que não possa assumir um caráter político. Esse caráter estaria determinado, segundo o autor, pelo poder. Assim, assumimos as expressões de Arditi (1995, p. 339, tradução nossa), quando afirma que:

> Schmitt [1991] preferiu usar o adjetivo político ao invés do substantivo política, pois buscava cunhar um conceito que não estivesse sujeito aos limites territoriais que impuseram o pensamento liberal à política; isto é, um conceito liberado da localização topográfica atribuída à política logo após a institucionalização do Estado-nação. Com isso, ele abriu as portas para um tipo de análise capaz de perceber o surgimento do político nas dobras mais inesperadas do tecido social.

Duso (1990) pontua que a política deve ser entendida como uma construção artificial, no sentido hobbesiano do termo. Isso significa que o Estado não é uma realidade natural, e o autor afirma:

> A criação do Leviatã (*status civilis*) não cancela o conflito; apenas regula seu modo de existência dentro do espaço institucional do Estado. O "político", ao contrário, é um tipo de relacionamento que pode se desenvolver em qualquer espaço, independentemente de permanecer ou não dentro do terreno institucional da "política". Inclui, mas rebaixa esse terreno. Não tem um objetivo específico ou atores particulares, nem precisa ter seu próprio apoio institucional (DUSO, 1990, p. 147, grifos do autor, tradução nossa).

Assim, podemos propor uma primeira aproximação que logo completaremos: **o objeto de estudo da Política Educacional é o fato sociopolítico que faz circular o poder, em termos educacionais.**

De acordo com Díaz Gómez (2003, p. 50, tradução nossa), o fato sociopolítico "[...] é uma qualidade que se constrói, que emerge em toda inter-relação humana. Nessa interação se requer estar de acordo com seus acordos e desacordos". Eis o eixo do político na política: a tomada de decisões. Essa afirmação não implica uma relativização ou rechaço do papel do Estado ou dos governos, mas uma localização apropriada dentro do campo teórico. Em outras palavras, as *políticas públicas em Educação* estudam as ações, as trajetórias, os programas etc. do Estado ou do governo.

Afirmar que o objeto de estudo da Política Educacional são as ações de um governo pertence a uma episteme de época, que emergiu por volta de 1950, com caráter fortemente profissionalista e aplicacionista dos graduados em Ciências da Educação e de Pedagogia. Explicando de outra maneira, não propomos outra coisa além da distinção entre Política Educacional como campo teórico e as políticas públicas em Educação como parte desse campo.

Assim, questionamos o que acontece quando o objeto de estudo de uma pesquisa em Política Educacional:

- constitui-se como o modo de compreender os interesses de classes em relação ao capital, em perspectiva epistemológica neomarxista; ou

- quando o Estado se converte em um Estado supranacional, com posicionamento epistemológico globalista, em que a categoria de Estado Supranacional não é equivalente ao Estado como objeto de estudo da Política Educacional. Particularmente porque o Estado Supranacional (DALE, 1994; STEINER-KHAMSI, 2004) não se parece em nada a mecanismos, estrutura e organização com os Estados Nacionais; ou ainda
- quando se tenta analisar a circulação do poder na escola, em uma perspectiva epistemológica pós-estruturalista e de posicionamento epistemológico crítico.

E, assim, em algumas análises e reflexões teóricas, "força-se" a presença do Estado. Como assinala Flores-Crespo (2008), existem posicionamentos "estadocêntricos", como colocamos mais adiante, que se trata de posicionamentos que afirmam que o Estado está em tudo.

Não há dúvida de que não podemos atender a todas as perspectivas, aos posicionamentos, às matrizes históricas, às epistemes etc. para definir um objeto de estudo de um campo, nem neomarxista, nem globalista, etnográfica, pós-estruturalista etc. Contudo, com isso, queremos destacar que muitas pesquisas em Política Educacional não têm, como objeto de estudo, as ações de um Estado. Então, a pergunta seria: A que campo acadêmico elas pertencem?

Whitty e Edwards (1994) afirmam que é necessário dar uma definição de Política Educacional partindo do *político*, e, aqui, devemos salientar que o político não são as leis, o Estado, o governo ou a escola, como explicamos anteriormente. Nas mediações, é possível analisarmos em termos de pesquisa teórica as políticas; também é necessário considerarmos que, sem o político, desvanecem-se as políticas. Por essa razão, Whitty e Edwards (1994) assumem, de algum modo, a proposta de Jennings (1977, p. 68, tradução nossa) ao resumir que o político é produto de uma decisão: "a soma de inúmeras decisões".

Assim, tentamos não reduzir a caracterização teórica do objeto de estudo da Política Educacional e assumimos como aproximação conceitual que **o objeto de estudo da Política Educacional se ocupa do estudo das decisões (do político, do fato político) no âmbito educacional**.

Dessa maneira, pensamos o campo teórico da Política Educacional como movimento horizontal, em um contínuo de decisões, em que se exerce o poder e, portanto, desdobram-se em lutas de poder. O contínuo de decisões transforma-se a cada passo, de forma progressiva, a partir das autoridades de um governo estatal, até um professor. A tomada de decisões desdobra transformações e mais transformações no desenvolvimento desordenado da ação política, porém algumas implicam e transformam as outras de um modo rizomático, em que existem múltiplos ângulos de entrada para a pesquisa.

Para Deleuze (2008), um rizoma é um modelo descritivo em que a organização dos elementos não segue linhas de subordinação hierárquica — com uma base ou raiz, dando origem a múltiplos ramos, de acordo com o conhecido modelo de "Árvore de Porfírio"[9] —; caso contrário, qualquer elemento pode afetar ou incidir em qualquer outro. Em um modelo arbóreo ou hierárquico tradicional de organização — como as taxonomias —, o que se afirma dos elementos de maior nível é necessariamente verdadeiro sobre os elementos subordinados, mas não o inverso. Em um modelo rizomático, qualquer predicado afirmado de um elemento pode incidir na concepção de outros elementos da estrutura, sem importar sua posição recíproca. O rizoma precisa, portanto, de um centro. De acordo com Treviño Ronzón (2013, p. 2, tradução nossa):

> [...] os estudos sobre as políticas [...] podem se beneficiar de uma discussão que permita examinar, sob o signo do político, não apenas o desenho, a implementação e os resultados das políticas, também

9. A "Árvore de Porfírio" é um diagrama criado pelo filosófo neoplatônico Porfírio. Os conceitos vão do universal ao particular, gerando uma verticalidade e uma classificação taxonomica que não é própria, em nossa perspectiva, para pensar as epistemologias dos campos de conhecimento das Ciências Sociais.

seus processos mais sutis. Isso em um contexto em que a produção acadêmica está fortemente influenciada por abordagens normativas e neoinstitucionais que, embora relevantes, têm tendência a deslocar os debates ontológicos e epistemológicos, principais na produção de conhecimento especializado.

O campo acadêmico da Política Educacional: ensino e formação de pesquisadores

Em uma pesquisa em curso (TELLO, 2020), estamos analisando programas de disciplinas de políticas educacionais de uma seleção de países (Argentina, Chile, Brasil, Colômbia e México), tanto de graduação como de pós-graduação. Temos observado, nos resultados preliminares, que esses programas estão compostos, em cerca de 80%, às vezes 90%, por temas de conjuntura, principalmente, vinculados a reformas educacionais em diferentes níveis e à análise de leis relacionadas ao âmbito educacional. Os 10 ou 20% restantes vinculam-se a algum texto teórico ou epistemológico, em termos de perspectivas de análise.[10]

A realidade das Ciências Sociais, em particular da Política Educacional, requer que se priorize a reflexão para intervir sobre a realidade, em vez do intervencionismo ateórico. Entretanto, muitos colegas afirmam que *o importante é poder resolver problemas da realidade*. Zemelman (1998, p. 123, tradução nossa) adverte que existe, na pesquisa social, na atualidade, um "[...] desequilíbrio entre o extraordinário desenvolvimento técnico-metodológico e o escasso desenvolvimento do pensamento abstrato das ciências sociais em sua expressão, seja ela filosófica, seja epistemológica".

10. Para uma análise dos processos de ensino da Política Educacional e da formação de pesquisadores, ver: Giovine (2016), Gorostiaga (2017), Mainardes e Stremel (2019), Pires (2021) e Tello (2015, 2017).

Como destaca Bourdieu (2000, p. 62, tradução nossa), de modo irônico, a respeito do predomínio de uma ideia instrumental de metodologia, ele a concebe como uma "[...] série de receitas ou de preceitos que se tem de respeitar, não para conhecer o objeto, mas para ser reconhecido como conhecedor do objeto". Assim, a metodologia e o conhecimento *legítimo* (da agenda do campo) habilitam, em muitas ocasiões, a reflexão teórica para um campo tão complexo como o que abordamos nesta apresentação.

Nesse sentido, Souza (2016, p. 83), referindo-se aos estudos em Política Educacional, adverte:

> A questão, aqui, é: quem define o quê e com quais abordagens o campo de pesquisa? Pelo exposto, são os próprios pesquisadores, que por meio do princípio de avaliação entre pares definem e dão legitimidade a determinado objeto e abordagem no campo científico.

O autor ainda propõe que, apesar dos benefícios que tem a avaliação por pares, ela traz certos problemas, como o "possível elitismo ou conservadorismo" (SOUZA, 2016, p. 83). Em sua explicação, o autor cita Stumpf (2008, p. 23), que afirma que os avaliadores "[...] são escolhidos conforme sua especialidade em determinado assunto, mas isto pode acarretar a aceitação de determinadas teorias e procedimentos que fecham as portas para contribuições mais inovadoras".

Enquanto no campo teórico se estabelece a perspectiva reticular, no campo acadêmico se observa a "Árvore de Porfírio" — fortemente estruturada, em que se encontram *os estabelecidos*, aqueles que geram agenda de pesquisa, e, como pontua Bourdieu (2008), os *recém-chegados* ao campo. Ou, ainda, como foi enunciado por Stremel (2016) e Pires (2021), para o campo da Política Educacional, esses *estabelecidos* podem ser analisados, conforme Bourdieu (2008), como *habitus* dos pertencentes ao campo acadêmico.

Aqui precisamos considerar um esclarecimento: os orientadores de teses, os doutores e os referentes não têm, em geral, um espírito inquisidor ou anulador dos recém-chegados, mas assim funciona o campo, controlando e definindo temas de pesquisa para os mais jovens, quer dizer, para os que começam a se formar na pesquisa em Política Educacional.

Devemos compreender que, na débil formação de muitos jovens pesquisadores do campo, ocorre uma relação de reciprocidade com os acadêmicos estabelecidos no campo. Em outras palavras, os discípulos, em vez de se predisporem a aprender o ofício de pesquisador, acabam por admirar os referentes, e, nessa admiração, constitui-se uma simbiose em termos de agenda e de perspectivas epistemetodológicas[11] empregadas pelos referentes do campo e por seus orientadores. Essa dinâmica estabelece um processo formativo reducionista e de retroalimentação do campo acadêmico, em relação aos modos de pesquisar e de conhecer múltiplas e diversas perspectivas epistemetodológicas.

Parafraseando Bourdieu, Ortiz (2004, p. 141, tradução nossa) explica:

> [...] Bourdieu está dizendo: somente é possível pensar de maneira autônoma no interior de um espaço determinado; entretanto, esse lugar de liberdade, em sua estrutura, em função de seu ordenamento, de suas hierarquias e de seus rituais, também atua como obstáculo para o próprio pensamento.[12]

Conforme argumentamos anteriormente, as matrizes históricas e as epistemes de época na formação acadêmica, desde a araduação até os estudos de pós-graduação, apresentam-se como modos que se instalam e que terminam por se tornar os únicos olhares, transmitindo, no campo acadêmico da Política Educacional, o objeto de estudo estabelecido na episteme de época de seu surgimento.

11. Ver a Abordagem das Epistemologias da Política Educacional em Tello (2012) e Tello e Mainardes (2015b).

12. Poderíamos ter citado diretamente Bourdieu em sua reflexão sobre o campo científico, mas consideramos que, aos objetivos deste trabalho e considerando a argumentação que realizamos, é mais precisa a categoria de campo acadêmico.

Em direção a uma organização do campo

Tendo em conta as considerações das seções anteriores para compreendermos a dinâmica dos campos teóricos e seu impacto no campo acadêmico, é interessante observarmos o desenvolvimento da História da Educação ou da Educação Comparada como campos teóricos.

De acordo com o que mencionamos na primeira seção, o campo da *História da Educação* é um claro exemplo de como seu objeto de estudo foi se transformando. Álvarez Gallego e Taborda Caro (2014, p. 163, tradução nossa) afirmam que é uma "impossibilidade epistemológica" definir que deveria estar incluída sob a denominação do campo de História da Educação. O mesmo poderíamos pensar para a Política Educacional. Contudo, não concordamos plenamente com esse olhar para a organização dos campos teóricos e sua projeção no campo acadêmico. Ainda que se sustente que é impossível delimitar um campo teórico e seu objeto de estudo de um modo demarcacionaista, conforme abordamos anteriormente, se for possível, deve-se dar uma organização do campo acadêmico e, nela, incluir eixos ou temas de abordagem do campo da Política Educacional.

Desse modo, propomos cinco eixos[13] centrais que se desprendem do campo da Política Educacional:

a) Sociologia da Política Educacional.

b) Antropologia da Política Educacional.

c) Políticas Públicas da Educação.

d) História Política da Educação.

e) Teorias e Epistemologias da Política Educacional.

---

13. Os eixos e os componentes que propomos devem ser entendidos como *subcampos* disciplinares e não como perspectivas epistemológicas, como fazemos na Abordagem das Eeepe. Cada um dos eixos e os componentes podem ser abordados a partir de diversas perspectivas e posicionamentos epistemológicos, também podem ser abordados a partir de múltiplas epistemetodologias.

Desses eixos, desprendemos os componentes que conformariam o campo: (i) políticas docentes (em seus diversos subcomponentes); (ii) estruturas de desenvolvimento curricular; (iii) sistemas de avaliação supranacional; (iv) estudos de construcionismo político; (v) governo do sistema educacional; (vi) políticas de reforma educacional; (vii) gestão institucional da Educação; (viii) políticas de Educação superior; (ix) estudos de micropolítica educacional; (x) política e legislação do sistema educacional; (xi) Política Educacional comparada; (xii) estudos de micro-história política da escola; (xiii) estudos de análise institucional; (xiv) estudos sobre estados supranacionais; (xv) estudos sobre políticas educacionais pós-estatais, aestatais, transestatais e supraestatais; (xvi) estudos de Política Educacional e interseccionalidade (feminismos, interculturalidade etc.); (xvii) estudos de governabilidade e genealogia da escola; (xviii) estudos de financiamento educacional; (xix)[14] problemáticas e limitações no desenvolvimento do campo investigativo em Política Educacional; (xx) estudos de abordagens e perspectivas epistemológicas em Política Educacional; (xxi) desenvolvimento de metodologias para a pesquisa em políticas educacionais; (xxii) história do campo da Política Educacional; (xxiii) pesquisa analítica de autores-referência em Política Educacional; (xxiv) estudos sobre o ensino de Política Educacional e a formação de pesquisadores no campo, entre outros.

Também podemos arguir que tanto nos eixos como nos componentes que constituem o campo está a política. Talvez possamos inferir que é correto. Mais complexo, como viemos fundamentando, é afirmarmos que em tudo está a política pública, isto é, o Estado. Nesse sentido, Arditi (1995) adverte que *tudo é politizável, mas nem tudo é política*, quer dizer, política entendida em termos de institucionalidade estatal. Um exemplo disso pode ser o componente dos estudos de governabilidade e de genealogia da escola, pois, ao mesmo tempo, "[...] para Foucault, o Estado não tem essência nem tendência a uma

14. Esses últimos subcomponentes se desprendem dos eixos a que tem se dedicado a ReLePe, que se vinculam ao eixo "e" — Teorias e Epistemologias da Política Educacional.

crescente colonização de tudo" (GORDON, 2015, p. 5, tradução nossa). Nessa perspectiva, uma pesquisa poderia estar dentro do eixo da Sociologia da Política Educacional do campo da Política Educacional.

Não obstante e tomando a definição operacional de *poder* de Foucault (2001, p. 254, tradução nossa), quando afirma que é a "ação sobre as ações de outros", e essa ação primária que o pesquisador estuda é o Estado, então, esse componente seria parte de uma pesquisa em Políticas Públicas da Educação dentro do campo da Política Educacional. Entretanto, por um lado, compreendemos que, como postula Aleman Lavigne (2003), o poder, em Foucault, são as instâncias produtoras de subjetividade. Por outro, não se devem confundir eixos e componentes do campo com possíveis temas a ser estudados. Por exemplo, poderíamos destacar que não está indicado o *direito à Educação*. Contudo, como mencionamos, esse é um tema que pode ter múltiplos ângulos de estudo a partir dos diversos eixos e componentes. Ainda, isso dependerá de como o pesquisador construa o objeto de estudo de sua investigação. Em resumo, o que consideramos é como se combinam os eixos e os componentes. Entretanto, necessariamente, a combinação dos eixos entre si e dos componentes não implica a análise de políticas públicas em Educação — ainda, quando, por exemplo, em um estudo etnográfico se contextualize, política, social e economicamente, o objeto de estudo.

Nesse caso, se, por exemplo, a produção acadêmica é um estudo do impacto das políticas públicas sobre os modos de gestão, requereria, segundo um marco lógico, a análise das políticas públicas no país, na região ou no nível subnacional. Entretanto, se o desenvolvimento nessa produção acadêmica (artigo, ensaio, tese etc.) é meramente descritivo, não necessariamente é uma produção de políticas públicas em Educação. É uma produção de Política Educacional, inscrita em alguns dos eixos propostos, com um marco contextual que descreve as políticas públicas em Educação, mas seu objeto de estudo pode estar inscrito em outro eixo e combinado com outros componentes.

Nesse sentido, assumimos a diferença entre descrição, análise e compreensão na pesquisa em políticas educacionais (MAINARDES;

TELLO, 2016). Também em termos de organização do campo, devemos considerar o que Mainardes (2015) denomina de níveis de abordagem e de produção acadêmica, quando afirma que as pesquisas do campo da Política Educacional

> [...] podem se constituir em uma análise descritiva, podem se desenvolver em termos de generalização empírica, para a formulação de conceitos sofisticados ou para a geração de teorias. Nos estados de abstração mais elevados, o pesquisador de políticas aborda não apenas eventos, mas também busca apreender os mecanismos e as estruturas, que são categorias amplas na análise das políticas (MAINARDES, 2015, p. 39, tradução nossa).

Devemos considerar que essa estruturação do campo não tenta situar-se como um esquema normativo ou prescritivo de organização e denominações. Os desenvolvimentos teóricos e as perspectivas epistemológicas definirão que tipo de investigação o pesquisador está desenvolvendo, e sua decisão será definitiva.

Dessa forma, concordamos com Souza (2016, p. 83) quando afirma, em um ensaio sobre os objetos do campo da Política Educacional, que a definição do que se deve estudar no campo "[...] não parece estar dada *a priori*, pois depende também em boa proporção dos próprios pesquisadores, que reclamam a presença dos seus objetos de estudo e respectivas abordagens no campo da pesquisa em políticas educacionais [...]". Para isso, é necessário ser preciso em termos conceituais e epistemológicos sobre o campo da Política Educacional. Existe uma categorização do campo acadêmico da Política Educacional que se refere à *Política Educacional em sentido amplo* e à *Política Educacional em sentido estrito*.[15] Quando se fazia referência à Política Educacional em *sentido amplo*, os eixos que se mencionavam para explicar essa

15. Aqui não se deve confundir com as categorias propostas por Bobbio (2000a, 2000b) no *Dicionário de política*, quando explica a categoria de *Ciência política no sentido amplo e no sentido estrito*, pois, neste texto, a referência é a reflexão que se faz a partir do sentido comum e da

categoria se vinculavam a vários dos eixos destacados anteriormente; e, quando se fazia referência à Política Educacional *em sentido estrito*, centrava-se o olhar e o eixo de análise nas ações do Estado.

Em sentido estrito e em sentido amplo, não há outra conotação além de considerarmos que não apenas o Estado é o objeto de estudo da Política Educacional. Arriscando sermos repetitivos, isso se explica em termos teóricos, esclarecendo que os estudos sobre as políticas de Estado são o objeto de estudo das políticas públicas em Educação. Contudo, as expressões de sentido estrito e sentido amplo são muito difusas.

Considerações finais

Propusemos, neste capítulo, expor algumas contribuições que, de algum modo, possam ajudar no fortalecimento epistemológico do campo teórico, sem ter como horizonte a distinção entre ciência, disciplina ou subdisciplina. Assumimos, conforme Tenti Fanfani (2007, p. 224, tradução nossa), que, no campo social, toda classificação e divisão disciplinar são, em grande parte, uma construção arbitrária e não supõem necessariamente uma origem ligada à "natureza das coisas".

Assim, aceitamos que o fortalecimento epistemológico do campo teórico da Política Educacional se constitui na medida em que assume sua multidisciplinaridade e complexidade interdisciplinar no desenvolvimento para o campo, que se manifesta em sua multidimensionalidade de posicionamentos e perspectivas epistemológicas a partir de um modelo rizomático. Tentamos, principalmente, realizar esse percurso com o eixo no campo teórico e no campo acadêmico da Política Educacional a partir das epistemes de época.

---

perspectiva acadêmica. Em nosso caso, da Política Educacional em sentido amplo e em sentido estrito, está localizada dentro do campo acadêmico e teórico.

Referências

ABREU, Omar *et al.* Objeto de estudio de la didáctica: análisis histórico epistemológico y crítico del concepto. *Formación Universitaria,* La Serena, v. 11, n. 6, p. 75-82, 2018.

ALEMAN LAVIGNE, Jorge. Lacan, Foucault: el debate sobre el "construccionismo". *Virtualia,* n. 7, p. 2-7, abr./maio 2003.

ÁLVAREZ GALLEGO, Alejandro; TABORDA CARO, Maria Alejandra. La historia de los saberes escolares: nuevas miradas a la historia de la educación en América Latina. *In*: ARATA, Nicolás; SOUTHWELL, Myriam (coord.). *Pasados, presentes y futuro de la educación en América Latina*: un balance historiográfico. Buenos Aires: Unipe, 2014. p. 144-163.

ARATA, Nicolás; PINEAU, Pablo. Presentación. *In*: ARATA, Nicolás; PINEAU, Pablo (coord.). *Latinoamérica*: la educación y su historia. Nuevos enfoques para su debate y enseñanza. Buenos Aires: Editorial de la Facultad de Filosofía y Letras, 2019. p. 13-32. (Colección Saberes).

ARDITI, Benjamín. Rastreando lo político. *Revista de Estudios Políticos (Nueva Época),* Madrid, v. 87, p. 333-351, jan./mar. 1995.

AVALOS, Beatrice. *Profesores para Chile*: historia de un proyecto. Santiago: Ministerio de Educación, 2002.

BACCHI, Carol Lee. *Analysing policy*: what's the problem represented to be? Melbourne: Pearson Education Australia, 2009.

BALL, Stephen. Política social y educativa, empresa social, hibridación y nuevas comunidades discursivas. *Propuesta Educativa,* Buenos Aires, v. 2, n. 36, p. 25-34, 2011.

BARRIENTOS DEL MONTE, Fernando. La ciencia política en América Latina. Apuntes para una historia (estructural e intelectual) de la disciplina en la región. *In*: SEMINARIO DE INVESTIGACIÓN DEL ÁREA DE CIENCIA POLÍTICA Y DE LA ADMINISTRACIÓN DE LA UNIVERSIDAD DE SALAMANCA, 1., 2009, Florencia. *Anais eletrônicos* [...]. Florencia: Instituto Italiano di Scienze Umane, 2009. Disponível em: https://campus.usal.es/~dpublico/areacp/Posgrado2009-2010/Barrientos.pdf. Acesso em: Acesso em: 2 maio 2022.

BOBBIO, Norberto. Ciencia política. *In*: BOBBIO, Norberto; MATTEUCCI, Nicola; PASQUINO, Gianfranco (org.). *Diccionario de política*. Ciudad de México: Siglo XXI Editores, 2000a. p. 218-224.

BOBBIO, Norberto. Política. *In*: BOBBIO, Norberto; MATTEUCCI, Nicola; PASQUINO, Gianfranco (org.). *Diccionario de política*. Ciudad de México: Siglo XXI Editores, 2000b. p. 1215-1225.

BORÓN, Atilio. Las ciencias sociales en la era neoliberal: entre la academia y el pensamiento crítico. *Tareas*, Ciudad de Panamá, n. 122, p. 14-43, jan./abr. 2006.

BOURDIEU, Pierre. *Los usos sociales de la ciencia*. Buenos Aires: Nueva Visión, 2000.

BOURDIEU, Pierre. *Capital cultural, escuela y espacio social*. Cidade do México: Siglo XXI, 2008.

BURCH, Patricia. *Hidden markets*: the new education privatization. Abingdon: Routledge, 2009.

BURDEAU, Georges. *Tratado de ciencia política*. Cidade do México: Unam/Enep Acatlán, 1983. t. 1, v. 1.

CAIRNEY Paul; WEIBLE, Christopher. The new policy sciences: combining the cognitive science of choice, multiple theories of context, and basic and applied analysis. *Policy Sciences*, [*s. l.*], v. 50, p. 617-627, 2017.

CANSINO, César. Adiós a la ciencia política. Crónica de una muerte anunciada. *Metapolítica*, [*s. l.*], n. 14, p. 13-30, set./out. 2006.

CANSINO, César. *La muerte de la ciencia política*. Buenos Aires: Sudamericana-La Nación, 2008.

CARLINO, Florencia. Transformaciones en la carrera de ciencias de la educación de la UBA. Un recorrido histórico de algunos problemas actuales. *Revista del Instituto de Investigación en Ciencias de la Educación*, Buenos Aires, v. 2, n. 3, p. 48-58, 1993.

CASTRO, Edgardo. Michel Foucault: sujeto e historia. *Tópicos*: Revista de Filosofía, Ciudad de México, n. 14, p. 171-183, 2006.

COHEN, Michael; MARCH, James; OLSEN, Johan. A garbage can model of organizational choice. *Journal of Administrative Science Quarterly*, [*s. l.*], v. 17, n. 1, p. 1-25, mar. 1972.

COX, Cristián. Construcción política de reformas curriculares: el caso de Chile en los noventa, Profesorado. *Revista de currículum y formación del profesorado*, Granada, v. 10, n. 1, p. 1-24, 2006.

COX, Cristián; GYSLING, Jacqueline. *La formación del profesorado en Chile*: 1842-1987. Santiago de Chile: Cide, 1990.

DALE, Roger. *Globalização e Educação*: demonstrando a existência de uma "cultura educacional comum" ou localizando uma "agenda globalmente estruturada para a Educação"? Porto: Edições Afrontamento, 1994.

DELEUZE, Gilles. Introducción: rizoma. *In*: DELEUZE, Gilles; GUATTARI, Félix. *Mil mesetas*: capitalismo y esquizofrenia. Valencia: Pre-Textos, 2008. p. 9-32.

DÍAZ BARRIGA, Ángel. Futuro del campo del curriculum. *In*: WESTBURY, Ian (comp.). *Hacia dónde va el curriculum*. Girona: Ediciones Pomares, 2002. p. 163-175.

DÍAZ GÓMEZ, Álvaro. Una discreta diferenciación entre la política y lo político y su incidencia sobre la educación en cuanto socialización política. *Reflexión Política*, Bucaramanga, v. 5, n. 9, p. 48-57, 2003.

DROR, Yehezkel. *Public policy making reexamined*. New Brunswick: Transaction Publischers, 1982.

DUSO, Giuseppe. Pensar la política. *In*: RIVERO, Martha (ed.). *Pensar la política*. Traducción: Isabel Vericat. México: Instituto de Investigaciones Sociales, Unam, 1990. p. 135-156.

DYE, Thomas R. *Understanding public policy*. Englewood Cliffs: Prentice-Hall, 1975.

EASTON, David. An approach to the analysis of political systems. *World Politics*, [*s. l.*], v. 9, n. 3, p. 383-400, abr. 1957.

EASTON, David (comp.). *Enfoques sobre teoría política*. Buenos Aires: Amorrortu Editores, 1982.

ELSTER, Jon. Marxismo, funcionalismo y teoría de juegos. Alegato en favor del individualismo metodológico. *Zona Abierta*, Madrid, n. 33, p. 21-62, out./dez. 1984.

FERNÁNDEZ ENGUITA, Mariano. ¿Hacia dónde va la sociología de la educación?. *In*: ORTEGA, Félix *et al.* (comp.). *Manual de Sociología de la Educación*. Madrid: Visor, 1989. p. 50-57.

FLORES-CRESPO, Pedro. *Análisis de política pública en educación*: línea de investigación. Documento de investigación 5. Ciudad de México: Inide-Universidad Iberoamericana; Colonia Lomas de Santa Fe: Universidad Iberoamericana, 2008.

FLORES-CRESPO, Pedro. Análisis de política educativa: un nuevo impulso. *Revista Mexicana de Investigación Educativa*, Ciudad de México, v. 16, n. 50, p. 687-698, 2011.

FOUCAULT, Michel. El sujeto y el poder. *In*: DREYFUS, Huberto L.; RABINOW, Paul (coord.). *Michel Foucault*: más allá del estructuralismo y la hermenéutica. Buenos Aires: Nueva Visión, 2001. p. 241-259.

FOUCAULT, Michel. *Las palabras y las cosas*: una arqueología de las Ciencias Humanas. Buenos Aires: Siglo XXI, 2008.

GARCÍA-PELAYO, Manuel. *Las transformaciones del Estado contemporáneo*. Madrid: Alianza, 1977.

GERHOLM, Tomas; HANNERZ, Ulf. Introduction: the shaping of national Anthropologies. *Ethnos*, [*s. l.*], v. 47, p. 5-32, 1982.

GIANELLA, Alicia. Las disciplinas científicas y sus relaciones. *Anales de la Educación Común*, Provincia de Buenos Aires, v. 2, n. 3, p. 74-83, 2006.

GIOVINE, Renata. El oficio de enseñar política educativa: desplazamientos políticos y epistemológicos en los programas de formación docente universitaria en Argentina. *Revista de Estudios Teóricos y Epistemológicos en Política Educativa*, Ponta Grossa, v. 1, n. 2, p. 451-476, jul./dez. 2016.

GÓMEZ CAMPO, Victor; TENTI FANFANI, Emilio. *Universidad y profesiones*: crisis y alternativas. Buenos Aires: Miño y Dávila, 1989.

GORDON, Colin. Racionalidad gubernamental: una introducción. En nuevo itinerario. *Revista Digital de Filosofía*, [*s. l.*], v. 10, n. 10, p. 1-58, 2015.

GOROSTIAGA, Jorge M. La formación de investigadores en el campo de la política educativa: una mirada regional. *Revista de la Educación Superior*, Ciudad de México, v. 46, n. 183, p. 37-45, 2017.

HERNÁNDEZ MILLÁN, Abelardo. La política, lo público y las políticas públicas. *La Colmena*: Revista de la Universidad Autónoma del Estado de México, Toluca, n. 3, p. 45-48, out. 1994.

JENNINGS, Robert E. *Education and politics*: policy-making in local education authorities. London: B. T. Batsford Limited, 1977.

JIMÉNEZ BECERRA, Absalón; FIGUEROA, Helwar. *Historia de la Universidad Pedagógica Nacional*. Bogotá: Centro de Investigaciones de la Universidad Pedagógica Nacional, 2002.

JONES, Charles O. *An introduction to the study of public policy*. Belmont: Brooks/ Cole Pub Co., 1970.

KANSANEN, Pertti; MERI, Matti. The didactic relation in the teaching-studying-learning process. *Didaktik/Fachdidaktik as Science(-s) of the Teaching Profession*, [*s. l.*], v. 2, n. 1, p. 107-116, 1999.

KINGDON, John. *Agendas, alternatives and public policies*. Boston: Little, Brown & Co., 1984.

KRIEGER, Mario (comp.). *Los desafíos de transformar al Estado y la gestión pública Argentina*. Buenos Aires: Unión, 2005.

KROTZ, Esteban. Anthropologies of the South: their rise, their silencing, their characteristics. *Critique of Anthropology*, [*s. l.*], v. 17, n. 3, p. 237-251, 1997.

LAHERA, Eugenio. *Política y políticas públicas*. Santiago de Chile: Cepal, División de Desarrollo Social, 2004.

LASSWELL, Harold D. The decision process. *In*: POLSBY, Nelson; DENTLER, Robert; SMITH, Paul (ed.). *Politics and social life*: an introduction to political behavior. Boston: Houghton Mibblin Company, 1956. p. 1-23.

LERNER, Daniel; LASSWELL, Harold. *The policy sciences*: recent developments in scope and method. Stanford: Stanford University Press, 1951.

LINDBLOM, Charles E. The science of muddling through. *Public Administration Review*, v. 19, n. 2, p. 79-88, 1959.

MAINARDES, Jefferson. Reflexiones sobre el objeto de estudio de la política educativa. *In*: TELLO, César (comp.). *Los objetos de estudio de la Política Educativa*: hacia una caracterización del campo teórico. Buenos Aires: Autores de Argentina, 2015. p. 25-42.

MAINARDES, Jefferson. Metapesquisa no campo da Política Educacional: aspectos teórico-conceituais e metodológicos. *In*: MAINARDES, Jefferson (org.). *Metapesquisa no campo da Política Educacional*. Curitiba: CRV, 2021. p. 19-43.

MAINARDES, Jefferson; STREMEL, Silvana. Aspectos da formação do pesquisador para o campo da Política Educacional na pós-graduação no Brasil. *Educação & Sociedade*, Campinas, v. 40, e0203826, p. 1-20, 2019.

MAINARDES, Jefferson; TELLO, César. A pesquisa no campo da Política Educacional: explorando diferentes níveis de abordagem e abstração. *Arquivos Analíticos de Políticas Educativas*, [*s. l.*], v. 24, n. 75, p. 1-13, 2016.

MARÍN, Álvaro. Historia de la pedagogía en México. *Correo del Maestro*, Ciudad de México, v. 1, n. 11, p. 22-40, abr. 1997.

MÉNY, Yves; THOENIG, Jean-Claude. *Las políticas públicas*. Barcelona: Ariel, 1992.

MIRANDA, Estela. ¿Investigadores y/o técnicos en política educativa? El dilema de origen. *Revista de Estudios Teóricos y Epistemológicos en Política Educativa*, Ponta Grossa, v. 1, n. 2, p. 430-450, jul./dez. 2016.

MULLER, Pierre; SUREL, Yves. *A análise das políticas públicas*. Pelotas: Educat, 2002.

MURCIA, Jonathan Alejandro. Teorización en el campo de estudio de las políticas públicas en relación con su objeto de estudio, la historia del campo y los roles del estudioso de las políticas. *Papel Político*, Bogotá, v. 24, n. 2, p. 1-16, 2019.

NOHLEN, Dieter. ¿Cómo enseñar ciencia política? *Revista Republicana*: Política y Sociedad, Guadalajara, v. 2, n. 2, p. 3-7, 2003.

NORTH, Douglass C. A transaction cost theory of politics. *Journal of Theoretical Politics*, [*s. l.*], v. 2, n. 4, p. 355-367, 1990.

NÚÑEZ PRIETO, Iván. La formación de docentes. Notas históricas. *In*: AVALOS, Beatrice (org.). *Profesores para Chile*: historia de un proyecto. Santiago: Ministerio de Educación, 2002. p. 14-39.

NÚÑEZ SARMIENTO, Marta. Compromiso y distanciamiento: el sociólogo en su entorno social. *Revista de Sociología*, Habana, v. 65, p. 109-119, 2001.

OLIVEIRA, Roberto Cardoso de Peripheral Anthropologies "versus" Central Anthropologies. *Journal of Latin American Anthropology*, [*s. l.*], v. 4-5, n. 2-1, p. 10-30, 1999/2000.

ORGANIZAÇÃO DAS NAÇÕES UNIDAS PARA A EDUCAÇÃO, A CIÊNCIA E A CULTURA (UNESCO). *Contemporary political science*: a survey of methods, research and teaching. Paris: Unesco, 1950.

ORTIZ, Renato. La porosidad de las fronteras en las ciencias sociales (a propósito de Pierre Bourdieu). *In*: ORTIZ, Renato (ed.). *Taquigrafiando lo social*. Buenos Aires: Siglo XXI, 2004. p. 135-165.

PASTOR ALBALADEJO, Gema. Elementos conceptuales y analíticos de las políticas públicas. *In*: PASTOR ALBALADEJO, Gema. *Teoría y práctica de las políticas públicas*. Valencia: Tirant Lo Blanch, 2014. p. 17-45.

PIRES, Andréa de Paula. *Aspectos do habitus da formação de pesquisadores para o campo da Política Educacional no Brasil*: um estudo a partir da teoria de Pierre Bourdieu. 2021. Tese (Doutorado em Educação) — Universidade Estadual de Ponta Grossa, Ponta Grossa, 2021.

POET, Alexis. *Control y evaluación en la ejecución presupuestaria de planes sociales*: análisis del caso Programa Jefes y Jefas de Hogar Desocupados. Rosario: UNR, 2006.

PONTÓN RAMOS, Claudia. Constitución conceptual de la educación como objeto de estudio y su impacto en la formación de profesionales de la educación. *Perfiles Educativos*, v. 24, n. 97-98, p. 117-126, 2002.

RAMOS, Maria Alejandra. Los campos de investigación como objeto de indagación: reflexiones teórico-metodológicas a partir de estudio de caso. *Revista Latinoamericana de Metodología de las Ciencias Sociales*, Buenos Aires, v. 9, n. 2, e057, p. 1-12, 2019.

RESTREPO, Bernardo. Las Facultades de Educación: evolución, situación actual y tendencias hacia el futuro. *Revista Educación y Pedagogía*, Medellín, v. 10, n. 11, p. 298-317, jan./jun. 1983.

RESTREPO, Eduardo. Antropologías disidentes. *Cuadernos de Antropología Social*, Buenos Aires, v. 35, p. 55-69, 2012.

RIBEIRO, Gustavo; ESCOBAR, Arturo (ed.). *Antropologías del mundo*: transformaciones disciplinarias dentro de sistemas de poder. New York: Wenner-Gren Foundation; Ciesas, 2008.

SABATIER, Paul A.; WEIBLE, Christopher M. The advocacy coalition framework. An assessment. *In*: SABATIER, Paula A. (ed.). *Theories of the policy process*. Boulder: Westview Press, 1999. p. 89-220.

SALAZAR VARGAS, Carlos. *Políticas públicas y think tanks*. Bogotá: Fundación Konrad Adenauer, 2009.

SARTORI, Giovanni. ¿Hacia dónde va la ciencia política? *Revista Política y Gobierno*, Toluca, v. 9, n. 2, 2004, p. 349-354.

SAVIANI, Dermeval. *História das idéias pedagógicas no Brasil*. Campinas: Autores Associados, 2007.

SCHMITT, Carl. *El concepto de lo político*. Madrid: Alianza Editorial, 1991.

SIERRA, Gerônimo de *et al*. Las ciencias sociales en América Latina en una mirada comparativa. *In*: TRINDADE, Hélgio (org.). *Las ciencias sociales en América Latina en perspectiva comparada*. Ciudad de México: Siglo XXI, 2006. p. 17-53.

SOTOLONGO CODINA, Pedro Luis; DELGADO DÍAZ, Carlos Jesús. *La revolución contemporánea del saber y la complejidad social*. Buenos Aires: Clacso, 2006.

SOUTHWELL, Myriam. *Psicología experimental y ciencias de la educación*: notas de historias y fundaciones. La Plata: Edulp, 2003.

SOUZA, Ângelo Ricardo de. A política educacional e seus objetos de estudo. *Revista de Estudios Teóricos y Epistemológicos en Política Educativa*, Ponta Grossa, v. 1, n. 1, p. 75-89, jan./jun. 2016.

STEINER-KHAMSI, Gita (ed.). *The global politics of policy borrowing and lending*. New York: Teachers College Press, 2004.

STOCKING JUNIOR, George W. On the limits of 'presentism' and 'historicism' in the historiography of the behavioral sciences. *In*: STOCKING JUNIOR, George W. (ed.). *Race, culture and evolution*: essays in the History of Anthropology. Chicago/London: University of Chicago Press, 1982. p. 1-12.

STREMEL, Silvana. *A constituição do campo acadêmico da Política Educacional no Brasil*. 2016. Tese (Doutorado em Educação) — Programa de Pós-Graduação em Educação, Universidade Estadual de Ponta Grossa, Ponta Grossa, 2016.

STUMPF, Ida. Avaliação pelos pares nas revistas de comunicação: visão dos editores, autores e avaliadores. *Perspectiva em Ciência da Informação*, Belo Horizonte, v. 13, n. 1, p. 18-32, 2008.

SUASNÁBAR, Claudio. Pedagogos críticos, expertos en educación, tecno-políticos, o qué? A propósito de la relación entre intelectuales de la educación y política en los últimos 50 años. *In*: SEMINÁRIO ELITES INTELECTUALES Y FORMACIÓN DEL ESTADO, 1., 2009, Buenos Aires. *Anais eletrônicos* [...] Buenos Aires: Ides, Idaes y UdeSA, 2009. Disponível em: https://historiapolitica.com/datos/biblioteca/expertos_suasnabar.pdf. Acesso em: 2 maio 2022.

TELLO, César. Las epistemologías de la política educativa: vigilancia y posicionamiento epistemológico del investigar en política educativa. *Práxis Educativa*, Ponta Grossa, v. 7, n. 1, p. 53-68, jan./abr. 2012.

TELLO, César. La enseñanza de la Política Educativa y la formación de investigadores en el campo. Entre las matrices históricas y la episteme de época. *Revista de Educação Pública*, Cuiabá, v. 24, n. 55, p. 125-151, 2015.

TELLO, César. Reflexiones sobre la enseñanza de la política educativa y la formación de investigadores en el campo. *Diálogo Educacional*, Curitiba, v. 17, n. 53, p. 1017-1050, 2017.

TELLO, César. Notas históricas y epistemológicas sobre el campo de la política educativa en Latinoamérica. *Educação & Sociedade*, Campinas, v. 40, e0205680, p. 1-20, 2019.

TELLO, César. *Análisis de programas de asignaturas en política educativa*: los casos del grado y posgrado en Argentina, Chile, Brasil, Colombia y México. Proyecto de investigación 2020-2023. Buenos Aires: Universidad Nacional de Tres de Febrero, 2020.

TELLO, César; MAINARDES, Jefferson. Pluralismos e investigación en Política Educativa. Una perspectiva epistemológica. *Revista Mexicana de Investigación Educativa*, Ciudad de México, v. 20, n. 64, p. 763-788, 2015a.

TELLO, César; MAINARDES, Jefferson. Revisitando el enfoque de las epistemologías de la política educativa. *Práxis Educativa*, Ponta Grossa, v. 10, n. 1, p. 153-178, jan./abr. 2015b.

TENTI FANFANI, Emilio. *La escuela y la cuestión social*. Buenos Aires: Siglo XXI, 2007.

TREVIÑO RONZÓN, Ernesto. La noción de lo político y el estudio de las políticas educativas. *In*: CONGRESO NACIONAL DE INVESTIGACIÓN EDUCATIVA, 2., 2013, Guanajuato. *Anais eletrônicos* [...]. Guanajuato: Comie, 2013. Disponível em: https://www.academia.edu/15280702/La_noci%C3%B3n_de_lo_pol%C3%ADtico_y_el_estudio_de_las_pol%C3%ADticas_educativas. Acesso em: 2 maio 2022.

VERGARA ESTÉVEZ, Jorge. Las ciencias sociales latinoamericanas: desarrollo, crisis y perspectivas. *In*: SEMINARIO INTERNACIONAL DE LA COMISIÓN DE EPISTEMOLOGÍA Y POLÍTICA DE CLACSO, 1., 1991, Santiago de Chile. *Anales* [...]. Santiago de Chile: Clacso, 1991.

VIRNO, Paolo. *Ambivalencia de la multitud*. Buenos Aires: Tinta Limón, 2006.

WALLERSTEIN, Immanuel. *Impensar las ciencias sociales*. Ciudad de México: Siglo XXI, 1999.

WALT, Gill; GILSON, Lucy. Reforming the health sector in developing countries: the central role of policy analysis. *Health Policy and Planning*, v. 9, n. 4, p. 353-370, 1994.

WHITTY, Geoffy; EDWARDS, Tony. Researching thatcherite education policy. *In*: WALFORD, Geoff (ed.). *Researching the powerful in education*: social research today. London: UCL Press Limited, 1994. p. 14-31.

ZEMELMAN, Hugo. Crítica, epistemología y educación. *Revista de Tecnología Educativa*, Santiago de Chile, v. 2, n. 13, p. 119-131, 1998.

CAPÍTULO 9

A perspectiva ético-ontoepistemológica e a pesquisa no campo da Política Educacional[1]

Jefferson Mainardes

Universidade Estadual de Ponta Grossa (UEPG)

Introdução

O objetivo deste capítulo é explorar o conceito de ético-ontoepistemologia e suas contribuições para a pesquisa no campo da Política Educacional, a partir da proposição de Anna Stetsenko (STETSENKO, 2019, 2021a, entre outros trabalhos). Trata-se de um capítulo de natureza teórica, que almeja colocar a questão em debate em vez de trazer respostas rígidas ou categorias fechadas.

O interesse pelo estudo e pelo debate de questões epistemológicas da pesquisa em Política Educacional constitui o foco central da

1. Uma versão preliminar foi publicada em português e inglês, em *Archivos Analíticos de Políticas Educativas*, v. 30, 2022, com financiamento do CNPq.

Red Latinoamericana de Estudios Epistemológicos en Política Educativa (ReLePe),[2] criada em 2012. A preocupação inicial da Rede referia-se à necessidade de mobilizar esforços para compreender como os referenciais teórico-epistemológicos estavam sendo empregados pelos pesquisadores do campo da Política Educacional, bem como elaborar teorizações que pudessem contribuir para as pesquisas do campo.[3] Tais formulações têm contribuído para o desenvolvimento teórico do campo da Política Educacional no Brasil e na América Latina.[4] Em particular, os elementos do *Enfoque de las Epistemologías de la Política Educativa* (Eepe) estimulam uma reflexão mais aprofundada sobre os fundamentos teórico-epistemológicos das pesquisas, evidenciando a importância do papel da teoria nos estudos de Política Educacional, da coerência entre os três elementos (perspectiva epistemológica, posicionamento epistemológico e enfoque epistemetodológico), da necessidade da permanente vigilância epistemológica e da reflexividade, bem como da busca incessante pela melhoria da qualidade das pesquisas do campo. Ao longo do tempo, percebemos que os estudos epistemológicos de Política Educacional necessitavam ser ampliados, de modo a incorporar pressupostos ontológicos e éticos. O aprofundamento dessas questões demandou a pesquisa e o estudo de textos sobre ontoepistemologia e ético-ontoepistemologia.

---

2. Mais informações disponíveis em: ver www.relepe.org.

3. Algumas das principais teorizações elaboradas no âmbito da ReLePe foram as seguintes: (a) os elementos do Enfoque das Epistemologias da Política Educacional (EEPE): perspectiva epistemológica, posicionamento epistemológico, enfoque epistemetodológico (TELLO, 2012; TELLO; MAINARDES, 2015b); (b) reflexões sobre os objetos de estudo da Política Educacional (TELLO, 2015); (c) níveis de abordagem/abstração: descrição, análise e compreensão (MAINARDES; TELLO, 2016); (d) as discussões sobre pluralismo epistemológico (MAINARDES, 2018; TELLO; MAINARDES, 2015b); (e) a proposta da metapesquisa no campo da Política Educacional (MAINARDES, 2021; TELLO; MAINARDES, 2015); (f) as produções sobre ensino de Política Educacional e a formação de pesquisadores para este campo (FLACH; MASSON, 2014; GOROSTIAGA, 2017; MAINARDES; STREMEL, 2019; PIRES, 2021; ROSA; TROJAN, 2019; STREMEL; MAINARDES, 2015).

4. A publicação do *e-book Education policy research: epistemological and theoretical issues* (MAINARDES; STREMEL, 2020) objetivou ampliar o alcance dessas ideias para além da América Latina.

Definição de ético-ontoepistemologia

O termo "ontoepistemologia" tem sido empregado para designar a inter-relação entre ontologia e epistemologia. Masson (2022) destaca que as concepções de sujeito/gênero humano, de mundo/realidade (ontologia) estão entrelaçadas com decisões metodológicas sobre como obter conhecimento (epistemologia), denotando uma unidade entre ontologia e epistemologia. Trata-se, portanto, da unidade orgânica entre conteúdo e forma na produção do conhecimento, a qual pode ser fragmentada, caso se priorize um dos aspectos ou se utilize de uma concepção teórica de forma absolutamente incompatível com as decisões epistemológicas, o que acarretaria uma pesquisa inconsistente do ponto de vista científico. As diferentes perspectivas filosóficas (empirismo, racionalismo, idealismo, materialismo histórico-dialético, positivismo, neopositivismo, estruturalismo, pós-estruturalismo, pragmatismo etc.) estruturam-se a partir de concepções ontológicas e epistemológicas (MASSON, 2022). Assim, a autora considera que é fundamental que o pesquisador conheça a base filosófica que dá sustentação à sua pesquisa, de modo que seja possível refletir sobre os fundamentos ontológicos e epistemológicos que a fundamentam. A autora argumenta que é possível e desejável uma ontoepistemologia no processo de produção de conhecimento, pois, mesmo que o pesquisador não tenha plena consciência sobre os aspectos ontológicos e epistemológicos envolvidos na produção de conhecimento, eles estão presentes no desenvolvimento da pesquisa, embora nem sempre sejam apresentados como unidade orgânica (MASSON, 2022).

O neologismo ético-ontoepistemologia foi cunhado inicialmente pela física e filósofa estadunidense Karen Barad (2007) para apontar a indissociabilidade da ética, da ontologia e da epistemologia quando nos engajamos na prática científica e na produção de conhecimento científico, e com o próprio mundo e seus habitantes (seres humanos e não humanos que o coconstituem) (BARAD, 2007). Há também a perspectiva ético-ontoepistemológica de Anna Stetsenko, psicóloga russa radicada nos Estados Unidos. Stetsenko (2019, 2021a) conceitua a ético-ontoepistemologia como a unidade entre ser-saber-fazer. O termo ético-ontoepistemologia tem sido utilizado com maior frequência na última década, principalmente na linha teórica de Karen Barad.[5]

Kuby e Zhao (2022) indicam que esse neologismo, escrito como uma única palavra, demonstra que axiologia (ética) não pode ser separada da ontologia (realidade) nem da epistemologia (conhecimento). Para elas, a ético-ontoepistemologia é uma orientação filosófica sobre como o mundo se torna o que é, e não uma lente que podemos aplicar ou tirar/colocar. As autoras asseveram que, de modo geral, os pesquisadores da área de Educação concentram-se no conhecimento (epistemologia) ou na ética, mas raramente há discussões explícitas sobre ontologia. Para Kuby e Zhao (2022), a ontologia envolve considerar o que é produzido nas escolas e nos espaços de aprendizagem, ou o que a realidade(s) e os devires são. As autoras exemplificam as questões ontológicas a partir da pesquisa de Kuby e Gutshall Rucker (2016) sobre alfabetização. Essas autoras argumentam que os pesquisadores costumam focar as relações símbolo/som (fonética), gramática e gêneros textuais. No entanto, raramente os pesquisadores consideram os diferentes tipos de materiais utilizados pelas crianças (desde o lápis e o papel pautado até *softwares* e diferentes ferramentas digitais e artísticas) que reconhecem a "vivacidade de linguagens, histórias, identidades e políticas que produzem novas possibilidades de alfabetização/letramento" (KUBY; ZAO, 2022, p. 64). As autoras indicam que o foco nos aspectos éticos, ontológicos e epistemológicos levam a interrogar: O que é alfabetização? Essa questão ontológica importa, porque a forma como os pesquisadores conceitualizam alfabetização (e alfabetizações) influencia todo o processo de pesquisa (análises, conclusões etc.). As autoras convidam os pesquisadores a considerarem o enfoque ético-ontoepistemológico em suas pesquisas e a refletirem sobre os seguintes questionamentos: Como a noção de ético-ontoepistemologia afeta as questões de pesquisa? Como essa

---

5. Entre os autores que se inspiram em Barad (2007), destacam-se: Barraclough (2018); Brooks (2019); Davies (2021); Geerts e Carstens (2019); Kuby e Zhao (2022); Lenz Taguchi (2010); Revelles-Benavente (2020); Ribeiro (2019); Song (2020); e Zhao (2021).

noção afeta o que efetivamente importa em uma pesquisa? A ético--ontoepistemologia abre novas possibilidades para a pesquisa? Quais?

Moon e Blackman (2014) explicam que a ontologia é compreendida como o "estudo do ser", que se preocupa com o que realmente existe no mundo sobre o qual os humanos podem adquirir conhecimento. A ontologia ajuda os pesquisadores a reconhecerem o quão certos podem estar sobre a natureza e a existência dos objetos que estão pesquisando. Por exemplo, que "afirmações de verdade" um pesquisador pode fazer sobre a realidade? Quem decide a legitimidade do que é "real"? Como os pesquisadores lidam com ideias diferentes e conflitantes da realidade? Sendo a epistemologia o "estudo do conhecimento", ela está preocupada com todos os aspectos da validade, do escopo e dos métodos de aquisição de conhecimento, tais como: (a) o que constitui uma afirmação de conhecimento; (b) como o conhecimento pode ser adquirido ou produzido; e (c) como a extensão de sua transferibilidade pode ser avaliada. A epistemologia é importante porque influencia como os pesquisadores enquadram suas pesquisas em suas tentativas de produzir conhecimento. Partindo da ontologia (o que existe para as pessoas conhecerem) e da epistemologia (como o conhecimento é criado e o que é possível conhecer) estão as perspectivas filosóficas, um sistema de visões generalizadas do mundo, que formam crenças que orientam a ação (MOON; BLACKMAN, 2014).

Sánchez Gamboa (2007) propôs, em seu "esquema paradigmático", que a construção da resposta (em um projeto de pesquisa) envolve o nível técnico, o nível metodológico, o nível teórico, o nível epistemológico, os pressupostos gnosiológicos e os pressupostos ontológicos. Para o autor, os pressupostos ontológicos referem-se a categorias abrangentes e complexas; à concepção de Homem, de Educação e Sociedade; a concepções de realidade (SÁNCHEZ GAMBOA, 2007). Os pressupostos gnosiológicos dizem respeito às "maneiras de abstrair, generalizar, conceituar, classificar e formalizar, ou maneiras de relacionar o sujeito e o objeto" (SÁNCHEZ GAMBOA, 2007, p. 72). São critérios de construção do objeto científico. O nível epistemológico refere-se à "concepção de causalidade, de validação da prova científica e de ciência (critérios de cientificidade)" (SÁNCHEZ GAMBOA, 2007, p. 72). Uma das principais contribuições dessa formulação é que deve haver uma coerência entre esses níveis e pressupostos, e que a cosmovisão do pesquisador (pressupostos ontológicos) é um elemento essencial na construção do objeto, das perguntas, das respostas e nas decisões epistemológicas, teóricas e metodológicas.

A partir dessas explanações, o desafio colocado aos pesquisadores é integrar a ética, a ontologia e a epistemologia, em termos de **conteúdo** e **forma**, em outras palavras, verificar se esses elementos estão coerentes e articulados na pesquisa. Um ponto de partida importante é compreender que a teoria (ou teorias) que fundamenta(m) a pesquisa está articulada a matrizes epistemológicas específicas e a perspectivas ontológicas e éticas. A perspectiva ontológica envolve a cosmovisão do pesquisador, bem como a explicitação de conceitos fundamentais da pesquisa. A clareza do pesquisador a respeito dessas questões é fundamental para que ele possa operar com maior lucidez, discernimento e coerência com as perspectivas ontoepistemológicas.

A importância do domínio mais amplo possível das questões ontoepistemológicas pelos pesquisadores tem sido evidenciada no campo da Política Educacional. Em um estudo de revisão de publicações sobre aspectos teórico-epistemológicos da pesquisa em Política Educacional no Brasil, Mainardes, Stremel e Soares (2018) demonstram que tem havido um importante desenvolvimento teórico do campo acadêmico da Política Educacional no país e uma ampliação do número de publicações sobre questões teórico-epistemológicas. Alguns textos, em especial, têm destacado a importância da explicitação das perspectivas teórico-epistemológicas pelos pesquisadores (MAINARDES, 2017, 2018; TELLO, 2012; TELLO; MAINARDES, 2015a), bem como a necessidade do fortalecimento do processo de formação de pesquisadores para o campo da Política Educacional (GOROSTIAGA, 2017; PIRES, 2021), principalmente pelo estudo da Epistemologia geral e das Epistemologias da Política Educacional.

A partir do conceito de ético-ontoepistemologia, desenvolvemos os seguintes argumentos:

a) A ética é um dos elementos **estruturantes** da pesquisa. Assim, a ética não deve ser considerada um mero apêndice no processo de pesquisa e na redação de relatórios de pesquisa. Em uma visão convencional, a ética em pesquisa restringe-se aos cuidados éticos a serem observados pelo pesquisador e à aprovação do projeto de pesquisa por um Comitê de Ética em Pesquisa (CEP). A ética é compreendida como algo burocrático e atendimento de uma norma preestabelecida. Na perspectiva ético-ontoepistemológica, a dimensão ética é entendida como um compromisso do pesquisador que orienta todo o processo de pesquisa, as decisões ontoepistemetodológicas, o tipo de abordagem, as análises e as conclusões, bem como o possível ativismo transformador que possa emergir na/da pesquisa. A dimensão ética da pesquisa vai muito além da submissão do projeto de pesquisa a um CEP.
b) A partir da noção de ético-ontoepistemologia, é possível afirmar que **todas as pesquisas** envolvem questões éticas. Por exemplo, em uma pesquisa de natureza teórica ou bibliográfica, a dimensão ética do pesquisador está presente em todo o processo de pesquisa (definição do problema, seleção das fontes, análise e interpretação dos dados etc.).
c) A ética está presente em **todas as etapas** da pesquisa (BROOKS; TE RIELE; MAGUIRE, 2017). A dimensão ética está presente antes da elaboração do projeto de pesquisa, perpassa todo o processo de pesquisa e estende-se até a devolutiva e a possíveis ações que o pesquisador desenvolva a partir dos achados.
d) Em termos de fundamentação teórica da pesquisa em políticas educacionais (e, talvez, em outras áreas de conhecimento), parece haver um "crescendo": referencial teórico, referencial teórico-epistemológico, referencial teórico-epistemetodológico, perspectiva ontoepistemológica, perspectiva ético-ontoepistemológica e perspectiva ético-ontoepistemetodológica, sendo as duas últimas mais abrangentes e complexas. A inclusão da metodologia como um quarto elemento tem a intenção de reforçar a não neutralidade dos procedimentos metodológicos e que eles necessitam estar

articulados às outras três dimensões (ética, ontologia e epistemologia).

e) Mesmo que de forma não consciente, no processo de pesquisa, os pesquisadores utilizam um conjunto de princípios éticos que orienta todas as suas ações como pesquisadores.

f) Diante da centralidade que pode ser conferida à dimensão ética, é imprescindível que as questões éticas sejam contempladas no processo de formação de pesquisadores.

A perspectiva ético-ontoepistemológica de Karen Barad

Para Barad (2007), o neologismo "ético-ontoepistemologia" marca a inseparabilidade entre ontologia, epistemologia e ética. Para ela, a tradição filosófica analítica compreende esses campos como inteiramente separados, porém essa pressuposição "[...] depende de maneiras específicas de compreender a natureza do ser, do saber e do valorar" (BARAD, 2007, p. 409, tradução nossa).

Barad propõe "uma ética do mundo" que parte de um modelo relacional, situado e corporificado de (inter)subjetividade, e que revela como a ética, o ser e o saber não podem mais ser separados (BARAD, 2007). Inspirada em Jacques Derrida, em Emmanuel Levinas e na tradição de estudos científicos feministas (Donna Haraway), Barad desenvolveu a nova teoria materialista feminista do realismo agencial, que enfatiza a necessidade de uma produção de conhecimento justa e responsável, bem como a ideia de que não se pode deixar de se envolver eticamente com o mundo. De acordo com a teoria do realismo agencial, o universo compreende fenômenos os quais são a inseparabilidade ontológica das agências intra-atuantes. Intra-ação é um neologismo introduzido por Barad que sinaliza um importante desafio para a metafísica individualista. A ideia central é de que o que pesquisamos está entrelaçado com "a maneira" como pesquisamos. Esse é um deslocamento ontoepistemológico, pois:

> Práticas de conhecer e ser não são isoláveis; estão mutuamente implicadas. Não obtemos conhecimento ficando fora do mundo; sabemos por que somos do mundo. Somos parte do mundo, em seu devir diferencial. A separação da epistemologia da ontologia é uma reverberação de uma metafísica que supõe uma diferença inerente entre humano e não humano, sujeito e objeto, mente e corpo, matéria e discurso (BARAD, 2007, p. 185, tradução nossa).

Nesse sentido, não há uma posição privilegiada a partir da qual os saberes possam ser produzidos, pois o pesquisador é do mundo. Pesquisar fenômenos, então, é uma prática metodológica de questionar continuamente os efeitos da forma como pesquisamos, sobre os conhecimentos que produzimos. Isso se desdobra como uma ético-ontoepistemologia do saber no ser. Ética é sermos capazes de responder à maneira como fazemos o mundo e considerarmos os efeitos que nossos processos de produção de conhecimento têm sobre ele (BARAD, 2007). Para Geerts (2016), a perspectiva ética-ontoepistemológica de Barad pode, de fato, ser considerada um "[...] emaranhado quântico que demonstra que, por fazermos parte do mundo, não podemos mais nos ver como espectadores inocentes, observando o mundo de uma perspectiva independente" (GEERTS, 2016, n.p., tradução nossa).

O conceito de *difração* é um importante aporte material e semiótico na abordagem de Barad.[6] Donna Haraway propõe a difração

---

6. A difração é definida como a capacidade das ondas (eletromagnéticas, de rádio, sonoras) em contornar obstáculos. Quando uma onda se choca com um obstáculo que possui uma abertura com dimensões comparáveis a seu comprimento, as partes da onda que passam pelo espaço aberto se alargam e atingem as regiões opostas ao obstáculo. Para Barad (2014, p. 169, tradução nossa), a difração "[...] não é um evento singular que acontece no espaço e no tempo; mais, é um dinamismo que é parte integrante da matéria espaço-tempo. As difrações são intempestivas. O tempo é desencaixado; é difratado, fragmentado em diferentes direções, não

como alternativa à metáfora gasta de reflexão. Ambos, reflexão e difração, são fenômenos ópticos, mas, enquanto a reflexão é sobre espelhamento e mesmice, a difração atende a padrões de diferença. Uma das preocupações de Haraway é o papel que a reflexividade tem desempenhado como uma metodologia, especialmente porque tem sido retomada e discutida por estudiosos tradicionais em estudos de ciência. Haraway observa que a reflexividade ou reflexão convida à ilusão de uma posição fixa e essencial, enquanto a difração nos treina para uma "visão mais sutil" (HARAWAY, 1992 *apud* BARAD, 2007, p. 29, tradução nossa). Para Haraway, a difração envolve o processamento de pequenas, mas consequentes diferenças, e o processamento de diferenças refere-se a "modos de vida" (HARAWAY, 1992 *apud* BARAD, 2007, p. 29, tradução nossa). Em seu livro, Barad desenvolveu suas ideias com base em entendimentos quânticos de difração, argumentando que a metodologia difrativa é respeitosa com o emaranhado de ideias e outros materiais de um modo que as metodologias reflexivas não são. Para Barad (2007, p. 381, tradução nossa), difração diz respeito "[...] à natureza emaranhada das diferenças no mundo social", e como processos sociais e materiais "intra-agem" de um momento a outro. Os estudos sobre difração destacam, exibem e tornam evidente a estrutura emaranhada da mudança e da ontologia contingente do mundo, incluindo a "ontologia do saber" (BARAD, 2007, p. 73, tradução nossa). Como a pesquisa faz parte deste mundo, quando um pesquisador observa os processos sociais, o próprio ato de observação difrata o que é observado (BARAD, 2007).

A metodologia difrativa é uma abordagem de pesquisa desenvolvida como parte de uma ética-ontoepistemológica, a qual envolve

---

contemporâneo consigo mesmo. Cada momento é uma multiplicidade infinita. 'Agora' não é uma fatia infinitesimal, mas um nó condensado infinitamente rico em um campo variável difratado através do espaço-tempo em sua repadronização iterativa em andamento". O conceito de difração é útil para compreender o título do livro: *Meeting the universe halfway: quantum physics and the entanglement of matter and meaning* (Tradução possível: Encontrando o universo no meio do caminho: física quântica e o emaranhado de matéria e significado).

uma responsabilidade do pesquisador pelas práticas de pesquisa e como seus resultados fazem a diferença ética, com o que é observado (ontologia) e com o aparato de pesquisa e os métodos de observação (epistemologia). Para Barad (2007), a difração não fixa antecipadamente o que é o objeto e o que é o sujeito. Portanto, diferentemente dos métodos de leitura de um texto ou conjunto de ideias contra outro, em que um conjunto serve como quadro fixo de referência, a difração envolve a leitura de *insights* por meio de outras maneiras que ajudam a iluminar as diferenças à medida que elas surgem: como as diferenças são feitas, o que é excluído e como essas exclusões importam. Uma questão central para a ideia de difração como delineada por Barad e Haraway é a noção de diferença. Uma metodologia difrativa contesta a noção de que um pesquisador pode apreender ferramentas ou técnicas sobre um mundo que é independente e está a uma distância ontológica do pesquisador. A metodologia difrativa, como Barad (2011) argumenta, é um meio para os pesquisadores sociais tornarem explícitos esses emaranhados e diferenças, por meio de técnicas analíticas que leem dados através de outros textos, experiências pessoais ou outros dados. Como metodologia de pesquisa, a difração vai além dos binários produtores de poder, como mente/corpo, cultura/natureza, sujeito/objeto, animado/inanimado, social/físico, preto/branco, colonizador/colono, adulto/criança. Difração significa "quebrar em direções diferentes" (BARAD, 2014, p. 168, tradução nossa).

As principais contribuições de Barad são as seguintes: (a) indica a indissociabilidade da ética, da ontologia e da epistemologia na prática científica; e (b) a partir do conceito de realismo agencial, indica que nada é inerentemente separado de qualquer outra coisa. As separações são decretadas temporariamente para que possamos examinar algo por tempo suficiente para obter conhecimento sobre isso. Essa visão do conhecimento fornece uma estrutura para pensar sobre como a cultura e os hábitos de pensamento podem tornar algumas coisas visíveis e outras mais fáceis de ignorar ou nunca ver.

A perspectiva ético-ontoepistemológica de Anna Stetsenko

A perspectiva ético-ontoepistemológica de Stetsenko refere-se à unidade entre ser, saber e fazer. Em um primeiro momento, a autora começou a escrever sobre aspectos sociopolíticos e éticos da pesquisa como elementos inseparáveis das questões teórico-conceituais (STETSENKO, 2004, 2005; STETSENKO; ARIEVITCH, 2004). Em um segundo momento, passou a destacar a noção da visão de mundo transformadora e a postura ativista, tomando a ética como elemento central (STETSENKO, 2008, 2012, 2013). Finalmente, no livro *The transformative mind: expanding Vygotsky's approach to development and education* (STETSENKO, 2017b)[7] e em outras publicações, a ético-ontoepistemologia aparece como temática central (STETSENKO, 2015, 2016, 2017a, 2018, 2019, 2020, 2021a, 2021b; VIANNA; STETSENKO, 2014).[8]

Para Stetsenko (2019), o marxismo, revigorado, repensado e infundido com *insights* de estudos recentes sobre feminismo, pedagogia crítica, teorias raciais críticas e o novo materialismo, entre outros, pode oferecer uma visão de mundo na qual a imaginação política e outros fenômenos da subjetividade humana encontrem seu devido lugar, central e formativo, para assim permitir o avanço da pesquisa com agendas ativistas como forma de resistência. Segundo a autora, a essência dessa abordagem está relacionada a uma mudança de postura profundamente contemplativa para uma postura ativa e, na verdade, ativista, na qual saber, ser e fazer são subsumidos e possibilitados pela prática transformadora agentiva destinada a alcançar objetivos éticos radicais, como igualdade e justiça (STETSENKO, 2019, p. 3). Assim, a noção de ético-ontoepistemologia de Stetsenko está estreitamente relacionada ao conceito de posicionamento ativista transformador,

7. Tradução possível em português: A mente transformadora: expandindo a abordagem de Vygotsky sobre desenvolvimento e educação.

8. Informação pessoal fornecida por Anna Stetsenko, em 16 de dezembro de 2021.

no qual o *éthos* de adaptação e de quietismo político é dialeticamente substituído por um *éthos* de transformação e de centralidade filosófica de ativismo como luta por um mundo melhor (STETSENKO, 2019).

Stetsenko (2021a) argumenta que todas as escolas de pensamento, estruturas teóricas, formas de pesquisa e todos os atos de ser-saber-fazer carregam consigo — e o que é importante neles, como sua dimensão inerentemente constitutiva — orientações ético-políticas específicas (sistemas de valores e objetivos finais almejados) voltadas a e derivadas de projetos sociopoliticamente situados e, em última análise, sempre práticos de organização da vida social. Para ela:

> Esses sistemas de valores e orientações — o *éthos* sociopolítico — influenciam indelevelmente todos os outros elementos e as dimensões do conhecimento e da própria existência social. Como tal, o *éthos* sociopolítico é apenas uma parte, embora criticamente significativa, da *ético-ontoepistemologia* geral que pode ser discernida dentro de qualquer ato de conhecimento, de qualquer programa de pesquisa, de tradição acadêmica e de escola de pensamento. Esse argumento está alinhado a trabalhos que desafiam os cânones hegemônicos da ciência como uma busca objetiva e neutra de valor da "realidade pura", dos "fatos objetivos", da "informação neutra" e da "evidência nua" purificada de todas as dimensões humanas e políticas — interesses, motivações, aspirações, emoções e agendas sociopolíticas. O modelo tradicional de ciência é atualmente um dos pilares da agenda neoliberal e sua economia do conhecimento sustenta o *status quo* sociopolítico e econômico geral. Isso não é nada mais do que um regime imperial da verdade — com modelos específicos de ciência canonizados e reificados como um cânone quase religioso. A imposição bruta de modelos hegemônicos de ciência é realizada sob a bandeira da objetividade, da validade e do rigor científico que, afirma-se, permitem que a ciência permaneça neutra e distante da ideologia e da política. Na verdade, estamos lidando com uma busca muito ambiciosa, claramente ideológica de uma "ideologia sem ideologia", enganosa e profundamente falha que é inequivocamente política e ideológica em seu esforço para cumprir os interesses do mercado e

> os valores gerenciais. Esses valores são exemplificados na proliferação da vigilância e da "datafìcação" da vida social, que se torna calculável e manipulável, imposta por poderosas redes de políticas (Ward, 2011) (STETSENKO, 2021a, p. 20, grifos nossos).

A subjetividade ativista e a agência transformadora, ambas orientadas para o futuro e inerentemente éticas por completo, permeiam a ontoepistemologia à luz da dialética complexa implícita no conceito de posicionamento ativista transformador (STETSENKO, 2019). Para a pesquisadora, é impossível imaginar um futuro possível, a menos que nos localizemos no presente e em sua história. No entanto, o inverso também é verdadeiro, pois não podemos nos localizar no presente e em sua história, a menos que imaginemos o futuro e nos comprometamos a criá-lo (STETSENKO, 2019). Os horizontes não são apresentados por outrem ou por qualquer autoridade, mas, em vez disso, devem ser descobertos pelos indivíduos e pelas comunidades. Nessa dialética, o passado, o presente e o futuro tornam-se não apenas intrinsecamente conectados, mas também coextensivos. A ontoepistemologia transformadora requer uma elaboração dialética entre os compromissos com o futuro, as atividades orientadoras do presente, incluindo as atividades de pesquisa e de teorização, e a luta permanente e contínua destinada a realizar mudanças no presente. Para a autora, o que está em jogo são, precisamente, a aproximação e a simultaneidade de um compromisso com o futuro e a concretização desse futuro em cada ato de saber-ser-fazer no aqui e agora, em que o futuro está sendo feito e refeito no presente (STETSENKO, 2019, p. 9). Segundo Stetsenko (2021a, p. 26), ciência e pesquisa não são, consequentemente, para revelar o que há no mundo como "ele é", como se de alguma forma fosse separado de nossas investigações práticas, mas, sim, "para estabelecer e determinar o que deve e pode ser feito, inclusive por meio de investigações e de pesquisas".

No posicionamento ativista transformador, o mundo é entendido como um terreno mutável e em contínua evolução de práticas sociais, constantemente encenadas e reencenadas (*enacted and reenacted*) por pessoas agindo juntas na realização de seus atos individualmente únicos e autenticamente autorais, ou responsivos, apesar de sempre serem ações profundas e demasiadamente sociais. Assim, a realidade é concebida como aquilo que está sendo constantemente transformado pelas próprias pessoas — e não como indivíduos solitários agindo sozinhos, mas "como *atores* de práticas sociais comunitárias" (STETSENKO, 2021a, p. 23, grifo da autora). O posicionamento ativista transformador postula que o desenvolvimento humano se baseia em contribuições propositais e responsivas — em outras palavras, *agentivas* e *ativistas* —, para o mundo dinâmico em formação e em constante mutação, composto de práticas comunitárias compartilhadas, influenciado por visões, posições e compromissos com futuros específicos desejados, sempre ético-politicamente não neutros. Para a pesquisadora:

> Os seres humanos passam a ser eles próprios e passam a conhecer o seu mundo e a si próprios *no processo e como o processo* de mudar o seu mundo (enquanto mudam juntamente a ele), no meio desse processo e como uma de suas facetas, em vez de fora dele, ou simplesmente em algum tipo de conexão com ele. Nessa abordagem dialeticamente recursiva e dinamicamente coconstitutiva, pode-se dizer que as pessoas realizam seu desenvolvimento na *atuação agentiva de mudanças que trazem o mundo à realidade, e simultaneamente suas próprias vidas, incluindo seus eus e suas mentes* (STETSENKO, 2021a, p. 24, grifos da autora).

O posicionamento ativista transformador acentua que, em vez de focar a representação do futuro como sendo aquela atualmente existente, a atuação humana é contingente em indivíduos quando se comprometem com uma **determinada versão do futuro**. A construção desse futuro almejado dá-se por meio das atividades e das ações (práticas comunitárias) em andamento (STETSENKO, 2022). O posicionamento ativista transformador convida todos os participantes a interrogar criticamente e ir além das circunstâncias presentemente dadas, incluindo as próprias visões de cada um, a fim de imaginar o futuro e conceber os tipos de projetos coletivos que podem transformar esse futuro em realidade (VIANNA; STETSENKO, 2021). O posicionamento ativista transformador sugere que os pesquisadores e os participantes nunca deixem de atuar como agentes de mudança colaborativos, ou ativistas, em vez de serem meros observadores ou intérpretes da realidade. A pesquisa também envolve transformar o engajamento pessoal em uma ferramenta de pesquisa, trazendo dimensões éticas de responsabilidade pessoal e vulnerabilidade, e tornando a pesquisa um "esforço simultaneamente pessoal, político e conceitual" (VIANNA; STETSENKO, 2021, p. 36).

Na perspectiva de Stetsenko (2019), ser-saber-fazer, bem como teorizar e pesquisar, devem ser entendidos como projetos simultaneamente prático-críticos. O conhecimento é uma representação (*enactment*) de contribuições futuras orientadas às práticas comunitárias de autocriação por meio da criação de um mundo incessante e integrado, e, assim, é: (a) simultaneamente um resultado direto e contribuinte para as práticas comunitárias; (b) entrelaçado a dimensões práticas, políticas e carregado de valor dessas práticas; (c) incorpora essas práticas e seus *éthos* sociopolíticos no próprio tecido do conhecimento; (d) implica direcionalidade, isto é, um compromisso explícito com a forma como a sociedade deve ser, como ingrediente essencial e inelutável; (e) vai além dos limites da ciência como uma odisseia do pensamento purista, e, em vez disso, representa uma busca transformadora de formas radicalmente novas da vida social e do saber-ser-fazer (STETSENKO, 2019).

Para Stetsenko (2022), o posicionamento ativista transformador destaca a noção de que os indivíduos *contribuem* para práticas transformadoras colaborativas (em contraste com uma expansão dialética da noção de *participação*) por meio de seus próprios atos únicos e sua coautoria de práticas sociais historicamente reveladoras. Nesse sentido,

> [...] as práticas colaborativas são postuladas como ontologicamente primárias, embora sejam entendidas como evoluindo contínua e

> cumulativamente por meio de *contribuições ativistas únicas* de participantes individuais, que sempre agem como sujeitos sociais e sempre importam de uma forma ou de outra porque estão diretamente implicados na criação de suas realidades de existência e de seu desenvolvimento e, portanto, nas transformações sociais do mundo. Esse modelo dá crédito total à colaboração e à coletividade e, além disso, à solidariedade e à comunhão enfatizadas em abordagens emancipatórias, como a pedagogia crítica de Freire (por exemplo, FREIRE, 1990), reinstaurando a mensagem política inicial contida, também, na orientação geral de Vygotsky (embora menos pronunciada em trabalhos posteriores dessa escola de investigação devido às pressões do regime *top-down* [de cima para baixo] que não atribuiu aos indivíduos qualquer papel significativo na criação do seu mundo) (STETSENKO, 2022, p. 10, grifos da autora).

Em síntese, a perspectiva ético-ontoepistemológica de Stetsenko:

a) elimina a lacuna entre a dimensão ética e a ontoepistemologia, pois todas as formas de pesquisa e todos os atos de ser-saber-fazer carregam consigo orientações ético-políticas específicas (sistemas de valores e objetivos finais almejados);
b) propõe que um estudo científico politicamente comprometido e moralmente engajado é possível, desafiando os modelos canônicos de pesquisa que defendem que a ciência permaneça neutra e distante da ideologia e da política;
c) sugere que as atividades de pesquisa e de teorização necessitam estar dialeticamente vinculadas à luta permanente e contínua para a concretização das mudanças coletivamente pensadas para o futuro;
d) propõe o posicionamento ativista transformador como um conceito-chave para a efetivação da ético-ontoepistemologia; e
e) enfatiza a primazia ontológica da práxis colaborativa como um modo de vida ou existência único dos seres humanos, conceito fundamental para compreender a essência do posicionamento ativista transformador.

Contribuições da perspectiva ético-ontoepistemológica para a pesquisa do campo da Política Educacional

1ª — Coerência interna nas pesquisas e conhecimento prático-crítico

Em um sentido geral, a perspectiva ético-ontoepistemológica é uma estrutura conceitual que compreende a ética, a ontologia e a epistemologia como elementos inseparáveis. Na prática, a efetivação dessa inseparabilidade coloca para os pesquisadores um desafio significativo: a busca de coerência interna entre esses elementos, seja no processo da pesquisa (lógica da pesquisa), seja na lógica da exposição.[9] A busca pela coerência interna pode ser alcançada por meio da verificação da coerência conteúdo-forma,[10] da reflexividade e da vigilância epistemológica, pela permanente autocrítica do pesquisador e pelas heterocríticas, oriundas de seus pares.

Conforme já mencionado, Stetsenko (2021a, 2022) argumenta que todas as formas de pesquisa, todas as formas e todos os atos de ser-saber-fazer possuem um *éthos* sociopolítico. Esse *éthos* sociopolítico é apenas uma parte, embora criticamente significativa, da ético-ontoepistemologia geral que pode ser discernida dentro de qualquer ato de conhecimento, de qualquer programa de pesquisa, de tradição acadêmica e de escola de pensamento (STETSENKO, 2021a). A partir disso, podemos inferir que o pesquisador, ao adotar determinada teoria

---

9. Para Bourdieu (2020, p. 20): "Todos os epistemólogos dizem que a lógica da pesquisa e a lógica da exposição do discurso sobre a pesquisa são totalmente diferentes, mas as necessidades da lógica da exposição se impõem tão fortemente a eles que eles constituem um tipo de discurso sobre a pesquisa sem nada em comum com o que se realmente faz na pesquisa".

10. Para uma autoanálise da coerência conteúdo-forma, sugerimos que o pesquisador registre em um quadro os aspectos relacionados à ética, à ontologia, à epistemologia e à metodologia para verificar se estão bem articulados, ou seja, se há vínculos fortes entre conteúdo-forma em sua pesquisa. É importante também que essa *configuração conformática* (conteúdo-forma) seja também debatida com outros pesquisadores, que podem contribuir para essa avaliação.

para fundamentar a sua pesquisa, precisa levar em consideração que essa teoria integra uma determinada matriz epistemológica e uma ontologia — categorias mais abrangentes e complexas, concepção de homem, de Educação, de sociedade, de realidade, como define Sánchez Gamboa (2007). A teoria específica, a epistemologia, a ontologia e o pesquisador possuem um *éthos* sociopolítico (sistemas de valores, orientações e objetivos finais almejados), uma visão de mundo e de realidade. Argumentamos que o ideal é que haja uma convergência entre o *éthos* sociopolítico do pesquisador e o *éthos* sociopolítico da teoria (ou teorias) que adota como fundamento para a sua pesquisa. Nesse sentido, é possível compreendermos que cada uma das perspectivas ontoepistemológicas se consubstancia em um modo de pensar e de compreender a realidade, em maneiras de filosofar e em um estilo de escrita (PETERS, 2000).

No caso específico da pesquisa no campo da Política Educacional, desde o final da década de 1990, há pesquisas que buscam avaliar a produção do campo da Política e gestão da Educação (*e.g.*, AZEVEDO; AGUIAR, 2001; WITTMANN; GRACINDO, 2001). De modo geral, podemos observar que é crescente a preocupação dos pesquisadores do campo com a fundamentação teórica das pesquisas, mas ainda são poucos aqueles que incluem, em seus relatórios de pesquisa, reflexões de natureza epistemológica, ontoepistemológica, ético-ontoepistemológica ou ético-ontoepistemetodológica (MAINARDES, 2017, 2018, 2021; MAINARDES; STREMEL; FREITAS, 2021; MOREIRA, 2019; TONIETO; FÁVERO, 2020).

A partir do esquema paradigmático proposto por Sánchez Gamboa (2007), observa-se que poucos trabalhos expõem ou exploram pressupostos ontológicos e gnosiológicos e o nível epistemológico (epistemologia profunda), sendo mais comum a presença de explanações relacionadas aos níveis teórico, metodológico e técnico (epistemologia de superfície).[11] Talvez, devido às limitações de espaço para publicação,

11. A respeito dos conceitos de epistemologia profunda e epistemologia de superfície, ver a entrevista com Stephen J. Ball (BALL, 2021b).

falta de experiência na reflexão sobre fundamentos ontoepistemológicos[12] ou dificuldades em assumir posicionamentos teórico-epistemológicos, muitos pesquisadores não adentram a teorizações dessa natureza. Há casos em que se explicita determinada perspectiva teórico-epistemológica, mas nem sempre se opera satisfatoriamente com ela e, ao contrário, há pesquisadores que não explicitam sua perspectiva, mas com ela operam de modo mais coerente e efetivo. Existem casos em que o pesquisador não explicita o seu posicionamento epistemológico[13] ou este se mostra em subnível com relação aos aportes oferecidos pela perspectiva teórica assumida. Há uma forte presença do pluralismo como fundamento teórico-epistemológico das pesquisas, o qual pode ser entendido como a tentativa de combinar teorias de perspectivas epistemológicas distintas (teorização combinada). Os pesquisadores que optam pelo pluralismo nem sempre deixam claro o papel das teorias com que operam e as matrizes epistemológicas às quais elas estão vinculadas. Nesse contexto, argumentamos que o debate em torno de questões epistemológicas, ontoepistemológicas e ético-ontoepistemológicas emerge como essencial para a crescente qualificação das pesquisas do campo da Política Educacional.

2ª — A ética em "primeiro plano"

O título desta segunda contribuição baseia-se em uma formulação desenvolvida por Stetsenko (2017b). A ética, um dos elementos estruturantes da pesquisa, necessita ser colocada em primeiro plano. Para a autora, trazer o ético e o político para o primeiro plano é

12. Anderson e Holloway (2018, p. 4) utilizam a expressão "reflexividade paradigmática".

13. O posicionamento epistemológico refere-se a como os autores enquadram o que conta como conhecimento à luz do que analisam e para que fins (afirmações, implicações) (ANDERSON; HOLLOWAY, 2018, p. 18). Além disso, pode ser entendido também como o posicionamento do pesquisador com relação à pesquisa investigada, seu contexto e suas consequências. O posicionamento epistemológico, em uma pesquisa coerente, está articulado ao posicionamento epistemológico.

uma proposição controversa, sujeita a contestações. A abordagem que privilegia o ato de se posicionar sobre questões de significação sociopolítica e histórico-cultural é consistente com a ontoepistemologia transformadora. Nessa estrutura, as questões sobre "quem está falando" e o local de onde se está falando, destacadas em estudos críticos recentes (por exemplo, algumas epistemologias e estruturas feministas), são ampliadas para a questão "para quê". Esta última está focada nos propósitos e nos objetivos, na destinação e na abordagem que as escolas de pensamento (incluindo teorias e todos os processos de construção do conhecimento) visam alcançar, ao contribuir para o futuro por meio das mudanças instigadas no presente (STETSENKO, 2017b, p. 90).

Algumas questões podem ser úteis para compreendermos a ética como elemento estruturante das pesquisas: Por que estou pesquisando este tema? Para quê? A favor de quem? A partir de quais fundamentos teóricos? "Para que tipo de futuro as respostas às perguntas provavelmente contribuirão?" (VIANNA; STETSENKO, 2021, p. 32-33). Quais são os meus compromissos com a questão investigada e com os sujeitos envolvidos? Qual a finalidade social do conhecimento que está sendo produzido? É possível delinear implicações práticas para o contexto pesquisado? Quais estratégias poderiam ser pensadas para o enfrentamento e a superação dos problemas e das limitações identificadas? Qual o espaço para o ativismo transformador nesse campo ou nessa temática? É relevante destacarmos que o filósofo brasileiro Álvaro Vieira Pinto (1979), no livro *Ciência e existência: problemas filosóficos da pesquisa científica*,[14] em 1967, propunha que é essencial refletir sobre as finalidades do trabalho científico e que este deve ser posto exclusivamente "a serviço de propósitos humanos, na plena acepção da palavra" (PINTO, 1979, p. 287). O autor escreve ainda que a reflexão sobre a essência do trabalho científico, nas condições do país subdesenvolvido,

14. O livro *Ciência e existência: problemas filosóficos da pesquisa científica* foi escrito em 1967, no Chile, quando o autor se encontrava no exílio. Foi publicado no Brasil em 1969, pela editora Paz e Terra. A segunda e terceira edições foram publicadas em 1979, e a quarta, em 1985. Em 2020, foi publicado pela editora Contraponto.

faz-se necessária para a "formação da consciência do pesquisador e do pensador e a possibilidade de convertê-lo em instrumento de transformação da existência do povo" (PINTO, 1979, p. 339).

Na perspectiva ético-ontoepistemológica que assumimos neste capítulo, o processo de pesquisa baseia-se em "interesses, motivações, aspirações, emoções e agendas sociopolíticas" (STETSENKO, 2021a, p. 21), configurando um "estudo científico politicamente comprometido e moralmente engajado" (STETSENKO, 2021a, p. 22). Com base em Scheper-Hughes (1995), Stetsenko (2021a, p. 22) alerta que a ideia de um estudo científico politicamente comprometido e moralmente engajado ainda soa a muitos como "contaminado, até mesmo assustador".

A pesquisa no campo da Política Educacional é bastante propícia para a reflexão e para os posicionamentos éticos, pois envolve questões relacionadas à justiça social, às desigualdades sociais e educacionais, às consequências materiais das políticas para classes sociais distintas, ao direito à Educação, à democratização, aos projetos de sociedade, aos projetos de nação, às transformações sociais etc. De modo geral, os objetos de estudo pesquisados demandam a assunção de determinados posicionamentos éticos e políticos. Há um *habitus* no campo da Política Educacional o qual abrange questões como a análise crítica, a explicitação de posicionamentos político-ideológicos e éticos, a análise relacional, a participação nos movimentos de luta e resistência (PIRES, 2021; SOARES, 2019). Por essa razão, a pesquisa em Política Educacional envolve um projeto científico e um projeto político (MAINARDES, 2018).

O nível de envolvimento do pesquisador com a temática e com o contexto investigado é distinto de um pesquisador para outro. Trata-se de uma postura ético-ontoepistemológica que não pode ser generalizada, e a ausência desse envolvimento e compromisso não significa que o pesquisador seja menos ético. O campo da Política Educacional é multiparadigmático, e a visão do que seja uma pesquisa ou postura ética pode ser distinta. Por exemplo, em algumas perspectivas, tais como a Pós-estruturalista e na Sociologia crítica das políticas educacionais, o delineamento de alternativas ou soluções para o contexto pesquisado não deve ser uma preocupação do pesquisador. Ao contrário, na perspectiva marxista de Stetsenko, é essencial assumir uma postura ativista frente às questões e aos problemas que estão sendo investigados.

Provavelmente, em ambas as perspectivas, há limitações que devem ser salutarmente consideradas. O que, talvez, possa ser generalizada é a ideia de que todos os pesquisadores, mesmo que de modo não consciente, desde o início da realização da pesquisa, fundamentam-se em princípios, orientações e valores éticos, e por que não, em um *código de ética* ínsito. A clareza e a consciência do papel da ética na pesquisa podem ser elementos importantes no desenvolvimento da pesquisa e seus desdobramentos por meio da devolutiva e, principalmente, do ativismo transformador. Nessa perspectiva, a reflexividade ética proposta por Gewirtz (2007) constitui-se como conceito altamente relevante.

3ª — Problematização x construção de alternativas nas práticas sociais

A terceira contribuição refere-se ao uso social do conhecimento produzido. Na perspectiva de Stetsenko (2021a), pesquisadora da área da Psicologia, o ativismo transformador emerge no próprio processo de pesquisa. No caso das pesquisas em Educação, as diferentes formas de ativismo, em geral, ocorrem após a pesquisa e ao longo da trajetória do pesquisador, como um "projeto de vida contínuo" (STETSENKO, 2022, p. 13). A autora adverte que os indivíduos nem sempre podem estar cientes de como exatamente suas atividades contribuem para o mundo, ou podem estar em uma busca constante por tais atividades, lutando para dar sentido às suas vidas e encontrar "seu caminho". No entanto,

> [...] apesar da falta de consciência e de luta muitas vezes contínua para encontrar um projeto de vida significativo (**atividade de liderança**), as

> pessoas sempre contribuem *sim* para algo que acontece no mundo. Isso é verdade mesmo que essas contribuições sejam apenas em pequena escala, e mesmo que sejam trazidas pela abstenção de contribuições ativistas para esses processos — porque o último tipo de "contribuição" muitas vezes funciona para perpetuar o *status quo* existente, para sufocar mudanças na sociedade e, portanto, também faz a diferença, embora na forma de uma negatividade. Portanto, em última análise, o que leva a pessoa a ser posicionada por suas atividades para mudar o mundo e a si mesma como parte do mundo — para que objetivo e para que tipo de futuro uma pessoa contribui — é a questão central, cuja resposta é necessária na análise da subjetividade humana que rompe com o dualismo cartesiano, e quebra-o.
>
> O tipo de ontoepistemologia baseada em ações ativistas que contribuem para as práticas sociais e representam o futuro significa que a direção de nossas ações (**unificadas como um projeto de vida contínuo**) é central para formar conceitos. Essa direção é formada por objetivos e compromissos com o futuro assumidos por meio de contribuições a projetos colaborativos de transformação social, pela postura que assumimos perante o mundo e pelo caminho que traçamos para chegar ao nosso destino. De outro modo, o que o posicionamento ativista transformador destaca é o posicionamento ativista, voltado para o futuro e, portanto, o *futuro, o horizonte e o destino* do desenvolvimento e da pessoalidade. Essa dimensão foi subteorizada pela teoria histórico-cultural, cujo foco principal foi colocado na história e, assim, no passado, com a exclusão de questões sobre como o futuro, concebido em termos ativistas como uma visão com a qual os indivíduos se comprometem, desempenha um papel formativo no desenvolvimento (STETSENKO, 2022, p. 12-13, grifos nossos).

Tem havido um intenso debate na literatura internacional do campo da Política Educacional com relação à função da pesquisa. Alguns pesquisadores defendem que a finalidade da pesquisa é a problematização e a produção de conhecimento crítico (*e.g.*, BALL, 2020, 2021a; OZGA, 2019; THOMPSON, 2019). Para esse primeiro grupo, o papel da pesquisa não é o de construir alternativas ou envolver-se em ações de mudança ou transformação. Na opinião de Ozga (2019), a agenda "crítica" que ela e seus contemporâneos desenvolveram era "a antítese" da orientação dominante de "solução de problemas" para os estudos políticos e representava uma "tentativa explícita de retroceder contra essas tendências poderosas". Em vez de tratar os problemas de política como autoevidentes e ver o trabalho do pesquisador de política como principalmente voltado à melhoria de políticas e geração de soluções, a autora argumenta que a sociologia das políticas estava preocupada em desafiar a sabedoria recebida e fazer perguntas fundamentais sobre as instituições e o social e as relações de poder.

Com base em Gilles Deleuze, por exemplo, Thompson (2019, p. 45) argumenta que o valor em teoria está na articulação de questões ou problemas, em vez de soluções, acrescentando que a crítica dos problemas nos permite melhor compreender a constituição de nossa condição (THOMPSON, 2019, p. 46). Gerar soluções, ele argumenta, é circunscrito por sua relação limitada com problemas predefinidos, enquanto a problematização nos força a um encontro em que algo novo emerge, novos pensamentos, novas possibilidades, novas compreensões (THOMPSON, 2019, p. 46 *apud* SAVAGE *et al.*, 2022, p. 4). Ball (2021a, p. 391) questiona o que ele chama de "tirania das alternativas", e propõe a perda da inocência, a renúncia de nosso papel de heróis da nossa própria história, como reveladores de injustiças, defensores de mudanças radicais e agentes da resistência. Em outro trabalho, Ball (2020, p. 871), ao tratar dos "erros da sociologia redentora ou desistir da esperança ou desespero", considera que, em virtude dos limites impostos pelo suposto bem da Educação, não há espaço para que a Educação seja pensada de forma diferente. Desse modo, a crítica é embotada e circunscrita por ciclos de esperança e decepção — "o romantismo é valorizado e o cinismo, abominável" (BALL, 2020, p. 876). Ball (2020) propõe que, em vez de viver e perpetuar consolos de esperança e promessas da razão, em vez de aceitar os imperativos da biopolítica, os sociólogos da Educação comecem a admitir o absurdo da Educação (como propõe ALLEN, 2017 *apud* BALL, 2020). Devemos, assim, ser contra a Educação e não a favor dela.

Outro grupo de autores, por sua vez, valoriza a problematização, mas sugere que o papel do pesquisador é também contribuir para o contexto (*e.g.*, MOLLA, 2021; SAVAGE *et al.*, 2022). No contexto dos debates sobre a sociologia crítica das políticas educacionais, Savage *et al.* (2022, p. 5) consideram que "o ato inevitavelmente político da pesquisa significa que é complicado ver a problematização como forma preferível de crítica à construção de soluções". Os autores têm em conta que a problematização deve ser vista como parte integrante da formulação crítica de soluções para aqueles que optam por se engajar em tal trabalho, e a formulação de soluções não deveria ser vista necessariamente como acrítica (SAVAGE *et al.*, 2022). No entanto, os mesmos autores afirmam que os processos de construção de soluções são tão limitados quanto os atos de problematização, e igualmente capazes de produzir novas possibilidades de pensar e compreender o mundo.

A perspectiva ético-ontoepistemológica de Stetsenko (2021a) é bastante clara com relação a essa questão, uma vez que compreende o envolvimento do pesquisador com o tema e com o contexto como elemento positivo, e enfatiza a necessidade da coconstrução dos processos de transformação. Com o conhecimento construído por meio do estudo, da pesquisa, da reflexão e das autovivências, o pesquisador pode contribuir de diferentes formas, tais como: explicitar, em seus textos, as implicações da sua pesquisa para práticas educacionais mais efetivas; apoiar o desenvolvimento de projetos alternativos de redes de ensino, de escolas ou de grupos de professores; sistematizar o conhecimento produzido e as alternativas em textos, cursos, *sites* etc. Por exemplo, engajar-se em um projeto coletivo, que vise promover mudanças mais abrangentes ou em áreas específicas em uma rede de ensino ou de uma escola, pode ser uma oportunidade de expandir a relação teoria-prática e, ao mesmo tempo, participar de processos de melhoria ou transformação de um contexto educacional específico e da própria pesquisa. Nesse sentido, o princípio ético presente aqui é o de que tentar fazer algo, mesmo com eventuais limitações, é melhor do que não fazer nada. É importante considerar que diversos grupos privados oferecem serviços e alternativas para a Educação pública e, quando os pesquisadores acadêmicos não se envolvem com as redes de ensino e com as escolas, deixam de disputar espaços de construção "coletividual"[15] de discursos contra-hegemônicos.

No entanto, algumas políticas, em virtude das suas finalidades e características, dificilmente podem ser melhoradas. Nesse caso, é possível participar de movimentos que lutam pela sua revogação, bem como de tentativas de gerar formas de resistência. De modo geral, os pesquisadores que assumem um posicionamento ativista transformador em uma ou mais áreas do campo da Política Educacional compartilham valores, tais como: justiça social, democratização, Educação de qualidade para todos e, portanto, podem facilmente distinguir quais projetos poderiam ser prioritariamente apoiados. Em síntese, o princípio ético básico desse posicionamento é o de que o conhecimento produzido é sempre teórico-prático-crítico e necessita ser posto a serviço da melhoria coletiva (PINTO, 1979). O envolvimento com as múltiplas e urgentes demandas educacionais e sociais e com as práticas reais propicia o contínuo aperfeiçoamento desse mesmo conhecimento.[16] Por meio do posicionamento ativista transformador,

---

15. Sobre o conceito de "coletividual", ver Stetsenko (2022). Essa abordagem delineia a dialética sutil dos planos individuais e coletivos da práxis humana, em que cada indivíduo é "**moldado** pela história coletiva e por práticas colaborativas enquanto, ao mesmo tempo, os molda e os percebe por meio da contribuição para sua materialidade coletiva e dinâmica, indo além do *status quo*. Ao capitalizar as pessoas sempre transcendendo o que existe no 'aqui e agora', de forma não adaptativa, com base em um compromisso e visão de como o mundo 'deveria ser', a subjetividade individual é reivindicada, em si própria, como um processo **material-discursivo totalmente social e corporificado**. A subjetividade individual e a agência ganham *status* ao contribuir para mudanças nas práticas 'coletividuais' como a ontoepistemologia primária de um domínio unitário que é ao mesmo tempo individual e social/coletivo" (STETSENKO, 2022, p. 2, grifos nossos).

16. Como um exercício de reflexão, listamos 130 especialidades de ativismo transformador na área de Educação e de Políticas Educacionais (MAINARDES, 2022). Tais especialidades foram elaboradas a partir da observação de formas de atuação social de pesquisadores da área de Educação no Brasil, bem como pela natureza de trabalhos publicados. Em uma perspectiva relacional e multidimensional, todas as formas de ativismo transformador são importantes, sendo algumas mais específicas (por exemplo, o ativismo transformador no apoio às crianças e às famílias de crianças com Síndrome Congênita do Zika Vírus) e outras mais abrangentes (por exemplo, o ativismo transformador na luta pelo direito à moradia digna).

os pesquisadores efetivam seu compromisso explícito de como a sociedade poderia ser e vão além dos limites da ciência como uma odisseia purista de pensamento, mas como uma busca transformadora de formas radicalmente novas de vida social e de saber-ser-fazer" (STETSENKO, 2019, p. 10).

Considerações finais

Apesar da existência de um conjunto significativo de pesquisas e publicações sobre questões teórico-epistemológicas no campo da Política Educacional, há ainda muitos aspectos a serem explorados. Como Schwandt (2000, p. 190) explica, a prática da investigação social "não pode ser definida adequadamente como um fazer ateórico que requer apenas destreza metodológica". Em vez disso, as conexões entre paradigmas e as formas de conduzir as pesquisas precisam ser exploradas.

Neste capítulo, buscamos demonstrar que a perspectiva ético-ontoepistemológica contribui para a realização de pesquisas mais integradas e coerentes. Além disso, desafia os pesquisadores na reflexão sobre a finalidade social da ciência e da pesquisa. Como se trata de um campo amplo, multifacetado e multiparadigmático, o debate em torno de disputas conceituais, bem como sobre os fundamentos e as finalidades da pesquisa, deverá ser sempre intenso, e é altamente positivo e produtivo que assim seja. É por essa razão que, já no início do capítulo, afirmamos que se trata de um texto-proposta para debate, e não de verdades absolutas.

Neste texto, argumentamos que a ética é um dos elementos estruturantes da pesquisa e não um mero apêndice. Além de estar presente em todas as etapas da pesquisa, as questões éticas emergem como fundamentais quando admitimos o posicionamento ativista transformador, o qual requer do pesquisador uma compreensão distinta das pesquisas convencionais com relação ao seu papel, engajamento e envolvimento com a temática e com o contexto pesquisado. Nesse modelo de pesquisa, o compromisso com a transformação social e com uma perspectiva de futuro orienta não somente a pesquisa, mas também o tipo de relacionamento com os participantes, pois qualquer pesquisa é sempre um "esforço conjunto entre pesquisadores e participantes" (VIANNA; STETSENKO, 2021, p. 36) na construção de um futuro melhor para todos. A questão da devolutiva dos resultados de pesquisa é importante, e o debate em torno da questão necessita ser ampliado. No entanto, a proposta do posicionamento ativista transformador emerge como uma alternativa que ultrapassa a noção de devolutiva. Sem ações orgânicas, coletivas, contínuas e integradas, dificilmente os contextos reais serão transformados.

Referências

ANDERSON, Kate T.; HOLLOWAY, Jessica. Discourse analysis as theory, method, and epistemology in studies of education policy. *Journal of Education Policy*, v. 35, n. 2, p. 188-221, 2018. DOI: https://doi.org/10.1080/02680939.2018.1552992.

AZEVEDO, Janete Maria Lins de; AGUIAR, Márcia Ângela. A produção do conhecimento sobre a política educacional no Brasil: um olhar a partir da ANPEd. *Educação & Sociedade*, Campinas, v. 22, n. 77, p. 49-70, dez. 2001. DOI: https://doi.org/10.1590/S0101-73302001000400004.

BALL, Stephen. J. The errors of redemptive sociology or giving up on hope and despair. *British Journal of Sociology of Education*, v. 41, n. 6, p. 870-880, 2020. DOI: https://doi.org/10.1080/01425692.2020.1755230.

BALL, Stephen J. Response: policy? Policy research? How absurd. *Critical Studies in Education*, v. 62, n. 2, p. 387-393, 2021a. DOI: https://doi.org/10.1080/17508487.2021.1924214.

BALL, Stephen J. Entrevista com o professor Stephen J. Ball. *In*: MAINARDES, Jefferson (org.). *Metapesquisa no campo da Política Educacional*. Curitiba: CRV, 2021b. p. 223-236.

BARAD, Karen. *Meeting the universe halfway*: quantum physics and the entanglement of matter and meaning. Durham: Duke University Press, 2007.

BARAD, Karen. Erasers and erasures: Pinch's unfortunate 'uncertainty principle'. *Social Studies of Science*, v. 41, n. 33, p. 443-454, 2011. DOI: https://doi.org/10.1177/0306312711406317.

BARAD, Karen. Diffracting diffraction: cutting together-apart. *Parallax*, v. 20, n. 33, p. 168-187, 2014. DOI: https://doi.org/10.1080/13534645.2014.927623.

BARRACLOUGH, Shanee. Ethico-onto-epistemological becoming. *Qualitative Research in Psychology*, v. 15, n. 2-3, p. 375-380, 2018. DOI: https://doi.org/10.1080/14780887.2018.1430732.

BOURDIEU, Pierre. *Sociologia geral*. Petrópolis: Vozes, 2020. v. 1: Lutas de classificação — Curso no Collège de France (1981-1982).

BROOKS, Ann K. Agential realism in a community-based organization in Mexico: an ethico-onto-epistemology of emancipatory learning. *Adult Education Quarterly*, v. 69, n. 1, p. 42-59, 2019. DOI: https://doi.org/10.1177/0741713618815579.

BROOKS, Rachel; TE RIELE, Kitty; MAGUIRE, Meg. *Ética e pesquisa em Educação*. Ponta Grossa: Editora da UEPG, 2017.

DAVIES, Bronwyn. Ethico-onto-epistemology: inventing new possibilities of life. *In*: DAVIES, Bronwyn. *Entanglement in the world's becoming and the doing of new materialist inquiry*. Abingdon: Routledge, 2021. p. 126-144.

FLACH, Simone; MASSON, Gisele. A disciplina de Política Educacional em cursos de formação de professores. *Revista Pedagógica*, Chapecó, v. 15, n. 33, p. 181-199, jul./dez. 2014.

GEERTS, Evelien. Ethico-onto-epistemology. *New Materialism*, 14 ago. 2016. Disponível em: https://newmaterialism.eu/almanac/e/ethico-onto-epistem-ology.html. Acesso em: 17 jan. 2024.

GEERTS, Evelien; CARSTENS, Delphi. Ethico-onto-epistemology. *Philosophy Today*, v. 63, n. 4, p. 915-925, 2019. DOI: https://doi.org/10.5840/philtoday202019301.

GEWIRTZ, Sharon. Reflexividade ética na análise de políticas: conceituação e importância. *Práxis Educativa*, Ponta Grossa, v. 2, n. 1, p. 7-12, jan./mar. 2007.

GOROSTIAGA, Jorge M. La formación de investigadores en el campo de la política educativa: una mirada regional. *Revista de la Educación Superior*, v. 46, n. 183, p. 37-45, 2017. DOI: https://doi.org/10.1016/j.resu.2017.06.001.

KUBY, Candace R.; GUTSHALL RUCKER, Tara. *Go be a writer!*: expanding the curricular boundaries of literacy learning with children. New York: Teachers College Press, 2016.

KUBY, Candace R.; ZHAO, Wei. Ethico-onto-epistemology. *In*: MURRIS, Karin (ed.). *A glossary for doing postqualitative, new materialist and critical posthumanist research across disciplines*. Abingdon: Routledge, 2022. p. 64-65.

LENZ TAGUCHI, Hillevi Lenz. *Going beyond the theory/practice divide in early childhood education*: introducing an intra-active pedagogy. Abingdon: Routledge, 2010.

MAINARDES, Jefferson. A pesquisa sobre Política Educacional no Brasil: análise de aspectos teórico-epistemológicos. *Educação em Revista*, Belo Horizonte, n. 33, e173480, p. 1-25, 2017. DOI: https://doi.org/10.1590/0102-4698173480.

MAINARDES, Jefferson. A pesquisa no campo da política educacional: perspectivas teórico-epistemológicas e o lugar do pluralismo. *Revista Brasileira de Educação*, Rio de Janeiro, n. 23, e230034, 1-20, 2018. DOI: https://doi.org/10.1590/S1413-24782018230034.

MAINARDES, Jefferson. A metapesquisa no campo da Política Educacional: aspectos teórico-conceituais e metodológicos. *In*: MAINARDES, Jefferson (org.). *Metapesquisa no campo da Política Educacional*. Curitiba: CRV, 2021. p. 19-43.

MAINARDES, Jefferson. *Lista de especialidades de ativismo transformador no campo de Educação e da Política Educacional (exemplos)*. Ponta Grossa: UEPG, abr. 2022. Disponível em: https://www.researchgate.net/profile/Jefferson-Mainardes. Acesso em: 17 jan. 2024.

MAINARDES, Jefferson; STREMEL, Silvana. Aspectos da formação do pesquisador para o campo da política educacional na pós-graduação no Brasil. *Educação & Sociedade*, v. 40, p. 1-20, 2019. DOI: https://doi.org/10.1590/ES0101-73302019203826.

MAINARDES, Jefferson; STREMEL, Silvana. *Education policy research*: epistemological and theoretical issues. Curitiba: Brazil Publishing, 2020.

MAINARDES, Jefferson; STREMEL, Silvana; FREITAS, Patrícia L. V. Levantamento de pesquisas e publicações sobre metapesquisa em Política Educacional (Brasil). *In*: MAINARDES, Jefferson (org.). *Metapesquisa no campo da Política Educacional*. Curitiba: CRV, 2021. p. 213-221.

MAINARDES, Jefferson; STREMEL, Silvana; SOARES, Solange T. Aspectos teórico-epistemológicos da pesquisa em política educacional no Brasil: mapeamento e reflexões. *Movimento*: Revista de Educação, Niterói, v. 5, n. 8, p. 43-74, jan./jun. 2018.

MAINARDES, Jefferson; TELLO, César. A pesquisa no campo da Política Educacional: explorando diferentes níveis de abordagem e abstração. *Arquivos Analíticos de Políticas Educativas*, v. 24, n. 75, p. 1-17, 2016. DOI: http://dx.doi.org/10.14507/epaa.24.2331.

MASSON, Gisele. Ontoepistemologia na produção de conhecimento no campo da Educação. *Práxis Educativa*, Ponta Grossa, v. 17, e20169, p. 1-17, 2022. DOI: https://doi.org/10.5212/PraxEduc.v.17.20169.059.

MOLLA, Tebeje. Critical policy scholarship in education: an overview. *Education Policy Analysis Archives*, v. 29, p. 1-30, 2021. DOI: https://doi.org/10.14507/epaa.29.5655.

MOON, Katie; BLACKMAN, Deborah. A guide to understanding social science research for natural scientists. *Conservation Biology*, v. 28, n. 5, p. 1167-1177, oct. 2014. DOI: http://dx.doi.org/10.1111/cobi.12326.

MOREIRA, Laélia Portela. O Programa Universidade para Todos em teses da área de Educação: temáticas, fundamentos e níveis de abstração. *Práxis Educativa*, Ponta Grossa, v. 14, n. 3, p. 871-892, set./dez. 2019. DOI: https://doi.org/10.5212/PraxEduc.v.14n3.004.

OZGA, Jenny. Problematising policy: the development of (critical) policy sociology. *Critical Studies in Education*, v. 62, n. 3, p. 290-305, 2019. DOI: https://doi.org/10.1080/17508487.2019.1697718.

PETERS, Michael. *Pós-estruturalismo e filosofia da diferença*: uma introdução. Belo Horizonte: Autêntica, 2000.

PINTO, Álvaro Vieira. *Ciência e existência*: problemas filosóficos da pesquisa científica. São Paulo: Paz e Terra, 1979.

PIRES, Andréa de Paula. *Aspectos do habitus da formação de pesquisadores para o campo da Política Educacional no Brasil*: um estudo a partir da teoria de Pierre Bourdieu. 2021. Tese (Doutorado em Educação) — Programa de Pós-Graduação em Educação, Universidade Estadual de Ponta Grossa, Ponta Grossa, 2021.

REVELLES-BENAVENTE, Beatriz. Discursos políticos feministas en la era digital: análisis del discurso desde los nuevos materialismos de la cibercampaña #BringBackOurGirls. *Debats*, Valencia, v. 134, n. 20, p. 43-59, 2020. DOI: https://doi.org/10.28939/iam.debats.134-2.4.

RIBEIRO, Joana Sousa. From interculturalism to inter-recognition: towards an ethico-onto-epistemological approach in migration research. *Journal of Multicultural Discourses*, v. 14, n. 1, p. 1-15, 2019. DOI: https://doi.org/10.1080/17447143.2019.1566343.

ROSA, Gregory Luis R.; TROJAN, Rose Meri. A Política Educacional como disciplina: revisão de literatura. *Revista de Estudios Teóricos y Epistemológicos en Política Educativa*, Ponta Grossa, v. 4, p. 1-18, 2019. DOI: https://doi.org/10.5212/retepe.v.4.013.

SÁNCHEZ GAMBOA, Silvio. *Pesquisa em Educação*: métodos e epistemologias. Chapecó: Argos, 2007.

SAVAGE, Glenn C. *et al.* A política da sociologia crítica das políticas: mobilidades, amarras e redes de elite. *Práxis Educativa*, Ponta Grossa, v. 17, e2219696, p. 1-18, 2022. DOI: https://doi.org/10.5212/PraxEduc.v.17.19696.001.

SCHEPER-HUGHES, Nancy. The primacy of the ethical: propositions for a militant anthropology. *Current Anthropology*, v. 36, p. 409-420, 1995. DOI: http://www.jstor.org/stable/2744051.

SCHWANDT, Thomas A. Three epistemological stances for qualitative inquiry: interpretivism, hermeneutics, and social constructionism. *In*: DENZIN, Norman K.; LINCOLN, Yvonna S. (ed.). *Handbook of qualitative research*. 2. ed. London: Sage, 2000. p. 189-213.

SOARES, Solange Toldo. *Política educacional na pós-graduação em Educação*: uma análise a partir da trajetória coletiva dos pesquisadores. 2019. Tese (Doutorado em Educação) — Universidade Estadual de Ponta Grossa, Ponta Grossa, 2019.

SONG, Ah-Young. An ethico-onto-epistemological approach to literacy research. *Journal of Literacy Research*, v. 52, n. 2, p. 231-237, 2020. DOI: https://doi.org/10.1177/1086296X20915473.

STETSENKO, Anna. Introduction to "Tool and sign" by Lev Vygotsky. *In*: RIEBER, Robert; ROBINSON, David (ed.). *The essential Vygotsky*. 2. ed. New York: Kluwer Academic/Plenum, 2004. p. 510-512.

STETSENKO, Anna. Activity as object-related: resolving the dichotomy of individual and collective types of activity. *Mind, Culture, and Activity*, v. 12, n. 1, p. 70-88, 2005. DOI: https://doi.org/10.1207/s15327884mca1201_6.

STETSENKO, Anna. From relational ontology to transformative activist stance: expanding Vygotsky's (CHAT) project. *Cultural Studies of Science Education*, v. 3, p. 471-491, 2008. DOI: https://doi.org/10.1007/s11422-008-9111-3.

STETSENKO, Anna. Personhood: an activist project of historical becoming through collaborative pursuits of social transformation. *New Ideas in Psychology*, v. 30, n. 1, p. 144-153, 2012. DOI: https://doi.org/10.1016/j.newideapsych.2009.11.008.

STETSENKO, Anna. The challenge of individuality in cultural-historical activity theory: "Collectividual" dialectics from a transformative activist stance. *Outlines*: Critical Practice Studies, v. 14, n. 2, p. 7-28, 2013. DOI: https://doi.org/10.7146/ocps.v14i2.9791.

STETSENKO, Anna. Theory for and as social practice of realizing the future: Implications from a transformative activist stance. *In*: MARTIN, Jack; SUGARMAN, Jeff; SLANEY, Kathleen (ed.). *The Wiley handbook of theoretical and philosophical psychology*: methods, approaches, and new directions for Social Sciences. Nova Jersey: Wiley, 2015. p. 102-116.

STETSENKO, Anna. Vygotsky's theory of method and philosophy of practice: implications for trans/formative methodology. *Educação*, Porto Alegre, v. 39, p. 32-42, dez. 2016. DOI: http://dx.doi.org/10.15448/1981-2582.2016.s.24385.

STETSENKO, Anna. Putting the radical notion of equality in the service of disrupting inequality in education: research findings and conceptual advances on the infinity of human potential. *Review of Research in Education*, v. 41, p. 112-135, 2017a. DOI: https://doi.org/10.3102/0091732X16687524.

STETSENKO, Anna. *The transformative mind*: expanding Vygotsky's approach to development and education. Cambridge: Cambridge University Press, 2017b.

STETSENKO, Anna. Confronting biological reductionism from a social justice agenda: transformative agency and activist stance. *Literacy Research*: Theory, Method, and Practice, v. 67, p. 44-63, 2018. DOI: https://doi.org/10.1177/2381336918787531.

STETSENKO, Anna. Hope, political imagination, and agency in Marx and beyond: explicating the transformative worldview and ethico-ontoepistemology. *Educational Philosophy and Theory*, v. 52, n. 7, p. 726-737, 2019. DOI: https://doi.org/10.1080/00131857.2019.1654373.

STETSENKO, Anna. Research and activist projects of resistance: the ethical-political foundations for a transformative ethico-onto-epistemology. *Learning, Culture and Social Interaction*, v. 26, p. 1-8, 2020. DOI: https://doi.org/10.1016/j.lcsi.2018.04.002.

STETSENKO, Anna. Ético-ontoepistemologia ativista: pesquisa e estudo de resistência. Tradução: Janete Bridon. *In*: ASSOCIAÇÃO NACIONAL DE PÓS-GRADUAÇÃO E PESQUISA EM EDUCAÇÃO (org.). *Ética e pesquisa em Educação*: subsídios. Rio de Janeiro: ANPEd, 2021a. p. 20-30. v. 2. Recurso eletrônico. Disponível em: https://www.anped.org.br/sites/default/files/images/etica_e_pesquisa_em_educacao_v._2_agosto_2021.pdf. Acesso em: 4 jun. 2022.

STETSENKO, Anna. Scholarship in the context of a historic socioeconomic and political turmoil: reassessing and taking stock of Cultural-historical activity theory. *Mind, Culture and Activity*, v. 28, n. 1, p. 32-43, 2021b. DOI: https://doi.org/10.1080/10749039.2021.1874419.

STETSENKO, Anna. O desafio da individualidade na Teoria da Atividade Histórico-Cultural: dialética "coletividual" a partir de uma postura ativista transformadora. *Práxis Educativa*, Ponta Grossa, v. 17, e2219943, p. 1-22, 2022. DOI: https://doi.org/10.5212/PraxEduc.v.17.19943.014.

STETSENKO, Anna; ARIEVITCH, Igor M. Vygotskian collaborative project of social transformation: history, politics, and practice in knowledge construction. *The International Journal of Critical Psychology*, v. 12, n. 4, p. 58-80, 2004.

STREMEL, Silvana; MAINARDES, Jefferson. A disciplina Política Educacional em cursos de Pedagogia no Brasil: primeiras aproximações. *Jornal de Políticas Educacionais*, Curitiba, v. 9, p. 137-155, 2015. DOI: http://dx.doi.org/10.5380/jpe.v9i17/18.41885.

TELLO, César. Las epistemologías de la política educativa: vigilancia y posicionamiento epistemológico del investigador en política educativa. *Práxis Educativa*, Ponta Grossa, v. 7, n. 1, p. 53-68, jan./jun. 2012. DOI: https://doi.org/10.5212/PraxEduc.v.7i1.0003.

TELLO, César. *Los objetos de estudios de la política educativa*: hacia una caracterización del campo teórico. Buenos Aires: Autores de Argentina, 2015.

TELLO, César; MAINARDES, Jefferson. Revistando o enfoque das epistemologias da política educacional. *Práxis Educativa*, Ponta Grossa, v. 10, n. 1, p. 153-178, jan./jun. 2015a. DOI: https://doi.org/10.5212/PraxEduc.v.10i1.0007.

TELLO, César; MAINARDES, Jefferson. Pluralismos e investigación en política educativa: una perspectiva epistemológica. *Revista Mexicana de Investigación Educativa*, v. 20, n. 66, p. 763-788, 2015b.

THOMPSON, Greg. Learning personalisation: technics, disorientation and governance. *In*: WILKINS, Andrew; OLMEDO, Antonio (ed.). *Education governance and social theory*: interdisciplinary approaches to research. London: Bloomsbury Academic, 2019. p. 43-62.

TONIETO, Carina; FÁVERO, Altair A. A pesquisa em Política Educacional: análise de aspectos teórico-epistemológicos em teses de doutorado (2010-2012). *Práxis Educativa*, Ponta Grossa, v. 15, e2014901, p. 1-21, 2020. DOI: https://doi.org/10.5212/PraxEduc.v.15.14901.030.

VIANNA, Eduardo; STETSENKO, Anna. Research with a transformative activist agenda: creating the future through education for social change. *In*: VADEBONCOEUR, Jennifer (ed.). Learning in and across contexts: reimagining education. *National Society for the Studies of Education Yearbook*, v. 113, n. 2, p. 575-602, 2014.

VIANNA, Eduardo; STETSENKO, Anna. Compromisso e posicionamento: ética em pesquisa ativista transformadora. *In*: ASSOCIAÇÃO NACIONAL DE PÓS-GRADUAÇÃO E PESQUISA EM EDUCAÇÃO (org.). *Ética e pesquisa em Educação*: subsídios. Rio de Janeiro: ANPEd, 2021. v. 2. p. 31-40. Recurso eletrônico. Disponível em: https://www.anped.org.br/sites/default/files/images/etica_e_pesquisa_em_educacao_v._2_agosto_2021.pdf. Acesso em: 4 jun. 2022.

WITTMANN, Lauro Carlos; GRACINDO, Regina V. *O estado da arte em política e gestão da Educação no Brasil*: 1991 a 1997. Campinas: Anpae; Autores Associados, 2001.

ZHAO, Weili. Eastern ethico-onto-epistemologies as a difracting return: implications for post-qualitative pedagogy and research. *In*: MURRIS, Karin (ed.). *Navigating the postqualitative, new materialist and critical posthumanist terrain across disciplines*: an introductory guide. Abingdon: Routledge, 2021. p. 85-98.

Agradecimentos

Sou grato a Gregory Luis Rolim Rosa pela parceria no estudo da ético-ontoepistemologia e aos colegas que enviaram comentários sobre uma versão preliminar deste texto: César Tello, Jorge Gorostiaga, Vanessa Jakimiu, Laélia Portela Moreira e Paulo Fioravante Giareta.

CAPÍTULO 10

O ganho epistêmico na análise do conservadorismo educacional e sua atuação em políticas:

o conceito de aliança conservadora

Luís Armando Gandin

Universidade Federal do Rio Grande do Sul (UFRGS)

Iana Gomes de Lima

Universidade Federal do Rio Grande do Sul (UFRGS)

Introdução

Neste capítulo, temos como objetivo explorar a potência analítica do conceito de aliança conservadora (APPLE, 2003) na análise do avanço do conservadorismo no atual contexto educacional brasileiro e suas consequências para as políticas educacionais. Defendemos a ideia de que esse conceito ancora materialmente a análise de políticas públicas e das ações de grupos que buscam influenciá-las. Defendemos, também, que os cruciais elementos discursivos dessas políticas devem ser sempre analisados sob uma óptica que leve em conta a economia política e o cultural. Para isso, trataremos do conceito de hegemonia e de Economia Política Cultural Crítica, e suas contribuições para a análise de alianças conservadoras. Finalmente, apresentamos uma rede política de atores do Brasil contemporâneo e sua ação em defesa da política educacional do *homeschooling*, elaborada em projeto de pesquisa[1] conduzido por um de nós, de modo a ilustrar a análise que propomos.

Conservadorismo e aliança conservadora

O interesse por pesquisar o conservadorismo está vinculado não apenas ao que alguns autores e autoras já têm identificado como uma onda conservadora no Brasil (MIGUEL, 2016; PIAIA, 2019), mas também ao avanço do conservadorismo como um movimento global (BORDOLI; CONDE, 2020; LÖWY, 2015; SCHIRMER; APPLE, 2016; SEVERO; ESTRADA, 2019), por meio, especialmente, da atuação de redes de políticas (AMARAL, 2015; BALL, 2014). Tratarmos esse avanço não como um movimento homogêneo de um grupo isolado, mas como fruto de articulações de diferentes grupos e de interesses, nem sempre totalmente convergentes, parece-nos crucial e uma contribuição dessa análise que propomos. As implicações para os estudos de políticas educacionais ficarão claras no decorrer deste capítulo.

Entendemos que tal avanço é fruto de uma aliança conservadora (APPLE, 2003), que, no Brasil, compreende grupos e atores com características semelhantes àqueles mapeados por Michael Apple no cenário estadunidense dos anos finais da década de 1990. O conceito de aliança conservadora representa uma coalizão tensa de forças e traz uma perspectiva de não homogeneidade. Assim, tal conceito torna-se central para o entendimento do conservadorismo em sua complexidade, contingência histórica e contradição.

1. Projeto de pesquisa interinstitucional intitulado "A Aliança Conservadora, o Estado e as Políticas Educacionais no Brasil: um mapeamento de atores e ações conservadores", financiado pela chamada Universal do Conselho Nacional de Desenvolvimento Científico e Tecnológico — CNPq (2018).

De acordo com Apple (2003), a aliança conservadora estadunidense constitui-se em quatro grupos: os neoliberais, os neoconservadores, os populistas autoritários e a nova classe média profissional. O autor defende que, no contexto dos Estados Unidos, são os neoliberais que lideram essa aliança, atraindo os outros grupos para que atuem sob sua influência, em uma complexa costura de interesses. No caso brasileiro contemporâneo, defendemos a posição — usando, além dos argumentos de Apple, também as contribuições de Miguel (2016), Lacerda (2019) e Rocha (2018) — de que, no contexto atual, os grupos fundamentalistas religiosos têm se destacado no papel de liderança, compartilhando esse posto com grupos neoliberais na proposição de concepções e políticas que promovem interesses que beneficiam ambos os grupos. Passamos, agora, a definir, seguindo a concepção de Apple (2003), esses dois grupos, que são aqueles na liderança da aliança conservadora brasileira.

Os fundamentalistas religiosos são aqueles que Apple (2003) chama de populistas autoritários. Tal grupo baseia suas posições sobre Educação e política social em certas visões da autoridade bíblica, como a "moralidade cristã", os papéis de gênero e a família (APPLE, 2003). Apple (2003, p. 67) afirma que a plataforma desse grupo, nos Estados Unidos, inclui questões relativas a gênero, sexualidade, família e sobre o que deve ser o saber legítimo nas escolas. Na visão de fundamentalistas religiosos, tem-se a premissa de que a interferência do Estado na família representa um perigo derivado do multiculturalismo, que prevê que seus filhos são obrigados a conviver com o "diferente" e, muitas vezes, com o "imoral". Avançando em relação ao que propõe Apple (2003), defendemos que esse grupo é muito mais ativo nos espaços públicos do que seus pares do passado. Ao contrário de um conservadorismo religioso moral que buscava atuar sobre os espaços privados dos valores, os populistas autoritários podem ser caracterizados como militantes, ativistas, como um movimento que identifica o Estado e suas políticas como seu grande alvo. O espaço de atuação é público, e esse neoconservadorismo avança no sentido de ativamente propor suas concepções e práticas, de modo a estendê-las a toda a sociedade e não apenas aos seus pares. Tal grupo defende publicamente — assim como os neoliberais — que o Estado não deve intervir na sociedade, mas sua ação promove uma ação sobre o Estado — novamente, assim como os neoliberais —, tanto de dentro para fora quanto de fora para dentro, a fim de que seus interesses sejam ativamente promovidos e todos os outros sejam bloqueados.

Miguel (2016) traz uma perspectiva próxima a de Apple (2003) ao tratar do Brasil, afirmando que o fundamentalismo pode ser definido "[...] pela percepção de que há uma verdade revelada que anula qualquer possibilidade de debate" (MIGUEL, 2016, p. 593). O autor afirma que esse grupo é atuante na oposição ao direito ao aborto, na defesa de uma família heteronormativa e na oposição às políticas de combate à homofobia. Miguel (2016, p. 593) ainda destaca que fundamentalistas religiosos "[...] se aliam a diferentes forças conservadoras no Congresso, como os latifundiários e os defensores dos armamentos".

A centralidade da religião no avanço conservador brasileiro também é destacada por Lacerda (2019). A autora identifica uma direita cristã — não somente evangélica — atuante, que propõe a defesa da "família tradicional" como resposta a qualquer diagnóstico de anomalia social. Isso fica evidenciado, por exemplo, pela quantidade de debates identificados pela autora no plenário da Câmara acerca da questão dos direitos reprodutivos das mulheres e da definição legal de família, que, pela promulgação do Projeto de Lei n. 6.583, de 2013, o qual criou o Estatuto da Família, define família como o núcleo social surgido de união entre um homem e uma mulher, por meio de casamento ou união estável (BRASIL, 2013).

Cabe destacarmos que características do grupo de neoconservadores mapeado por Apple (2003) também são identificadas na aliança conservadora brasileira. Contudo, temos o entendimento, aqui, de que o neoconservadorismo é um movimento intelectual e político bastante específico do cenário estadunidense (LIMA; GOLBSPAN; SANTOS, 2022; ROCHA, 2018). Portanto, mais do que identificarmos grupos neoconservadores no Brasil, é possível verificarmos algumas de suas características, que se combinam e se sobrepõem àquelas dos fundamentalistas religiosos, especialmente a que diz respeito a uma:

> [...] visão romântica do passado, um passado em que o "verdadeiro saber" e a moralidade reinavam supremos, onde as pessoas "conheciam o seu lugar" e em que as comunidades estáveis, guiadas por uma ordem natural, protegiam-nos dos estragos da sociedade (APPLE, 2003, p. 57).

Essa noção de um passado em que tudo funcionava bem é bastante presente nos discursos conservadores brasileiros, apontando que, antigamente, havia uma ordem estabelecida que, hoje, foi corrompida. Como destaca Lacerda (2019), a culpabilização por essa desordem recai, muitas vezes, sobre temas e práticas ligadas à sexualidade e ao gênero.

A aliança conservadora no Brasil, como já dissemos, tem outro grupo com grande protagonismo: os neoliberais. Esse é um grupo que se define como modernizador, como aquele que propõe superar os entraves — os atrasos, a burocracia, os interesses corporativos de sindicatos — que impedem o avanço da economia de mercado. É por causa dessa capacidade de se apresentar como inovadores, como aqueles que buscam superar as tradições que supostamente nos mantêm no passado, que Apple (2003) chama a aliança entre neoliberais e autoritários populistas (além de dois outros grupos) de modernização conservadora. No entanto, ainda que a agenda dos grupos neoliberais se apresente como inovadora e ligada a uma liberdade maior para o indivíduo e para empreender, sem aquilo que eles denominam de amarras da burocracia estatal, defendemos que é preciso analisar essa atuação também como conservadora, pois ela apresenta uma agenda (e políticas públicas) que defende a manutenção das premissas básicas do capitalismo (livre mercado, competição e gestão pública baseada nesses princípios). Mesmo que possamos identificar elementos de modernização em relação a um capitalismo com base em uma atuação centralizada do Estado, que sempre teve fronteiras muito borradas entre o espaço privado das elites tradicionais e o espaço do interesse público, argumentamos que os grupos neoliberais que se aliam aos grupos conservadores, a partir dos anos 2000, não representam uma modernização no âmbito econômico. Eles são mais uma força conservadora na manutenção e no aumento da desigualdade econômica entre as classes sociais e dos interesses dos grupos econômicos dominantes no Brasil.

Além da perspectiva mais conservadora no que tange à moral e aos costumes, defendida pelos populistas autoritários, há, também, um conservadorismo econômico, desenvolvido, centralmente, na aliança conservadora, pelos neoliberais. Tal grupo baseia-se na premissa de que o privado necessariamente é bom e o público é ruim e insuficiente, defendendo a racionalidade econômica, o princípio do custo-benefício como forma de maximizar a eficiência e a qualidade e, consequentemente, atender à demanda do capital (APPLE, 2003). Outro ponto nodal para os neoliberais é a "liberdade de escolha", entendida como a verdadeira democracia. Em relação às políticas sociais, na visão neoliberal, o mercado é responsável por oferecer empregos a todos que querem, de acordo com o mérito de cada um, de modo a assegurar a equidade e um futuro melhor para os cidadãos, os quais passam a ser entendidos como consumidores (APPLE, 2003).

Miguel (2016) identifica esse grupo no Brasil como ultraliberais libertarianos. Assim como afirma Apple (2003), o autor destaca que uma das premissas desse grupo é a defesa do menor Estado possível no que tange às políticas sociais, afirmando que, na perspectiva neoliberal: "[...] qualquer situação que nasça de mecanismos de mercado é justa por definição, por mais desigual que pareça" (MIGUEL, 2016, p. 592). Cabe ainda ressaltarmos que esses pensamentos são ativamente promovidos por *think tanks* no cenário brasileiro (MIGUEL, 2016; ROCHA, 2018).

Em relação ao neoliberalismo no contexto de avanço conservador brasileiro, Rocha (2018) traz importantes contribuições. A autora aponta que a nova direita brasileira faz uma ampla divulgação do ideário pró-mercado, destacando um papel importante que é desempenhado por atores neoliberais e/ou ultraliberais. Rocha (2018) define o neoliberalismo como aquele que defende um papel ativo do Estado como promotor do livre mercado, devendo atuar ativamente na regulação da economia, "[...] no sentido de criar um aparato jurídico-legal para fomentar o bom funcionamento do livre-mercado" (ROCHA, 2018, p. 46). Para a autora, o que há, atualmente, no Brasil é um amálgama ultraliberal-conservador.

Como ficou claro, os dois grupos que detalhamos apresentam características distintas, mas conseguem articular seus interesses e constituir uma aliança. O conceito de aliança conservadora permite-nos entender essas combinações de interesses como uma ligação conjunturalmente firme, mas contingente. As contradições não desaparecem, mas são minimizadas, e os possíveis pontos comuns são maximizados em função dos interesses últimos de cada grupo. Assim, quando populistas autoritários fundamentalistas cristãos defendem que "[...] a natureza humana é o mercado e a expansão desse mercado para todas as nações do mundo [...] é a vontade de Deus" (APPLE, 2003, p. 193); ou, quando neoliberais defendem que a Educação não deve ser política ou de valores, devendo focar a formação de trabalhadores preparados para o mundo do trabalho, fica claro que articulações estão sendo forjadas.

O conceito de aliança conservadora está alicerçado na teorização sobre hegemonia, que passamos a examinar na próxima seção.

Hegemonia como liderança econômica e cultural

Segundo Hall (2005), o uso de análises que partem da premissa de que as relações sociais são determinadas somente pelas relações econômicas provoca a existência de explicações unilaterais, ou seja, explicações que levam em conta apenas uma parte do todo, havendo, assim, uma distorção. A partir da incorporação de contribuições da teoria de Gramsci, Hall (2005) passou a fazer uso do conceito de hegemonia, demonstrando que esse conceito traz contribuições para que a análise dos fenômenos sociais seja realizada de uma forma mais complexa.

Hall (2005) destaca que a hegemonia é um processo, que precisa ser ativamente construído e mantido, de luta por liderança e poder social, em que diferentes grupos fazem alianças a partir de objetivos comuns. Entre os grupos que constituem as alianças, há uma hierarquização, o que significa dizer que existem grupos que possuem maior poder do que outros. Hall (2005) afirma que a hegemonia tem um caráter multidimensional, o que denota que ela não pode ser construída ou sustentada a partir de uma única dimensão (por exemplo, o econômico). Hegemonia "[...] representa um grau de domínio sobre toda uma série de diferentes 'posições' que ocorrem em um mesmo tempo" (HALL, 2005, p. 424).

Mesmo ao apontar a importância de outras dimensões que vão além do econômico, Hall (2005) aponta que não se pode negligenciar seu poderoso papel nas análises sociais: os grupos que possuem maiores condições materiais ainda têm um importante papel de liderança nas alianças hegemônicas, e as relações de produção são ainda centrais para que, com mediações, analise-se a hegemonia. Segundo Apple (2000, p. 43), a hegemonia implica a obtenção de um consenso, "[...] criando um guarda-chuva ideológico sob o qual podem se abrigar grupos diferentes, que normalmente poderiam não concordar na totalidade uns com os outros".

Hall (2005) tem uma contribuição central para entendermos a complexidade que o conceito de hegemonia agrega à noção de aliança conservadora. Juntamente ao conceito de Economia Política Cultural Crítica, já apresentado na introdução e que será aprofundado na sequência, passamos a entender que:

> [...] alguns discursos são mais poderosos do que outros na sociedade porque os discursos estão ligados às condições materiais. Essa hierarquia de discursos, no entanto, não é produzida por uma determinação unidirecional das condições materiais. Em vez disso, Hall nos ajuda entender que este é um processo de constante movimento, no qual os grupos hegemônicos devem lutar para estabelecer seu discurso como o dominante. Isso não é automaticamente garantido pelo fato de que esses grupos têm o poder econômico (especialmente porque grupos sem poder econômico poderiam ser trazidos para dentro da aliança dominante). Hall defende uma correspondência não-necessária entre economia e cultura, entre classes dominantes e ideologia dominante, e não uma não-correspondência necessária, como alguns pós-estruturalistas propõem (GANDIN, 2015, p. 293).

A força e a expansão do movimento conservador, que conquista a hegemonia política no contexto contemporâneo (APPLE, 2013), são sustentadas e impulsionadas não por um setor isoladamente, mas pela atuação colaborativa dos grupos que compõem essa aliança. Logo, a noção de aliança torna-se central para o entendimento do fenômeno em questão em sua complexidade, contingência histórica e contradição. Aliança conservadora é usada por Apple (2003) para tratar da articulação provisória e tensa dos diferentes grupos que compõem este novo bloco hegemônico, e que têm trazido à cena pressupostos e projetos conservadores em várias áreas, dentre elas, a Educação.

A noção de aliança proposta por Apple (2003) está intimamente ancorada no conceito de hegemonia de Gramsci (1971) e seu uso por Hall (2005), uma vez que essa coalizão surge e se sustenta justamente na busca pela manutenção de grupos da sociedade em posições privilegiadas. A manutenção da hegemonia requer investimentos e esforços sistemáticos para manter uma determinada posição social. Na disputa pela hegemonia, os diversos grupos e forças sociais permanecem em tensão permanente, ao passo que os grupos favorecidos precisam encontrar formas de manter e atualizar suas condições hegemônicas, ainda que, para isso, precisem se aliar, sob determinadas condições, a grupos com interesses conflitantes. Ademais, uma importante lição da teoria de Apple (2003) a respeito da hegemonia da aliança conservadora é o aspecto crítico e relacional de sua análise: o autor entende que as ações desse bloco hegemônico possuem consequências concretas, enfatizando que, enquanto certos grupos privilegiados reproduzem sua hegemonia, grupos subalternizados em termos de raça, de classe, de gênero e de sexualidade são continuamente prejudicados pela permanência do projeto hegemônico da aliança conservadora.

O conceito de Economia Política Cultural Crítica e seu uso no campo da Educação, desenvolvida por Susan Robertson e Roger Dale (2015), incorporam as discussões propostas por Hall (2005), demonstrando a importância de operar com categorias que vão além do econômico. A Economia Política Cultural Crítica na Educação (EPCCE), conforme afirmaram Robertson e Dale (informação verbal),[2] para além de destacar a importância de incluir nas análises sociais categorias que vão além do econômico, tem como objetivo tratar, de maneira mais específica, as análises educacionais: a ideia não é adicionar a Educação como um aspecto para além da economia, do político e do cultural, mas, sim, colocá-la no centro das investigações, examinando as formas como essas três dimensões trabalham no interior e por meio da Educação.

Ao elaborar essa teoria tendo em vista as análises educacionais, Robertson e Dale (2015) apontam o importante papel que a Educação tem para a produção e a reprodução de aspectos culturais, políticos e econômicos. A EPCCE consiste em estudar, a partir de uma visão crítica, a Educação como um fenômeno que tem implicações para o campo cultural, político e econômico.

A EPCCE está preocupada com o fornecimento de ferramentas que possibilitem novas compreensões sobre as formações sociais modernas, suas relações, trazendo a economia e a política para conversar com a perspectiva cultural. Tem como principal característica sinalizar que os fenômenos sociais não podem ser analisados apenas a partir da economia, fazendo-se necessário incluir a política e a cultura a partir de uma visão crítica. Assim como o conceito de hegemonia e de aliança conservadora, uma das contribuições da EPCCE é analisar as políticas educacionais a partir de uma visão mais complexa, que envolva aspectos culturais, políticos e econômicos.

O desenvolvimento dessa teoria responde à preponderância ainda existente, em parte das análises sociais, de um viés economicista — mesmo que essa seja uma questão já discutida desde as décadas de 1980 e 1990. Robertson e Dale (2015), assim como Jessop (2008), apontam que muitos estudos ainda trazem a economia como o elemento a partir do qual se podem explicar as relações sociais, deixando em um distante segundo plano as questões referentes à cultura e à política. Como já mostramos, Stuart Hall apontou para a necessidade de incluir,

2. Informação obtida a partir de reuniões realizadas com o professor Roger Dale e com a professora Susan Robertson na University of Bristol, durante os meses de outubro de 2014 a junho de 2015.

nas análises dos fenômenos sociais, elementos que fossem para além de uma lógica economicista. A EPCCE, assim, também se beneficia da contribuição de Hall, como um de nós afirma em um texto sobre a contribuição de Hall para a análise de políticas educacionais:

> Há uma citação famosa de Margaret Thatcher, ex-primeira-ministra do Reino Unido, que, na minha opinião, resume a razão pela qual é tão importante utilizar todos estes conceitos juntos para compreender os movimentos da aliança hegemônica. Ela disse: "A economia é o método, o objetivo é mudar a alma" (como citado em APPLE, 1996, p. 98). Esta frase, penso eu, resume a tarefa de qualquer pesquisador interessado em regulação e transformação social. É necessário abordar as condições estruturais nas quais a "economia" se estabelece: a materialidade ainda conta. Mas também é necessário compreender como os grupos neoliberais e neoconservadores conquistaram a hegemonia e como esse discurso articula os medos e as crenças dos grupos dominados. Por fim, é necessário analisar como as "almas" estão sendo mudadas, como as crenças mais acalentadas estão sendo reconstruídas, como a memória social está sendo apagada e como o consentimento está sendo obtido, às vezes não racionalmente, mas através de uma política de sentimentos e desejos (GANDIN, 2015, p. 295).

Essa combinação, proposta por Hall, permite um grande ganho epistêmico, torna ainda mais potente o uso do conceito de aliança conservadora. O uso desse conceito, sustentado pelos aportes da teorização da hegemonia e da Economia Política Cultural Crítica, fornece, como mostramos, uma lente teórica capaz de capturar a complexidade dos blocos hegemônicos conservadores contemporâneos no Brasil, e suas ações no campo discursivo e no campo das políticas.

Aliança conservadora em cena: uma análise da rede política da Educação domiciliar

Como forma de ilustrarmos a discussão anteriormente proposta, apresentamos uma rede política de atores que têm auxiliado a propagar a agenda da Educação domiciliar no Brasil. Para a elaboração dessa rede, fez-se uso da etnografia de redes desenvolvida por Ball (2014) e Howard (2002), que constitui "[...] um mapeamento da forma e do conteúdo das relações políticas em um campo particular" (BALL, 2014, p. 28). Portanto, para a coleta de dados, fez-se uso da internet como principal ferramenta para a elaboração da rede de atores que atuam para disseminar a Educação domiciliar no Brasil. Realizaram-se buscas extensas em diferentes *sites*, por meio de vídeos, entrevistas, *PowerPoints*, Facebook, *blogs*, *tweets* etc. Com essa busca, identificaram-se atores importantes no cenário brasileiro que atuam nessa pauta. O recorte temporal para a realização da pesquisa foi de janeiro de 2018 a maio de 2020.

Howard (2002) afirma que a etnografia de redes se difere de uma análise de redes sociais, pois esta última não consegue captar detalhes sobre relacionamentos que não são comensuráveis, mas que são significativos. Assim, a etnografia de redes tenta suprir essa limitação, fazendo uso de novas formas de comunicação virtual e eletrônica, o que "[...] oferece um acesso mais amplo e mais rico para o 'social' em redes sociais do que o caso de usar apenas dados terrestres" (BALL, 2014, p. 28).

Ball (2014, p. 28) destaca que a etnografia de redes está relacionada a "[...] mudanças epistemológicas e ontológicas em toda a ciência política, sociologia e geografia social que envolvem uma diminuição do interesse em estruturas sociais, e uma crescente ênfase sobre fluxos e mobilidade [...]". Essas mudanças, de acordo com Ball (2014), estão associadas aos processos de globalização.

O resultado da aplicação do uso da etnografia de redes é a elaboração gráfica da rede de atores (Figura 1).[3] Os nós representam os atores, que são de diferentes tipos. O tamanho do nó varia de acordo com o grau do ator na rede, que, nos resultados obtidos, varia

3. As figuras aqui apresentadas foram elaboradas pelo bolsista de iniciação científica Gabriel Dias dos Santos.

entre 0 (nenhuma relação identificada), no caso de atores isolados na rede, e 20 relações, no caso do ator com maior grau. Assim, quanto maior o nó, mais importante é um ator quanto à sua capacidade de relacionamento com outros atores da rede, e, por isso, sua capacidade de defesa e de reprodução da agenda é potencialmente maior.

Figura 1 — Rede da Educação domiciliar no Brasil

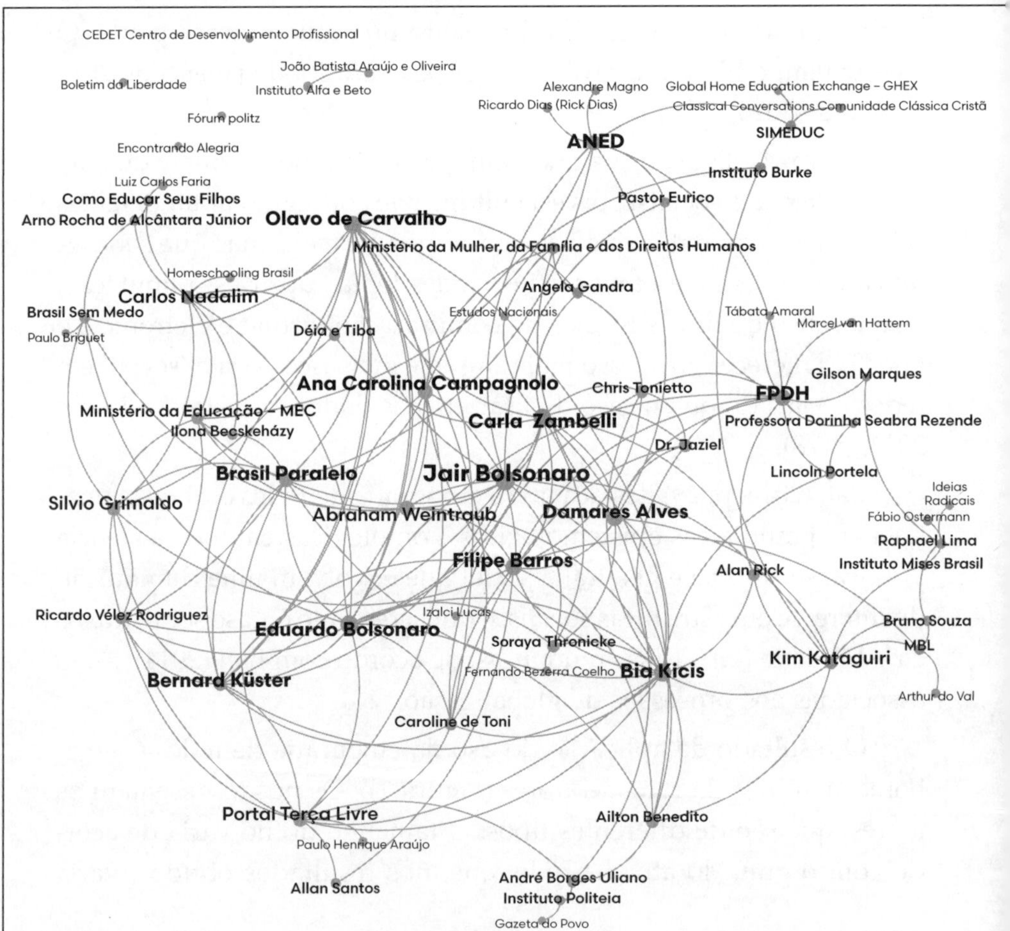

Fonte: elaborada por Gabriel Dias dos Santos, bolsista do projeto de pesquisa "A Aliança Conservadora, o Estado e as Políticas Educacionais no Brasil: um mapeamento de atores e ações conservadores".

Tabela 1 — Percentagem de presença na rede conforme os tipos de atores

Categoria	%
Político partidário	33,82%
Veículo midiático	13,24%
Influenciador midiático	13,24%
Instituição não estatal	10,29%
Representante de órgão governamental	10,29%
Site de venda de serviços e produtos	4,41%
Representante de instituição não estatal	1,41%
Órgão não governamental	2,94%
Ideólogo	1,47%
Editora/distribuidora de livros	1,47%
Movimento político	1,47%
Evento/encontro	1,47%

Fonte: elaborada por Gabriel Dias dos Santos, bolsista do projeto de pesquisa "A Aliança Conservadora, o Estado e as Políticas Educacionais no Brasil: um mapeamento de atores e ações conservadores".

Antes de adentrar as análises da rede, cabe fazermos alguns destaques metodológicos. Essa rede representa uma "fotografia" de um determinado momento, em que alguns atores se faziam presentes. Conforme já destacado anteriormente, a janela temporal é de 1º de janeiro de 2018 a 31 de maio de 2020. Esse recorte em específico foi selecionado, pois entendemos que a eleição do presidente Jair Bolsonaro foi um ponto crucial para o avanço do conservadorismo no Brasil (LACERDA, 2019) — não por coincidência, ele aparece como um dos atores centrais na rede, como é possível observarmos na Figura 1. Assim, alguns atores podem não exercer os mesmos cargos ou estarem nas mesmas posições atualmente. Contudo, entendemos que essa rede auxilia na compreensão de um momento importante na trajetória da propagação da pauta da Educação domiciliar no Brasil, e pode colaborar para futuros estudos que venham a complementar essa discussão.

Tendo em vista o objetivo deste capítulo, propomos uma análise da rede de forma a mostrar a potencialidade do conceito de aliança conservadora, apontando que há diferentes discursos e proposições utilizados em favor da mesma pauta dentro da rede. Isso se dá, pois a aliança conservadora não é formada por um grande grupo homogêneo. É uma coalizão de grupos que estabelecem alianças a partir de interesses em comum, mas, muitas vezes, divergem em suas motivações (APPLE, 2003). Nesse sentido, um dos grupos que merecem destaque é aquele formado pelos autodeclarados "liberais", que, apesar de localizados à margem no grafo da rede (Figura 2), representam uma importante fração do amálgama da aliança conservadora brasileira.

Por mais que os atores desse grupo periférico, ressaltado na Figura 2, apresentem indicadores menores de grau em relação aos demais atores da rede e possuam baixa influência na rede quanto ao número de relacionamentos, cabe destacá-los. Suas capacidades de acionamento de atores mais influentes, como é o caso do caminho de conexões entre Raphael Lima, Bruno Souza e Bia Kicis, que conecta esse grupo mais periférico ao centro da rede, mostram que são atores com importantes papéis desempenhados na disseminação da pauta.

Esse grupo destacado é formado por atores que defendem o capitalismo de livre mercado, seguindo os moldes do neoliberalismo e de políticas pró-mercado mais radicais (como o objetivismo e o libertarianismo). Entretanto, nas últimas décadas, o termo "neoliberal" caiu em desuso e os ativistas pró-mercado passaram a autodeclarar-se apenas como "liberais" (ROCHA, 2018). Vale ressaltarmos, também, como aponta Rocha (2018, p. 45), que:

> [...] a autodenominação de liberal, especialmente por parte de intelectuais, também pode apontar para uma intenção de sinalizar uma vinculação a uma rede de militância internacional muito mais ampla e que compreende diversas tendências que se percebem como uma continuação da tradição liberal clássica.

Assim, apesar de esses atores se autodeclararem liberais, entendemos, aqui, que eles são neoliberais, seguindo o aporte teórico (APPLE, 2003).

Figura 2 — Rede da Educação domiciliar no Brasil — liberais

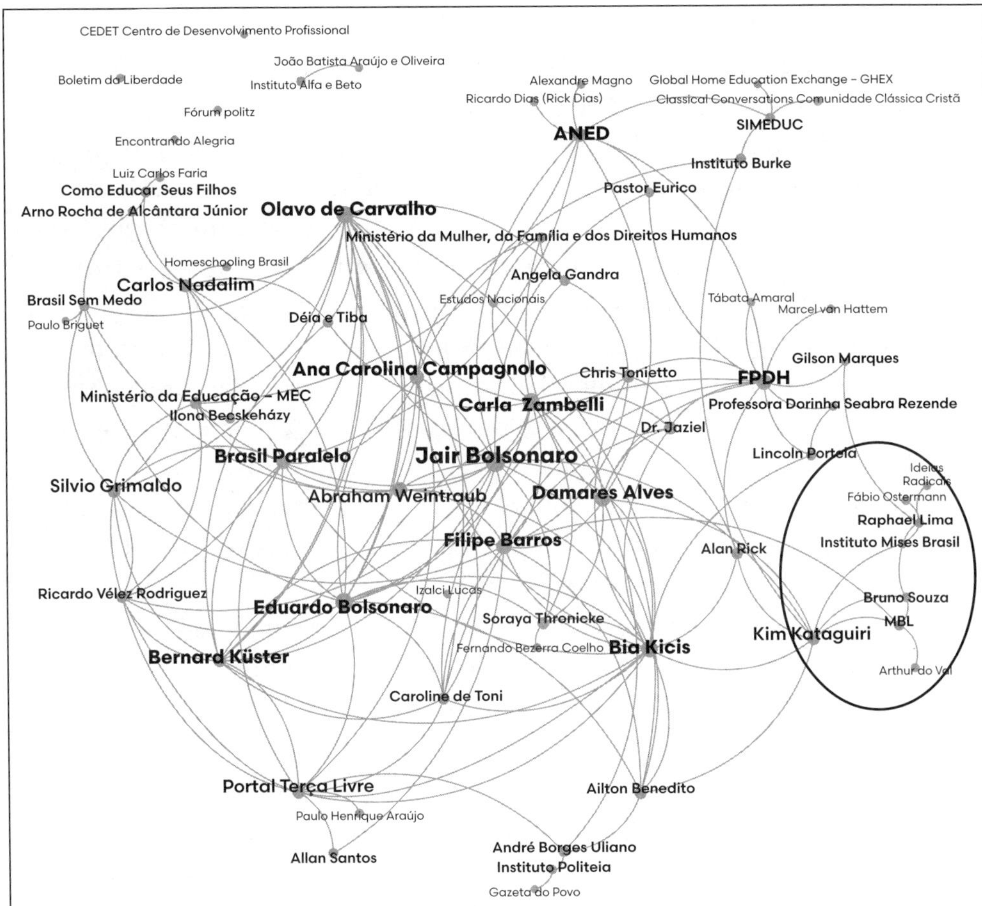

Fonte: elaborada por Gabriel Dias dos Santos, bolsista do projeto de pesquisa "A Aliança Conservadora, o Estado e as Políticas Educacionais no Brasil: um mapeamento de atores e ações conservadores".

Na rede da Educação domiciliar no Brasil, os atores destacados na Figura 2 diferenciam-se daqueles mais centrais na rede, formados, majoritariamente, por políticos e políticas que compõem e/ou apoiam o governo Bolsonaro. O grupo de liberais distingue-se dos demais atores da rede não apenas pela ideologia pró-mercado, mas, principalmente, no que diz respeito às pautas morais. Um bom exemplo dessa divergência de pautas é o autodenominado libertário Raphael Lima, criador do Ideias Radicais, ambos atores pertencentes ao grupo dos liberais na rede em questão. Ao contrário de atores mais conservadores no que tange à moral e aos costumes, como Jair Bolsonaro e Damares Alves, Raphael Lima já demonstrou ser a favor da legalização das drogas. Defende, também, a extinção do Estado como modelo de governança, diferentemente de outros atores conservadores que defendem a forte intervenção do Estado no controle da sociedade. Na defesa do *homeschooling*, seu discurso também se diferencia dos demais atores. Raphael defende a prática a partir de um viés neoliberal, argumentando que é de direito dos pais ter a liberdade de escolher o melhor sistema de ensino para seus filhos. Já atores, como o deputado federal Pastor Eurico, defendem que a prática deve ser regulamentada para que crianças não sofram de uma suposta doutrinação ideológica nas escolas (CARVALHO, 2018). Assim, podemos perceber uma diferença entre os argumentos usados pelos diferentes atores que compõem a rede, demonstrando que há, efetivamente, uma aliança conservadora em cena: sujeitos, com distintos objetivos e argumentos, aliam-se em prol de um objetivo comum que, aqui, é a defesa da Educação domiciliar como prática no Brasil.

A análise dessa rede, por meio dos conceitos de aliança conservadora, hegemonia e Economia Política Cultural Crítica na Educação, permite verificar que há, na defesa da pauta da Educação domiciliar, diferentes discursos em voga. As alianças feitas entre variados grupos que sustentam argumentos distintos não ocorrem apenas no âmbito discursivo, mas também são alicerçadas em interesses econômicos. Grupos como os autodenominados liberais veem, na Educação domiciliar, uma oportunidade de inserir premissas econômicas neoliberais — como uma menor intervenção do Estado na Educação e o princípio da livre escolha — em cena. Há, ainda, grupos que defendem a pauta pela criação de um novo mercado de livros didáticos. Contudo, grande parte dos atores da rede sustenta a Educação domiciliar com discursos morais e religiosos, o que demonstra que, no Brasil, a aliança conservadora no atual contexto é liderada por fundamentalistas religiosos. Essas alianças, conforme destacado na discussão teórica anterior, são contingentes e, portanto, podem ser rompidas.

Considerações finais

A análise da rede da Educação domiciliar reforça o uso do conceito de aliança conservadora, de hegemonia e da Economia Política Cultural Crítica na Educação para a leitura do fenômeno em curso no contexto brasileiro. Esses conceitos proporcionam um olhar mais complexo e relacional para a formação desse movimento e, por consequência, para as ações dessa aliança em relação às políticas educacionais. Por meio de uma análise que amarre esses conceitos, é possível compreendermos que há distintos grupos conservadores (mesmo que alguns se apresentem como modernizantes), que fazem alianças entre si, mas que nem sempre concordam em sua totalidade.

O movimento conservador no Brasil precisa ser compreendido, portanto, como não homogêneo e não monolítico, mas, sim, composto e nutrido por diferentes grupos, e por isso, permeado por tensões e, muitas vezes, contradições. No caso da Educação domiciliar, há atores com argumentos característicos, tanto de grupos fundamentalistas religiosos, que pregam uma volta à moralidade e aos bons costumes, quanto de neoliberais, que defendem a agenda mediante o argumento de liberdade de escolha dos pais e de um Estado menos interventor na vida individual. Mapear os elementos nos quais a aliança se alicerça é crucial, tanto para a análise das ações dessa aliança quanto para o entendimento de como interromper seus efeitos, tais como a promoção de políticas que reproduzem e ampliam as desigualdades. Defendemos que o referencial teórico que mobilizamos neste capítulo pôde nos fornecer uma potente lente para essa análise.

Referências

AMARAL, Marina. A nova roupa da direita. *Pública*, São Paulo, 23 jun. 2015. Disponível em: https://apublica.org/2015/06/a-nova-roupa-da-direita/. Acesso em: 21 jul. 2022.

APPLE, Michael. *Política cultural e educação*. Tradução: José do Amaral Ferreira. São Paulo: Cortez, 2000.

APPLE, Michael. *Educando à direita*: mercados, padrões, Deus e desigualdade. Tradução: Dinah de Abreu Azevedo. São Paulo: Cortez, 2003.

APPLE, Michael W. Fazendo o trabalho de Deus: ensino domiciliar e trabalho de gênero. *In*: APPLE, Michael W.; BALL, Stephen J.; GANDIN, Luís Armando (org.). *Sociologia da Educação*: análise internacional. Tradução: Cristina Monteiro. Porto Alegre: Penso, 2013. p. 166-176.

BALL, Stephen J. *Educação global S.A.*: novas redes políticas e o imaginário neoliberal. Tradução: Janete Bridon. Ponta Grossa: Editora da UEPG, 2014.

BORDOLI, Eloísa; CONDE, Stefanía. El proyecto educativo conservador en Uruguay en los albores del siglo XXI: avance privatizador y tutela ministerial. *Práxis Educativa*, Ponta Grossa, v. 15, p. 1-21, 2020. DOI: https://doi.org/10.5212/PraxEduc.v.15.15343.084.

BRASIL. *Projeto de Lei n. 6.583, de 2013*. Dispõe sobre o Estatuto da Família e dá outras providências. Brasília: Câmara dos Deputados, [2013]. Disponível em: https://www.camara.leg.br/proposicoesWeb/fichadetramitacao?idProposicao=597005. Acesso em: 24 jul. 2022.

CARVALHO, Taciana. Deputado Pastor Eurico defende Educação domiciliar. *Leia Já*, Recife, 8 fev. 2018. Disponível em: https://m.leiaja.com/politica/2018/02/08/deputado-pastor-eurico-defende-educacao-domiciliar. Acesso em: 22 jan. 2022.

GANDIN, Luís Armando. The contribution of Stuart Hall to analyzing educational policy and reform. *Discourse*: Studies in the Cultural Politics of Education, [*s. l.*], v. 36, n. 2, p. 287-299, 2015. DOI: https://doi.org/10.1080/01596306.2015.1013248.

GRAMSCI, Antonio. *Selections from the prison notebooks*. New York: International Publishers, 1971.

HALL, Stuart. *Critical dialogues in cultural studies*. London/New York: Routledge, 2005.

HOWARD, Philip N. Network ethnography and the hypermedia organization: new media, new organizations, new methods. *New Media Society*, [*s. l.*], v. 4, p. 550-574, 2002. DOI: https://doi.org/10.1177/14614440232146681З.

JESSOP, Bob. *State power*: a strategic-relational approach. Cambridge: Polity Press, 2008.

LACERDA, Marina Basso. *O novo conservadorismo brasileiro*: de Reagan a Bolsonaro. Porto Alegre: Zouk, 2019.

LIMA, Iana Gomes de; GOLBSPAN, Ricardo B.; SANTOS, Graziella Souza dos. Mapeando o conservadorismo na política educacional brasileira. *Educar em Revista*, Curitiba, v. 39, p. 1-24, 2022. DOI: https://doi.org/10.1590/SciELOPreprints.2595.

LÖWY, Michael. Conservadorismo e extrema-direita na Europa e no Brasil. *Serviço Social & Sociedade*, São Paulo: Cortez, n. 124, p. 652-664, 2015. DOI: https://doi.org/10.1590/SciELOPreprints.2595.

MIGUEL, Luís Felipe. Da "doutrinação marxista" a "ideologia de gênero" — Escola Sem Partido e as leis da mordaça no parlamento brasileiro. *Direito & Práxis*, Rio de Janeiro, v. 7, n. 15, p. 590-621, 2016.

PIAIA, Danilo M. A onda conservadora brasileira. *Jornal da Unicamp*, Campinas, 15 abr. 2019. Disponível em: https://www.unicamp.br/unicamp/index.php/ju/noticias/2019/04/15/onda-conservadorabrasileira. Acesso em: 24 jan. 2019.

ROBERTSON, Susan L.; DALE, Roger. Towards a 'critical cultural political economy' account of the globalising of education. *Globalisation, Societies and Education*, London, v. 13, n. 1, p. 149-170, 2015. DOI: https://doi.org/10.1080/14767724.2014.967502.

ROCHA, Camila. "Menos Marx, mais Mises": uma gênese da nova direita brasileira (2006-2018). 2018. Tese (Doutorado em Ciência Política) — Faculdade de Filosofia, Letras e Ciências Humanas, Universidade de São Paulo, São Paulo, 2018.

SCHIRMER, Eleni B.; APPLE, Michael W. Teachers, school boards, and the power of money: how the right wins at the local level. *The Educational Forum*, v. 80, n. 2, p. 137-153, 2016.

SEVERO, Ricardo G.; ESTRADA, Rodrigo D. Entrevista com Michael Apple. *Educação em Revista*, Belo Horizonte, v. 35, p. 1-14, 2019. DOI: https://doi.org/10.1590/0102-4698226416.

PARTE III

Análise de políticas contemporâneas

CAPÍTULO 11

Por que as Políticas Educacionais falham?[1]

Sally Power

Cardiff University (País de Gales)

Este capítulo examina a preocupante questão do fracasso da Política Educacional em geral e, em particular, do fracasso das políticas educacionais prioritárias.[2] Ao longo de muitas décadas, e em diversos países, as reformas educacionais não conseguiram fazer qualquer avanço significativo na redução de resultados educacionais desiguais. Não surpreendentemente, à luz desse fracasso, a sociologia das políticas tendeu a adotar uma visão crítica e pessimista da Política Educacional. Na verdade, argumenta-se, muitas vezes, que as políticas educacionais não são realmente projetadas para efetuar mudanças significativas na Educação, mas servem a outras funções,

1. Publicado originalmente em inglês no livro *Remar contra as desigualdades em educação: práticas, vozes, percursos* (2019), organizado por Fátima Antunes, com tradução de Janete Bridon e revisão técnica de Jefferson Mainadres.

2. As políticas educacionais prioritárias pretendem intervir em realidades, tais como: grupos, escolas, territórios definidos como mais desfavorecidos e que, portanto, necessitam de intervenção. As definições de "necessidades educacionais" são explicadas pelas diversas noções de igualdade/desigualdade educacional em que se baseiam. (Nota de revisão — N. R.).

como lidar com crises de acumulação de capital e legitimação (ver, por exemplo, DALE, 1989). Nessa perspectiva, a Política Educacional pode ser vista apenas como uma prestidigitação que disfarça uma agenda estrutural e funcionalista.

No entanto, como argumentei em outro texto (POWER, 2011), embora esses tipos de relatos tenham a virtude de ir além das avaliações isoladas de iniciativas específicas e ver o macrocontexto, muitas vezes o fazem em detrimento dos detalhes. A tarefa sociológica é tomar o que Geoff Whitty chamou de *"vulture's-eye view"* [visão do olho do abutre] — uma abordagem que é "[...] capaz de manter o pano de fundo em vista enquanto amplia seu objeto de interesse imediato" (WHITTY, 1997, p. 157). As políticas educacionais são situadas contextualmente (temporal e espacialmente), têm diferentes complexidades e seguem trajetórias distintas. Compreendermos essas especificidades e localizá-las no cenário da mudança social é difícil, mas importante se não quisermos apenas compreender o fracasso, mas também desenvolver melhores respostas às desigualdades educacionais.

Este capítulo começa mapeando uma estrutura por meio da qual é possível visualizar o macrocontexto e os detalhes da política. Ele identifica diferentes "ondas" de políticas educacionais prioritárias, cada uma delas tentando combater um tipo diferente de desigualdade educacional. Embora a maioria dos exemplos e das pesquisas seja extraída do Reino Unido, muitas tendências e resultados semelhantes podem ser encontrados em outros países.[3] E, apesar de o nível de desigualdades educacionais variar em diferentes contextos, em nenhum país a batalha foi vencida. Desigualdades na Educação e por meio dela parecem ser uma característica endêmica e aparentemente intratável dos sistemas de Educação de massa.

Na segunda metade do capítulo, exploro alguns dos motivos pelos quais o problema pode ser intratável. Distintas "ondas" de políticas educacionais prioritárias concentram-se em diferentes tipos de

---

3. Para uma revisão do desenvolvimento e resultados das políticas educacionais prioritárias na Europa, ver Demeuse *et al.* (2008, 2011).

desigualdades, e isso pode ter levado a uma incompatibilidade entre o "problema" e a "solução". No entanto, existem outras razões que contribuíram para o aparente "fracasso" das políticas educacionais prioritárias. Algumas delas estão relacionadas aos desafios da política em geral e das políticas "emprestadas", em particular. Algumas se relacionam à "sedimentação" das políticas e ao desafio de evidenciar o impacto. Finalmente, mas não menos importante, parte da lacuna entre intenção e impacto pode ser explicada por expectativas irrealistas do que é alcançável. Uma coisa está muito clara nas últimas décadas de reforma: quaisquer melhorias serão relativamente pequenas e difíceis de manter e replicar em qualquer escala.

Todavia, vale a pena agarrar-se ao fato de que as desigualdades podem ser reduzidas — mesmo que a escala de redução seja pequena. Compreender o que contribui para essas pequenas mudanças — como elas podem ser sustentadas e "ampliadas" — é certamente a tarefa mais importante na batalha contínua contra as desigualdades.

Uma breve história do "fracasso" das políticas educacionais prioritárias na Grã-Bretanha

Um exame dos últimos 50 anos de reforma educacional na Grã-Bretanha[4] mostra que tem havido tentativas contínuas para reduzir o nível de desigualdades educacionais. É importante fornecer um breve histórico dessas mudanças, porque revela a natureza complexa do desafio. Ao contrário de outras áreas da política social, a Educação é paradoxalmente situada não apenas como uma das principais causas

4. A Grã-Bretanha inclui a Inglaterra, a Escócia e o País de Gales. Cada um desses países tem uma história educacional diferente, que não há espaço para considerar separadamente aqui. Embora os detalhes das políticas possam variar entre as jurisdições, a direção geral da mudança tem sido semelhante. Nas últimas duas décadas, tem havido uma maior divergência no Reino Unido como resultado da devolução parlamentar na Irlanda do Norte, na Escócia e no País de Gales.

da desigualdade, mas também como a solução para essas mesmas desigualdades. Não é surpreendente, portanto, que as tentativas de reduzir a desigualdade dentro e por meio da Educação sejam complicadas e tenham implicado em abordagens diferentes (POWER, 2012).

Essas abordagens têm variado não só em termos do detalhamento de uma determinada política, mas também em termos de qual dimensão da desigualdade educacional está sendo privilegiada. As desigualdades sociais — e, portanto, educacionais — não são unidimensionais. Elas podem ser representadas em termos de injustiças materiais, culturais e políticas — uma estrutura desenvolvida de forma útil por Nancy Fraser (1997, 2008). Se examinarmos as principais políticas educacionais prioritárias postas em prática desde o fim da Segunda Guerra Mundial, é possível identificarmos uma mudança de enfoque das políticas que abordam as desigualdades materiais para aquelas que falam das dimensões culturais e, mais recentemente, para aqueles que se concentram no que é visto como injustiças políticas. Também é possível argumentar que cada onda sucessiva de reformas não conseguiu fazer muito progresso na redução de qualquer um desses tipos de desigualdade.

Injustiças econômicas e uma política de redistribuição na Educação

As injustiças econômicas, Fraser (1997) argumenta, envolvem exploração, marginalização econômica e privação material. Essas injustiças exigem uma política de redistribuição que tenta reduzir os obstáculos causados pela pobreza por meio da eliminação de barreiras econômicas ou da realocação de recursos para corrigir o desequilíbrio. Esse tipo de política dominou nas primeiras duas décadas após a Segunda Guerra Mundial, quando as políticas educacionais destinadas a combater as desigualdades tomaram duas direções principais — a remoção das barreiras financeiras à provisão e a realocação de recursos. Por exemplo, os Atos Educacionais de 1944 e 1945 removeram a barreira financeira de ter de pagar pela Educação secundária por intermédio da legislação de Educação secundária universal gratuita para todas as crianças na Inglaterra, na Escócia e no País de Gales. No entanto, embora os Atos tenham removido o obstáculo das barreiras financeiras ao Ensino Secundário, a mudança deu acesso apenas a uma forma altamente diferenciada de Ensino Secundário, em que as crianças da classe trabalhadora eram mandadas para as escolas de nível mais baixo.

Na década de 1960, era evidente que simplesmente remover as barreiras financeiras não era suficiente para remover o impacto da pobreza sobre as desigualdades educacionais. Oferecer igualdade formal de oportunidades não igualou os resultados educacionais entre ricos e pobres. Como Halsey (1972, p. 6) assevera, "[...] o fato essencial do século XX é que as políticas igualitárias falharam".

A lacuna duradoura entre os resultados educacionais e sociais dos filhos dos ricos e dos pobres representou um grande motivo de preocupação para os governos do pós-guerra, que viram a lacuna como um resquício de uma antiga Grã-Bretanha dividida por classes, a qual precisava ser mais meritocrática se o progresso social fosse alcançado. A " Educação compensatória", em vez do termo mais comum "política educacional prioritária" usado na Europa, foi vista como o caminho a seguir. O influente Relatório Plowden (*Central Advisory Council for Education* [Conselho Consultivo Central para a Educação]), publicado em 1967, solicitou não apenas que as escolas que atendiam a crianças desfavorecidas em áreas carentes deveriam ter um padrão equivalente àquelas de áreas não carentes, mas também que deveriam "deliberadamente" ser melhoradas. Esperava-se que uma política de discriminação positiva trouxesse recursos adicionais dentro da escola que pudessem, então, "compensar" as desvantagens de privação vividas pela criança fora da escola.

Após a publicação do Relatório Plowden, o primeiro grande programa de Educação compensatória teve início. Isso envolveu a criação de Áreas Prioritárias Educacionais na Inglaterra e no País de Gales, e incluiu 150 programas de construção de novas escolas em 51 divisões educacionais, além de 572 escolas que foram reconhecidas por dar aos seus professores pagamentos especiais para as condições de ensino mais difíceis. Financiamento extra também foi fornecido para apoiar o desenvolvimento de abordagens inovadoras para melhorar o desempenho educacional em áreas socialmente desfavorecidas. Essas várias iniciativas foram avaliadas em relatórios sucessivos (por exemplo, HALSEY, 1972; MIDWINTER, 1972; PAYNE, 1974; SMITH, 1975) ao longo do início dos anos de 1970. Essas avaliações são confusas tanto em sua abordagem quanto em seu tom. Enquanto alguns falam positivamente de exemplos de boas práticas ou delineiam orientações gerais que podem ser rentáveis seguir, eles contêm pouca evidência demonstrável de qualquer melhoria real nos resultados educacionais.

À medida que avançava a década de 1970, as políticas redistributivas declinaram como a principal estratégia para enfrentar as injustiças. Na verdade, o próprio conceito de Educação compensatória foi duramente criticado por aqueles que afirmavam que ele incorporava uma visão deficitária dos pobres (ver, por exemplo, BERNSTEIN, 1971). Pode-se argumentar, talvez, que as injustiças vividas por crianças de centros urbanos, seus pais e suas comunidades precisassem de um tipo diferente de resposta política. Talvez os obstáculos para fazer da Educação um veículo para uma sociedade melhor não residam na desvantagem econômica da origem de classe social, mas no domínio cultural.

Injustiças culturais e uma política de reconhecimento na Educação

Com o avanço da década de 1980, havia uma preocupação crescente na Grã-Bretanha de que o principal obstáculo à desigualdade educacional fosse mais cultural do que econômico. Uma série de estudos apontou para as maneiras pelas quais diferentes aspectos do sistema educacional (tipos de escolas, organização interna, atitudes dos professores, currículo etc.) contribuíram para as injustiças educacionais.

Essa mudança de foco foi refletida e reforçada por mudanças dentro da sociologia da Educação que evitou a "aritmética política" dos anos do pós-guerra e deu uma "virada cultural" (POWER; REES, 2020), principalmente na adoção generalizada e na adaptação da obra de Pierre Bourdieu. Longe de ser parte da solução, a escolaridade tornou-se parte do problema. A resposta não era tornar a Educação mais amplamente disponível, mas desafiar suas injustiças culturais inerentes. E isso envolveria uma política de reconhecimento em vez de redistribuição.

A remoção dos obstáculos para a justiça no domínio cultural assumiu duas formas principais. Uma estratégia foi tentar dissolver as categorias que criam a diferenciação do grupo que leva ao falso reconhecimento. Outra era realocar o respeito às identidades/aos grupos anteriormente marginalizados e estigmatizados por meio da afirmação — tornando visíveis as populações "ocultas" e desafiando os estereótipos negativos dos "desprezados". Embora tenha havido muitos debates sobre as forças motrizes por trás da introdução de escolas do Ensino Secundário na Grã-Bretanha na década de 1960 (FORD, 1969), um fator importante foi a necessidade de superar a injustiça cultural criada pela categorização precoce das crianças em "sucessos" e "falhas" educacionais. Juntamente às tentativas de dissolver categorias que exacerbaram a injustiça cultural da segregação organizacional em "fracassos" e "sucessos", a década de 1970 viu o forte surgimento de políticas destinadas a inverter as atribuições de *status* por meio da afirmação de identidades e grupos anteriormente ocultos, marginalizados ou estigmatizados. Crianças com dificuldades de aprendizagem, por exemplo, não eram mais classificadas como "subnormais", mas como "especiais".

A injustiça cultural do falso reconhecimento, afirmava-se, também envolvia a imposição de valores da classe média às crianças da classe trabalhadora. Foi ainda mais pronunciado no caso de crianças de comunidades negras e de minorias étnicas. É possível argumentar que essas crianças vivenciam todo tipo de injustiça cultural na Educação. Elas estão sujeitas a uma forma de dominação cultural mediante a imposição de um currículo de "homens brancos mortos" que torna suas próprias histórias e culturas inferiores ou invisíveis. E quando aspectos de suas histórias ou culturas são representados em livros e histórias, esses retratos costumam serfrequentemente negativos, distorcidos e desrespeitosos. Durante a década de 1980, houve muitas tentativas de neutralizar esses retratos negativos por meio da valorização do "multiculturalismo". Isso implicou não apenas a remoção de estereótipos negativos dos livros escolares, mas também a afirmação de diferentes culturas — muitas vezes por intermédio de vários tipos de celebrações culturais complementares. Esse tipo de abordagem ao multiculturalismo tornou-se, mais tarde, caracterizado como os três "Ss — *saris, samosas and steelbands*"[5] (TROYNA, 1987, p. 318).

À medida que a década de 1990 avançava, parecia, a partir dos discursos políticos dominantes, que as injustiças culturais estavam localizadas menos no currículo e nos livros didáticos e mais nas baixas expectativas de crianças desfavorecidas mantidas por professores, pais e as próprias crianças. As políticas dos últimos 20 anos enfatizaram a importância de promover a autoestima e elevar as aspirações dos pobres. Se professores e alunos *acreditassem* em seu potencial para ter sucesso, o sucesso seria possível. A resposta para as desigualdades educacionais é "almejar mais alto". No entanto, simplesmente almejar alto não parece ter feito muita diferença no quadro geral de resultados educacionais desiguais.

Injustiças políticas e uma política de representação na Educação

As injustiças políticas estão conectadas a injustiças econômicas e culturais, porque elas limitam a capacidade de as pessoas se

5. *Saris* — vestimenta indiana; *samosas* — prato típico da Índia; *steelbands* — banda que toca tambores metálicos, originária de Trindade e Tobago. (Nota de tradução — N. T.).

envolverem em todos os tipos de atividades cívicas e políticas. No entanto, Fraser (2008) afirma que as injustiças políticas podem existir além das econômicas e culturais. Essas injustiças residem na "[...] natureza da jurisdição do Estado e nas regras de decisão pelas quais ele estrutura a contestação" (FRASER, 2008, p. 278), e contribuem para a marginalização e a exclusão política.

Antes das reformas da década de 1980, pode-se argumentar que os pais e as comunidades vivenciaram a marginalização política e a deturpação no exercício de escolha e controle sobre a Educação de seus filhos. A alocação de crianças nas escolas foi amplamente determinada pelas áreas de influência das autoridades locais. O processo de admissão geograficamente definido levou ao aumento dos preços das casas em áreas que atendem às escolas mais populares e a uma situação que, às vezes, é chamada de "seleção por hipoteca".[6] A fim de tentar equilibrar as demandas com a oferta, as autoridades locais muitas vezes colocaram tetos artificialmente baixos nas admissões em escolas populares, de modo que as escolas vizinhas menos populares permanecessem viáveis. Mais uma vez, porém, os pais mais ricos conseguiram escapar das consequências dessa política. Se eles não pudessem se mudar para as melhores áreas para as escolas mais qualificadas mantidas pelo Estado, eles sempre poderiam enviar seus filhos para escolas particulares.

A política de representação tenta remover obstáculos no domínio político. Olson (2008) argumenta que aumentar a justiça política pode ter duas dimensões — uma que inclui a participação em termos de busca de projetos individuais (escolha) e uma mais ampla, que envolve trabalhar em direção a objetivos coletivos (política definida de forma mais convencional). Ambas as dimensões podem ser vistas em políticas educacionais recentes em muitos países.

6. "*Selection by mortgage*" refere-se à forma como as áreas de influência beneficiam aqueles que podem comprar ou financiar uma casa em uma área mais nobre, nas quais geralmente estão situadas escolas consideradas de melhor nível. (N. T.).

Em particular, tem havido toda uma gama de mecanismos concebidos para promover a escolha dos pais. Além de promover o direito individual de escolha, as políticas de representação podem ser encontradas em incentivos para aumentar a participação da comunidade. As medidas iniciais incluem aumentar a representação dos pais e dos governadores da comunidade nos conselhos diretivos das instituições de ensino e permitir que os pais decidam quem "dirige" sua escola. Mais recentemente, o esforço para envolver mais os pais e as comunidades pode ser visto no estabelecimento de "escolas gratuitas" e "academias" na Inglaterra.

Pesquisas sobre os resultados dessas reformas são complexas e contestadas (ver GORARD; TAYLOR; FITZ, 2003). No entanto, há um consenso de que, embora eles possam não ter piorado significativamente a situação para pais e filhos desfavorecidos, certamente não a fizeram melhor. Em geral, as crianças favorecidas continuam a frequentar escolas favorecidas, e as crianças desfavorecidas continuam a frequentar escolas desfavorecidas. Se olharmos apenas para a diferença de aproveitamento entre desvantagem e alunos desfavorecidos, não há evidências de qualquer redução significativa. De fato, as evidências mais recentes do Education Policy Institute[7] indicam que a lacuna de desempenho na Inglaterra pode estar aumentando, especialmente para os alunos afro-caribenhos (HUTCHINSON *et al.*, 2019).

Em suma, as evidências dos últimos 50 anos indicam que as tentativas sucessivas de reduzir as desigualdades educacionais — seja por meio de programas compensatórios iniciados pelo Estado, seja por intermédio de políticas de escolha baseadas no mercado — fracassaram. Na próxima seção, exploro alguns dos motivos pelos quais isso pode ser o caso.

---

7. O Education Policy Institute é um *think-tank* (laboratório de ideias) que foca a melhoria da qualidade da educação. (N. T.)

Compreendendo o fracasso das políticas educacionais prioritárias

Nesta seção, passo a considerar como essas mudanças de foco se conectam com outros fatores conflitantes que tornam inevitável que as intenções mais grandiosas das políticas destinadas a reduzir as desigualdades educacionais sejam frustrantes. Enfim, eles podem ser resumidos em termos de:

- Incompatibilidade entre o "problema" e a "solução".
- Desafios da implementação de políticas em geral.
- Perigos do empréstimo de políticas.
- Sedimentação de políticas e os desafios da evidência.

Incompatibilidade entre o "problema" e a "solução"

Como a breve história delineada anteriormente mostrou, o foco das políticas educacionais prioritárias mudou ao longo do tempo — mas muitas vezes sem clareza suficiente sobre a relação entre a natureza do problema a ser abordado e o suposto "remédio". Como argumentei em outros textos (POWER; GEWIRTZ, 2001; POWER; FRANDJI, 2010), é potencialmente perigoso haver uma incompatibilidade entre o "problema" e a "solução". Esse é mais claramente o caso quando as injustiças econômicas são tratadas por meio de uma política de reconhecimento, em vez de redistribuição. No Reino Unido, as medidas de resultados escolares estão cada vez mais sendo "contextualizadas", a fim de remover parte da estigmatização associada a escolas "fracassadas". Embora essas medidas possam fazer com que aqueles que trabalham na escola se sintam menos desprezados, elas não fazem nada para resolver as causas subjacentes que contribuem para seu "fracasso". Na verdade, eu diria que eles "naturalizam" os resultados educacionais ruins de comunidades carentes.

A incompatibilidade pode surgir devido à lacuna entre a escala de mudança necessária e o nível de recursos investidos. Como Nancy Fraser (1997) argumenta, não se trata apenas de as "realocações superficiais" de recursos materiais ou de respeito cultural não fazerem muita diferença — elas também podem ter consequências prejudiciais em longo prazo. Em conexão com uma política de redistribuição, por exemplo, a autora aponta que:

> Embora a abordagem vise corrigir a injustiça econômica, ela deixa intactas as estruturas profundas que geram desvantagem de classe. Para isso, ela deve fazer realocações de superfície repetidas vezes. O resultado é marcar a classe mais desfavorecida como inerentemente deficiente e insaciável, pois sempre precisa de mais e mais. Com o tempo, essa classe pode até parecer privilegiada, recebedora de tratamento especial e generosidade imerecida. Assim, uma abordagem que visa corrigir as injustiças de distribuição pode acabar criando injustiças de reconhecimento (FRASER, 1997, p. 25).

Da mesma forma, a celebração da diferença e a afirmação de "outras" culturas podem repercutir se forem feitas de modo superficial. Como Fraser (1997, p. 29) argumenta convincentemente em relação a gênero e raça, as estratégias de reconhecimento afirmativo podem "[...] ter o efeito de derramar óleo nas chamas do ressentimento contra a ação afirmativa".

Desafios da implementação de políticas em geral

Sem o tipo de transformações radicais que Fraser defende, uma consideração sóbria dos limites de todas as políticas é necessária, se quisermos administrar as expectativas de quais prioridades as políticas de Educação podem alcançar. Uma das principais razões para o desligamento de tentar efetuar mudanças pode estar relacionada à lacuna inevitavelmente grande entre a escala de impacto prometida pelos arquitetos de políticas e a escala limitada da mudança que as políticas realmente alcançam.

Muito do fracasso das políticas educacionais prioritárias pode ser menos sobre o detalhe de políticas específicas do que sobre o fracasso da implementação de políticas em geral. Stephen Ball e colaboradores escreveram extensivamente sobre a natureza da política — e a maneira como ela é implementada na prática. A política, como Ball argumenta, é um processo. A política é "realizada" em diferentes contextos. O ciclo da política não é o ciclo direto de "implementação-avaliação-*feedback*" que, muitas vezes, é assumido dentro das perspectivas da ciência política. A política pode ser vista de forma útil como sendo construída em diferentes contextos (BOWE; BALL; GOLD, 1992). O "ciclo de políticas" compreende um "contexto de influência", um "contexto da produção de texto" e um "contexto da prática". À medida que a política se move de um contexto para outro, ela é reinterpretada conforme os atores trazem seus próprios significados e intenções para a implementação. Como Bowe, Ball e Gold (1992) argumentam, os formuladores de políticas não podem controlar os significados de seus textos. Claro, a política é mais do que "texto", ela também é "discurso", no sentido de que é enquadrada e constituída por um conjunto de relações de poder e lógicas que transcendem as intenções de formuladores e legisladores individuais (BALL, 1993, 2015). No entanto, mesmo dentro de uma compreensão mais ampla do que é política, é claro que sempre haverá um desvio entre um documento do governo e como ele funciona "no local". É provável que esse desvio seja sempre maior quando a lacuna entre o contexto de influência e o contexto da prática é grande — como acontece quando as políticas são "emprestadas".

Perigos do empréstimo de políticas

A distância entre o contexto da produção de texto e o contexto da prática é difícil de transpor. Isso é ainda mais verdadeiro para políticas que são "emprestadas" de outros países — algo que acontece o tempo todo na batalha contra as desigualdades educacionais. Assim como vimos a exportação global de políticas baseadas no mercado e na escolha dos Estados Unidos para quase todos os sistemas educacionais do mundo (WHITTY; POWER; HALPIN, 1998), também vimos o transporte de políticas educacionais prioritárias. Por exemplo, o Reino Unido "pegou emprestado" o conceito de Educação compensatória do outro lado do Atlântico na década de 1960. E no Reino Unido, uma série de políticas baseadas em áreas foi introduzida em diferentes contextos nacionais com nomes distintos. Na Inglaterra, em 1998, foram lançadas as Zonas de Ação Educativa (para funcionar junto às Zonas de Ação de Saúde e às Zonas de Ação de Emprego). Essas políticas foram seguidas, em 1999, pela política *Excellence in Cities*[8] e *Sure Start Local Programmes*,[9] para os anos pré-escolares e, subsequentemente, por *Neighbourhood Nurseries*,[10] *Early Excellence Centres*[11] e *Extended Schools*.[12] No País de Gales, houve intervenções como *Communities First*,[13] *Flying Start*,[14]

8. *Excellence in Cities* (EiC) é uma política governamental destinada a elevar os padrões de qualidade de escolas urbanas. Tem por objetivo oferecer uma oferta diversificada para atender às necessidades de todos os alunos em um contexto de cooperação e de parceria entre as escolas. (N. R.)

9. *Sure Start Local Programmes*: visa oferecer atendimento de saúde para estudantes de áreas mais carentes, resultando na diminuição do número de pessoas que necessitam de hospitalização e em economia do Sistema Nacional de Saúde. (N. R.)

10. *Neighbourhood Nurseries Initiative* (NNI): visava criar 45.000 novas creches até 2004 para fornecer serviços de acolhimento de alta qualidade em áreas desfavorecidas. As vagas dessas creches foram direcionadas para reduzir o desemprego e atender às necessidades dos pais que ingressam no mercado de trabalho, principalmente os pais solteiros. (N. R.)

11. *Early Excellence Centres*: foram criados em 1997 e financiados até 2006. Eram centros integrados de serviços de cuidado, educação das crianças e apoio familiar. (N. R.)

12. *Extended Schools*: uma escola alargada é aquela que oferece uma variedade de instalações e atividades aos alunos, às suas famílias e à comunidade em geral. Isso pode incluir cuidados infantis, apoio ao estudo, educação de adultos e familiares, apoio aos pais e uma variedade de serviços de saúde e de assistência social. Até 2010, todas as famílias (com crianças dos três aos 14 anos) que necessitavam, tiveram acesso a serviços de acolhimento de crianças a preços acessíveis, flexíveis e de alta qualidade, das 8 às 18 horas, durante todo o ano. (N. R.)

13. *Communities First*: lançado em 2001, foi o principal programa de combate à pobreza do governo do País de Gales. Funcionou em 52 das áreas mais carentes do País de Gales. (N. R.)

14. *Flying Start*: destinava-se a famílias com crianças menores de quatro anos de idade que viviam em áreas mais desfavorecidas do País de Gales. (N. R.)

para os primeiros anos, e *Raise*,[15] para escolas secundárias. Na Escócia, havia o programa *Integrated Community Schools*.[16] Apesar de seus nomes diferentes, essas políticas tinham uma semelhança impressionante entre si e usavam um vocabulário compartilhado de "*multi-agency working*",[17] "*wrap-around services*"[18] e "*one-stop shops*"[19] para crianças e bem-estar da família em comunidades carentes.

Há uma análise crítica crescente das condições e das consequências das políticas, o que indica que a adoção de políticas de um contexto para outro é provavelmente altamente problemática. Por exemplo, Steiner-Khamsi (2006, p. 666) conclui que "[...] ao contrário do que os defensores de empréstimos podem nos fazer acreditar: o empréstimo não ocorre porque as reformas de outros lugares são melhores". Políticas, a autora argumenta, são adotadas porque resolvem problemas políticos em vez de problemas educacionais. Além dos méritos e das desvantagens relativos de qualquer política em particular, há também uma falta de reconhecimento da importância das condições contextuais que determinarão o destino de uma política, uma vez que ela atinja o contexto da prática. Basta pensar em quantos países tentaram — sem sucesso — implementar aspectos do sistema de Educação mais igualitário da Finlândia, sem prestar atenção a todas as dimensões sociais, econômicas e culturais do regime político finlandês e de outros regimes escandinavos. Pensar sobre as dificuldades de transportar soluções finlandesas para contextos não finlandeses destaca novamente, além

15. *Raising Attainment and Individual Standards of Education* (Raise) foi lançado m 2006, inicialmente como um programa de dois anos que visava acompanhar alunos desfavorecidos e buscar aumentar seus níveis de desempenho. Em 2008, o financiamento para as escolas foi prorrogado por mais dois anos, e o financiamento para apoiar crianças atendidas por Autoridades Locais de Educação foi prorrogado por mais três anos. Posteriormente, essa política foi substituída por outras iniciativas. (N. R)

16. *Integrated Community Schools*: eram escolas situadas em regiões mais pobres. Elas recebiam mais recursos, com o objetivo de oferecer serviços integrados para crianças nas áreas de saúde, assistência social e serviços de cultura e lazer. (N. R)

17. Trabalho de vários organismos e agências. (N. T.)

18. Diz respeito a um grupo de profissionais que cria e implementa um plano para dar suporte aos necessitados. (N. T.)

19. Centros integrados de atendimento às crianças. (N. T.)

da questão da "sedimentação de políticas", a escala de investimento e de esforço de implementação que pode ser necessária.

Sedimentação de políticas e os desafios da evidência

Enquanto as críticas ao empréstimo de políticas destacam os problemas de implementação de uma política desenhada em outro lugar em um contexto "estranho", também é o caso de todas as políticas serem sobrepostas às bases de políticas anteriores — políticas que podem ser tão distintas quanto aquelas encontradas entre as nações. Há uma tendência, ao ler relatos de mudança política, de pensar que uma política substitui outra, mas isso é verdade apenas no sentido legislativo ou técnico. Se nos referirmos à estrutura do ciclo de política de Ball, os entendimentos, as práticas e os valores que operam no contexto da prática não são passíveis de "substituição" de qualquer maneira direta. Por causa da sucessão relativamente rápida de iniciativas na Educação, a questão da "sedimentação" de políticas é particularmente crucial. Como Turgeon (2014, p. 229) observa, esse é o processo "[...] pelo qual uma lógica institucionalizada é colocada sobre outra, em vez de uma transformação radical e abrupta". Essas diferentes lógicas de políticas provavelmente representam ideologias e interesses concorrentes que não podem ser conciliados de maneira fácil e, possivemente, distorcerão o caminho entre a intervenção e o impacto.

A questão da sedimentação de políticas cria desafios reais não apenas para a implementação de políticas, mas também para avaliar o seu impacto. A incapacidade de qualquer iniciativa específica de alavancar mudanças está relacionada aos limites dessa política específica, ou ao legado de políticas anteriores, ou à interação entre intervenções concorrentes? E se for o caso de que devemos considerar a implementação como um processo em vez de um "ato", em que ponto consideramos que o processo foi concluído a ponto de podermos esperar ver alguma mudança?

Os debates em torno do *Head Start* nos Estados Unidos são particularmente reveladores dessas dificuldades. O *Head Start* foi originalmente lançado na América, em 1965, como parte da "Guerra contra a pobreza", de Lyndon B. Johnson. Embora tenha mudado desde a sua introdução, o *Head Start* envolveu um programa de verão de atividades de "recuperação", a fim de garantir que as crianças de famílias de baixa renda estivessem preparadas para o ingresso na escola. É geralmente aceito que os benefícios em curto prazo do plano são limitados. No entanto, existem reivindicações sobre os benefícios em longo prazo. Por exemplo, afirma-se que os adultos que participaram do *Head Start* provavelmente teriam melhores índices em sua formação e ganhos (GARCES; THOMAS; CURRIE, 2002), melhor saúde mental e níveis mais baixos de criminalidade (CARNEIRO; GINJA, 2014) do que seus pares que não participaram. Outras pesquisas, no entanto, que afirmam ser mais confiáveis são menos otimistas. Aughinbaugh (2001), por exemplo, descobriu que o *Head Start* não produzia benefícios em longo prazo.

Os debates sobre o *Head Start* ilustram os desafios de atribuir impacto a uma política específica. Além disso, há dúvidas sobre o que conta como impacto. Os resultados cognitivos são mais ou menos importantes do que aqueles relacionados a medidas mais subjetivas, como bem-estar? Ademais, pode não ser o caso de que a ausência de qualquer mudança mensurável signifique que a política tenha sido ineficaz. Por exemplo, se tivermos um contexto no qual as disparidades de renda estão aumentando (como é o caso em muitos países), pode-se argumentar que simplesmente manter estáveis os níveis atuais de desigualdade é uma medida de sucesso.

Conclusão

Uma coisa fica muito clara ao examinarmos as últimas décadas de reforma educacional e a batalha contra as desigualdades: quaisquer melhorias serão relativamente pequenas e difíceis de sustentar e replicar em qualquer escala. Contudo, isso não significa que devemos abandonar nossos esforços. Compreender o que contribui para essas pequenas mudanças — como elas podem ser sustentadas e "ampliadas" — é provavelmente a tarefa mais importante na batalha contínua contra as desigualdades.

Dentro dessa complexidade, é possível identificar algumas estratégias em alguns contextos e para alguns grupos que parecem ser mais impactantes do que outras — embora a diferença seja entre uma prática ser apenas "bastante", em vez de "um pouco" impactante. Essa avaliação de impacto mais refinada e modesta provavelmente será mais útil do que um único binário entre "o que funciona" e "o que não funciona". O fato de que as desigualdades podem ser reduzidas — mesmo que a escala de redução seja pequena — é certamente algo a que vale a pena se apegar.

Referências

AUGHINBAUGH, Alison. Does head start yield long-term benefits? *Journal of Human Resources*, [s. l.], v. 36, n. 4, p. 641-665, 2001. DOI: https://doi.org/10.2307/3069637.

BALL, Stephen J. What is policy? Texts, trajectories and toolboxes. *The Australian Journal of Education Studies*, [s. l.], v. 13, n. 2, p. 10-17, 1993. DOI: https://doi.org/10.1080/0159630930130203.

BALL, Stephen J. What is policy? 21 years later: reflections on the possibilities of policy research. *Discourse*: Studies in the Cultural Politics of Education, [s. l.], v. 36, n. 3, p. 306-313, 2015. DOI: https://doi.org/10.1080/01596306.2015.1015279.

BERNSTEIN, Basil. Education cannot compensate for society. *In*: BERNSTEIN, Basil (ed.). *Class, codes and control*. London: Routledge and Kegan Paul, 1971. v. 1, p. 61-67.

BOWE, Richard; BALL, Stephen J.; GOLD, Anne. *Reforming education and changing schools*: case studies in policy sociology. London: Routledge, 1992.

CARNEIRO, Pedro; GINJA, Rita. Long-term impacts of compensatory preschool on health and behavior: evidence from Head Start. *American Economic Journal: Economic Policy*, [s. l.], v. 6, n. 4, p. 135-173, 2014. DOI: https://doi.org/10.1257/pol.6.4.135.

DALE, Roger. *The state and education policy*. Buckingham: Open University Press, 1989.

DEMEUSE, Marc *et al.* (ed.). *Les politiques d'éducation prioritaire en Europe*. Lyon: ENS Éditions, 2008. v I: Conceptions, mises en œuvre, débats

DEMEUSE, Marc *et al.* (ed.). *Les politiques d'éducation prioritaire en Europe*. Lyon: ENS Éditions, 2011. v. II: Quel devenir pour l'égalité scolaire?

FORD, Julienne. *Social class and the comprehensive school*. London: Routledge and Kegan Paul, 1969.

FRASER, Nancy. From redistribution to recognition? Dilemmas of justice in a "postsocialist" age. *In*: FRASER, Nancy (ed.). *Justice interruptus*. New York: Routledge, 1997. p. 11-40.

FRASER, Nancy. Reframing justice in a globalizing world. *In*: OLSON, Kevin (ed.). *Adding insult to injury*: Nancy Fraser debates her critics. London: Verso, 2008. p. 9-41.

GARCES, Eliana; THOMAS, Duncan; CURRIE, Janete. Longer-term effects of Head Start. *American Economic Review*, v. 92, n. 4, p. 999-1012, 2002. DOI: https://doi.org/10.1257/00028280260344560.

GORARD, Stephen; TAYLOR, Chris; FITZ, John. *School, markets and choice policies*. London: Routledge Falmer, 2003.

HALSEY, Albert Henry. *Educational priority*. London: Her Majesty's Stationery Office, 1972. v. 1: EPA: Problems and policies.

HUTCHINSON, Jo *et al. Education in England*: annual report 2019. London: Education Policy Institute, 2019.

MIDWINTER, Eric. *Priority education*. Harmondsworth: Penguin, 1972.

OLSON, Kevin. Participatory parity and democratic justice. *In*: OLSON, Kevin (ed.). *Adding insult to injury*: Nancy Fraser debates her critics. London: Verso, 2008. p. 246-272.

PAYNE, Joan. *Educational priority*. London: Her Majesty's Stationery Office, 1974. v 2.: EPA: Surveys and statistics.

POWER, Sally. O detalhe e o macrocontexto: o uso da teoria centrada no Estado para explicar práticas e políticas educacionais. *In*: BALL, Stephen J.; MAINARDES, Jefferson (org.). *Políticas educacionais*: questões e dilemas. São Paulo: Cortez, 2011. p. 54-77.

POWER, Sally. From redistribution to recognition to representation: social injustice and the changing politics of education. *Globalisation, Societies and Education*, [*s. l.*], v. 10, n. 4, p. 473-492, 2012. DOI: https://doi.org/10.1080/14767724.2012.735154.

POWER, Sally; FRANDJI, Daniel. Education markets, the new politics of recognition and the increasing fatalism towards inequality. *Journal of Education Policy*, London, v. 25, n. 3, p. 385-396, 2010. DOI: https://doi.org/10.1080/02680930903576404.

POWER, Sally.; GEWIRTZ, Sharon. Reading education action zones. *Journal of Education Policy*, London, v. 16, n. 1, p. 39-51, 2001. DOI: https://doi.org/10.1080/02680930010009813.

POWER, Sally; REES, Gareth. Conceptualising the sociology of education: an analysis of contested intellectual trajectories. *British Journal of Sociology of Education*, v. 41, n. 6, p. 778-793, 2020. DOI: https://doi.org/10.1080/01425692.2020.1784708..

SMITH, George. *Educational priority*. London: Her Majesty's Stationery Office, 1975. v. 4. EPA: The West Riding Project.

STEINER-KHAMSI, Gita. The economics of policy borrowing and lending: a study of late adopters. *Oxford Review of Education*, [*s. l.*], v. 32, n. 5, p. 665-678, 2006. DOI: https://doi.org/10.1080/03054980600976353.

TROYNA, Barry. Beyond multiculturalism: Towards the enactment of anti-racist education in policy, provision and pedagogy. *Oxford Review of Education*, v. 13, n. 3, p. 307-320, 1987.

TURGEON, Luc. Activists, policy sedimentation, and policy change: the case of early childhood education in Ontario. *Journal of Canadian Studies*, [*s. l.*], v. 48, n. 2, p. 224-249, 2014. DOI: https://doi.org/10.3138/jcs.48.2.224.

WHITTY, Geoff. Social theory and education policy: the legacy of Karl Mannheim. *British Journal of Sociology of Education*, London, v. 18, n. 2, p. 149-163, 1997. DOI: https://doi.org/10.1080/0142569970180201.

WHITTY, Geoff; POWER, Sally; HALPIN, David. *Devolution and choice in Education*. Buckingham: Open University Press, 1998.

CAPÍTULO 12

Populismo autoritário no Brasil:
o cesarismo de direita de Bolsonaro, o "contratransformismo" e as políticas educacionais reacionárias[1]

Mário Luiz Neves de Azevedo

Universidade Estadual de Maringá (UEM)

Susan L. Robertson

University of Cambridge (Inglaterra)

Introdução

> O cesarismo[2] é progressista quando sua intervenção ajuda a força progressista a triunfar, ainda que com certos compromissos e acomodações que limitam a vitória; é regressivo [reacionário] quando sua intervenção ajuda a força regressiva [reacionária] a triunfar, também neste caso com certos compromissos e limitações (GRAMSCI, 2017, p. 73).

1. Publicado originalmente em inglês em *Globalisation, Societies and Education*, v. 20, 2022.

2. O pensador italiano Antonio Gramsci (1891-1937) aproxima o conceito de "cesarismo", relativo à condução política do romano Júlio César (100 a.C. a 44 a.C.), ao conceito de

Neste capítulo, examinamos a ascensão do populismo autoritário no Brasil após a eleição, em 2018, de Jair Messias Bolsonaro, ex-militar e político de extrema-direita, para a Presidência da República, e refletimos sobre as consequências disso para a Educação. Exploramos a complexa economia político-cultural em torno de mais de uma década de governo de esquerda de Luiz Inácio Lula da Silva (2003-2010) e Dilma Rousseff (2011-2016), ambos filiados ao Partido dos Trabalhadores (PT). No que foi descrito como simultaneamente uma tragédia, uma farsa e uma novela, a ascensão de Bolsonaro envolve o *impeachment* de Dilma, as acusações de corrupção, a prisão de Lula e a renúncia de vários ministros do governo. Descrito por Daly (2019) como um golpe constitucional contra Dilma Rousseff, o autor argumenta que essas complexidades no Brasil representam "[...] uma deterioração difusa da 'substância' do regime democrático e um ressurgimento dos militares como um ator politicamente poderoso" (DALY, 2019, p. 5, tradução nossa).

Houve graves consequências para a Educação brasileira sob o populismo autoritário de Bolsonaro. Educadores foram acusados pelo Bolsonarismo de promoverem doutrinação ideológica, com o conhecido filósofo da Educação Paulo Freire escalado como um ideólogo

---

"bonapartismo", referente à forma de liderança política dos franceses Napoleão I — Napoleão Bonaparte (1769-1821) — e de Napoleão III — Luís Napoleão Bonaparte (1808-1873). Gramsci, em suas anotações em *Cadernos do cárcere*, precisamente no Caderno 13, registra: "§ 27. O *cesarismo*. César, Napoleão I, Napoleão III, Cromwell, etc. [...]. Pode-se afirmar que o cesarismo expressa uma situação na qual as forças em luta se equilibram de modo catastrófico [...]. Mas o cesarismo, embora expresse sempre a solução 'arbitra', confiada a uma grande personalidade, de uma situação histórico-política caracterizada por um equilíbrio de forças de perspectiva catastrófica, não tem sempre o mesmo significado histórico. Pode haver um cesarismo progressista e um cesarismo regressivo [...]. César e Napoleão I são exemplos de cesarismo progressista. Napoleão III e Bismarck, de cesarismo regressivo. [...] o cesarismo é uma fórmula polêmico-ideológica e não um cânone de interpretação histórica. Pode ocorrer uma solução cesarista mesmo sem um César, sem uma grande personalidade 'heroica' e representativa [...]. Todo governo de coalizão é um grau inicial de cesarismo, que pode ou não se desenvolver até graus mais significativos (naturalmente, a opinião vulgar é a de que, ao contrário, governos de coalizão constituem o mais 'sólido baluarte' contra o cesarismo). No mundo moderno, com suas grandes coalizões de caráter econômico-sindical e político-partidário, o mecanismo do fenômeno cesarista é muito diferente do que foi até Napoleão III" (GRAMSCI, 2017, p. 73-74).

marxista (ALVES; SEGATTO; PINEDA, 2021). A virada inclusiva nas políticas educacionais brasileiras deu continuidade ao programa de redução da pobreza nos dois governos (1995-2003) de Fernando Henrique Cardoso (FHC), não obstante o turbilhão de desregulamentação, de privatização e de reestruturação. Lula e Dilma Rousseff apresentaram programas avançados de redistribuição de renda, visando reduzir a pobreza, e procuraram cumprir agendas de reparação e de reconhecimento social, considerando questões raciais, de gênero e de diversidade sexual. Esses ganhos tornaram-se alvo de retrocesso em uma série de microrrevisões em reformas educacionais (curriculares) no período de 2015 e 2017 (MOELLER, 2021). Podemos argumentar que a ideia de "valores familiares" foi uma cortina de fumaça velada para a ascensão do fundamentalismo religioso, da supremacia branca heteronormativa e do eurocentrismo (MOELLER, 2021). Ao mesmo tempo, a Educação, como outros setores sociais, viu seus orçamentos significativamente reduzidos e suas estruturas organizacionais governamentais reorganizadas.

No entanto, seria equivocado ver isso como um impasse político entre a esquerda e a direita. Como em outros países em que o populismo autoritário floresceu (ROBERTSON; NESTORE, 2021; PIKETTY, 2018), no Brasil, houve mudanças importantes entre as populações votantes de centro-esquerda em direção a Bolsonaro. Comentaristas apontam para o deslocamento, a decepção e o ressentimento experimentados por determinados grupos sociais após o colapso da economia brasileira, um declínio na competitividade internacional, o aumento dos preços e a elevação das desigualdades sociais (ABU-EL-HAJ, 2016). Em essência, o governo Dilma Rousseff passou a sentir a economia em declínio e o impacto de notícias de corrupção — especialmente geradas a partir de processos judiciais gerados pela Operação Lava Jato,[3] que, por sua vez, foi explorada

3. Para ilustrar, citamos Santos e Tanscheit (2019, p. 166-168), os quais discorrem sobre as origens da Operação Lava Jato: "Em 17 de março de 2014, apenas três dias após o encerramento do julgamento da Ação Penal 470, é iniciada a operação Lava Jato, realizada pela Polícia Federal

pela campanha política de Bolsonaro. Como observa Moeller (2021, p. 30, tradução nossa), a ascensão política vertiginosa de Bolsonaro, de deputado a presidente da República,

> [...] foi o resultado de uma ampla coalizão de fundamentalistas religiosos composta por grupos conservadores evangélicos e católicos, um forte exército buscando "restaurar a ordem", classes médias e altas brancas, racialmente encorajadas, neoliberais de livre mercado, que procuram remover as regulamentações impostas pelo PT, e ultraconservadores que buscam erradicar projetos socialistas na sociedade brasileira.

Como outros intérpretes, entendemos o conceito de populismo como polissêmico, ambíguo e complexo (NESTORE; ROBERTSON, 2021). Lenin (1894), em um texto crítico sobre o populismo (populismo russo), representa-o como o mítico "Janus", com uma face para o passado e outra para o futuro. Weyland (2001, p. 18) lembra que as estratégias populistas "[...] são caracterizadas pela capacidade política que estes tipos de governantes [populistas] usam para se sustentar. No populismo, o governante é um indivíduo, um líder personalista, não um grupo ou organização". Uma característica distintiva da estratégia política populista é "[...] alcançar o poder e governar supostamente em nome do povo, contornando as instituições existentes" (DE LA TORRE, 2013, p. 9), declarando a defesa da vontade geral do povo (contra supostas elites corruptas) enquanto se exaltam elementos de nacionalidade.

Para explorar a virada para o "populismo" no Brasil, recorremos a conceitos gramscianos (GRAMSCI, 1971) como "hegemonia", "bloco

em conjunto com o Ministério Público e o Judiciário, com a finalidade de apurar crimes de corrupção envolvendo o sistema político e o empresariado no Brasil [...]. A Ação Penal 470 é considerada a antessala da operação Lava Jato. [...]. A operação Lava Jato, diferentemente da Ação Penal 470, atingiu as principais organizações do sistema partidário, destacando-se, sobretudo, o PT, o PSDB e o MDB [...]. As previsões da direita moderada de que a Lava Jato atingiria apenas o PT, especialmente devido à prisão de Lula, demonstrar-se-iam equivocadas, tendo seus efeitos se espraiado por todo o sistema partidário".

histórico", "transformismo" e "cesarismo" (também conhecido como "bonapartismo"). Segundo Gramsci (1971, 2017), uma estratégia populista precisa de liderança, como o cesarismo. Vale ressaltarmos que Gramsci (2017), conforme a epígrafe no início deste capítulo, diferencia o cesarismo como tendo dois modos de expressão — um "reacionário" ou "regressivo", que conta com o apoio de grupos identificados com a direita no campo político, e outro "progressista", alinhado à esquerda.

O populismo como estratégia política carece de um programa político e, por essa razão, é, muitas vezes, tipificado como uma tênue ideologia (MUDDE, 2004). Sua estratégia política é garantir a hegemonia ou a liderança por meio de apelos ao nacionalismo e ao "povo autêntico", mobilizando táticas de [estranhamento do] "outro" (ALVES; SEGATTO; PINEDA, 2021). Um governo populista (e, por implicação, a hegemonia populista) implica, portanto, mudança (seja reacionária, seja progressiva) em vários campos da sociedade, a exemplo da cultura, da economia, da política e da Educação. O exercício da hegemonia por tal liderança populista carismática denota, tanto material quanto simbolicamente, a governança de uma sociedade baseada na vontade política do governante, cuja legitimidade para governar emerge do conjunto de forças e de relações sociais que compõem um bloco histórico distinto (GRAMSCI, 1971).

Gramsci (1971) também desenvolveu a ideia de "transformismo" para descrever um método de fazer uma coalizão de governo centrista flexível que isola os extremos da esquerda e da direita, enquanto inclui elementos da esquerda e da direita. O transformismo é um tipo de estratégia para refrear e conter um movimento organizado da classe trabalhadora, de maneira a cooptar e neutralizar suas ideias dentro de uma coalizão governante. O governo Lula pode ser visto como um exemplo de "transformismo" (COELHO NETO, 2012; OLIVEIRA, 2018). Usamos esse conceito para entender o populismo de Bolsonaro como uma forma de contratransformismo, isto é, como uma resposta proporcional ao "transformismo" anterior. A propósito, afastando qualquer conotação depreciativa, vale registrarmos a interpretação de Oliveira (2018, n.p.):

> "Transformismo petista" é um termo que costuma ser utilizado de forma pejorativa, quase como sinônimo de traição. Discordo completamente, pois entendo o "transformismo petista" como o amadurecimento político de Lula, que se tornou o tipo de liderança que o Brasil precisa. Pode não ser a liderança dos sonhos da esquerda brasileira, mas é exatamente a liderança que o Brasil precisa. E a população mais pobre entendeu isso perfeitamente.

Em suma, o argumento geral do nosso texto é desenvolvido da maneira exposta a seguir. Examinamos as complexidades da economia cultural e política do Brasil que criaram as condições para a ascensão de Bolsonaro. Começamos com a análise das políticas econômicas e sociais de Lula que, mesmo sensíveis às questões sociais, não estancaram o processo de desindustrialização do Brasil, e averiguamos a conjuntura de declínio da competitividade internacional da economia brasileira experimentada durante o governo Dilma Rousseff. Mostramos que protestos públicos e acusações de corrupção alimentadas pelo jogo político levaram ao *impeachment* de Rousseff. O que se seguiu foi múltiplas violações constitucionais, acompanhadas por um tipo de ativismo judiciário próximo do que se chamou de "jurisprudência populista" (DALY, 2019, p. 15, tradução nossa). O sucessor de Dilma Rousseff, o vice-presidente Michel Temer, buscou cumprir uma agenda neoliberal de formulação de políticas (GONTIJO; RAMOS, 2020), atiçando ainda mais as brasas no ressentimento de variados segmentos da população. As interseções do discurso conservador de direita, o proselitismo evangélico e o discurso populista no Brasil, juntamente a várias expressões de ressentimento, inclusive de parte das classes médias e de atores sociais cujas oportunidades e chances foram diminuídas por causa do declínio da competitividade econômica, contribuíram para a eleição de Bolsonaro em 2018. Nesse sentido, nossa seção final concentra-se na Educação política no Brasil, nas maneiras pelas quais quaisquer ganhos progressivos foram apagados e o que isso significa para os brasileiros.

A economia político-cultural do Brasil — de FHC a Bolsonaro

Começamos observando que, em 1985, a ditadura militar de 21 anos no Brasil, iniciada em 1964, que também encerrou uma fase de experiência democrática e desenvolvimentista do país iniciada no pós-Segunda Guerra Mundial (POWER, 2016), chegou ao fim. A redemocratização do Brasil foi resultado da contestação dos movimentos trabalhistas e sociais. Durante esse período ditatorial, Dilma Rousseff, nos anos de 1970, havia sido presa e torturada. Já Lula passou um mês nos cárceres do Departamento de Ordem Política e Social (Dops), em 1980, após liderar mobilizações trabalhistas bem-sucedidas contra o regime militar (POWER, 2016; SEGATTO; ALVES; PINEDA, 2021).

Em 1988, foi promulgada a nova Constituição da República Federativa do Brasil (chamada de "Constituição Cidadã"), que incluía a universalização de variadas políticas sociais (saúde, Educação etc.) como responsabilidade do Estado (BRASIL, 1988). No que tange à Educação, de acordo com Segatto, Alves e Pineda (2021, p. 6, tradução nossa):

> [...] a nova Constituição manteve um modelo descentralizado e "duplo" [...], com os estados responsáveis pelo ensino fundamental e médio, enquanto o governo federal prestava assistência financeira e técnica [...]. Isso representou uma mudança no caminho percorrido até então; o governo federal não havia sido anteriormente um ator-chave na política ou na provisão da Educação.

Ressaltemos que a pressão de grupos religiosos influenciou o "capítulo da Educação" da Constituição, tornando a Educação responsabilidade do Estado e das famílias (SEGATTO; ALVES; PINEDA, 2021). Mesmo que, semanticamente, isso pareça fazer pouca diferença, os autores argumentam que essa determinação se alinhou à doutrina da Igreja Católica e criou um grau de continuidade com o passado, em que organizações privadas e não governamentais — entre elas a Igreja — poderiam prosseguir na prestação de serviços particulares de saúde, sociais e educativos.

Em termos de projeto de governo, podemos notar três blocos históricos (com cinco diferentes presidentes da República) que foram compostos no Brasil durante o período 1995-2019.[4] De 1995 a 2002, governou o país um bloco histórico de centro-direita (PSDB/PFL)[5] estabelecido pelo voto direto, que foi liderado pelo presidente Fernando Henrique Cardoso (FHC/PSDB), sociólogo de formação e professor na Universidade de São Paulo (USP), por dois mandatos. A agenda política de FHC foi amplamente moldada pelo neoliberalismo; concentrou-se na estabilidade econômica e na redução da inflação, levando a restrições financeiras das instituições nacionais e subnacionais, incluindo o financiamento da Educação. O governo FHC também implementou a Nova Gestão Pública (NGP), que reforçou a prestação de serviços públicos por empresas privadas e por organizações não governamentais (ONGs), incluindo grupos católicos e protestantes como prestadores de serviços (SEGATTO; ALVES; PINEDA, 2021). Ao mesmo tempo, FHC implementou políticas para ampliar o acesso de crianças e jovens à escola, garantindo os direitos dos alunos e valorizando a diversidade, mas foi nas respectivas presidências de Lula e Dilma Rousseff que ocorreram as mudanças mais importantes em relação à diversidade étnica e ao reconhecimento de gênero (SEGATTO; ALVES; PINEDA, 2021).

O bloco histórico "tucano" (nome de uma ave brasileira que dá o apelido ao PSDB) foi então sucedido pelo bloco histórico de

---

4. Após a Ditadura Militar, os presidentes do Brasil foram José Sarney, de 1985 a 1990 (Sarney foi vice-presidente e assumiu a Presidência após a morte de Tancredo Neves, eleito indiretamente pelo Parlamento brasileiro em uma aliança de centro-direita); Fernando Collor de Mello, de 1990 a 1992 (foi um governo neoliberal de direita — Collor renunciou na tentativa de impedir o processo de *impeachment*); Itamar Franco, de 1992 a 1994 (foi vice-presidente e assumiu a presidência após a renúncia de Collor; Franco liderou um governo nacional-desenvolvimentista de centro-esquerda).

5. PSDB — Partido da Social Democracia Brasileira; PFL — Partido da Frente Liberal.

centro-esquerda (PT/PL/PSB/PCdoB)[6] liderado por Luiz Inácio Lula da Silva[7] (apoiado também por grupos protestantes e católicos) (SEGATTO; ALVES; PINEDA, 2021). Lula foi eleito para dois mandatos (2003-2010). Dilma Rousseff (2011-2016) também foi eleita em duas eleições presidenciais, mas seu segundo mandato foi interrompido pelo *impeachment* em 2016. Michel Temer (2016-2018), ex-vice-presidente de Dilma Rousseff, completou o mandato reestruturando o bloco histórico com políticas características de centro-direita, formada por partidos que deram grande apoio político ao bloco histórico da presidência de FHC (PMDB/PSDB/PP) na década de 1990.

A ruptura política simbólica nesse primeiro quartel do século foi a eleição de Jair Bolsonaro, que liderou um bloco histórico de extrema-direita. Esse bloco é crítico da política tradicional; é formado por pequenos partidos mais recentemente fundados (PSL/PRTB),[8] que conquistaram maioria no Parlamento com votos do "centro" de representantes do capitalismo tradicional brasileiro (agronegócio, finanças, serviços e rentistas de todos os tipos). Esse bloco histórico de extrema-direita também conta com o apoio de bancadas parlamentares que incluem vários grupos religiosos pentecostais e neopentecostais, além de apoiadores da violência e da repressão militar, que agora convergiram para agendas conservadoras moralistas (SEGATTO; ALVES; PINEDA, 2021).

Segatto, Alves e Pineda (2021) observam que, ao longo dos anos 1990 e 2000, grupos pentecostais e neopentecostais mudaram sua estratégia política, lançando seus próprios candidatos a cargos políticos e "transmutando" (convertendo?) organizações religiosas

---

6. PL — Partido Liberal; PSB — Partido Socialista Brasileiro; PCdoB — Partido Comunista do Brasil.

7. O segundo mandato de Lula (2007-2011) totalizou 12 partidos: PT, Partido do Movimento Democrático Brasileiro (PMDB), Partido Republicano Brasileiro (PRB), PCdoB, PSB, Partido Progressista (PP), Partido da República (PR), Partido Trabalhista Brasileiro (PTB), Partido Verde (PV), Partido Democrático Trabalhista (PDT), Partido Social Cristão (PSC) e Partido dos Aposentados da Nação (PAN).

8. PSL — Partido Social Liberal; PRTB — Partido Renovador Trabalhista Brasileiro.

em partidos políticos. Isso se tornaria importante para a Educação, pois esses grupos contestavam o conteúdo do currículo (ver seção "Populismo autoritário e política educacional no Brasil"). Mais tarde, eles forneceriam suporte para a agenda conservadora e moralista de Bolsonaro. Na seção seguinte, passamos a detalhar brevemente a ascensão de Lula e Dilma Rousseff ao poder, pois esses eventos serviram de antecedentes para o surgimento e a eleição de Bolsonaro em 2018.

Progressismo e governo Lula

Ao lado de acadêmicos, intelectuais e outros organizadores sindicais, Lula foi um dos fundadores do PT, em 1980, no período do regime militar brasileiro. Lula atuou no sindicato dos metalúrgicos e conquistou, nas eleições legislativas de 1986, uma cadeira no Congresso como deputado federal. Lula candidatou-se à Presidência da República do Brasil três vezes (1989, 1994 e 1998) pelo PT, antes de ser finalmente eleito em 2002 por um bloco histórico de centro-esquerda (OLIVEIRO, 2006).

No governo federal, visando à redução da pobreza, sob os nomes de Bolsa Família e Fome Zero, em 2003, Lula unificou e ampliou programas sociais (Programa Nacional de Renda Mínima vinculada à Educação — Bolsa Escola; Cadastramento Único do Governo Federal; Programa Nacional de Renda Mínima vinculada à Saúde — Bolsa Alimentação e Programa Auxílio-Gás), que haviam sido iniciados por FHC (OLIVEIRO, 2006). Apesar de se opor ao setor privado em suas iniciais incursões na militância sindical, Lula abraçou a financeirização, bem como as parcerias com o setor privado como modelo de desenvolvimento (OLIVERO, 2006). Lula também lançou o Programa de Aceleração do Crescimento (PAC) para fortalecer a infraestrutura do Brasil, e buscou estimular o setor privado a criar empregos (ABU-EL-HAJ, 2016). O paradoxo das políticas de bem-estar social de Lula, como as de FHC, era que elas eram uma contrapartida à forte diminuição do setor manufatureiro e da classe trabalhadora industrial, levando a uma economia em contração e a crescentes desigualdades sociais (OLIVEIRO, 2006).

Após a reeleição de Lula em 2006, o PT — ainda a segunda maior bancada partidária na Câmara Federal — viu seu número de deputados reduzido. Apesar da esperança de que o segundo mandato de Lula pudesse trazer algo diferente em comparação ao primeiro mandato, as declarações inaugurais de Lula foram para reafirmar sua agenda econômica. Isso levou Oliveiro (2006, p. 10) a comentar que "[...] Lula parece ter perdido completamente o rumo [de esquerda]". Alternativamente, Singer (2012, p. 128), em suas interpretações sobre o Lulismo, observa:

> [...] o seu projeto é o da diminuição da pobreza, não necessariamente da desigualdade, que são coisas distintas, embora relacionadas [...]. Na prática, a luta de classes prossegue, mas encontra um ponto de fuga, como também já se mencionou, no funcionamento do lulismo. O sucesso do lulismo envolve uma solução pelo alto, criando simultaneamente uma despolarização e uma repolarização da política.

Dilma Rousseff desempenhou papéis importantes no governo Lula, tendo sido ministra de Minas e Energia (2003-2005) e ministra-chefe da Casa Civil (2005-2010). Como candidata sucessora de Lula, foi eleita nas eleições presidenciais de 2010. No entanto, é claro que Dilma Rousseff havia herdado uma economia em dificuldades quando assumiu em 2011, e tudo isso resultou no que Abu-El-Haj (2016, p. 210) chama de "presidencialismo de coalizão". Power (2016) observa que, quando os militares se retiraram do poder presidencial em 1985, os partidos políticos eram considerados fracos e pouco representativos. E, enquanto algumas elites exigiam reformas para fortalecer os partidos políticos, no final, a maioria:

> [...] preferiu um conjunto de instituições representativas mais permissivas que dariam o máximo de liberdade aos políticos em detrimento

> dos partidos. [...] essas preferências levaram a um desenho institucional em que a capacidade dos políticos de criar novos partidos e transitar entre eles é extremamente alta (POWER, 2016, p. 20, tradução nossa).[9]

O exercício do poder, na esfera do Executivo, no Brasil, também passa por um conjunto complexo de alianças entre representantes políticos locais e estaduais, que dependem do acesso a fundos públicos e da garantia de nomeações em variados cargos de importância. Manter uma ampla coalizão no Brasil requer uma liderança carismática do tipo oferecida por Lula e, também, dependia de ligações estratégicas com empresas que canalizavam fundos para campanhas políticas. No governo FHC, por exemplo, fundos do Banco Nacional de Desenvolvimento Econômico e Social (BNDES) e fundos de pensão controlados pelo Estado foram usados para financiar grupos locais e para demarcar espaços econômicos acessíveis às multinacionais (ABU-EL-HAJ, 2016). Esse tipo de prática política cria condições para o clientelismo, enquanto o perigo de corrupção é real.

Abu-El-Haj (2016) argumenta que, a partir de meados da década de 1990, sob FHC, e continuado por Lula, o comércio econômico internacional se expandiu por meio da exportação de *commodities* (como minério de ferro, soja e café) para a Ásia, estimulada pela expansão da China. O *status* do Brasil como uma economia emergente levou a um significativo aumento do investimento direto estrangeiro.[10] Isso elevou as reservas em moeda estrangeira, enquanto o crescimento econômico do país diminuiu o desemprego e deu origem à capitalização do BNDES e dos fundos de pensão das empresas estatais.

---

9. Em 1986, havia 12 partidos no Congresso; em 2014, eram 28 (POWER, 2016).

10. O Brasil é a letra "B" de Bric (sem o "s", que representa a África do Sul) — acrônimo criado por Jim O'Neill, economista do Goldman Sachs, para o grupo formado por Brasil, Rússia, Índia e China. De acordo com o Relatório 99, publicado em 1º de outubro de 2002: "Nos próximos 50 anos, Brasil, Rússia, Índia e China — as economias dos BRICs — podem se tornar uma força muito maior na economia mundial" (WILSON; PURUSHOTHAMAN, 2003, p. 2, tradução nossa).

Além dos programas de alívio da pobreza, grandes fundos investiram no desenvolvimento de grandes infraestruturas, bem como em indústrias estratégicas destinadas a simbolizar o sucesso do Brasil. As principais corporações do país, beneficiárias de fundos estatais em áreas como agroalimentar e produção de aço, usaram-nos para alavancar sua expansão internacional, fazendo com que os preços disparassem no Brasil. Abu-El-Haj (2016, p. 214, tradução nossa) argumenta: "[...] uma vez esgotada a política de favorecimento, muitas empresas nacionais abandonaram o Brasil e migraram para mercados estrangeiros". A realocação dessas corporações internacionalmente, tirando do Brasil grandes investimentos estatais, intensificou a desindustrialização de forma significativa (ABU-EL-HAJ, 2016) e o declínio da competitividade internacional do Brasil. Essa desaceleração continuou levando à erosão fiscal do Estado até 2015, ocasionando cortes nos programas sociais. Os índices de aprovação do governo Dilma Rousseff caíram para o nível mais baixo de todos os tempos.

Vale ressaltarmos que, mesmo com políticas afirmativas e de transferência de renda, como o Bolsa Família, que contribuiu para a redução da pobreza no Brasil, a desigualdade de renda continuou (ver POWER, 2016). De acordo com o *World inequality report 2018*, a "[...] distribuição de renda no Brasil permaneceu estável e extremamente desigual nos últimos 15 anos, com os 10% mais ricos recebendo mais de 55% da renda total em 2015" (ALVAREDO *et al.*, 2018, p. 138, tradução nossa). Uma revisão superficial das lideranças de FHC, Lula e Dilma Rousseff sugeriria que o Brasil do século XXI "[...] havia se despojado do legado da ditadura militar de 1964-85, [...] um exame mais atento da macropolítica do país demonstra que esta tese não poderia estar mais longe da verdade" (POWER, 2016, p. 14, tradução nossa).

Escrevendo em 2016, antes da eleição de Bolsonaro, Power concluiu que, embora em muitos aspectos o Brasil tenha mudado, particularmente na esfera política, a mudança nunca foi absoluta e completa, pois, por um lado, não houve o surgimento de novos atores, instituições e processos; e, por outro, os antigos nunca foram deslocados do cenário.

A perda de legitimidade de Lula e de Dilma como líderes carismáticos, o colapso da redistribuição pública e a erosão dos salários levaram ao desencanto da coalizão de centro-esquerda no poder, abrindo espaço para o posterior triunfo de Bolsonaro. Schwarz (2020, p. 25, tradução nossa) observa que "[...] a vitória de Bolsonaro e o golpe de 1964 têm muito em comum [...]. Em 1964, houve um golpe militar; em 2018, uma eleição. É difícil admitir que defender a ditadura e atacar reformas sociais bem-sucedidas podem ganhar votos — mas podem". Nos termos de Gramsci (1971), com o primeiro César de direita (a ditadura de 1964), assiste-se a uma tragédia; com a repetição da representação, tendo um segundo César de direita (Bolsonaro em 2018), descortina-se uma farsa.

Governo Dilma, eventos de junho de 2013 e *impeachment* de 2016

Agora nos concentramos no papel desempenhado pelos chamados "eventos de junho" no Brasil, em 2013, em que muitos brasileiros saíram às ruas para protestar contra a corrupção e defender a reforma política. Várias manifestações ocorreram em muitas cidades do Brasil contra o aumento de tarifas de transporte público, a violência policial, a corrupção, além de questões como gastos públicos em eventos esportivos internacionais (Copa do Mundo de Futebol de 2014 e Jogos Olímpicos de 2016, no Rio de Janeiro). Singer (2014) relata que esses participantes representavam todo o espectro ideológico brasileiro (direita-centro-esquerda), muitos agora vestindo camisetas verde-amarelas, mas, no passado, usaram vermelho (como simpatizantes do histórico bloco centro-esquerda).

Institucionalmente e por conta dos movimentos de rua iniciados em junho de 2013, a Operação Lava Jato foi lançada pela Polícia Federal em 2014 (WATTS, 2017). Por sua vez, o Ministério Público Federal estruturou uma força-tarefa para atuar, encontrando indícios de má conduta de empresários e políticos na Petrobras, no Grupo Odebrecht e em outras organizações. As denúncias decorrentes da Operação Lava Jato foram acatadas por um juiz de primeira instância, Sérgio Moro.[11] A Operação Lava Jato dirigiu investigação sobre políticos de partidos de esquerda, centro e direita (PT, PMDB, PP, PSDB), bem como quadros e empresas públicas e privadas (Petrobras, Odebrecht etc.), prejudicando reputações pessoais, empresariais e políticas (inclusive a própria coalizão de governo).[12]

Em 2019, o destino dos heróis da Operação Lava Jato foi revertido. Os acontecimentos passaram a ter ares de novela brasileira (a realidade imitou a "pseudocultura"), em que aqueles que estavam processando passaram a ser processados. As comunicações eletrônicas entre os promotores, incluindo o procurador da República Deltan Dallagnol (coordenador da Operação Lava Jato) e o juiz Sérgio Moro, foram divulgadas em junho de 2019 pelo jornal *The Intercept*, que publicou diálogos em um grupo da Operação Lava Jato. Entre as mensagens, capturadas do aplicativo Telegram, constatou-se que juiz (Moro) e promotores públicos trocaram impressões que comprometiam a legalidade do processo jurídico. No Brasil, promotores públicos são responsáveis pela instrução do processo legal, o julgamento, logicamente, fica a cargo de um juiz.

Já em relação ao processo de *impeachment* de Dilma Rousseff, parlamentares brasileiros argumentaram que seu afastamento seria motivado por questões contábeis ("pedaladas fiscais"). Entretanto, contra Dilma Rousseff, nada foi relatado sobre corrupção, nem qualquer crime de responsabilidade lhe foi imputado. O que pesou foi o apoio político que se esvaiu depois que Rousseff obteve uma vitória apertada nas eleições presidenciais de outubro de 2014. Como resultado, a oposição

---

11. O mesmo juiz, Sérgio Moro, foi nomeado em janeiro de 2019 para o governo de Jair Bolsonaro como ministro da Justiça.

12. A Operação Lava Jato atingiu, por exemplo, os ex-presidentes do Brasil: Fernando Collor (Partido Republicano da Ordem Social — PROS), Michel Temer (PMDB) e Luiz Inácio Lula da Silva (PT); o presidente da Câmara dos Deputados, Eduardo Cunha (PMDB); o ex-ministro Paulo Bernardo (PT); o empresário Eike Batista; o ex-governador do Rio de Janeiro, Sérgio Cabral; e Márcio Lobão (filho do ex-ministro Edson Lobão — PMDB).

permaneceu em estado de campanha permanente pedindo a recontagem dos votos e colocando em dúvida a validade do resultado eleitoral (DUQUE; SMITH, 2019). Aos poucos, Dilma Rousseff perdeu aliados legislativos, bem como o esteio político de membros de seu próprio partido — o PT —, que se opunham a ela por implementar políticas de austeridade que contradiziam sua plataforma de campanha. O contexto de crise econômica e política favoreceu o *impeachment* de Dilma em agosto de 2016. Os resquícios do passado ditatorial do Brasil agora voltaram à tona, com o deputado federal Jair Bolsonaro, presente na fatídica sessão do Congresso, em 2016, declarando, publicamente, ao votar pelo *impeachment*, uma homenagem a um comprovado torturador do regime militar (1964-1985): "[...] pela memória do Coronel Carlos Alberto Brilhante Ustra, o pavor de Dilma Rousseff" (BOLSONARO..., 2019, 26s-34s; ver, também, BARBA; WENTZEL, 2016).

Se a hipótese de que os acontecimentos de junho de 2013 foram um gatilho do que se transformou em uma estratégia política populista, a alegoria representada por Janus não poderia ser mais apropriada para o Brasil. Janus representa não somente as duas faces (para o passado e para o futuro), mas também a disputa do comando entre os hemisférios cerebrais — a esquerda (Movimento Passe Livre — MPL —, anarquistas etc.) e a direita (Movimento Brasil Livre — MBL —, Rebeldes *On-Line* etc.). Podemos notar que propostas progressistas — do campo da esquerda —, como o acesso ao transporte público e a ética na política, aos poucos, foram empasteladas, e os espaços de comando foram tomados por uma coalizão que convergiu em torno de uma agenda política de direita, tendo como símbolo de viragem reacionária um ato de peripécia,[13] representado pelo *impeachment* de Dilma Rousseff em 2016.

O vice-presidente, Michel Temer (MDB), substituiu Dilma Rousseff em 2016. Como presidente, Temer assumiu uma pauta de reformas decididamente neoliberal, que incluiu reformas trabalhistas, um teto para os gastos federais por 20 anos e uma tentativa de reforma

13. No teatro grego, peripécia ou *peripeteia* é a mudança ou a reversão de uma circunstância (ou de um evento) para o lado oposto ou contrário ao inicialmente previsto.

previdenciária, aprovada no governo Bolsonaro (DUQUE; SMITH, 2019). No entanto, um ano depois de assumir o cargo, Temer também foi acusado de aceitar propina, de obstrução da justiça e de conspiração criminosa (DUQUE; SMITH, 2019), passando seu último ano no cargo debilitado politicamente. Nas palavras de Duque e Smith (2019, p. 167, tradução nossa), "[...] atingido por acusações de corrupção, recessão econômica e taxas de rejeição extremamente altas, o presidente viu até antigos aliados desconsiderarem completamente sua liderança durante a campanha eleitoral". Temer deixou o cargo como o presidente mais impopular desde a ditadura militar de 1964.

Na corrida eleitoral de 2018, Lula fez campanha para a presidência da prisão, conseguindo chamar atenção da cobertura da mídia, enquanto mantinha um segundo candidato presidencial — Fernando Haddad (PT), ex-ministro da Educação e ex-prefeito de São Paulo — na reserva. Com o desenrolar dos acontecimentos, a Justiça não aprovou a candidatura de Lula à presidência e Haddad acabou sendo indicado como candidato do PT. No entanto, Haddad perderia para Bolsonaro como resultado de mudanças de opções políticas de massa, por um lado, e da transformação da direita (DUQUE; SMITH, 2019), por outro. Na década que antecedeu 2018, a política de direita havia sido mais programática. Sob Bolsonaro, esse agrupamento político passaria a ser mais conservador, composto por uma direita religiosa, uma direita da lei e da ordem, e uma direita econômica — ou em termos mais populares, por exemplo, a direita juntou-se em um influente grupo de parlamentares no Congresso Nacional chamado de "Bancada BBB" — acrônimo para "Bíblia", "Bala" e "Boi" (DUQUE; SMITH, 2019).

Cesarismo e Bolsonarismo

Bolsonaro iniciou sua carreira política como vereador na cidade do Rio de Janeiro (1989 a 1991). Seguiu-se uma longa sucessão de seis mandatos como deputado federal (1991-2019), representando o estado do Rio de Janeiro na Câmara Federal. Longe de ser um neófito,

Bolsonaro é um político experiente. Entre 1988 e 2019, Bolsonaro foi filiado a nove partidos políticos diferentes, todos classificados à direita no espectro político. Antes de se tornar um representante político com cargo eletivo, e após sua formação na "Academia Militar das Agulhas Negras", em 1977, Bolsonaro teve uma curta carreira profissional nas Forças Armadas Brasileiras, aposentando-se em 1988. Esse período de 11 anos no Exército Brasileiro (1977-1988) foi marcado por polêmicas. Bolsonaro foi processado por indisciplina no Superior Tribunal Militar (STM). Em 16 de junho de 1988, foi absolvido por nove votos a quatro (DALY, 2019).

A eleição presidencial de 2018 no Brasil foi marcada por renhida disputa entre Bolsonaro e Haddad. Como Trump nos Estados Unidos, Bolsonaro fez uso bem-sucedido das novas mídias sociais como veículo para sua campanha eleitoral, juntamente às notícias falsas (*fake news*) para menosprezar a atuação de Haddad à frente do Ministério da Educação (MEC), nos governos Lula e Dilma Rousseff, por ter apoiado a tolerância aos direitos dos homossexuais e uma suposta sexualização das crianças — estímulo a transgêneros e à descriminalização de contato sexual de adultos com menores (DUQUE; SMITH, 2019). Ademais, os grupos evangélicos provariam ser particularmente importantes naquelas eleições, constituindo, em 2018, quase um terço da população brasileira (DUQUE; SMITH, 2019). No entanto, igualmente relevantes foram partes das classes média e alta, bem como grupos menores da direita, os quais foram atraídos pela formação militar de Bolsonaro por causa de preocupações com violência e segurança. Por fim, a indiferença de Bolsonaro à mudança climática consolidou o apoio aos interesses do agronegócio rural. A eleição de Bolsonaro em 2018 pode ser interpretada como uma "contrarrevolução passiva", pois seu governo tem-se balizado por políticas moralistas, reacionárias, regressivas e economicamente ortodoxas, que visam desfazer programas e políticas sociais de inclusão e de respeito à diversidade promovidas anteriormente.

O populismo como estratégia política garantiu a vitória de Bolsonaro nas eleições presidenciais de 2018. No exercício do poder, o governo Bolsonaro teve como duas referências essenciais: notadamente, o neoliberalismo, seguindo as diretrizes produzidas no Ministério da Economia, capitaneado por Paulo Guedes; e o autoritarismo, que tem as marcas da ditadura no Brasil (SCHWARZ, 2020). Isso encorajou o governo Bolsonaro a reverter as políticas ("transformistas") adotadas por Lula e Dilma. O populismo de Bolsonaro, nesse sentido, indubitavelmente, possui duas faces. Seu maior representante costuma fazer uma espécie de jogo duplo, como revela a expressão de Bolsonaro em entrevista à Rede TV: "Não falo o que o povo quer ouvir, sou o que o povo quer" (BOLSONARO *apud* TOLOTTI, 2015, n.p.). Em outras palavras, Bolsonaro dita ao povo e argumenta que o povo o deseja.

Isso levou alguns comentaristas políticos a estabelecer paralelo entre a vitória de Bolsonaro e o golpe de 1964 (SCHWARZ, 2020). Enquanto alguns intérpretes na comunidade acadêmica sustentavam que Bolsonaro constituía uma ameaça existencial à democracia — comparando-o aos presidentes de Polônia, Hungria e Filipinas —, outros argumentavam que "[...] as instituições políticas do Brasil eram suficientemente robustas para conter os piores impulsos de Bolsonaro" (DUQUE; SMITH, 2019, p. 181, tradução nossa). Outros apontaram que Bolsonaro não deu garantias suficientes de que respeitaria as regras democráticas da política brasileira. De fato, como novo presidente, Bolsonaro, no início do mandato, evitou o presidencialismo de coalizão que, como observado anteriormente, envolve barganhas interpartidárias que, por sua vez, garantiriam um grau de estabilidade política. Assim como o populismo de Trump nos Estados Unidos, o governo de Bolsonaro foi formado por escolhas pessoais de grupos temáticos interpartidários e aliados próximos (com vínculos com militares, agronegócios e movimentos evangélicos). Bolsonaro também consolidou em cargos de importantes ministérios indivíduos de extrema-direita neoliberal — como Paulo Guedes, formado pela ortodoxia econômica da Universidade de Chicago, no comando do Ministério da Economia (DUQUE; SMITH, 2019). Guedes declarou seu compromisso com a privatização de empresas públicas, a redução da burocracia pública e a reversão do déficit fiscal por meio da aprovação de reformas estruturais, inclusive da Previdência.

Populismo autoritário e política educacional no Brasil

Nesta seção final, agora nos concentramos na ascensão do populismo autoritário no Brasil e em seus efeitos no campo da Educação. Como observa Moeller (2021, p. 19), a Educação é um espaço-chave de contestação, pois grupos mobilizam poder distribuído de forma assimétrica sobre ideias e acesso a recursos materiais, a fim de avançar estrategicamente em suas próprias agendas e interesses. A Educação e os educadores foram alvo para Bolsonaro e seus apoiadores de direita. Bernstein (2000) identifica três temas na Educação que podem se tornar objeto de disputa: a natureza, a forma e o conteúdo do currículo; quais os modos de avaliação e para que fins; e quais pedagogias, levando a quais resultados, para as crianças como aprendizes. A questão do currículo foi um importante objeto de disputa para Bolsonaro e seus apoiadores, tanto antes de sua eleição quanto nos meses que se seguiram.

Sob Lula e Dilma, uma série de reformas educacionais — Lei n. 10.639, de 9 de janeiro de 2003 — Ensino de História e Cultura Afro-Brasileira e Africana (BRASIL, 2003); Lei n. 11.645, de 10 de março de 2008 — Ensino de Questões Indígenas nos Currículos Escolares (BRASIL, 2008); Lei n. 13.005, de 25 de junho de 2014 — Plano Nacional de Educação — PNE (BRASIL, 2014) — pautou uma agenda inclusiva em torno da história afro-brasileira, questões indígenas e padrões básicos para todo o Brasil (ALVES; SEGATTO; PINEDA, 2021). Em seu primeiro mandato, Lula deu continuidade a algumas políticas de Fernando Henrique Cardoso, ao mesmo tempo que tentava combater as desigualdades sociais e promover a diversidade por meio das leis mencionadas anteriormente da Secretaria de Educação Continuada, Alfabetização, Diversidade e Inclusão (Secadi). No entanto, a Secadi veio a se tornar alvo de ataques populistas de direita, de modo que, durante o governo Temer, a Secadi foi enfraquecida politicamente, sendo fechada no segundo dia do governo Bolsonaro, em 2019 (ALVES; SEGATTO; PINEDA, 2021).

Conforme observado antes, ao longo dos governos Lula e Dilma, os movimentos evangélicos começaram a se organizar politicamente, formando a Frente Parlamentar Evangélica (FPE) em 2003, no Congresso Nacional, e apoiando os governos comandados pelo PT. A FPE era composta principalmente por políticos evangélicos de movimentos sociais. No entanto, após 2014, a composição da FPE mudou para incluir políticos mais conservadores, preocupados com controles mais rígidos do crime e agendas morais de direita, sob o título de "valores familiares". Na sua mira, estavam os defensores da equidade e da diversidade de gênero, bandeiras políticas consideradas ameaças à integridade da "família" (ALVES; SEGATTO; PINEDA, 2021).

Outro movimento, o "Escola sem Partido", criado em 2004 por políticos conservadores e ativistas de direita, nasceu como reação do que chamam de "doutrinação de esquerda", e em posição contrária à inclusão, à equidade e à diversidade, inclusive de gênero. Em 2014, o "Escola sem Partido" atraía a atenção do público, e tinha o apoio de grupos evangélicos de direita e de outros movimentos de direita. Alves, Segatto e Pineda (2021) observam que, entre 2014 e 2016, o "Escola sem Partido" inspirou 62 projetos de lei que foram analisados e aprovados pelo Congresso Nacional e pelas casas legislativas de cerca de 12 estados e 23 cidades, embora esses projetos tenham sido frequentemente bloqueados e acusados de serem inconstitucionais. O "Escola sem Partido", no entanto, tentou outros meios de reação, incluindo manifestações pelo *impeachment* de Dilma, declarações contra o educador Paulo Freire como um ideólogo marxista, cujos trabalhos deveriam ser banidos das escolas (ALVES; SEGATTO; PINEDA, 2021). A união da FPE e do "Escola sem Partido" fez forte oposição à publicação de uma cartilha no primeiro ano da presidência de Dilma, intitulada *Escola sem homofobia* — apelidada de "kit gay".

Moeller (2021) descreve uma série de mudanças nas rodadas de elaboração da Base Nacional Comum Curricular (BNCC), prevista no Plano Nacional de Educação (PNE) 2014-2024 aprovado em 2014. A elaboração da BNCC teve início no governo Dilma Rousseff e foi sancionada no governo Temer. No período de setembro de 2015 a dezembro de 2017, quatro versões foram apresentadas no curso dos debates sobre a BNCC. Moeller (2021) analisou essas versões, especialmente sobre as questões de raça, de gênero e de sexualidade. A autora mostra que as questões raciais, inclusive afro-brasileiras, foram contestadas; as versões 2 e 3 tiveram uma queda na referência às questões raciais, enquanto na versão 4 as referências a questões raciais tiveram um aumento devido à pressão de acadêmicos e de movimentos sociais negros. Restaram algumas referências ao tema sobre sexualidade, e menções sobre orientação sexual, homossexualidade e homofobia foram removidas (MOELLER, 2021). Podemos inferir que a ação de movimentos evangélicos e do fundamentalismo religioso foi crucial para isso.

Conclusões

> Guzmán governara o país com a sombria imbecilidade do fanatismo político. O poder do governo supremo havia se convertido, na sua mente insensível, em um objeto de um estranho culto, como se fosse alguma espécie de deidade cruel. [...] seus adversários [...] eram os pecadores supremos, objetos de ódio, abominação e medo, como seriam heréticos para um inquisidor convicto. (CONRAD, 2007, p. 130)

A estratégia populista autoritária de Bolsonaro procurou reverter a agenda do ciclo do governo Lula-Dilma que, mesmo com as limitações do "transformismo" (COELHO NETO, 2012; GRAMSCI, 1971; OLIVEIRA, 2018), garantiu resultados positivos de inclusão e de justiça social. Entendido dessa forma, argumentamos que o populismo de Bolsonaro foi uma estratégia política de "contratransformismo" (GRAMSCI, 1971). Inferimos, tendo por base as políticas do governo Bolsonaro, especialmente aquelas originadas ou endossadas pelo Ministério da Economia, que isso significou uma reformulação radical, em questões sociais, políticas e culturais, pautada por uma economia política liberal ortodoxa.

O populismo autoritário de Bolsonaro tentou minar as conquistas democráticas asseguradas desde a promulgação da Constituição da República Federativa do Brasil de 1988. A presidência de Bolsonaro acelerou tendências regressivas, em parte experimentadas por governos fundados em blocos históricos anteriores, marcados pela desnacionalização da economia, pela reversão de conquistas sociais, pelo corte de financiamento para a Educação e a ciência, pela privatização de bens públicos e pela desindustrialização da economia, que criaram condições para uma possível desintegração das estruturas econômicas, sociais, políticas e culturais do país. Notamos, também, tendências regressivas em políticas educacionais sob Bolsonaro. Ademais, observamos marcas particulares e paradoxais no populismo de Bolsonaro.

Em primeiro lugar, o populismo de Bolsonaro promoveu o nacionalismo e, ao mesmo tempo, intensificou o processo de desnacionalização da economia. Exemplos incluem a privatização da BR Distribuidora em 2019, significando o início do desmantelamento da Petrobras. O governo Bolsonaro também anunciou a venda da Refinaria Alberto Pasqualini (Refap), no Rio Grande do Sul, e planejou vender ou fechar 17 empresas estatais, incluindo a Casa da Moeda do Brasil, Correios, Telebras e Eletrobras.

Em segundo lugar, Bolsonaro discursava em favor da promoção da Educação, enquanto diminuía o orçamento público para essa área, agravando a crise no setor e restringindo a possibilidade de criação, de disseminação e de pensamento crítico de conhecimento de qualidade (SALDAÑA, 2019).[14] Além disso, ele divulgou um Programa denominado "Future-se" para as Instituições Federais de Educação Superior, porém a ser administrado por meio de Organizações Sociais (OSs) e fundos privados, contrariando as metas e as estratégias do PNE 2014-2024.

---

14. Em 2019, o orçamento do Ministério da Educação (MEC) foi cortado em R$ 6 bilhões; orçamento para a educação: R$ 101 bilhões em 2020; em 2019, foi de R$ 122 bilhões; Coordenação de Aperfeiçoamento de Pessoal de Nível Superior (Capes): de R$ 4,25 bilhões, em 2019, para R$ 2,20 bilhões, em 2020 — 11.811 bolsas foram cortadas em 2019.

Em terceiro lugar, Bolsonaro declarou um ataque à corrupção e o cumprimento de uma agenda de lei e ordem, enquanto notícias de corrupção grassavam nas vizinhanças domésticas. A título de exemplo, em investigação relacionada à Operação Lava Jato, com base em dados do Conselho de Controle de Atividades Financeiras (Coaf), foram descobertas movimentações financeiras suspeitas nas contas de Fabrício Queiroz que, na época, atuava como assessor do gabinete de Flávio Bolsonaro (filho de Jair Bolsonaro) na Assembleia Legislativa do Rio de Janeiro (Alerj) (BBC BRASIL, 2019).

Em quarto lugar, Bolsonaro posicionou-se pela defesa da Amazônia e, simultaneamente, apoiou atividades predatórias e o extrativismo na região, incluindo a madeireira e a mineração em terras indígenas. De acordo com a BBC, "[...] o presidente Bolsonaro não condenou o desmatamento e apoia a ocupação da Amazônia para agricultura e mineração" (BBC UK, 2019, n.p.). Em poucas palavras, o governo Bolsonaro teve um ministro do Meio Ambiente (Ricardo Salles[15]) que promovia políticas que agrediam o meio ambiente. Para Marina Silva, em entrevista à BBC, "[...] o ministro Salles é um antiambientalista. Ele é o operador da inconsciência da incompetência do Bolsonaro" (FAGUNDEZ, 2019, n.p.).

---

15. O advogado Ricardo Salles tem militância no Instituto Endireita Brasil. Antes de aderir ao Bolsonarismo, foi secretário particular do ex-governador do estado de São Paulo, Geraldo Alckmin (2001-2006 e 2011-2018). O *Observatório da Imprensa*, em texto assinado por Luciano Martins Costa, publicado em 4 de abril de 2013, registra sua simpatia pelo autoritarismo militar: "[...] os jornais paulistas noticiaram com discrição, há uma semana, a nomeação, pelo governador Geraldo Alckmin, do advogado Ricardo Salles como seu secretário particular. Salles, que vem tentando a carreira política há duas eleições, chegou ao governo a bordo de um grupo de ativistas radicalmente conservadores e tendo como bandeiras a defesa da ditadura militar que comandou o Brasil entre 1964 e1984 e a oposição radical ao Governo Federal. Nos últimos quatro anos, à frente do movimento chamado Instituto Endireita Brasil, ele tem verbalizado opiniões controversas sobre direitos de minorias e outros assuntos, entre os quais divulga uma versão da história política do Brasil na qual os militares não cometeram os crimes de que são acusados. [...]. A polêmica esquentou na quarta-feira (4/4) por conta do escritor Marcelo Rubens Paiva, que protestou, em sua coluna no *Estado de S. Paulo*, contra o fato de Alckmin se fazer acompanhar de seu novo secretário justamente em solenidade de entrega de parte dos arquivos digitalizados do Dops [...]" (COSTA, 2013, n.p.).

Em quinto lugar, o populismo de Bolsonaro parece ser desprovido de base popular. Não seria exagero dizer que o Bolsonarismo é expressão de um *web*-populismo ou populismo de plataforma, pois seu envolvimento com o povo é por intermédio de massivas publicações em redes sociais e de volumosos envios de mensagens virtuais, não necessariamente pelo líder — o presidente da República —, mas por seus apoiadores e por robôs programados para isso. O populismo autoritário de Bolsonaro prescinde de movimentos de massas,[16] como foram vistos nos eventos que começaram em junho de 2013 em prol das reformas políticas. Pesquisas do Datafolha e Vox Populi, divulgadas no início de setembro de 2019, constataram que o núcleo duro do populismo bolsonarista estaria em torno de 12% da população (PAULINO; JANONI, 2019). O populismo de Bolsonaro carece cada vez mais de povo.

Em conclusão, argumentamos que o populismo autoritário de Bolsonaro, como o de Trump e de outros populistas assemelhados, depende de sua capacidade de mobilizar a política em torno do ressentimento (COHEN, 2019), da proteção do privilégio (DALY, 2019) e do moralismo conservador (COHEN, 2019). Para reflexão, elencamos algumas perguntas (sem respostas até o momento): a falta de uma clara abordagem político-programática de Bolsonaro acabará por corroer sua legitimidade e capital político? Daly (2019) argumenta que, apesar do desmantelamento que está ocorrendo, muitos fundamentos de uma democracia permanecem em vigor no Brasil: uma parcela significativa da população está comprometida com o regime democrático; a sociedade civil é vibrante e robusta; as instituições centrais da democracia — mesmo que imperfeitas — permanecem em vigor (a mídia, os tribunais e outras instituições de proteção de direitos). Assim, é necessário o fortalecimento dessas instituições, em vez de seu enfraquecimento por desafiadoras, complexas e incongruentes composições que vêm sendo experimentadas pelo chamado presidencialismo de coalizão no Brasil.

---

16. Sem querermos que pareça ironia, registramos que Bolsonaro aparece presencialmente em movimentação de pessoas em motocicletas — chamada de "motociatas".

Só o tempo dirá se a ascensão de Bolsonaro ao poder em 2018 foi somente uma infeliz virada para a extrema-direita que terminou com as eleições de 2022. Neste sentido, para que aconteça a efetiva consolidação da democracia republicana, conforme Fraser (2017), qualquer bloco progressista no poder deve se apresentar como uma alternativa política unitária no Brasil, cujo programa político respeite a ética e as conquistas da Constituição Federal originalmente promulgada em 1988. As políticas de desenvolvimento econômico do país precisam deixar de respaldar a financeirização da economia, a privatização de bens públicos e o apoio ao capital transnacional, e suas políticas sociais precisam enfrentar as profundas e históricas desigualdades sociais no Brasil.

Referências

ABU-EL-HAJ, Jawdat. Brazilian left Bonapartism and the rise of finance capital: a critique of the internal bourgeoisie thesis. *Latin American Perspectives*, [*s. l.*],v. 43, n. 2, p. 207-216, 2016. DOI: https://doi.org/10.1177/0094582X16632028.

ALVAREDO, Facundo *et al. World inequality report 2018.* Paris: World Inequality Lab, 2018. Disponível em: https://wir2018.wid.world/files/download/wir-2018-full-report-english.pdf. Acesso em: 21 jun. 2022.

ALVES, Mário A.; SEGATTO, Catarina I.; PINEDA, Andrea M. Changes in Brazilian education policy and the rise of right-wing populism. *British Educational Research Journal*, London, v. 47, n. 2, p. 332-354, 2021. DOI: https://doi.org/10.1002/berj.3699.

AZEVEDO, Mário Luiz Neves; ROBERTSON, Susan L. Authoritarian populism in Brazil: Bolsonaro's Caesarism, 'counter-trasformismo' and reactionary education politics. *Globalisation, Societies and Education*, [*s. l.*], v. 20, n. 2, p. 151-162, 2022. DOI: https://doi.org/10.1080/14767724.2021.1955663.

BARBA, Mariana Della; WENTZEL, Marina. Discurso de Bolsonaro deixa ativistas 'estarrecidos' e leva OAB a pedir sua cassação. *BBC News Brasil*, São Paulo, 20 abr. 2016. Disponível em: https://www.bbc.com/portuguese/noticias/2016/04/160415_bolsonaro_ongs_oab_mdb. Acesso em: 22 jun. 2022.

BBC BRASIL. Caso Queiroz: Toffoli acolhe pedido de defesa de Flávio Bolsonaro e paralisa investigação; entenda. *BBC News Brasil*, São Paulo, 16 jul. 2019. Disponível em: https://www.bbc.com/portuguese/brasil-48259927. Acesso em: 21 jun. 2022.

BBC UK. Amazon rainforest fires: ten readers' questions answered. *BBC UK*, London, 28 ago. 2019. Disponível em: https://www.bbc.com/news/world-latin-america-49450925. Acesso em 21 jun. 2022.

BERNSTEIN, Basil. *Pedagogy, symbolic control and identity.* New York: Routledge, 2000.

BOLSONARO exalta Ustra na votação do *impeachment* em 2016. São Paulo, 2019. 1 vídeo (34 s). Publicado pelo canal: Estadão. Disponível em: https://www.youtube.com/watch?v=xiAZn7bUC8A. Acesso em: 28 jun. 2022.

BRASIL. [Constituição (1988)]. *Constituição da República Federativa do Brasil.* Brasília, DF: Senado Federal: Centro Gráfico, 1988.

BRASIL. Lei n. 10.639, de 9 de janeiro de 2003. Altera a Lei n. 9.394, de 20 de dezembro de 1996, que estabelece as diretrizes e bases da Educação nacional, para incluir no currículo oficial da Rede de Ensino a obrigatoriedade da temática "História e Cultura Afro-Brasileira", e dá outras providências. *Diário Oficial da União*: seção 1, Brasília, DF, n. 8, p. 1, 10 jan. 2003.

BRASIL. Lei n. 11.645, de 10 de março de 2008. Altera a Lei n. 9.394, de 20 de dezembro de 1996, modificada pela Lei n. 10.639, de 9 de janeiro de 2003, que estabelece as diretrizes e bases da Educação nacional, para incluir no currículo oficial da rede de ensino a obrigatoriedade da temática "História e Cultura Afro-Brasileira e Indígena". *Diário Oficial da União*: seção 1, Brasília, DF, n. 48, p. 1, 11 mar. 2008.

BRASIL. Lei n. 13.005, de 25 de junho de 2014. Aprova o Plano Nacional de Educação — PNE e dá outras providências. *Diário Oficial da União*: seção 1, Brasília, DF, n. 120-A, edição extra, p. 1-7, 26 jun. 2014.

COELHO NETO, Eurelino Teixeira. *Uma esquerda para o capital*: o transformismo dos grupos dirigentes do PT (1979-1998). São Paulo: Xamã, 2012.

COHEN, Jean. Populism and the politics of resentment. *Jus Cogen*, [*s. l.*], v. 1, n. 1, p. 5-39, 2019. DOI: https://doi.org/10.1007/s42439-019-00009-7.

CONRAD, Joseph. *Nostromo*. São Paulo: Companhia das Letras, 2007.

COSTA, Luciano Martins. Uma farsa burlesca. *Observatório da Imprensa*, São Paulo, 4 abr. 2013. Disponível em: https://www.observatoriodaimprensa.com.br/educacao-e-cidadania/caderno-da-cidadania/uma-farsa-burlesca/. Acesso em: 21 jun. 2022

DALY, Tom. Populism, public law and democratic decay in Brazil: understanding the rise of Jair Bolsonaro. *Law and Ethics of Human Rights Journal*, New York, 3 jan. 2019. DOI: http://dx.doi.org/10.2139/ssrn.3350098.

DE LA TORRE, Carlos. The people, populism, and the leader's semi-embodied power. *Rubrica Contemporanea*, [*s. l.*], v. 2, n. 3, ISSN 2014-5748, 2013.

DUQUE, Débora; SMITH Amy Érica. The establishment upside down: a year of change in Brazil. *Revista de Ciencia Política*, Santiago, v. 39, n. 2, p. 165-189, 2019. DOI: http://dx.doi.org/10.4067/S0718-090X2019000200165.

FAGUNDEZ, Ingrid. Queimadas sempre ocorreram, mas nunca incentivadas por discurso de um presidente, diz Marina Silva. *BBC News Brasil*, São Paulo, 12 ago. 2019. Disponível em: https://www.bbc.com/portuguese/brasil-49402290. Acesso em: 22 jun. 2022

FRASER, Nancy. From progressive neoliberalism to Trump — and Beyond. *American Affairs*, [*s. l.*], v. 1, n. 4, p. 46-64, 2017.

GONTIJO, Caio; RAMOS, Leonardo. Caesarism, populism and the 2018 election in Brazil. *Capital and Class*, [*s. l.*], v. 44, n. 4, p. 617-632, 2020. DOI: https://doi.org/10.1177/0309816819884670.

GRAMSCI, Antonio. *Prison notebooks*. Tradução: Quentin Hoare e Geoffrey Nowell Smith. London: Lawrence & Wishart, 1971.

GRAMSCI, Antonio. *Cadernos do cárcere*. Tradução: Luiz Sérgio Henriques, Marco Aurélio Nogueira, Carlos Nelson Coutinho. Rio de Janeiro: Civilização Brasileira, 2017. v. 3: Maquiavel, notas sobre o estado e a política. Recurso digital.

LENIN, Vladimir Ilyich. The economic content of narodism and the criticism of it in Mr. Struve's Book (the reflection of marxism in bourgeois literature). *In*: LENIN, Vladimir Ilyich. *Lenin collected works*. Moscow: Progress Publishers, 1894. p. 333-508.

MOELLER, Kathryn. The politics of curricular erasure: debates on race, gender, and sexuality in the Brazilian common core curriculum. *Race, Ethnicity and Education*, [*s. l.*], v. 24, n. 1, p. 18-38, 2021. DOI: https://doi.org/10.1080/13613324.2020.1798382.

MUDDE, Cas. The populist zeitgeist. *Government and Opposition*, [*s. l.*], v. 39, n. 4, p. 541-563, 2004. DOI: https://doi.org/10.1111/j.1477-7053.2004.00135.x.

NESTORE, Matias; ROBERTSON, Susan L. Introduction to special issue: education and populisms. *Globalization, Societies and Education*, [*s. l.*], v. 20, n. 2, p. 81-85, 2021. DOI: https://doi.org/10.1080/14767724.2021.1948392.

OLIVEIRA, Rodrigo P. A. A origem do lulismo e o PSOL. *Revista Fórum*, São Paulo, 9 mar. 2018. Disponível em: https://revistaforum.com.br/news/2018/3/9/origem-do-lulismo-psol-26439.html. Acesso em: 23 jun. 2022.

OLIVEIRO, Francisco de. Lula in the labyrinth. *New Left Review*, [*s. l.*], v. 42, n. 2, p. 5-22, nov./dez. 2006.

PAULINO, Mauro; JANONI, Alessandro. Núcleo duro de apoio a Bolsonaro é de 12% da população, aponta Datafolha. *Folha de S.Paulo*, São Paulo, 4 set. 2019. Disponível em: https://www1.folha.uol.com.br/poder/2019/09/nucleo-duro-de-apoio-a-bolsonaro-e-de-12-da-populacao-aponta-datafolha.shtml. https://www1.folha.uol.com.br/poder/2019/09/nucleo-duro-de-apoio-a-bolsonaro-e-de-12-da-populacao-aponta-datafolha.shtml. Acesso em: 22 jun. 2022.

PIKETTY, Thomas. *Brahmin left versus Merchant right*: rising inequality and the changing structure of political conflict, working paper series. Paris: World Inequality Database, 2018.

POWER, Timothy. The Brazilian military regime of 1964-1985: legacies for contemporary democracy. *Ibericoamericanal*, [*s. l.*], v. 62, n. 2, p. 13-26, 2016.

ROBERTSON, Susan L.; NESTORE, Matias. Education cleavages, or market society and the rise of authoritarian populism? *Globalization, Societies and Education*, [*s. l.*], v. 20, n. 2, p. 110-123, 2021. DOI: https://doi.org/10.1080/14767724.2021.1955662.

SALDAÑA, Paulo. Orçamento de Bolsonaro para 2020 tira metade dos recursos do MEC para pesquisa. *Folha de S.Paulo*, São Paulo, 3 set. 2019. Disponível em: https://www1.folha.uol.com.br/educacao/2019/09/orcamento-de-bolsonaro-para-2020-tira-metade-dos-recursos-do-mec-para-pesquisa.shtml. Acesso em: 23 jun. 2022.

SANTOS, Fabiano; TANSCHEIT, Talita. Quando velhos atores saem de cena: a ascensão da nova direita política no Brasil. *Colombia Internacional*, Bogotá, n. 99, p. 151-186, 2019. DOI: https://doi.org/10.7440/colombiaint99.2019.06.

SCHWARZ, Roberto. Neo-backwardness in Bolsonaro's Brazil. *New Left Review*, [*s. l.*], v. 123, p. 25-38, 2020.

SEGATTO, Catarina I.; ALVES, Mário A.; PINEDA, Andrea. Populism and religion in Brazil: the view from education policy. *Social Policy and Society*, [*s. l.*], v. 21, n. 4, p. 1-15, 2021. DOI: https://doi.org/10.1017/S147474642100004X.

SINGER, André. *Os sentidos do Lulismo*: reforma gradual e pacto conservador. São Paulo: Companhia das Letras, 2012.

SINGER, André. Rebellion in Brazil. *New Left Review*, [*s. l.*], n. 85, p. 19-37, jan./fev. 2014.

TOLOTTI, Rodrigo. Bolsonaro: eu não falo o que o povo quer ouvir, eu sou o que o povo quer; veja o vídeo. *InfoMoney*, [*s. l.*], 6 jul. 2015. Disponível em: https://www.infomoney.com.br/politica/bolsonaro-eu-nao-falo-o-que-o-povo-quer-ouvir-eu-sou-o-que-o-povo-quer-veja-o-video/. Acesso em: 26 jun. 2022.

WATTS, Jonathan . Operation car wash: is this the biggest corruption scandal in history? *The Guardian*, London, 1º jul. 2017. Disponível em: https://www.theguardian.com/world/2017/jun/01/brazil-operation-car-wash-is-this-the-biggest-corruption-scandal-in-history. Acesso em: 28 jun. 2022.

WEYLAND, Kurt. Clarifying a contested concept: populism in the study of Latin American politics. *Comparative Politics*, [*s. l.*], v. 34, n. 1, p. 1-22, 2001. DOI: https://doi.org/10.2307/422412.

WILSON, Dominique; PURUSHOTHAMAN, Roopa. Dreaming with BRICs: the path to 2050. *Goldman Sachs Global Economics Paper n.: 99*. New York: Goldman, Sachs & Co., 2003. p. 1-24, Disponível em: https://www.academia.edu/75846307/Dreaming_With_BRICs_The_Path_to_2050. Acesso em: 23 jun. 2022.

CAPÍTULO 13

Fabricado na União Europeia:

o *caso* português e a *exceção* europeia (2000-2020) — diálogos teórico-metodológicos na análise de políticas de Educação[1]

Fátima Antunes

Centro de Investigação em Educação (CIEd)
Instituto de Educação — Universidade do Minho (Portugal)

Introdução

Um pilar constitutivo da análise científico-social das políticas educativas em Portugal é o esforço de elaboração do "retrato singular" das realidades educativas portuguesas (semiperiféricas?) (STOER, 1991; SANTOS, 1993), suportado no estudo e na compreensão exaustivos, quer do quadro geral (*the bigger picture*), quer dos decisivos detalhes

1. Este trabalho é financiado pelo Centro de Investigação em Educação (CIEd) do Instituto de Educação, Universidade do Minho, Portugal. Projetos UIDB/01661/2020 e UIDP/01661/2020, por meio de fundos nacionais da Fundação para a Ciência e a Tecnologia/Ministério da Ciência, Tecnologia e Ensino Superior (FCT/MCTES), Portugal.

(*the detail*) de que são tecidas (OZGA, 1990; POWER, 1995). Entretanto, o vínculo às "realidades portuguesas" (assim mesmo, com aspas, sem autor atribuído, como se de autoria coletiva se tratasse) (STOER, 1983) é um horizonte exigente e fugidio, um mandato autoassumido até hoje por diversos investigadores da comunidade científico-social, como se constituísse um corolário da condição **semiperiférica** do extremo ocidental europeu. Tal compromisso implica o exercício persistente, inscrito em opções teóricas e teórico-metodológicas do labor científico, de crítica de conceitos e de projetos de desenvolvimento hegemónicos no sistema-mundo capitalista (PIRES, 1990; WALLERSTEIN, 1974). Assume-se, ainda, a diligência por opções analítico-epistemológicas, conceituais e metodológicas suscetíveis de iluminar e de elucidar especificidades e estimular enunciações da realidade interpelantes ou rebeldes a modelos interpretativos dominantes e, não raro, subalternizantes das pluralidades (ABRANTES, 2012; LIMA, 2018; SANTOS, 1993; STOER; ARAÚJO, 1992). Será sempre um esforço sem fim...

De acordo com certos estudiosos, a análise científico-social das políticas tem uma gênese e um desenvolvimento recentes (em meados do século XX), além decontemporâneos da afirmação e da expansão do Estado de bem-estar, não raro, correspondendo a solicitações de suporte político e técnico à decisão, à elaboração, ao acompanhamento e à avaliação de políticas. No campo da Educação, tais orientações terão estado também presentes, a par da integração de novas problemáticas e espaços, do global ao local e institucional, no esforço de corresponder à complexidade do campo social de ação em estudo (ANDERSON; HOLLOWAY, 2020).

Como defendeu Jenny Ozga, num texto reconhecidamente seminal, foi-se afirmando a busca de um conhecimento, *policy sociology*, "[...] enraizado na tradição das ciências sociais, historicamente informado e baseado em técnicas qualitativas e iluminativas" (OZGA, 1987, p. 144; OZGA, 2019, p. 2).[2] Nesse sentido, a pluralidade de paradigmas e de

2. No original: "[...] rooted in social science tradition, historically informed and drawing on qualitative and illuminative techniques" (OZGA, 1987, p. 144; OZGA, 2019, p. 2).

perspectivas, observando tensões e combinações diferenciadas, é constitutiva do domínio de conhecimento tal como hoje se nos apresenta. Neste quadro, a análise científico-social das políticas educativas define o seu campo de pesquisas a partir do estudo de inovações sociopolíticas, ordinariamente com origem no Estado e/ou em autoridades, geralmente públicas, que partilham, detêm ou assumem por delegação competências de intervenção sobre os sistemas e as atividades de Educação. O Estado e, mais recentemente, as autoridades públicas, como as instâncias da União Europeia (UE), têm constituído a fonte por excelência das políticas educativas. O que está longe de significar, bem pelo contrário, como adiante veremos, qualquer inibição a que o questionamento sociológico das políticas educativas venha a explorar os contextos de decisão e de ação (políticas) em todos os seus níveis, analítica e empiricamente relevantes.

A constituição dos sistemas educativos nacionais e o protagonismo do Estado nessa obra emblemática do século XX, a expansão das políticas sociais, e, nesse quadro, das políticas de Educação, destacam o Estado como principal interventor na configuração das políticas e dos sistemas educativos. Emergindo nos anos de 1960 "pela mão da ciência política" em contextos universitários europeus e americanos, desde os anos 1980, muito claramente, este campo de estudos se vem afirmando, sobretudo na sociologia dos países anglófonos, mantendo, contudo, relações polifacetadas com outras disciplinas científicas, como a História, o Direito ou a Economia (AFONSO, 1999, 2005; BALL; SHILLING, 1994).

Será interessante notar que Portugal se encontra de diversas formas ligado ao desenvolvimento desta focalização das políticas educativas por parte de sociólogos da Educação no contexto europeu. Por um lado, Portugal é estudado em trabalhos que, no início dos anos 1980, lançaram algumas das mais importantes linhas de investigação nesse domínio ainda hoje; aqueles foram desenvolvidos por investigadores e no quadro institucional de cursos da Open University of England, com destaque para Roger Dale, um dos teóricos de referência nesta área, e Stephen R. Stoer, que permanece um autor fundador e marcante, sobretudo, mas não apenas, no contexto português. Assim, numa publicação datada de 1981 e intitulada *Education and national development*, um dos capítulos assinados pelo primeiro autor inclui uma seção, "Education and national well-being in Portugal, 1930-1980". Após concluir que as teorias disponíveis (teoria da modernização; teoria da dependência; teoria conflitualista do estatuto — *status-conflict theory*) não proporcionam explicações satisfatórias das relações entre Educação e sociedade e das mudanças nessas relações no período em análise, Roger Dale propõe que, para além da análise dos constrangimentos externos, torna-se necessária "[...] a compreensão da sua [do país] estrutura interna e especialmente do Estado" (DALE, 1981, p. 37). No prefácio de um livro de referência no campo da Sociologia das Políticas Educativas, *The State and education policy*, datado de 1989 e que reúne trabalhos seus publicados desde 1981, Roger Dale afirma:

> Uma outra experiência foi crítica para modelar a minha abordagem. Isto foi ao visitar Portugal em 1976, dois anos após a revolução. A minha primeira breve visita (para gravar um programa de televisão para a Open University) rapidamente mostrou que nenhum do meu conhecimento científico-social poderia dar-me uma efetiva capacidade (*purchase*) de compreender o que estava a acontecer ali. Ficou claro que, para compreender Portugal, em 1976, eu precisava conhecer mais sobre o lugar de Portugal na economia mundial e sobre a história portuguesa (DALE, 1989, p. x, tradução nossa).[3]

Por outro lado, pode sugerir-se que um livro de Stephen R. Stoer, *Educação, Estado e desenvolvimento em Portugal*, publicado em 1982 e insuficientemente valorizado em Portugal, integra textos, também

3. No original: "One other experience was critical in shaping my approach. This was visiting Portugal in 1976, 2 years after the revolution. My first brief visit (to make an Open University television programme) quickly showed that none of my social science knowledge could give me any effective purchase on understanding what was happening there. It was clear that in order to understand Portugal in 1976 I needed to know more about Portugal's place in the world economy and Portuguese history" (DALE, 1989, p. x).

eles fundadores da análise sociológica das políticas educativas em Portugal. Referimo-nos a estudos como "A democracia e o socialismo na Educação em Portugal", apresentado em 1979 num seminário da Open University (STOER, 1982), editado na revista portuguesa *Análise Psicológica* em 1980 e que, um ano mais tarde, integrou o volume de textos de apoio do curso da Open University antes mencionado. Pensamos que outros capítulos da mesma obra constituem claramente trabalhos situados no que veio a ser considerado o campo da Sociologia das Políticas Educativas em Portugal. Conforme Afonso (1999), a pequena dimensão desses estudos impedirá que lhes seja atribuído um estatuto paralelo ao de *Educação e mudança social em Portugal*, de Stoer (1986). No entanto, o livro que anteriormente referimos (*Educação, Estado e desenvolvimento em Portugal*) inclui seguramente já elementos importantes da forma e dos conteúdos da análise que vem a ser desenvolvida neste estudo de 1986.

Não deixa ainda de ser digno de nota o fato de apenas pouco mais de uma curtíssima década mediar entre a emergência e a consolidação do campo da Sociologia das Políticas Educativas (os anos 1980/1990 do século XX), e a progressiva saliência teórica e empírica dos contextos e das dimensões globais — e nos casos para nós mais relevantes —, europeus e comunitários na construção das políticas educativas (desde meados da década de 1990). É como se a centralidade teórica do Estado para o campo educacional se tivesse tornado incontornável quando as mudanças nas formas desse protagonismo se impuseram ao olhar dos sociólogos da Educação.[4] Ou, ainda, como se a esfera política e a mediação política do Estado em Educação, sedimentados já num processo histórico quase centenário, se tornassem indiscutivelmente notadas pelas suas metamorfoses, como se estas de alguma forma tenham contribuído para visibilizar (e desnaturalizar?) aquela ação.

4. Recordemos que a negligência do papel e a ausência de uma teoria do Estado na educação constituem uma das críticas frequentemente avançadas a duas das problemáticas mais influentes na sociologia da educação durante as décadas de 1970/1980: as teorias da reprodução cultural e social e a teoria da correspondência.

Assim, a Sociologia das Políticas Educativas, que se afirma no contexto europeu, sobretudo anglófono, durante a década de 1980, na verdade, consolida-se reconhecendo um protagonismo ao Estado, cuja incontornável centralidade cedo acusará metamorfoses e polimorfismos no quadro de mudanças no **regime de acumulação** (BOYER, 1987) e de processos de **globalização** (GIDDENS, 1992; SANTOS, 1995). Deste ponto de vista, diríamos que a Sociologia das Políticas Educativas parece que tem sido bastante capaz, sobretudo, de apreender tendências e sentidos das mudanças: compreender e aprofundar, a cada momento, as suas configurações, os seus processos, as suas propriedades, os seus agentes, as suas criaturas e consequências têm-se revelado, por outro lado, uma tarefa muito mais rebelde aos instrumentos teórico-conceptuais disponíveis ou em construção, e muito menos compatível com os ciclos mais longos de investigação, de reflexão e de maturação teórica e empírica.

O compromisso e o esforço de **problematização** (e de **reflexividade**), quer das políticas educativas, nos seus pressupostos, nas suas implicações e nas suas consequências, quer do seu estudo e do conhecimento produzido, igualmente contribuem para o acervo de ferramentas teórico-metodológicas que desafiam os estudiosos na construção das suas opções e dos seus pontos de vista (OZGA, 2019). A exigência de tais preocupações agudiza-se em face de recentes mudanças e metamorfoses, quer na construção social das políticas — em processos, tempos, espaços, contextos, atores e recursos que reciprocamente se constituem (ANTUNES, 2019a; LEWIS, 2017) —, quer na produção de conhecimento nesse âmbito, incluindo as relações mutantes, esquivas e ambíguas, mas cruciais, entre política e conhecimento (CARVALHO; VISEU; GONÇALVES, 2019; OZGA, 2019).

Não intentamos traçar, mesmo sucintamente, o desenvolvimento recente do domínio científico, no país ou em outros espaços e comunidades científicas de referência — esforço diligenciado, para Portugal, em estudos levados a cabo por Afonso (1999), Magalhães (2008), Antunes (2009) ou Carvalho (2014). As notas que se seguem são devedoras duma perspectiva acadêmica e científica formada ao longo de estudos e de interlocuções aprofundados no campo de análise das políticas educativas, irremediavelmente gerada a partir duma interpretação própria, mesmo se cuidadosamente fundamentada.

Diálogos teórico-metodológicos na análise de políticas de Educação: momentos críticos

Propôs-se, em outros momentos, que um roteiro científico-social de análise de políticas educativas passaria por certos lugares (**tópicos**), às vezes mais salientes, outras vezes mais discretos. Aqui, evocamos quatro (**passagens**), sem nenhuma pretensão de mapear a questão, mas tão só para registar momentos críticos.

O território: compreender as realidades portuguesas entre a economia política e a etnografia

Como se vincou já, a análise científico-social das políticas educativas mantém, em Portugal, desde os seus primórdios, esta aspiração à problematização compreensiva, mobilizando referenciais teóricos, estratégias e ferramentas metodológicas plurais e abrangentes, tendo em vista o entendimento da estrutura e da dinâmica das relações, bem como as interações sociais que lhes dão corpo. Procurámos, assim, manter a atenção sobre este desafio em aberto: a teorização e a compreensão das políticas como um processo que convoca a análise contextualizada e articulada de diversos "níveis", "momentos" ou dimensões. Se noutros trabalhos afirmamos a rejeição de quaisquer dicotomias entre abordagens **centradas no estado** (DALE, 1988, 1989) e perspectivas voltadas ao estudo do ciclo político (BOWE; BALL; GOLD, 1992),[5] sublinhamos ainda o potencial heurístico contido em

5. A autora optou por traduzir *policy cycle* como "ciclo político".

ensaios de **análise de trajetória** de processos de inovação sociopolítica em Educação (ANTUNES, 2004).[6]

Neste sentido, o estudo de políticas educativas de inscrição supranacional constitui uma tentativa de reatualizar essa chamada de atenção para a necessidade de adotar estratégias, percursos e instrumentos teóricos e metodológicos vocacionados para apreender e compreender tanto a **estrutura** como a **dinâmica** interativa dos processos de desenvolvimento de políticas educativas. Deste prisma, a noção de implementação como realização fiel ou controlada pelas instâncias de decisão (a União Europeia e/ou o Estado nacional ou outra) é redutora e equivocada, tal como qualquer abordagem que suponha a ausência de vincadas assimetrias nas estruturas de poder e influência envolvidas neste processo. Nesta ótica, as autoridades públicas que protagonizam os processos de elaboração das políticas — instâncias da UE, plataformas intergovernamentais, como as que vêm dinamizando os *Processos de Bolonha e de Copenhaga*, o Estado — detêm uma capacidade incontornável e incomensurável de influência sobre o processo de desenvolvimento das políticas, que amplamente justifica a permanência de estudos nelas centradas. No entanto, tais incursões constituirão explicações parcelares e parciais se desacompanhadas das necessárias explorações de outras dimensões, "momentos" ou "níveis" de ação do processo de desenvolvimento das inovações sociopolíticas. Como refere Mainardes (2018, p. 10):

> [...] a sociologia das políticas pressupõe uma análise crítica das políticas (desde a sua formulação, produção do texto, atuação na prática, resultados e consequências); a necessidade de levar em consideração as consequências das políticas para classes sociais distintas; a importância de explicitar um conceito de política e de política educacional; bem como explicitar questões relacionadas ao Estado e seu papel na oferta educacional em geral e da política investigada, de modo mais específico.

6. Para uma discussão do ciclo político ou da abordagem do ciclo de políticas, consultar Mainardes (2006, 2018).

A relevância de tal esforço avoluma-se se tivermos em conta que, como observam Lingard, Rawolle e Taylor (2005, p. 774, tradução nossa), "um novo espaço global na política educacional" convive com "[...] práticas de política educacional [que] também permanecem nacionais e muito localizadas, com o *habitus* dos atores situado em diversas posições no interior do campo, também refletindo e afetando diferentes disposições locais, nacionais e globais".[7] No mesmo sentido, aponta a ideia de que os textos não transportam consigo o seu contexto de produção e, nessa medida, são reinterpretados de acordo com a estrutura do campo social de recepção (neste caso, o campo educacional), que não coincide com aquele de onde o texto é originário (o campo político) (LINGARD; RAWOLLE; TAYLOR, 2005).

Assim se argumenta que os esforços de **análise de trajetória** — ensaiando articular abordagens centradas nas instâncias de poder público com perspectivas de **ciclo político** — procuram: (i) por um lado, estudar as políticas educativas europeias nas suas dimensões de delimitação e de capacitação de ação; e (ii) por outro, analisar as práticas nos contextos educacionais, nas suas interações com os quadros de constrangimentos e de capacitação institucionais e políticos, de níveis nacional e supranacional (ver, por exemplo, ANTUNES, 2017). Tais orientações relevam a prevalência da escolha teórico-metodológica de aproximação à política como processo e como produto, mantendo-se relapsa a visões mais acomodatícias da política e do político (CARVALHO, 2014, 2020; MAGALHÃES; VEIGA, 2020).

O enraizamento nos debates científico-sociais dos processos interativos de globalização na Educação pode salientar propostas interpretativas em torno de uma **nova ordem educacional** (FIELD, 2000; LAVAL; WEBER, 2002) em que avultam: a governação pluriescalar (DALE, 2005a); a ação transnacional; modelos educativos

7. No original: "[...] a new global space in educational policy, but practices of educational policy also remain national and very localized, with the habitus of actors situated in various positions within the field, also reflecting and affecting differing local, national and global dispositions".

de ambição **mundial**; uma **agenda globalmente estruturada para a Educação** (DALE, 2001). A mudança dos modos de **governação** e de **regulação** institucionais e societais (DALE, 1997; SANTOS, 2005), com a visibilidade e a influência crescentes de novos poderes e de arranjos, de atores e de cursos de ação (BALL; AVELAR, 2016), suscita a interpelação de problemáticas e de ferramentas teóricas e metodológicas, e o tateamento exploratório de territórios, de ângulos e de instrumentos de análise (ROBERTSON; DALE, 2017). Neste quadro, argumenta-se, tem lugar o processo de **europeização** da Educação, com diversas aceções e destaque para: (i) a constituição de uma política e de um setor europeus, bem como (ii) a constituição de **referenciais globais europeus** (a hipótese de **convergência**) (MÉNY; MULLER; QUERMONNE, 1995) e/ou da relevância do contexto europeu comunitário e da imbricação entre políticas e prioridades nacionais e comunitárias (ANDERSEN; ELIASSEN, 1993). Também o esclarecimento destas problemáticas obriga a trabalhar com estudos de dinâmicas de globalização e de constituição da União Europeia referenciados a domínios científicos, como a economia política ou a sociologia política.

A orientação para análises de trajetória assenta na exploração da elaboração e do desenvolvimento das políticas educativas, pela elucidação dos momentos da **política de Educação** (*the politics of education*), da **política educativa** (*education politics*), da **prática** e dos **resultados** (DALE, 2005b), e esclarecendo sentidos e processos dos **contextos de influência**, de **produção do texto**, da **prática** e dos **resultados/efeitos**, como quadros de ação política e/ou de (inter)ação político-pedagógica (a **política em ação**) (ANTUNES, 2017; BALL; MAINARDES, 2015; BALL; MAINARDES; MARCONDES, 2009). Os questionamentos em torno do **mandato** e da **governação** da Educação (ANTUNES, 2017; DALE; OZGA, 1991), por um lado, dos processos de **(multi)regulação** (BARROSO, 2003, 2018); por outro, da ação coletiva organizada dos atores, tecem itinerários de compreensão da complexidade da dimensão e da ação política, das políticas públicas e do significado político em Educação. Itinerâncias em campos disciplinares, propostas analíticas e ferramentas conceituais implicam esforços interpretativos e intelectuais rigorosos e incertos, e exigem persistentes vigilâncias teórico-metodológicas sempre em declinações de modéstia inevitável (BALL; AVELAR, 2016).

A caixa de ferramentas: trabalhar com a ambiguidade... sem garantias...

A construção do conhecimento beneficiando de um itinerário assim enriquecido não é conceitualmente menos exigente, nem teórica ou metodologicamente menos exaustiva, detalhada ou consistente. Nestas condições, cada investigação vive habitualmente sob a assombração de uma agenda sobrelotada e além das possibilidades de uma única pesquisa. Dir-se-ia que complexidade, risco e fracasso (mesmo que relativo e parcial) são frutos desta mesma árvore do conhecimento plural.

Um exercício simples sugere esta condição inevitável de estudos que se propõem compreender articuladamente estruturas e processos, ação e sentidos: que processos (**mandatos** ou **problemas estruturais**) dinamizam (e/ou coexistem para dinamizar) as políticas de expansão da participação em Educação: **democratização** (CAPUCHA, 2018), **consumismo** (HARVEY, 2016), formação de **capital humano** ou **controle social** (dos **excedentários**) (GUIMARÃES, 2011)? A ambiguidade provém do reconhecimento de limitações de abordagens teóricas parcelares, a par do potencial de alargar a compreensão com outras propostas rivais ou coexistentes, enquanto se levantam questões sobre que retalhamento da realidade fica assim a descoberto, que fenômenos são deixados no limbo do desconhecimento ou naturalizados nas suas versões oficiais: por que são as metas europeias de participação em Educação alcançadas quanto aos jovens e amplamente fracassadas quanto aos adultos?

O que pode esclarecer o estudo da realidade portuguesa, nas suas modulações diversas deste fenômeno: (i) um caso modal de participação de jovens e adultos em Educação, na UE, (ii) mantendo-se negativamente **divergente** quanto aos (baixos) níveis de Educação da população? O processo de **europeização** das políticas de participação nacionais envolve distintas dinâmicas de apropriação e de recontextualização nacional, no que a jovens e adultos diz respeito? Que implicações decorrem da agenda conjunta UE/Organização para a Cooperação e o Desenvolvimento Económico (OCDE), com o envolvimento da OCDE na política de Educação de adultos em Portugal? Que complexo de fatores aparecem envolvidos/determinantes nesta dinâmica: a **trajetória institucional** (do sistema educativo, do setor da Educação de adultos)/**o efeito societal** (MAURICE; SELLIER; SILVESTRE, 1982)? As **fontes** das políticas (economia, estado, sociedade civil) (DALE; OZGA, 1991)? A construção política da oferta de Educação? A construção política da procura? Os cursos de ação dos protagonistas do campo, a construção **local** da política: os indivíduos (famílias), as entidades/instituições (locais, administrativas, económicas)? Os exercícios de definição do campo de análise, como do campo de observação, afiguram-se recursos decisivos... **sem garantias** de efetivo aprofundamento da compreensão das realidades portuguesas.

Entretanto, a mistura, a miscelânea e o mosaico vêm-se também revelando o outro nome deste lugar estranho que os contextos e os cursos de ação constituem, com a incerteza que a Educação sempre configura. Assim, por exemplo, a análise da ação coletiva organizada, a partir de escolas e de comunidades, para construir práticas orientadas para superar **barreiras à participação** de crianças e de jovens na aprendizagem, levanta interrogações quanto ao alcance individual e institucional das políticas em que aquelas se inscrevem (ANTUNES, 2019c). No entanto, a omnipresença das **contradições** não desfigura o peso reconhecível das instituições. Talvez, acatando a provocação de Ball (BALL; AVELAR, 2016), a modéstia na investigação nos dissuada de ir além do trabalho aprofundado a partir de questões orientadoras e de perguntas esclarecedoras.

O caminho das pedras: a (semi)periferia como angulação — o ângulo (semi)periférico

Como antes realçamos, o campo da análise científico-social das políticas educativas é marcado pela opção científica, acadêmica e social de conhecer a especificidade da sociedade portuguesa. A relevância daquela especificidade é sustentada por um conjunto de propriedades e dinâmicas sociais intermédias e de intermediação entre coordenadas econômico-políticas do sistema-mundo, conhecimento fundamentado e legitimado, mas também contestado, entre nós. Não raro as **realidades portuguesas** se mostram relapsas a modelos e ideais-tipo ordenados para descrever outras realidades mais centrais do atual sistema-mundo capitalista (STOER; ARAÚJO, 1992).

As especificidades portuguesas, em políticas educativas como em outros domínios, representarão também a **fabricação** resultante de percursos sócio-históricos e de sedimentações institucionais; uns e outras, quando divergem de espaços sociais e historicidades de onde os modelos analíticos se originam, podem gerar realidades não raro posicionadas como desviantes. Percebe-se bem, então, que estudar as **realidades portuguesas** sob o ângulo da **(semi)periferia europeia** tem o potencial heurístico de interpelar modelos que explicam processos e espaços sociais hegemônicos centrais, como esforço para fundar a investigação em quadros teóricos pertinentes ou aptos a captar a realidade; sem o que a colonização científica pode bem ter lugar.

Uma escolha imperfeita: debater... debater sempre (como valor e como método)

Um campo de estudos pluriparadigmático (CORREIA, 1998) — pela referenciação a comunidades científicas mais amplas: a literatura anglófona ou francófona; a problematização da economia política e/ou o questionamento pela sociologia política — ou, ainda, parafraseando Ball, praticando uma dupla epistemologia (BALL; AVELAR,

2016), revê-se no debate, mesmo se não raro cultive mais evocações de perspectivas e conjunções analíticas do que confrontos e clarificações intelectuais, teóricas, metodológicas e filosóficas.

Do mesmo modo, como bem assinala Carvalho (2019), e é comum a áreas matriciais do domínio científico de análise das políticas educativas, como a sociologia da Educação (AFONSO, 2009), a "discussão produtiva" (CARVALHO, 2019, p. 55) é um programa por realizar, mesmo que tal evocação/aspiração compareça no campo desde a sua génese.

Fabricado na UE: o *caso* português e a *exceção* europeia (2000-2020) — subsídios

Em que consiste o **caso** português e o que permite descobrir sobre **europeização** e **convergência** em Educação, e sobre a sociedade e as realidades educativas portuguesas? O designado caso português em Educação ganhou acrescida visibilidade sociopolítica e mediática no quadro do **comparativismo globalizador** (CUSSÓ; D'AMICO, 2005) ou da **regulação através dos números** (TEODORO, 2001, 2016); é assim também uma fabricação coetânea da intensificação do processo de europeização da Educação, com a incontornável relevância da dimensão europeia da **nova ordem educacional** (FIELD, 2000; LAVAL; WEBER, 2002).

De seguida, num primeiro momento, sinalizam-se perspectivas sobre europeização, com foco particular no campo da Educação; no segundo andamento, fundamentam-se, com base em fontes documentais e estatísticas oficiais, a mediação de políticas europeias em sentidos contraditórios e a fabricação da clivagem geracional, por parte do governo português; de seguida, sugere-se e problematiza-se, com base em fontes documentais, a observação do fracasso da política europeia de elevação da participação em Educação de adultos como resultado parcial do processo de europeização.

É importante notar que, no quadro da discussão e do estudo aqui delineados, o termo convergência é tomado no sentido descritivo para designar a aproximação a parâmetros de referência europeus de indicadores definidos no âmbito dos Programas Educação & Formação 2010 (EF2010) e Educação & Formação 2020 (EF2020).[8] Admite-se que, como sublinha Dale (2005b, p. 130-131, tradução nossa), "[...] há pouco sinal de convergência entre os Estados-nação em suas decisões e as respostas aos desafios comuns que eles enfrentam",[9] sem que tal signifique que aquilo sobre que tomam decisões, ou o que é excluído dessa prerrogativa, constituam domínios em que haja lugar ao exercício do livre-arbítrio, por parte de Estados-nação. Assim, ao mesmo tempo que a capacidade de definir a agenda (globalmente estruturada) para

8. O Programa EF2010 fixou os seguintes parâmetros de referência europeus: baixar para 10% ou menos a taxa média de jovens que abandonam precocemente a escola (fonte: Eurostat, Inquérito às forças de trabalho); aumentar em, pelo menos, 15% o número total de licenciados em Matemática, Ciências e Tecnologias, reduzindo simultaneamente o desequilíbrio homens--mulheres (fonte comum: Unesco/OCDE/Questionário Eurostat); conseguir que a taxa de jovens de 22 anos de idade que tenham concluído o último ciclo do Ensino Secundário seja de, pelo menos, 85% (fonte: Eurostat, Inquérito às forças de trabalho); diminuir, pelo menos 20% em relação a 2000, a percentagem de jovens de 15 anos com fraco aproveitamento em leitura (fonte: Pisa, OCDE); conseguir que o limiar de participação na aprendizagem ao longo da vida corresponda, pelo menos, a 12,5% da população adulta em idade ativa (grupo etário dos 25 aos 64 anos) (fonte: Eurostat, Inquérito às forças de trabalho. Disponível em: https://eur-lex.europa.eu/legal-content/PT/TXT/HTML/?uri=LEGISSUM:c11064 e https://eur-lex.europa.eu/LexUriServ/LexUriServ.do?uri=COM:2002:0629:FIN:PT:PDF. Acesso: 27 jan. 2024).). No âmbito do Programa EF2020, são estes os parâmetros de referência europeus: garantir que, pelo menos, 95% das crianças frequentem o ensino pré-escolar; reduzir para menos de 15% a percentagem de jovens de 15 anos com conhecimentos insuficientes de leitura, matemática e ciências; reduzir para menos de 10% a taxa de abandono do ensino escolar ou de atividades de formação entre os jovens dos 18 aos 24 anos; aumentar para, pelo menos, 40% a percentagem de pessoas com idades entre 30 e 34 anos que concluíram uma formação de nível superior; aumentar para, pelo menos, 15% a percentagem de adultos que participam em ações de aprendizagem; aumentar a percentagem de licenciados e de jovens entre os 18 e os 34 anos com uma qualificação inicial de formação profissional que realizam um período de estudo ou de formação no estrangeiro para, respectivamente, 20% e 6%; garantir que, pelo menos, 82% dos jovens entre os 20 e os 34 anos com, no mínimo, um diploma do Ensino Secundário encontrem emprego no espaço de um a três anos após concluírem os estudos (Disponível em: https://eur-lex.europa.eu/legal-content/EN/TXT/?uri=celex%3A52009XG0528%2801%29. Acesso em: 27 jan. 2024).

9. No original: "[...] there is little sign of convergence between nation-states in their decisions and responses to the common challenges that they face" (DALE, 2005b, p. 130-131).

a Educação tende a se revelar um domínio de ação com forte influência de atores supranacionais, outros campos de intervenção podem manter-se como quadros de ação pluriescalares, que reciprocamente se constituem, de tal modo que "[...] políticas, processos ou práticas, [...] podem variar de forma bastante independente umas das outras"[10] (DALE, 2005b, p. 144, tradução nossa).[11]

O contexto de influência e a mediação nacional de políticas europeias: disparidade de trajetórias e resultados

É na dinâmica gerada em torno da Estratégia de Lisboa e da adoção da estratégia de aprendizagem ao longo da vida (ALV) que o método aberto de coordenação (MAC) das políticas desenvolvidas para responder ao programa Educação & Formação 2010 ilumina intensamente o caso português de baixas qualificações da população ativa.[12] Entenda-se: o diagnóstico era conhecido desde, pelo menos, há mais de dez anos (CARNEIRO *et al.*, 1988), incluindo a perceção de que a elevação dos níveis de Educação da população jovem teria um impacto diminuto nos níveis de escolarização média da população, dadas as realidades demográficas com redução drástica do peso das novas gerações, bem como o prolongamento da atividade laboral e da esperança média de vida. Acresce que, como foi amplamente documentado, por exemplo, por Nóvoa (2005) (ver, ainda, CARVALHO; VISEU; GONÇALVES, 2019), a prevalência de um argumentário

---

10. No original: "[...] policies, processes or practices, [...] can vary quite independently of each other" (DALE, 2005b, p. 144).

11. Ver, também, Lewis (2020).

12. "Baixas qualificações da população ativa" é uma construção cognitiva e normativa convocada para descrever realidades socioeducativas portuguesas, como **problema** definido no quadro do complexo político-cognitivo do comparativismo globalizador e da governação através dos números. É evocada nesta discussão para problematizar a intervenção das organizações internacionais na definição de problemas, modelos de respostas e quadros de ação (DALE, 2001; TEODORO, 2001), em prol de uma agenda e de um modelo educativo de ambição mundial (LAVAL; WEBER, 2002).

construído em torno do **atraso** português é uma constante secular no debate sobre as realidades (educativas) e as propostas e os projetos de mudança da sociedade portuguesa. A tal não será alheio, entre outras realidades históricas, o posicionamento estrutural da formação social portuguesa no sistema interestatal (ARAÚJO, 2000; RAMIREZ; BOLI, 1987), figurando muitas vezes como o (um dos) mais pobre(s) dos países mais ricos da moderna e rica europa ocidental.

Entretanto, um caso português com contornos singulares vem sendo desenhado por políticas europeias de Educação desenvolvidas a partir de 2000, com o método aberto de coordenação no âmbito dos programas Educação & Formação 2010 e 2020: níveis de escolarização da população atipicamente reduzidos, seguidos de uma **convergência** continuada e, hoje, alcançada com as médias e as metas europeias, no que respeita a parâmetros de referência e indicadores adotados quanto a níveis de Educação de jovens; **divergência** continuada e crescente com as médias e as metas europeias, no que toca os parâmetros e os indicadores de níveis de escolarização e de participação em Educação da população adulta e, consequentemente, quanto à população portuguesa em geral.[13] Este perfil vem ainda sendo reforçado, no quadro de metamorfoses de âmbito global, com a centralidade crescente da ação de organizações como a OCDE, através de instrumentos técnico-políticos, como o Programa Internacional de Avaliação de Alunos (Pisa) e outros, e mesmo da sua ação conjunta com a UE em diversas áreas do campo educativo (ANTUNES, 2019a). Neste quadro, o caso português assume tonalidades contrastantes, com a atribuição e a reivindicação de sucesso e de exemplaridade de melhoria persistente, desde há duas décadas no que à Educação inicial de jovens diz respeito; tal desempenho não deixará de contraditoriamente sublinhar e ocultar o indelével déficit gerado pela **invariante estrutural** (LIMA, 2007) de ausência de uma política e de um sistema públicos permanentes, globais e integrados (MELO; LIMA; ALMEIDA, 2002),

13. Disponível em: https://ec.europa.eu/eurostat/web/european-pillar-of-social-rights/indicators/social-scoreboard-indicators. Acesso em: 5 maio 2020.

capazes de responder a necessidades e aspirações sociais, tendo em vista o cumprimento do direito fundamental à Educação da população adulta. Por ínvias vitórias de Pirro se alimenta o centenário padrão de assimetria estrutural e desenvolvimento desigual da sociedade portuguesa (MAURITTI *et al.*, 2019; NUNES, 1964).

O caso português é assim também um caso singular de fabricação de uma fratura geracional pela dualidade de opções políticas nacionais quanto à convergência/divergência com padrões de referência quantitativos e realidades europeias em Educação. Constitui, ainda, um caso de persistência de opções políticas desalinhadas de conhecimento e de propostas subsequentes, reiteradamente produzidos e disseminados nos círculos políticos, acadêmicos e científicos, frequentemente a pedido do próprio poder político que os descarta (ver, por exemplo, BARROSO, 2009; CORREIA, 2001).[14]

Estudos sobre a sociedade portuguesa sugerem linhas de análise e de interpretação de tais dinâmicas societais e opções políticas: (i) por um lado, a perspectiva de uma **modernidade inacabada** (ABRANTES, 2012) que encontra arrimo na ideia da prevalência de um **obscurantismo programado** envolvendo elites e decisores portugueses (MELO, 2004); (ii) por outro, a leitura de que a condição semiperiférica portuguesa passa também por uma **descoincidência articulada** entre padrões de reprodução e de consumo social próximos de países do centro do sistema-mundo e da UE — que impulsionaria a procura de Educação pelos jovens e a intervenção estatal nesse mesmo sentido —, e uma norma da produção retrógrada e próxima de países da periferia e semiperiferia do sistema-mundo (SANTOS, 1990; SANTOS; REIS,

14. As relações entre a construção científica e a construção política da educação, como entre conhecimento e decisão política ou ainda entre conhecimento e ação pública, vêm sendo matéria de observação, investigação e debate com um acervo já muito significativo, na comunidade científica portuguesa e internacional. A evidência de relações variáveis entre conhecimento e política, incluindo a decisão, bem como a ação pública mais geral, em educação, frequentemente débeis com certas áreas e modalidades de conhecimento, ou intensas e compulsivas com outros domínios e dispositivos técnico-científicos, é uma constante observada desde há décadas (ver, por exemplo, CARVALHO; VISEU; GONÇALVES, 2019; COELHO; TERRASÊCA; CORREIA, 2016; LIMA, 1988).

2018) (que alimentaria a atávica estrutura econômica baseada em baixos salários e qualificações, associados à intermitência da ação estatal e da mobilização social, no que respeita a Educação de adultos); (iii) por outro lado ainda, as múltiplas assimetrias estruturais da sociedade portuguesa (MAURITTI *et al.*, 2019; NUNES, 1964), reproduzidas agora por ínvios caminhos que articulam a mobilidade educacional à reprodução social entre gerações (MARTINS *et al.*, 2016).

Um mesmo breve relance pelos mais de 46 anos de democracia é suficiente para que se confirme a tese fundamentada por ativistas pedagogos e acadêmicos, segundo os quais:

> [...] a considerável descontinuidade das políticas de Educação de adultos [...] releva da ausência de um fio condutor, minimamente estável, das políticas educativas. As lógicas político-educativas, as prioridades, as dimensões organizacionais e administrativas, mesmo os elementos de ordem conceptual, mudam com frequência, interrompendo ou abandonando certas políticas para dar lugar a outras e assim sucessivamente (LIMA, 2007, p. 72).

Tanto mais que, uma década passada, aquela "invariante estrutural" (da precariedade dos programas, das estruturas, do financiamento, dos recursos, associada à fragmentação do campo) mantinha a "[...] linha de evolução 'em serra' da Educação de adultos" (MELO, 2017, p. 5), e continuava a suscitar diagnósticos e propostas **vindos de longe**.

Na verdade, diversos protagonistas e estudos apontam o enfrentamento entre "[...] a necessidade e a urgência de se promover um acesso generalizado, democratizado, à cultura e à Educação", e uma "[...] falta de consenso [que] tem sido uma constante, ao longo dos últimos séculos e nos últimos 40 anos" (MELO, 2017, p. 5).[15] A "intermitência das políticas", a ausência de um sistema público "institucional e orçamental", a fragmentação do campo e a desmobilização/

15. Ver, ainda, Feliciano (2017); Lima *et al.* (1988); e Valente e Wochnik (2008).

desmotivação "dos públicos e dos atores" (CANELAS; RAMOS, 2019, p. 62) continuaram a ser reiteradamente evocados em 2019.

Entretanto, a "invariante estrutural" da "falta de consenso" e "descontinuidade das políticas" é também explicada pela divergência entre "[...] diferentes abordagens de promoção educativa e cultural das pessoas adultas: a Educação permanente, a escolarização em segunda oportunidade e a formação profissional para o posto de trabalho" (MELO, 2017, p. 3).[16]

Valente e Wochnik (2008), quando discutem o **caso** português, para responder a questões sobre dinâmicas de convergência/divergência e/ou reformas dos sistemas nacionais de formação profissional, impulsionadas por políticas europeias de Educação e de formação, argumentam com alguns fatores a que pode ser atribuída essa excepcionalidade do caso português de baixas qualificações da população, em particular, a sua longuíssima duração.

Assim, "as realidades portuguesas", quando se referem aos processos de escolarização e aos níveis de Educação da população, apontam ainda para um conglomerado de traços socioinstitucionais e opções societais, como: as políticas educativas; o tecido e a estrutura socioeconômica e empresarial; a procura individual de Educação e formação contínuas. Nesse sentido, podem ser evocados: o **desinvestimento** centenário manifesto no baixíssimo nível médio de Educação e a elevadíssima taxa de analfabetismo entre a população portuguesa (MARTINS *et al.*, 2016); as políticas educativas mais recentes e já em democracia, cujos incumprimentos do direito à Educação se mantiveram atuantes, e muito lentamente têm vindo a ser superados com sequelas e lacunas; uma escola de massas tardiamente consolidada em simultâneo com a sua crise (STOER, 1994); o lento crescimento e a estagnação do Ensino Secundário durante quase 30 anos de democracia (ANTUNES, 2019b); e o projeto bloqueado de uma política e estrutura públicas permanentes de Educação e de formação de adultos (LIMA, 2007; MELO; LIMA; ALMEIDA, 2002). Em contrapartida, a

16. Ver, também, Feliciano (2017) e Rothes (2017).

permanência de uma estrutura e de um tecido econômicos e empresariais assentes em setores em que predominam baixos salários e qualificações tem consequências na rarefação do estímulo e na recompensa da procura individual de Educação e formação contínuas, sobretudo dos segmentos de mão de obra que laboram nos postos de trabalho da base da escala ocupacional.[17]

É assim que, na sociedade portuguesa, e analisando dados recentes de 2020, observa-se uma **trajetória de mudança e convergência** de indicadores relativos a níveis de Educação da população jovem, estimulada por políticas europeias, o mesmo não se verificando quanto aos indicadores referentes à população adulta. Esta clivagem é expectável, tendo em conta os fatores e as opções de políticas públicas de Educação atrás referidos que, contra todas as evidências, até demográficas, têm configurado uma **trajetória de persistência** e continuidade de desinvestimento, no que à população adulta respeita, mantendo a **divergência** da estrutura de baixos níveis de Educação da população adulta portuguesa em face da generalidade e da média dos países da UE. Tanto mais quanto se vai ainda naturalizando uma perspectiva, bem como uma orientação de ação em que a "[...] própria população adulta perdeu identidade, acabando conceitualmente rejuvenescida por referência ao 'ensino recorrente' para jovens-adultos e restringida à 'população ativa' para efeitos de 'qualificação profissional'" (LIMA; GUIMARÃES, 2018, p. 615).

Mobilizando alguns dados estatísticos referentes a políticas europeias, torna-se claro o quadro de fratura geracional e de convergência/divergência com políticas europeias de Educação e com os países europeus, e ficam também visíveis opções políticas que geram tal dualidade[18] (Quadro 1).

---

17. É um adquirido quase naturalizado o fato de, em múltiplos e diversos estudos, a maioria dos adultos inquiridos afirmar que a sua situação profissional não se alterou na sequência da conclusão de um nível de estudos (ou mesmo de uma qualificação profissional) na educação de adultos (ver, por exemplo, LIMA; GUIMARÃES, 2012).

18. Disponível em: https://ec.europa.eu/eurostat/web/education-and-training/data/main-tables, acesso em: 21 abr. de 2021; e https://ec.europa.eu/eurostat/statistics-explained/index.php?title=Education_and_training_in_the_EU_-_facts_and_figures. Acessos em: 24 mar. 2022.

Quadro 1 — Parâmetros e metas de políticas europeias de Educação e formação: o **caso** português e a **exceção** europeia

Indicadores	Política pública europeia	Meta europeia	Média europeia (UE27) 2020	Portugal 2020	Trajetória
Taxa de abandono escolar precoce (18-24 anos).	Estratégia UE2020/ Programa E&F 2020	10% (2020)	10,1%	8,9%	Convergência
Taxa de jovens adultos com o Ensino Secundário (20-24 anos).	Programa E&F 2020	85% (2020)	84%	85,3%	Convergência
População (30-34 anos) que concluiu o Ensino Superior.	Estratégia UE2020/ Programa E&F 2020	40% (2020)	40,9%	39,6%	Convergência
Jovens NEET (*Neither in Employment nor in Education and Training*) (% população 15-24).			10,1% (2019)	8% (2019)	Convergência (indicador favorável a Portugal)
População sem o Ensino Secundário em % da população entre os 25 e os 64 anos.			20,8%	44,6%	Divergência
Taxa de participação dos adultos (25-64 anos) na aprendizagem ao longo da vida.	Programa E&F 2020	15% (2020)	9,2%	10%	Divergência (em face da meta europeia)

Fonte: elaborado pela autora com base em EUROSTAT. Education and Training. *Main Tables*, [*s. l.*], 2021a. Disponível em: https://ec.europa.eu/eurostat/web/education-and-training/data/main-tables. Acesso em: 26 jun. 2022; e em EUROSTAT. *Education and training in the EU*: facts and figures. [*S. l.*], 2021b. Disponível em: https://ec.europa.eu/eurostat/statistics-explained/index.php?title=Education_and_training_in_the_EU_-_facts_and_figures. Acesso em: 26 jun. 2022.

Não será demais assinalar a persistência de opções políticas desalinhadas com as realidades portuguesas, designadamente educativas e demográficas, inércia que, desde há décadas, vem sendo apontada, num esforço de alerta tão pertinente em 2019 como nas primeiras décadas da democracia no final do século XX. Como sublinham Lima e Guimarães (2018, p. 621):

> Em termos futuros, restará saber quantos cidadãos adultos se terão ganho para um projeto de Educação e aprendizagem ao longo da vida que, em Portugal, continua a tardar no contexto de políticas públicas

> descontínuas [...]. A elevação das taxas de participação da população adulta, em todo o tipo de ações de Educação, formação e aprendizagem ao longo da vida, aproveitando os resultados alcançados e as correspondentes sinergias, foi, indubitavelmente, um dos maiores testes à política prosseguida durante os últimos anos.

Sem uma política e uma estrutura públicas permanentes de Educação e de formação de adultos, à altura das necessidades, das capacidades e das aspirações sociais, a desvalorização centenária e recente da Educação da população adulta não cessará de alimentar a divergência da sociedade portuguesa com outros países europeus na concretização desse direito básico fundamental, ao longo das próximas décadas do século XXI. Atentando na estrutura demográfica e nos indicadores de Educação, esta observação é incontornável: em 2018, a população até aos 24 anos contava menos de 2,5 milhões de indivíduos; já a população entre os 25-64 anos era de mais de 5 milhões, dos quais cerca de metade não concluíram o Ensino Secundário; no mesmo ano, com mais de 65 anos eram cerca de 2 milhões de pessoas, dos quais quase ¾ (73,7%) concluiu até o 1º ciclo do Ensino Básico (PORDATA, 2021). É assim incumprido o direito à Educação de uma imensa maioria da população portuguesa.

Europeização, agendas e resultados contraditórios: (restrição do) compromisso do Estado e (estagnação da) participação em Educação de adultos

Simultaneamente, o singular caso português ilustra a relevância quer da dimensão europeia, quer da mediação nacional — e dos contextos de ação — das políticas de Educação e da nova ordem educacional mundial. Nesse sentido, o singular caso português confere destaque à recontextualização das políticas europeias e ao nexo global-local, iluminando o que constitui também uma notável **exceção** nas políticas europeias de Educação: a estagnação das taxas de participação dos adultos em Educação/formação ao longo da vida e o falhanço da política europeia de Educação de adultos, ao longo já de dois programas, Educação & Formação 2010 e Educação & Formação 2020, considerando a assimetria e a divergência crescentes entre os Estados-membros da UE. Ao mesmo tempo, fortemente correlacionada com estes desenlaces, uma forma particular de europeização se desenha em contraluz: a ausência de uma abordagem sistêmica e o financiamento temporário e fragmentado, que em si mesmos constituem um modo de desenvolvimento de políticas tipicamente fomentado no âmbito da intervenção política da UE (MIKULEC; KRAŠOVEC, 2016; TUPAREVSKA; SANTIBÁÑEZ; SOLABARRIETA, 2020).

Assim, é possível argumentar que, após um percurso de 25 anos de **europeização**, a Educação de adultos se mantém uma prioridade frágil, sem peso político para superar bloqueios, como a precariedade das políticas e das estruturas públicas, ou a fragmentação das medidas e das respostas educativas com um **mandato** unidimensional de instrumentalidade residualista. A centralidade crescente (tematização, dimensão de ALV, agenda europeia...) da Educação de adultos apresenta-se associada, neste percurso de europeização, àquela estagnação assimétrica (entre os Estados-membros da UE) da participação da população adulta em Educação/formação ao longo da vida, e à **incapacidade**[19] persistente das medidas tomadas pelos países para alcançar os objetivos definidos nesse domínio (ANTUNES, 2020).

Oficialmente reconhecida em 2019 em documentos da Comissão Europeia (EUROPEAN COMMISSION, 2019), aquela opção, de secundarização da Educação de adultos pelos Estados-membros, remete para o **ciclo político** (os diversos contextos de ação) (BALL; AVELAR,

---

19. **Capacidade** constitui uma das subdimensões de análise das políticas educativas propostas por Dale e Ozga (1991), cuja convocação se pode revelar elucidativa neste momento da discussão. De acordo com os autores, a **capacidade** abrange o que se considera **possível** assumir e levar a cabo em educação e, conjuntamente ao **mandato**, configura o **alcance** de uma dada política educativa.

2016; BOWE; BALL; GOLD, 1992) das políticas europeias. Filtrando e veiculando uma **agenda globalmente estruturada** (ver DALE; ROBERTSON, 2002), a política europeia de Educação de adultos é traduzida, interpretada e articulada através de instituições, de recursos, de prioridades, de atores e de projetos nacionais — a mediação das realidades nacionais —, gerando políticas nacionais (regionais, locais, institucionais) **globalmente estruturadas** para a Educação de adultos (ANTUNES, 2017).[20] No caso em estudo, este **efeito societal** (MAURICE; SELLIER; SYLVESTRE, 1982) — que, numa larga gama de domínios, renovadamente modula e constitui a **convergência/especificidade** dos regimes, das políticas e das instituições — pode relacionar-se com o **padrão**[21] de organização e de funcionamento dos sistemas educativos (do setor) em cada uma das 27 heterogêneas realidades nacionais (ALEXIADOU; LANGE, 2013; RAMBLA, 2018). Se se admitir que "[...] o núcleo da análise de políticas pode ser encontrado no redimensionamento do papel do Estado para que as mudanças políticas possam ser interpretadas como dependentes dos sistemas educacionais e de suas condições"[22] (MAGALHÃES; VEIGA, 2020, p. 189, tradução nossa), aquela dimensão analítica das políticas

20. Mesmo se guarda toda a sua relevância a argumentação que refuta a pertinência do **nacionalismo metodológico** (ROBERTSON; DALE, 2017) nas análises científico-sociais das realidades contemporâneas, a nossa experiência coletiva de pandemia também reativou expressões incontornáveis da contínua centralidade das sociedades e dos Estados nacionais, sem prejuízo da igualmente fundamental dimensão e intervenção europeia — os contornos mutantes dos espaços políticos e de ação constituem equações refratárias à delimitação. Almerindo Afonso (2020), num acutilante texto recente, instiga-nos a repensar (reinventar) algumas inquietantes perguntas e debates para compreender e agir nas realidades educativas.

21. O **padrão** de organização e funcionamento do SE (e/ou de um setor) constitui uma dimensão analítica das políticas educativas que convoca três parâmetros inter-relacionados que enquadram e constituem a substância de processos e práticas educativas existentes: o **contexto político** (interno e externo ao SE/ao setor); as **condições político-pedagógicas** (os públicos, as respostas e os agentes educativos, entre outras); e os **recursos** (materiais e intelectuais, como o financiamento ou a formação dos profissionais e a capacidade institucional de ação socioeducativa instalada) (DALE; OZGA, 1991).

22. No original: "[...] the core of policy analysis is to be found in the rescaling of the role of the state in order that policy changes can be interpreted as contingent on the education systems and their conditions" (MAGALHÃES; VEIGA, 2020, p. 189).

educativas sugere uma hipótese explicativa plausível do fracasso persistente da constituição de uma política pública global, permanente e integrada de Educação de adultos na UE, como em parte significativa dos países da União, incluindo Portugal.

Como sugerem Boyadjieva e Ilieva-Trichkova (2018), como **bem comum**, a Educação de adultos parece constituir uma **realidade** apenas num restrito conjunto de quatro países da UE (Dinamarca, Finlândia, Suécia, Luxemburgo). Em nove (Áustria, Chipre, Estônia, França, Alemanha, Hungria, Holanda, Noruega e Espanha) dos 24 estados-membros estudados, afigura-se **realizável** ou, ainda, uma **possibilidade** (na República Checa, Lituânia, Polónia e Eslovênia) e, em outros países, apresenta-se como um horizonte **ambíguo** (Bélgica, Malta, Eslováquia), **problemático** (Itália e Grécia) ou **invisível** (Romênia). Na linha do que vinha sendo discutido, as autoras argumentam:

> [...] a extensão em que a Educação de adultos como um bem comum é realizada em uma determinada sociedade/país reflete a sua acessibilidade, disponibilidade, gratuitidade e o compromisso social com o seu funcionamento e que tal depende dos arranjos institucionais específicos de um país[23] (BOYADJIEVA; ILIEVA-TRICHKOVA, 2018, p. 345, tradução nossa).

O debate aqui esboçado sublinha a complexidade destes mais de 20 anos de políticas europeias de Educação, e busca esclarecer facetas irregulares e contraditórias de opções políticas nacionais nesse quadro da dimensão europeia da nova ordem educacional mundial: (i) ao longo destes mais de 20 anos, os governos portugueses mediaram ativamente políticas europeias de Educação e formação impulsionando ou não, respectivamente para a população jovem ou adulta,

23. No original: "[...] the extent to which adult education as a common good is accomplished in a given society/country reflects its accessibility, availability, affordability and the social commitment to its functioning and that it depends on a country's specific institutional arrangements" (BOYADJIEVA; ILIEVA-TRICHKOVA, 2018, p. 345).

medidas em favor da convergência com parâmetros de referência e metas adotadas; uma notória fratura geracional foi assim fabricada na sociedade portuguesa; (ii) a ausência de uma abordagem sistêmica à participação da população adulta em Educação e formação ao longo da vida, bem como a dependência do financiamento temporário dos programas comunitários, associadas ao fracasso da política europeia de Educação de adultos, pode ser perspectivada como parte do contraditório processo de europeização. Esta hipótese estriba-se na problematização da retração do perímetro e do compromisso do Estado com direitos socioeconômicos e culturais optando por "estratégias" e "programas" temporários, como modo habitual de atuação das autoridades públicas na UE e também nos Estados-membros (GRIFFIN, 1999; MESTRUM, 2016).

A fechar

Neste capítulo, procuramos fundamentar uma proposta de **análise da trajetória** (ANTUNES, 2004; BALL; SHILLING, 1994) de políticas educativas, sugerindo a articulação entre a perspectiva teórico-metodológica de **análise centrada no Estado/na(s) autoridade(s) política(s)** e a abordagem do **ciclo político.** Este ensaio permitiu problematizar a nova ordem educacional mundial e o processo de europeização da Educação, incluindo a dimensão nacional das políticas educativas, como dinâmicas interativas que se constituem mutuamente. A análise do processo de europeização da Educação de adultos, com a constituição de um setor e de uma política europeia de Educação de adultos nos mais de 25 anos recentes, conduz à constatação do fracasso do objetivo de elevação da participação da população adulta em Educação e aprendizagem de adultos. Mesmo se podem vislumbrar-se tensões e possibilidades emergentes de ação política associada a diferentes projetos e atores, em diversos contextos do ciclo político, a prioridade e fragilidade políticas da Educação de adultos na UE se nutrem também de processos de europeização de agendas contraditórias. Por um lado, a ambição de realizar a bandeira-projeto da estratégia de aprendizagem ao longo da vida parece não dispensar abordagens sistêmicas, estruturas consistentes, medidas integradas e financiamentos sustentados. Por outro, o modo de atuação privilegiado da UE e dos Estados-membros, através de **estratégias**, **programas** e financiamentos temporários e fragmentados, continua a se pautar pela contenção da presença e do compromisso do Estado, e pela evitação de estruturas, corpos de profissionais e políticas públicas permanentes no domínio dos direitos sociais.

Prosseguindo o exercício de investigação, buscamos apreender especificidades das realidades portuguesas avivadas na discussão do caso português da **trajetória de persistência de ausência** de uma política e de um sistema públicos, globais e integrados de Educação e formação de adultos (EFA). Sugere-se que a "invariante estrutura" do **padrão** (de precariedade e fragmentação das medidas) da política de EFA alimenta e é alimentada pela incipiente institucionalização do direito à Educação da população adulta portuguesa, vastamente permeável àquelas injunções transnacionais e europeias de restrição do perímetro e do compromisso do Estado em políticas públicas que sustentam direitos sociais. A débil interiorização daquele direito pela sociedade portuguesa, no quadro do **semiestado providência** atuante neste domínio, aparece ainda nutrida e expressa por dissensos e confrontos de interesses protagonizados num dos mais acesos e fraturantes debates educativos recentes em Portugal (CAPUCHA, 2018).

Em suma, o roteiro de análise delineado permite iluminar, então, o **contexto de influência** e a ação transnacional conjunta da UE e da OCDE, que veiculam uma **agenda** política nacional **globalmente estruturada** e uma **política da Educação** para formar capital humano e alimentar a competitividade da economia europeia na concorrência por mercados mundiais. A problematização do **contexto de produção do texto** das políticas elucida dissensos e interesses divergentes quanto ao **mandato** e ao **alcance** da política de EFA em Portugal. A compreensão da dimensão nacional de **resultados** da política de EFA em Portugal, desde a viragem do século, sublinha a produção de:

(i) fratura geracional; e (ii) uma estrutura de níveis de Educação da população adulta em trajetória de persistência da divergência com a UE, pela continuidade do **padrão** de precariedade e de fragmentação das políticas públicas que realizam aquele direito fundamental.

Representa o **caso** português um caso modal ilustrativo da **exceção** constituída pelo fracasso da política europeia de Educação de adultos, patente na estagnação assimétrica, entre os Estados-membros, da participação dos adultos em Educação e aprendizagem ao longo da vida? Eis a interrogação que fecha por agora, a fim de continuar mais adiante, este exercício de **análise de trajetória** de políticas educativas, para sugerir pistas de elucidação de metamorfoses e persistências nos contextos de ação política em Educação que constroem políticas pluriescalares, multireguladas, multiatores e polifacetadas.

Referências

ABRANTES, Pedro. A escola como motor de uma modernidade dual. *Sociologia On line*: Revista da Associação Portuguesa de Sociologia, Lisboa, n. 5, p. 6-33, nov. 2012.

AFONSO, Almerindo J. *Políticas educativas I*. Relatório da disciplina. Braga: Universidade do Minho, 1999. (Documento policopiado).

AFONSO, Almerindo J. A sociologia da Educação em Portugal. Elementos para a configuração do "estado da arte". *In*: TEODORO, António; TORRES, Carlos Alberto (org.). *Educação crítica e utopia*: perspectivas para o século XXI. Porto: Edições Afrontamento, 2005. p. 129-158.

AFONSO, Almerindo J. Contributos recentes para a sociologia da Educação em Portugal: objectos, quadros teóricos e metodologias (2004-2009). *Revista de la Asociación de Sociología de la Educación*: Rase, Valencia, v. 2, n. 3, p. 66-81, set. 2009.

AFONSO, Almerindo J. Para não abandonar a reflexão sociológica em tempos de pandemia. *In*: MARTINS, Manuela; RODRIGUES, Eloy (org.). *A Universidade do Minho em tempos de pandemia*. Braga: Universidade do Minho, 2020. t. I: Reflexões. p. 119-145. DOI: https://doi.org/10.21814/uminho.ed.23.8.

ALEXIADOU, Nafsika; LANGE, Bettina. Deflecting European Union influence on national education policy-making: the case of the United Kingdom. *Journal of European Integration*, [*s. l.*], v. 35, n. 1, 37-52, 2013. DOI: https://doi.org/10.1080/07036337.2012.661423.

ANDERSEN, Svein; ELIASSEN, Kjell (org.). *Making policy in Europe*: the europeification of national policy-making. London: Sage, 1993.

ANDERSON, Kate T.; HOLLOWAY, Jessica. Discourse analysis as theory, method, and epistemology in studies of education policy. *Journal of Education Policy*, London, v. 35, n. 2, p. 188-221, 2020. DOI: https://doi.org/10.1080/02680939.2018.1552992.

ANTUNES, Fátima. *Políticas educativas nacionais e globalização*: novas instituições e processos educativos. O subsistema de Escolas Profissionais em Portugal (1987-1998). Braga: Universidade do Minho, 2004.

ANTUNES, Fátima. *Políticas educativas II*: relatório da disciplina. Braga: Universidade do Minho, 2009. (Documento policopiado).

ANTUNES, Fátima. Governance in practices: delimitation and contestation in adult education and training policy in Portugal. *Education as Change*, [*s. l.*], v. 21, n. 3, p. 1-20, 2017. DOI: https://doi.org/10.17159/1947-9417/2017/1399.

ANTUNES, Fátima. A ação conjunta de Organizações Internacionais (UE e OCDE) em Educação: metamorfoses? Observações em torno de políticas educativas em Portugal. *Roteiro*, Joaçaba, v. 44, n. 3, p. 1-24, 2019a.

ANTUNES, Fátima. Formar uma elite ou educar um povo? *Sociologia, Problemas e Práticas*, Lisboa, v. 89, p. 53-77, 2019b. DOI: http://doi.org/10.7458/SPP2019898702.

ANTUNES, Fátima (org.). *Remar contra as desigualdades em Educação*. Vila Nova de Famalicão: Húmus, 2019c.

ANTUNES, Fátima. Europeanisation and adult education: between political centrality and fragility. *Studies in Continuing Education*, [*s. l.*], v. 42, n. 3, p. 298-315, 2020. DOI: https://doi.org/10.1080/0158037X.2019.1615425.

ARAÚJO, Helena Costa. *As pioneiras na Educação*: as professoras primárias na viragem do século contextos, percursos e experiências, 1870-1933. Lisboa: Instituto de Inovação Educacional, 2000.

BALL, Stephen J.; AVELAR, Marina. Entrevista com Stephen J. Ball: uma análise de sua contribuição para a pesquisa em política educacional. *Arquivos Analíticos de Políticas Educativas*, [*s. l.*], v. 24, n. 24, p. 1-18, 2016. DOI: http://dx.doi.org/10.14507/epaa.24.2368.

BALL, Stephen J.; MAINARDES, Jefferson. Entrevista com o professor Stephen J. Ball. *Olhares*: Revista do Departamento de Educação da Unifesp, Guarulhos, v. 3, n. 2, p. 161-171, 2015.

BALL, Stephen J.; MAINARDES, Jefferson.; MARCONDES, Maria Inês. Entrevista com Stephen J. Ball: um diálogo sobre justiça social, pesquisa e política educacional. *Educação & Sociedade*, Campinas, v. 30, n. 106, p. 303-318, jan./abr. 2009.

BALL, Stephen J.; SHILLING, Chris. Guest editorial: at the cross-roads: education policy studies. *British Journal of Educational Studies*, Cambridge, v. 42, n. 1, p. 1-5, 1994. DOI: https://doi.org/10.1080/00071005.1994.9973979.

BARROSO, João (org.). *A escola pública*: regulação, desregulação, privatização. Porto: Asa, 2003.

BARROSO, João. A utilização do conhecimento em política: o caso da gestão escolar em Portugal. *Educação & Sociedade*, Campinas, v. 30, n. 109, p. 987-1007, 2009. DOI: https://doi.org/10.1590/S0101-73302009000400004.

BARROSO, João. A transversalidade das regulações em Educação: modelo de análise para o estudo das políticas educativas em Portugal. *Educação & Sociedade*, Campinas, v. 39, n. 145, p. 1075-1097, 2018.

BOWE, Richard; BALL, Stephen J.; GOLD, Anne. The policy process and the process of policy. *In*: BOWE, Richard; BALL, Stephen J.; GOLD, Anne (ed.). *Reforming education and changing schools*: case studies in policy sociology. London: Routledge, 1992. p. 6-23.

BOYADJIEVA, Pepka; ILIEVA-TRICHKOVA, Petya. Adult education as a common good: conceptualisation and measurement. *International Journal of Lifelong Education*, [*s. l.*], v. 37, n. 3, p. 345-358, 2018.

BOYER, Robert. *La théorie de la régulation*: une analyse critique. Paris: La Découverte, 1987.

CANELAS, Ana Maria; RAMOS, Filomena. *Educação e formação de adultos*. Lisboa: Conselho Nacional de Educação, 2019. Relatório técnico.

CAPUCHA, Luís. Educação de adultos: a ideologia conta. *Forum Sociológico*, Lisboa, v. 32, p. 17-27, 2018. DOI: https://doi.org/10.4000/sociologico.1938.

CARNEIRO, Roberto *et al. Portugal. Os próximos 20 anos*: Educação e emprego em Portugal. Uma leitura de modernização. Lisboa: Fundação Calouste Gulbenkian, 1988.

CARVALHO, Luís Miguel. *A construção de conhecimento sobre políticas públicas de Educação em Portugal*: um estudo descritivo e interpretativo de teses de doutoramento realizadas na área científica da Educação, em universidades portuguesas (2000-2012). Lisboa: Instituto de Educação da Universidade de Lisboa, 2014.

CARVALHO, Luís Miguel. Dividido: uma reflexão a partir da análise de teses de doutoramento em Ciências da Educação. *In*: ANTUNES, Maria João *et al.* (org.). *Ciências da Educação em Portugal*: saberes, contextos de intervenção e profissionalidades. Porto: Faculdade de Psicologia e de Ciências da Educação da Universidade do Porto, 2019. p. 45-59.

CARVALHO, Luís Miguel. Revisiting the fabrications of Pisa. *In*: FAN, Guorui; POPKEWITZ, Thomas S. (ed.). *Handbook of education policy studies*. Singapura: Springer, 2020. p. 259-273. DOI: https://doi.org/10.1007/978-981-13-8343-4_14..

CARVALHO, Luís Miguel; VISEU, Sofia; GONÇALVES, Catarina. Bridging worlds and spreading light. *In*: MØLSTAD, Christina E.; PETTERSSON, Daniel (ed.). *New practices of comparison, quantification and expertise in education*: conducting empirically based research. Abingdon: Routledge, 2019. p. 111-126.

COELHO, Carina; TERRASÊCA, Manuela; CORREIA, José Alberto. Tipos de expertise na tomada de decisão política em Educação: contribuições de uma discussão teórico-concetual. *Arquivos Analíticos de Políticas Educativas*, [*s. l.*], v. 24, n. 3, p. 1-20, 2016.

CORREIA, José Alberto. *Para uma teoria crítica em Educação*. Porto: Porto Editora, 1998.

CORREIA, José Alberto. A construção científica do político em Educação. *Educação, Sociedade & Culturas*, Porto, v. 15, p. 19-43, 2001.

CUSSÓ, Roser; D'AMICO, Sabrina. From development comparatism to globalization comparativism: towards more normative international education statistics. *Comparative Education*, [*s. l.*], v. 41, n. 1, p. 199-216, fev. 2005. DOI: http://doi.org/10.1080/03050060500037012.

DALE, Roger. Education and 'development'. *In*: AAVV. *Education and national development*. E353 Block 2. The Open University educational studies: a third level course, Society, Education and the State. Milton Keynes: The Open University Press, 1981. p. 6-48.

DALE, Roger. A Educação e o estado capitalista: contribuições e contradições. *Educação e Realidade*, Porto Alegre, v. 13, n. 1, p. 17-37, jan./jun. 1988.

DALE, Roger. *The State and education policy*. Milton Keynes: The Open University Press, 1989.

DALE, Roger. The State and the governance of education: an analysis of the retructuring of the State-education relationship. *In*: HALSEY, Albert H. *et al*. (org.). *Education*: culture, economy, society. Oxford: Oxford University Press, 1997. p. 273-282.

DALE, Roger. Globalização e Educação: demonstrando a existência de uma "cultura educacional mundial comum" ou localizando uma "agenda globalmente estruturada para a Educação"? *Educação, Sociedade & Culturas*, Porto, v. 16, p. 133-169, 2001.

DALE, Roger. Globalização e a reavaliação da governação educacional: um caso de ectopia sociológica. *In*: TEODORO, António; TORRES, Carlos Alberto (org.). *Educação crítica e utopia*: perspectivas para o século XXI. Porto: Afrontamento, 2005a. p. 3-69.

DALE, Roger. Globalisation, knowledge economy and comparative education. *Comparative Education*, [*s. l.*], v. 41, n. 2, p. 117-149, 2005b. DOI: https://doi.org/10.1080/03050060500150906.

DALE, Roger; OZGA, Jenny. *Introducing education policy*: principles and perspectives. Milton Keynes: The Open University, 1991.

DALE, Roger; ROBERTSON, Susan L. The varying effects of regional organizations as subjects of globalization of education. *Comparative Education Review*, [*s. l.*], v. 46, n. 1, p. 10-36, 2002.

EUROPEAN COMMISSION. *Council recommendation on 'upskilling pathways*: new opportunities for adults'. Taking stock of implementation measures. Brussels: European Commission, 2019. Disponível em: https://ec.europa.eu/info/publications/implementation-report-upskilling-pathways_en. Acesso em: 5 dez. 2019.

EUROSTAT. Education and Training. *Main Tables*, [*s. l.*], 2021a. Disponível em: https://ec.europa.eu/eurostat/web/education-and-training/data/main-tables. Acesso em: 26 jun. 2022.

EUROSTAT. *Education and training in the EU*: facts and figures. [*S. l.*], 2021b. Disponível em: https://ec.europa.eu/eurostat/statistics-explained/index.php?title=Education_and_training_in_the_EU_-_facts_and_figures. Acesso em: 26 jun. 2022.

FELICIANO, Paulo. (Trans)formar ao longo da vida. Um lugar de mudança e desenvolvimento. *Dirigir & Formar*, [*s. l.*], n. 14, p. 4-11, jan./mar. 2017.

FIELD, John. *Lifelong learning and the new educational order*. Stoke-on-Trent: Trentham Books, 2000.

GIDDENS, Anthony. *As consequências da modernidade*. Oeiras: Celta, 1992.

GRIFFIN, Colin. Lifelong learning and welfare reform. *International Journal of Lifelong Education*, [*s. l.*], v. 18, n. 6, p. 431-452, 1999.

GUIMARÃES, Paula. *Políticas de Educação de adultos em Portugal (1999-2006)*: a emergência da Educação para a competitividade. Braga: Universidade do Minho, 2011.

HARVEY, David. Neoliberalism is a political project. *Jacobin Magazine*, [*s. l.*], 2016. Disponível em: https://www.jacobinmag.com/2016/07/david-harvey-neoliberalism-capitalism-labor-crisis-resistance/. Acesso em: 5 dez. 2019.

LAVAL, Christian; WEBER, Louis (org.). *Le nouvel ordre éducatif mondial*: OMC, Banque Mondial, OCDE, Commission Européenne. Paris: Nouveaux Regards/Syllepse, 2002.

LEWIS, Steve. Communities of practice and Pisa for schools: comparative learning or a mode of educational governance? *Education Policy Analysis Archives*, [*s. l.*], v. 25, n. 92, p. 1-25, 2017. DOI: http://dx.doi.org/10.14507/epaa.25.2901.

LEWIS, Steve. 'Becoming European'? Respatialising the European schools system through Pisa for schools. *International Studies in Sociology of Education*, [*s. l.*], v. 29, n. 1-2, p. 85-106, 2020. DOI: https://doi.org/10.1080/09620214.2019.1624593.

LIMA, Licínio C. Inovação e mudança em Educação de adultos. Aspectos organizacionais e de política educativa. *Forum*, Braga, v. 4, p. 57-73, out. 1988.

LIMA, Licínio C. *Educação ao longo da vida*: entre a mão direita e a mão esquerda de Miró. São Paulo: Cortez, 2007.

LIMA, Licínio C. Democracia, participação e autonomia: sobre a direção das escolas públicas. *Revista de Administração e Emprego Público*, Lisboa, n. 4, p. 31-56, abr. 2018.

LIMA, Licínio C.; GUIMARÃES, Paula. *Percursos educativos e vidas de adultos*: reconhecimento, validação e certificação de competências numa associação de desenvolvimento local. Braga: UEA-UM/Atahca, 2012.

LIMA, Licínio C.; GUIMARÃES, Paula. Lógicas políticas da Educação de adultos em Portugal. *Cadernos de Pesquisa*, São Paulo, v. 48, n. 168, p. 600-623, abr./jun. 2018. DOI: https://doi.org/10.1590/198053144926.

LIMA, Licínio C. *et al. Comissão de Reforma do Sistema Educativo*: documentos preparatórios III: reorganização do subsistema de Educação de adultos. Lisboa: Gabinete de Estudos e Planeamento do Ministério da Educação, 1988.

LINGARD, Bob; RAWOLLE, Shaun; TAYLOR, Sandra. Globalizing policy sociology in education: working with Bourdieu. *Journal of Education Policy*, London, v. 20, n. 6, p. 759-777, 2005.

MAGALHÃES, Antônio M. *Análise de políticas educativas*: relatório de unidade curricular. Porto: Faculdade de Psicologia e Ciências da Educação da Universidade do Porto, 2008.

MAGALHÃES, Antônio; VEIGA, Amélia. Policy analysis, epistemology and higher educationism. *In*: BONAL, Xavier *et al.* (ed.). *Education, globalisation and the state*: essays in honour of Roger Dale. New York: Peter Lang, 2020. p. 183-192.

MAINARDES, Jefferson. Abordagem do ciclo de políticas: uma contribuição para a análise de políticas educacionais. *Educação & Sociedade*, Campinas, v. 27, n. 94, p. 47-69, jan./abr. 2006. DOI: https://doi.org/10.1590/S0101-73302006000100003.

MAINARDES, Jefferson. A abordagem do ciclo de políticas: explorando alguns desafios da sua utilização no campo da Política Educacional. *Jornal de Políticas Educacionais*, Curitiba, v. 12, n. 16, p. 1-19, ago. 2018. DOI: http://dx.doi.org/10.5380/jpe.v12i0.59217.

MARTINS, Susana da C. *et al*. A Educação ainda é importante para a mobilidade social? Uma perspetiva das desigualdades educacionais da Europa do Sul no contexto europeu. *Revista Portuguesa de Educação*, Braga, v. 29, n. 2, p. 261-285, 2016. DOI: https://doi.org/10.21814/rpe.7920.

MAURICE, Marc; SELLIER, François; SILVESTRE, Jean-Jacques. *Politique d'éducation et organisation industrielle en France et en Allemagne*: essai d'analyse sociétale. Paris: Presses Universitaires de France, 1982.

MAURITTI, Rosário *et al*. Desigualdades sociais e desenvolvimento em Portugal: um olhar à escala regional e aos territórios de baixa densidade. *Sociologia On line*: Revista da Associação Portuguesa de Sociologia, Lisboa, n. 19, p. 102-126, jun. 2019. DOI: http://doi.org/10.30553/sociologiaonline.2019.19.5.

MELO, Alberto. A ausência de uma política de Educação de adultos como forma de controle social e alguns processos de resistência. *Fénix*: Revista Pernambucana de Educação Popular e de Educação de Adultos, Porto, v. 3, n. 3, p. 17-26, 2004.

MELO, Alberto. *Falta cumprir a Educação de adultos em Portugal*. Lisboa: Comissão de Educação e Ciência da Assembleia da República, 2017. Disponível em: https://www.parlamento.pt/ActividadeParlamentar/Paginas/DetalheEvento.aspx?BID=105466. Acesso em: 5 out. 2017.

MELO, Alberto; LIMA, Licínio C.; ALMEIDA, Mariana. *Novas políticas de Educação e formação de adultos*. Lisboa: Anefa, 2002.

MÉNY, Yves; MULLER, Pierre; QUERMONNE, Jean-Louis (org.). *Politiques publiques en Europe*. Paris: L'Harmattan, 1995.

MESTRUM, Francine. *(Un?)socializing the European Union*: a history of some ups and many downs. [*S. l.*], 2016. Disponível em: http://socialcommons.eu/2016/10/06/un-socializing-theeuropean-union-a-history-of-some-ups-and--many-downs/. Acesso em: 20 abr. 2017.

MIKULEC, Borut; KRAŠOVEC, Sabina J. Marketising Slovene adult education policies and practices using mechanisms of the Europeanisation of education. *European Journal for Research on the Education and Learning of Adults*, [*s. l.*], v. 7, n. 2, p. 151-170, 2016. DOI: https://doi.org/10.3384/rela.2000-7426.rela9081.

NÓVOA, António. *Evidentemente*: histórias da Educação. Porto: Asa, 2005.

NUNES, Adérito S. Portugal, sociedade dualista em evolução. *Análise Social*, Lisboa, v. 2, n. 7-8, p. 407-462, 1964.

OZGA, Jenny. Studying educational policy through the lives of policy makers: an attempt to close the macro-micro gap. *In*: WALKER, Stephen; BARTON, Len (ed.). *Changing policies, changing teachers*. Milton Keynes: Open University Press, 1987. p. 138-150.

OZGA, Jenny. Policy research and policy theory: a comment on Fitz and Halpin. *Journal of Education Policy*, London, v. 5, n. 4, p. 359-362, 1990. DOI: https://doi.org/10.1080/0268093900050405.

OZGA, Jenny. Problematising policy: the development of (critical) policy sociology. *Critical Studies in Education*, [*s. l.*], v. 62, n. 3, p. 1-16, 2019. DOI: https://doi.org/10.1080/17508487.2019.1697718..

PIRES, Rui Pena. Semiperiferia versus polarização? Os equívocos do modelo trimodal. *Sociologia, Problemas e Práticas*, Lisboa, n. 8, p. 81-90, 1990.

PORDATA. Estatísticas sobre Portugal e Europa. *Fundação Francisco Manuel dos Santos*, Lisboa, 2021. Disponível em: https://www.pordata.pt. Acesso em: 12 maio 2019.

POWER, Sally. The detail and the bigger picture: the use of state-centred theory in explaining education policy and practice. *International Studies in Sociology of Education*, [*s. l.*], v. 5, n. 1, p. 77-92, 1995. DOI: https://doi.org/10.1080/0962021950050105..

RAMBLA, Xavier. The politics of early school leaving: how do the European Union and the Spanish educational authorities 'frame' the policy and formulate a 'theory of change'. *Journal of European Integration*, [*s. l.*], v. 40, n. 1, p. 83-97, 2018. DOI: https://doi.org/10.1080/07036337.2017.1404053.

RAMIREZ, Francisco O.; BOLI, John. The political construction of mass schooling: European origins and worldwide institutionalization. *Sociology of Education*, [*s. l.*], v. 60, n. 1, p. 2-17, 1987. DOI: https://doi.org/10.2307/2112615.

ROBERTSON, Susan; DALE, Roger. Comparando políticas em um mundo em globalização: reflexões metodológicas. *Educação & Realidade*, Porto Alegre, v. 42, n. 3, p. 859-876, 2017. DOI: https://dx.doi.org/10.1590/2175-623670056.

ROTHES, Luís. Educação de adultos em Portugal: realidades e desafios. *In*: CONSELHO NACIONAL DE EDUCAÇÃO. *Lei de Bases do Sistema Educativo*. Balanço e prospetiva. Lisboa: Conselho Nacional de Educação, jul. 2017. v. 1, p. 385-399.

SANTOS, Ana Cordeiro; REIS, José. Portugal: uma semiperiferia reconfigurada. *e-cadernos CES*, Coimbra, n. 29, p. 57-76, 2018. DOI: https://doi.org/10.4000/eces.3163.

SANTOS, Boaventura de Sousa. *O Estado e a sociedade em Portugal (1974-1988)*. Porto: Edições Afrontamento, 1990.

SANTOS, Boaventura de Sousa. *Portugal, um retrato singular*. Porto: Edições Afrontamento, 1993.

SANTOS, Boaventura de Sousa. *Toward a new common sense*: law, science and politics in the paradigmatic transition. London: Routledge, 1995.

SANTOS, Boaventura de Sousa. A crítica da governação neoliberal: o Fórum Social Mundial como política e legalidade cosmopolita subalterna. *Revista Crítica de Ciências Sociais*, Coimbra, n. 72, p. 7-44, 2005. DOI: https://doi.org/10.4000/rccs.979.

STOER, Stephen R. *Educação, Estado e desenvolvimento em Portugal*. Lisboa: Livros Horizonte, 1982.

STOER, Stephen R. *The April revolution and the contribution of education to changing 'Portuguese realities'*. 1983. Tese (PhD) — The Open University, Milton Keynes, 1983. DOI: https://doi.org/10.21954/ou.ro.0000d61b.

STOER, Stephen R. *Educação e mudança social em Portugal, 1970-1980, uma década de transição*. Porto: Edições Afrontamento, 1986.

STOER, Stephen R. (org.). *Educação, ciências sociais e realidades portuguesas*: uma abordagem pluridisciplinar. Porto: Edições Afrontamento, 1991.

STOER, Stephen R. Construindo a escola democrática através do "campo da recontextualização pedagógica". *Educação, Sociedade & Culturas*, Porto, v. 1, p. 7-27, 1994.

STOER, Stephen R.; ARAÚJO, Helena Costa. *Escola e aprendizagem para o trabalho num país da (semi) periferia europeia*. Lisboa: Escher, 1992.

TEODORO, Antonio. Organizações internacionais e políticas educativas nacionais: a emergência de novas formas de regulação transnacional ou uma globalização de baixa intensidade. *In*: STOER, Stephen R.; CORTESÃO, Luiza; CORREIA, José Alberto (org.). *Da crise da Educação à " Educação" da crise*: Educação e a transnacionalização dos mecanismos de regulação social. Porto: Edições Afrontamento, 2001. p. 125-161.

TEODORO, António. Governando por números: os grandes inquéritos estatísticos internacionais e a construção de uma agenda global nas políticas de Educação. *Em Aberto*, Brasília, v. 29, n. 96, p. 41-52, 2016.

TUPAREVSKA, Elena; SANTIBÁÑEZ, Rosa; SOLABARRIETA, Josu. Equity and social exclusion measures in EU lifelong learning policies. *International Journal of Lifelong Education*, [s. l.], v. 39, n. 1, p. 5-17, 2020. DOI: https://doi.org/10.1080/02601370.2019.1689435.

VALENTE, Ana Cláudia; WOCHNIK, Markus. Novas tendências na Educação e formação profissional (EFP) na Europa: a convergência como uma driving force na reforma dos sistemas de EFP nacionais? O caso português. *Working Papers Portugal*, Lisboa, mar. 2008. Disponível em: http://library.fes.de/pdf-files/bueros/lissabon/06863-20220207.pdf. Acesso em: 5 out. 2019.

WALLERSTEIN, Immanuel. The rise and future demise of the world capitalist system: concepts for comparative analysis. *Comparative Studies in Society and History*, [s. l.], v. 16, n. 4, p. 387-415, 1974. DOI: https://doi.org/10.1017/s0010417500007520.

CAPÍTULO 14

Pesquisadores em Educação como mediadores do conhecimento sob nova gestão pública e novas redes de políticas:

lições dos Estados Unidos e do Brasil

Gary Anderson

New York University (Estados Unidos)

Dalila Andrade Oliveira

Universidade Federal de Minas Gerais (UFMG)

Em uma era de desinformação, *fake news* e de *think tanks* neoliberais, os pesquisadores acadêmicos têm tentado influenciar o debate político mais amplo, apresentando subsídios a partir de suas pesquisas e reflexões teóricas (O'CONNOR; WEATHERALL, 2019). Dadas as semelhanças no contexto político recente dos Estados Unidos da América (EUA) e do Brasil, ambos vivenciaram significativo crescimento da direita conservadora, chegando a eleger como Presidente da República, respectivamente, Donald Trump (2017-2021) e Jair Bolsonaro (2019-2022). Este texto propõe, desse modo, analisar as influências exercidas por meio da mídia sobre a opinião pública nesses dois países em matéria educativa. EUA e Brasil são os dois países mais populosos da América, possuem estrutura político-administrativa semelhante, são Estados federados, apesar das grandes discrepâncias econômicas que apresentam.

As preocupações acadêmicas com a mobilização do conhecimento têm uma longa história, remontam a várias décadas de discussões sobre a criação, a disseminação e a utilização do conhecimento (WEISS, 1977). No entanto, os pesquisadores acadêmicos estão trabalhando, hoje, em um novo contexto, com novas redes de políticas que desenvolveram novos mediadores de conhecimento (por exemplo, as *think tanks*, os *blogs* de mídia social, *edubusiness* etc.) que competem mais efetivamente pela atenção dos formuladores de políticas, da mídia e do público. Há também um novo contexto em suas universidades que inclui pressões da Nova Gestão Pública (NGP) baseadas, entre outros dispositivos, em *rankings* e "métricas de impacto" que intensificam as cargas acadêmicas e restringem suas publicações a determinados periódicos qualificados (LORENZ, 2012). Esse novo contexto surgiu precisamente em um momento em que há um desejo por parte de muitos pesquisadores de se envolver mais no debate político nacional, e uma frustração crescente de que a produção de conhecimento acadêmico se tornou irrelevante para questões candentes atuais.

Na tentativa de entendermos melhor como chegamos a esse ponto e como o corpo docente universitário pode tornar-se mais relevante para a política, exploramos os contextos dos EUA e do Brasil, dois países que têm histórias recentes um pouco semelhantes, no que diz respeito ao surgimento de desinformação e ao crescimento da ideologia neoliberal e neoconservadora (TEIXEIRA; HENRIQUES, 2022).

A mobilização do conhecimento de políticas conservadoras nos EUA e no Brasil

Ansel, Reckhow e Kelly (2009) propõem o conceito de "*brokerage*" que, neste texto, usaremos como mediação, para explicar como as redes advogam por causas educacionais. Os autores descrevem os mediadores como "[...] pessoas que acumulam capital social ou têm uma capacidade estratégica por causa de sua posição na rede", e uma abordagem focada em "[...] como a dinâmica das políticas públicas é influenciada por pessoas em posição de fazer a mediação entre facções ou ideias concorrentes" (ANSEL; RECKHOW; KELLY, 2009, p. 721, tradução nossa). Não apenas pessoas, mas também organizações como universidades ou *think tanks* podem servir como mediadores (BALL, 2007, 2012).

Segundo Cooper (2014), dentre esses mediadores, as organizações que funcionam como ponte são aquelas que estão focadas em transferir conhecimento ou organizações de transferência (ou mediação) de resultados de pesquisa (*Knowledge Brokering Organisations* — KBO). Neste texto, utilizamos a expressão Organizações de Mediação de Conhecimento (OMC) como tradução do conceito desenvolvido por Cooper (2014). Transferência de resultados e tradução de conhecimento têm sido expressões usadas para designar movimentos análogos nos meios acadêmicos no Brasil.

De acordo com Andrade e Pereira (2020, p. 1), o termo "[...] tradução do conhecimento tem sido utilizado no contexto brasileiro para descrever o processo de aplicar os resultados de pesquisa no mundo real". Esse termo foi introduzido no Brasil a partir de uma concepção de ciência fundamentada em evidência, mas em busca de atuar no campo de disputa da formulação de políticas, o que passaria da ciência baseada em evidência para a política baseada em evidência científica. O argumento que respalda essa tendência cada vez mais consolidada junto à opinião pública é que o fazer político, baseado na ética da preservação da vida, pode, a partir de evidências, encontrar respostas que não permitam a reprodução de ações não alinhadas a essa ética (PEDROSO; JUHÁSOVÁ; HAMANN, 2019).

As políticas públicas baseadas em evidências (PPBE), tomadas como uma agenda, são relativamente recentes no Brasil (FARIA; SANCHES, 2022). Nessa abordagem, sobretudo em suas versões mais racionalistas, trata-se o resultado de pesquisas científicas como a única forma válida de evidência acerca do que funciona ou não em políticas públicas. Em outras palavras,

> [...] as PPBE identificam a evidência com o conhecimento científico. Entretanto, como a realidade dos sistemas sociais contemporâneos parece indicar, é implausível que o uso da racionalidade instrumental, meramente sobre as evidências científicas, seja suficiente para assegurar o progresso e o bem-estar sociais no longo prazo (KOGA *et al.*, 2022, p. 36).

As PPBE têm sido largamente utilizadas no Brasil nas últimas duas décadas para justificar uma orientação eficientista do Estado, tomando como referência a lógica empresarial e de mercado. No campo educacional, elas refletem uma concepção restrita de Educação voltada à formação de capital humano e bastante vinculada à noção de Escola Eficaz.[1]

Como adverte Lessard (2009, p. 64), nas sociedades modernas avançadas, a ideologia busca frequentemente se apoiar na "ciência", concebida como um dispositivo de produção de saberes sob a forma de resultados de pesquisa empiricamente "sólidos" e, assim, "incontestáveis"; ou, então, sobre análises de contextos e de situações que se apresentam como "objetivas" e "racionais", ao mesmo tempo que parecem sustentadas por um "senso comum".

Para Lessard (2009), uma abordagem do tipo "política baseada na evidência" implica que sejam ativados dispositivos de compilação da pesquisa existente, um conceito e indicadores de qualidade da pesquisa, e uma compreensão ou uma interpretação do que a pesquisa "fala" ou "não fala". O autor salienta, no entanto, que, no caso das Ciências Humanas e Sociais, isso está longe de ser evidente, não só por causa das mediações ideológicas, mas também em virtude da dificuldade dos consensos sobre os indicadores de qualidade da pesquisa, e do caráter incerto e incompleto do saber das Ciências Sociais.

---

1. Para uma revisão de literatura sobre o conceito de Escola Eficaz, ver Bressoux (2003).

Nos EUA, durante as três décadas que se seguiram à Segunda Guerra Mundial, os acadêmicos serviram como mediadores de conhecimento. Acadêmicos como Kenneth Clark, Patrick Moynihan e James Coleman influenciaram as políticas sociais em torno dos direitos civis, do *Head Start*[2] e do financiamento da Educação. Ainda hoje, os acadêmicos continuam a apresentar *amicus curiae* que influenciam as decisões da Suprema Corte. No entanto, como Weiss (1977) e outros documentaram, a disseminação do conhecimento por pesquisadores é tipicamente um processo mais difuso e indireto, e que, quando usada diretamente, é mais frequentemente tomada para justificar decisões após o fato. No Brasil, de acordo com Prado (2009, p. 68), desde a fundação do Estado brasileiro, os intelectuais têm participado ativamente da política não apenas como "[...] críticos adiante do seu tempo, formadores de cultura ou de opinião pública, mas também atuam como executores de políticas".

Considerando o mesmo período no Brasil, as três décadas que seguiram a Segunda Guerra Mundial, podemos observar a forte presença de intelectuais acadêmicos como Gilberto Freire, Josué de Castro, Anísio Teixeira, Celso Furtado, Florestan Fernandes, entre outros, tanto atuando como influentes formadores de opinião, quanto ocupando cargos relevantes em órgãos governamentais. Muitos deles com firme orientação liberal, organizados em centros ou em organismos internacionais, com especial destaque, em âmbito nacional, para o Instituto Superior de Estudos Brasileiros (Iseb) e, no contexto regional, para a Comissão Econômica para a América Latina e o Caribe (Cepal).

Foi até certo ponto a percepção de que os acadêmicos liberais tinham alguma influência direta e indireta na política social que estimulou os conservadores e a comunidade empresarial a iniciar esforços

---

2. *Head Start* é um programa do Departamento de Saúde e Serviços Humanos que oferece serviços abrangentes de educação, saúde, nutrição e envolvimento dos pais na primeira infância para crianças e famílias de baixa renda. Os serviços e os recursos do programa são projetados para promover relacionamentos familiares estáveis, melhorar o bem-estar físico e emocional das crianças, e estabelecer um ambiente para desenvolver fortes habilidades cognitivas.

na década de 1980, a fim de criar um novo conjunto de instituições para combater essa vantagem liberal percebida. Ao que parece, no Brasil, não foi diferente, embora se careça de pesquisas mais abrangentes nesse sentido. Entre essas novas instituições, estavam as *think tanks* (RICH, 2004). Embora as *think tanks* não fossem novas, aquelas que existiam anteriormente tendiam a ser vistas como produtoras de conhecimento relativamente neutros.

Hoje, tanto nos EUA quanto no Brasil, no que se refere à configuração da rede de *think tanks* conservadoras, suas conexões com a mídia e com os legisladores e seu financiamento por corporações e indivíduos ricos as tornam mediadoras de conhecimento eficazes (ARALDI, 2020). Muitas delas trabalham por meio de redes globais e várias *think tanks* nacionais, no caso norte-americano, operam em Washington, DC. Muitas das principais *think tanks* do Brasil estão organizadas na *Atlas Network*, global fundada em 1984 nos EUA por Anthony Fisher, discípulo de Friedrich Hayek.

No entanto, cada vez mais, muitas instituições, como o *Empire Center for New York State Policy*, estão operando no âmbito estadual. O *Empire Center* é membro da *State Policy Network* (SPN),[3] que "[...] é composta de *think tanks* de livre mercado — pelo menos uma em cada estado — lutando para limitar o governo e promover políticas públicas favoráveis ao mercado nos níveis estadual e local" (STATE POLICY NETWORK, 2012, n.p., tradução nossa).

Essas *think tanks* estaduais publicam relatórios e artigos de opinião ativamente em jornais locais, e ajudam a coordenar a promoção de projetos de lei neoliberais e neoconservadores nas legislaturas estaduais. A SPN e o Conselho de Intercâmbio Legislativo Americano

---

3. A SPN define-se como uma "organização de serviços profissionais" para uma rede de *think tanks* estaduais nos EUA. Sua atual presidente é Tracie Sharp, ex-diretora executiva do *Cascade Policy Institute*, afiliada da SPN em Oregon, EUA. Ela descreveu sua filosofia de organização como "o modelo IKEA", porque, assim como um varejista de móveis prontos para montar, a rede oferece um catálogo de projetos de políticas que os grupos estaduais podem construir. Disponível em: https://en.wikipedia.org/wiki/State_Policy_Network. Acesso em: 8 ago. 2022.

(*American Legislative Exchange Council* — Alec[4]) trabalham em conjunto. O Alec apresenta-se como uma "parceria público-privada", porque reúne empresas privadas e legisladores estaduais do setor público para redigir e promover modelos de projetos de lei nas legislaturas estaduais (ANDERSON; DONCHIK, 2016).

Embora nos concentremos em *think tanks* como concorrentes diretas de universidades como mediadoras de conhecimento, pesquisadores da área de Educação têm estudado outros atores dentro de redes de políticas conservadoras, como filantropia de risco (SCOTT, 2009), consultorias (GABRIEL; PAULUS, 2015), *edubusiness* (BURCH, 2009), parcerias público-privadas (ROBERTSON; MUNDY; VERGER, 2012) e *Charter Management Organization* (CMO)[5] (STAHL, 2020), entre outros. As *think tanks* são apenas um elemento dessas redes de políticas, mas sua capacidade de mobilizar o "conhecimento eficaz" para influenciar as políticas tem sido um desafio para os pesquisadores acadêmicos.

No Brasil, pesquisa realizada por Moura (2022) encontrou, conectados à rede *Atlas Economic Research Foundation*, 15 *think tanks*, sendo elas: Centro Mackenzie de Liberdade Econômica; Instituto Atlantos; Instituto de Estudos Empresariais; Instituto de Formação de Líderes de Belo Horizonte; Instituto de Formação de Líderes de Santa Catarina; Instituto de Formação de Líderes de São Paulo; Instituto Liberal (RJ); Instituto Liberal de São Paulo; Instituto Liberdade; Instituto Líderes do Amanhã; Instituto Millenium; Instituto Ludwig von Mises — Brasil; Livres; Observatório do Empreendedor; Estudantes da Liberdade Brasil. A partir desse levantamento, o autor realizou uma pesquisa nas páginas mantidas por cada uma dessas *think tanks* visando compilar as seguintes informações: (1) descrição da organização; (2) localização

4. O Alec descreve-se como a maior organização não partidária e voluntária de legisladores estaduais dos EUA dedicada aos princípios de governo limitado, de livre mercado e de federalismo. Composto por quase um quarto dos legisladores estaduais do país e partes interessadas de todo o espectro de políticas, seus membros representam mais de 60 milhões de americanos e oferecem empregos para mais de 30 milhões de pessoas nos EUA. Disponível em: https://alec.org/about/. Acesso em: 8 ago. 2022.

5. Uma organização educacional que opera escolas *charter* nos EUA. As escolas *charter* são escolas públicas que operam independentemente do distrito escolar do governo local.

da organização; (3) objetivos; (4) estratégias de atuação; (5) parceiros/financiadores/investidores/mantenedores. Essas 15 *think tanks* ligadas à rede Atlas estão localizadas nas regiões Sudeste e Sul do Brasil, que são as mais ricas do país. No levantamento realizado por Moura (2022), foi observado que a maioria das *think tanks* se autodenominou como entidade sem fins lucrativos, sem vinculação político-partidária e independente de governo. Os seus objetivos são diversificados: (i) contribuir para os debates sobre livre mercado; (ii) formar novos líderes; (iii) promover e disseminar valores, como mercado livre, governo limitado, propriedade privada, e liberdade individual; e (iv) produzir conhecimentos.

Pesquisadores de Educação como mediadores do conhecimento

Anderson, Gray-Nicolas e Payton (2021) realizaram um estudo com o objetivo de identificar quanta influência nos meios de comunicação os pesquisadores acadêmicos tiveram em comparação com as OMC que buscam exercer influência política por meio da mídia. Algumas dessas organizações não veem a mobilização de conhecimento como seu foco principal, mas exercem *lobby* e se envolvem na política eleitoral. Anderson, Gray-Nicolas e Payton (2021) usaram o *Access World News*[6] para identificar quantas menções de OMC apareceram na mídia impressa local e estadual no estado de Nova Iorque.

Esse foco no nível estadual reflete o fato de que grande parte da política educacional nos EUA é feita nesse nível governamental e,

6. *Access World News* é um recurso abrangente que inclui mais de 8 mil publicações de notícias de quase 200 países em todo o mundo. Essas fontes incluem os principais jornais nacionais e internacionais, bem como os títulos locais e regionais. Ele é atualizado diariamente e inclui arquivos amplos que fornecem informações básicas sobre tópicos importantes. Disponível em: https://www.newsbank.com/libraries/military/solutions/access-world-news. Acesso em: 2 ago. 2022.

por isso, a expectativa de que os pesquisadores acadêmicos possam ter mais influência na mídia local e estadual. No entanto, Anderson, Gray-Nicolas e Payton (2021) descobriram que os pesquisadores acadêmicos são como um grupo classificado na parte inferior em termos de menções na mídia (que incluíam menções, citações e editoriais).

As OMC mais tradicionais são, em geral, aquelas que reúnem membros, tais como as associações profissionais, as organizações pró-empresariais, os sindicatos de professores e as organizações de direitos civis/humanos. As OMC mais recentes que fazem parte do que Ball (2012) e outros chamam de "nova governança" são: organizações de defesa (tanto de base quanto financiadas por empresas ou "*astroturf*"[7]), redes de escolas *charter*, *think tanks* e fundações. Com exceção das redes de escolas *charter*, essas organizações de "nova governança" não são inteiramente novas, mas sua proliferação nos últimos 30 anos, sua organização em redes poderosas e seu foco na reforma educacional são mais recentes.

De acordo com Avelar (2019), há uma nova tendência internacional de gestão pública, na qual os Estados estão se afastando de sistemas mais hierarquizados em direção a redes de governança complexas e dinâmicas. Nessas redes, governo, filantropia e mercado têm colaborado na formulação e na execução de políticas públicas não só na Educação, mas também em outros setores. A autora chama atenção para o fato de que a linha que separa as organizações públicas e privadas tem se tornado cada vez mais tênue e opaca. Merece destaque, em sua análise, a atuação das organizações sem fins lucrativos nas complexas redes da política educacional. Avelar (2019, p. 75) salienta:

> [...] a despeito de não lucrarem diretamente com a oferta de serviços, a filantropia tem trabalhado com lógicas gerenciais semelhantes às das organizações lucrativas, naquilo que tem sido chamado de "nova filantropia". Trabalhando por metas, essas organizações visam promover

7. A tradução literal seria relva artificial, usada no texto como uma metáfora, já que designa uma superfície de fibras sintéticas feita para se parecer com a relva natural.

> grandes impactos e mudanças sistêmicas na Educação, uma gestão eficiente e um Ensino padronizado e passível de avaliação em larga escala.

Considerando o contexto brasileiro, a autora destaca ainda que a atuação de organizações, tais como Fundação Lemann, Instituto Unibanco, Instituto Ayrton Senna, entre tantas outras, tem sido marcada pela defesa enfática de reformas educacionais estruturais. Do nosso ponto de vista, e para a discussão central deste texto, merece ser sublinhada ainda a atuação do Movimento Todos pela Educação (TPE), não só pela forte presença na mídia impressa e televisa nacional, mas também pelo fato de que sua matriz é claramente identificada com os princípios da NGP. Esse movimento autodefine-se como uma aliança suprapartidária entre setor privado, organizações sociais e governos. Como demonstra Martins (2019), a origem do TPE está fortemente associada a grandes empresas que atuam no Brasil, as quais, no seu conjunto, representam uma importante fração da economia brasileira, como o Grupo Itaú, a Gerdau, o Pão de Açúcar, o Instituto Ayrton Senna, o Grupo de Institutos, Fundações e Empresas (Gife), a Fundação Roberto Marinho, o Instituto Ethos, o Grupo Abril e outros mais.

Martins (2019) identificou, em sua pesquisa, que, independentemente do partido que esteja no poder, o TPE permanece influenciando as políticas de Educação. Para isso, mobiliza conhecimentos, apresentando-os para os Poderes Executivos e Legislativos, de forma suprapartidária. A autora observa que, para estabelecer um diálogo direto e permanente com o Estado, os membros do TPE participam, simultaneamente, de várias entidades, que vão desde instâncias deliberativas e/ou consultivas até organizações privadas, *think tanks* e empresas. Isso lhe confere

> [...] capilaridade, legitimação e uma circulação e compartilhamento de suas ideias e valores, como a defesa da filantropia, voluntariado, responsabilidade social empresarial, colaboração e corresponsabilidade, tanto junto às instâncias decisórias no interior do aparelho do Estado, como no conjunto da sociedade, contribuindo, assim, para a criação e a consolidação de consensos (MARTINS, 2019, p. 173).

O TPE está vinculado à Rede Latino-americana de Organizações da Sociedade Civil para a Educação (Reduca), a qual representa uma ação empresarial organizada, que conecta diversas associações do espectro da nova direita aos interesses de governos na região latino-americana.

Por fim, é importante também mencionarmos a atuação de dois atores muito influentes no sistema educacional brasileiro: a União Nacional dos Dirigentes Municipais de Educação (Undime) e o Conselho Nacional de Secretários de Educação (Consed). Essas duas entidades atuam em parceria e possuem grande capilaridade no contexto educacional brasileiro, já que estão organizadas em todos os estados do país. Elas têm desempenhado papel fundamental na inserção das OMC nos municípios e nos estados do Brasil. Um exemplo disso é o Movimento Colabora Educação, que envolve um conjunto de organizações e de instituições privadas e filantrópicas, tais como o Banco Interamericano o Instituto Desenvolvimento (BID); o Instituto Natura; o Instituto Unibanco; a Fundação Itaú Social; o Movimento Todos pela Educação; a Fundação Lemann; o Instituto Positivo; o Instituto Ayrton Senna; o Instituto Conceição Moura. O Movimento Colabora foi instituído com "[...] o objetivo de fortalecer a governança e as práticas colaborativas entre os entes federativos no âmbito das políticas públicas de Educação" (COLABORA EDUCAÇÃO, 2019, n.p.). Segundo Tarlau e Moeller (2020), essas fundações, como a Lemann, influenciam o consenso dos funcionários estatais sobre quais políticas adotar em uma relação direta com o Consed e a Undime.

No estudo de Anderson, Gray-Nicolas e Payton (2021), surpreendentemente, as OMC mais tradicionais tiveram mais menções na mídia do que aquelas pertencentes a redes de "nova governança". As três organizações com mais menções foram tradicionais: (1) sindicatos de professores; (2) organizações de direitos civis/humanos; e (3) associações profissionais de educadores. Essas organizações foram seguidas por: (4) *think tanks*; (5) redes de escolas *charter*; (6) organizações militantes de base; (7) organizações militantes financiadas por empresas; (8) organizações pró-negócios; (9) professores acadêmicos; e (10) fundações (ver Apêndice A). No entanto, esses dados são limitados ao âmbito estadual (estado de Nova Iorque) e à mídia impressa nos EUA. A maioria das organizações de "nova governança" concentra-se mais no âmbito nacional. A SPN, por exemplo, é uma criação relativamente recente da *Heritage Foundation*, uma *think tank* neoconservadora em Washington, DC.

Apesar de não dispormos de dados equivalentes sobre a realidade brasileira, é possível afirmarmos que a presença na mídia escrita e televisiva no país nos anos mais recentes, por exemplo, durante os dois anos de pandemia da covid-19, nos assuntos relativos à Educação, foi majoritariamente das *think tanks* e muito pouco espaço foi ocupado pelos acadêmicos. Tomando como exemplo o programa "Fantástico", da Rede Globo de Televisão, e o jornal *Folha de S.Paulo*, a presença do TPE é sensivelmente maior que a de dirigentes sindicais e de pesquisadores acadêmicos. O que chama atenção é que, em geral, os representantes do TPE são apresentados nesses veículos como especialistas ou estudiosos do assunto, quer dizer, falam pretensamente de um lugar de quem desenvolve pesquisa.

O número relativamente baixo de menções na mídia significa que os acadêmicos universitários não estão apenas em desvantagem no acesso à mídia, mas também em outras formas de militância em que muitas organizações se envolvem. A presença na mídia é somente um dos muitos tipos de influência, e muitas das organizações que estudamos não a veem como seu foco principal, o que pode explicar seus altos níveis de influência política em geral, mas seu menor número de menções na mídia. Os pesquisadores acadêmicos, no entanto, estão mais focados na produção de conhecimento e, normalmente, não se envolvem em *lobby* ou política eleitoral como em geral o fazem essas organizações, o que reduz ainda mais sua influência política geral.

Embora as universidades também façam *lobby* nas legislaturas estaduais e, em menor grau, no governo federal, o escopo de suas pressões e suas atividades políticas normalmente se limitam a buscar mais financiamento para pesquisa e Educação. Acadêmicos individuais podem fazer *lobby* de vez em quando, mas, fora do acesso à mídia, sua influência política limita-se à consultoria, à elaboração de algum parecer técnico especializado ou de redação de *amicus curae* para casos judiciais. A boa notícia para os educadores, pelo menos no caso norte-americano, é que, por meio de suas organizações profissionais, eles parecem continuar a ter considerável influência na mídia em nível local, e as decisões sobre Educação geralmente são tomadas por intermédio de conselhos escolares e contribuições da comunidade.

Think tanks e universidades como organizações fronteiriças

Nosso foco, neste capítulo, são os pesquisadores acadêmicos em Educação e sua eficácia na mobilização do conhecimento sobre políticas, particularmente influenciando a opinião pública e, por extensão, os formuladores de políticas por meio da mídia, uma vez que estes leem esses veículos e buscam responder à opinião pública. Nesse sentido, as universidades estão em um beco sem saída. Por um lado, os repórteres gostam de citar acadêmicos por causa de sua associação com organizações de pesquisa que são vistas como imparciais, por isso as universidades têm estimulado seu corpo docente a buscar mais a mídia, porém elas não contam com a infraestrutura agressiva das *think tanks*. Por outro lado, contraditoriamente, as universidades procuram incentivar seu corpo docente a publicar mais em revistas acadêmicas qualificadas. Essa contradição tem sido fonte de tensões e de conflitos na vida político-acadêmica.

Como afirmam Dumas e Anderson (2014, p. 9, tradução nossa):

> [...] a direita política tem sido bem-sucedida em usar *think tanks* para fornecer conhecimento político e enquadrar problemas de forma a promover seus interesses ideológicos. Os pesquisadores educacionais têm uma base de conhecimento muito mais forte, mas têm lutado para influenciar o debate político.

Embora as novas redes políticas de direita incluam várias formas de influência, uma das organizações cruciais que usam para influenciar a opinião pública são as *think tanks*, que são as principais concorrentes dos pesquisadores acadêmicos na mobilização de conhecimento em Educação.

Nesta seção, exploramos o sucesso das *think tanks* como organizações que atravessam fronteiras, as quais se tornaram eficazes em vários campos sociais (produção de conhecimento, mídia, política e mercado) para criar e sustentar um "senso comum" que, muitas vezes, ignora evidências baseadas em pesquisas acadêmicas ou para exercer influência por meio de: "[...] opiniões constituídas, mobilizadas por grupos de pressão em torno de um sistema de interesses explicitamente formulados que constituem o que é considerado opinião pública" (BOURDIEU, 1983, p. 182).

Exploramos, também, os compromissos que universidades e pesquisadores acadêmicos da área de Educação enfrentam ao tentar buscar maior influência além do campo de produção de conhecimento. Isso exige tanto fazer pesquisas acadêmicas rigorosas para revistas qualificadas quanto competir com *think tanks*, comunicando de forma mais agressiva seus resultados e suas descobertas, de maneira que os formuladores de políticas e o público em geral possam acessar e utilizar esse conhecimento (LABAREE, 1998).

Embora alguns acadêmicos busquem uma postura mais ativista e sejam incentivados a se comportar mais como *think tanks*, há problemas fundamentais que enfrentam devido à sua localização institucional no espaço social. Ao contrário das universidades, as *think tanks* ocupam um espaço social único — que envolve atividades de jornalismo, de pesquisa, de militância, de lobista —, a partir do qual mobilizam conhecimento e ganham influência em vários setores sociais (MEDVETZ, 2012). Usando o conceito de campo social de Bourdieu (1989), exploramos as implicações para os pesquisadores acadêmicos, à medida que as *think tanks* e outros produtores de conhecimento buscam usurpar as universidades como mediadoras de conhecimento e como influenciadoras de políticas públicas.

Não só as *think tanks* são bem-sucedidas na criação de um novo senso comum por meio da construção de influência política e da promoção de pontos de vista ideológicos mediante a disseminação do conhecimento (MCGANN, 1992), como também alguns pesquisadores apresentam evidências de que, ao longo do tempo, essas *think tanks* conseguiram mover a opinião pública para a direita nos EUA (BURRIS, 2008; DOMHOFF, 1999). No campo da Educação, elas foram bem-sucedidas na promoção de políticas para enfraquecer os sindicatos de professores, eliminar a estabilidade docente, fornecer *vouchers* aos pais de estudantes, aumentar as avaliações de alto impacto, contratar serviços para o setor privado e criar mais escolas virtuais, entre outros. Atuações com finalidades muito próximas também podem ser observadas no Brasil no mesmo período. Assim, elas não são apenas hábeis em enquadrar e disseminar essas visões ideológicas, mas também em mobilizá-las por meio das legislaturas estaduais como política (ANDERSON; DONCHIK, 2016).

Utilizando a literatura da teoria organizacional sobre *boundary spanners* (limites-chave), Medvetz (2012) desenvolveu o conceito de *think tanks* como organizações de fronteira (Figura 1), "[...] especializando-se em mediar as relações entre campos mais estabelecidos" (MEDVETZ, 2012, p. 114, tradução nossa).

Figura 1 — *Think tanks* na fronteira com outros campos sociais

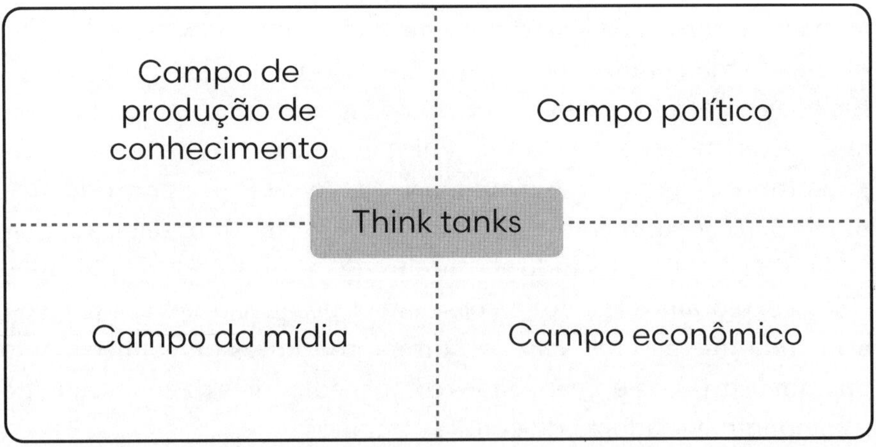

Fonte: adaptada de MEDVETZ, Thomas. Think tanks as an emergent field. *Social Science Research Council*, New York, out. 2008. Disponível em: https://s3.amazonaws.com/ssrc-cdn1/crmuploads/new_publication_3/%7BA2A2BA10-B135-DE11-AFAC-001CC477EC70%7D.pdf. Acesso em: 12 ago. 2022.

Os pesquisadores educacionais, juntamente às universidades em geral, formam parte do campo social da produção de conhecimento. As Faculdades de Educação, como todas as instituições que formam profissionais, são organizações de fronteira, no sentido de que não apenas produzem conhecimento, mas também formam professores, conselheiros e administradores educacionais, e têm impacto no currículo e na instrução nas escolas. Isso as coloca nos interstícios entre universidades e escolas — entre os campos sociais de produção de conhecimento e Educação. Nesse sentido, as Faculdades de Educação também são organizações de fronteira e mediadoras de conhecimento, na medida em que lutam para tornar seu conhecimento relevante para as necessidades dos profissionais. Sua posição dentro dos campos sociais levanta dois dilemas um tanto diferentes: como criar e disseminar conhecimento para os profissionais nas escolas e nos distritos escolares; e como influenciar a política educacional por meio do fornecimento de evidências de pesquisa.

Ambos os dilemas questionam os modelos tradicionais de mobilização do conhecimento que postulam a criação de conhecimento nas universidades, sua disseminação por meio de conferências e de publicação em periódicos, e sua utilização por profissionais e por formuladores de políticas. Nos EUA, as *think tanks* não só foram bem-sucedidas em minar o ensino público, mas também em minar a formação de professores e de administradores nas universidades. Por exemplo, no estado do Texas, 62% dos professores são preparados por intermédio de empresas com fins lucrativos independentes de universidades. Isso criou menos demanda por professores nas Faculdades de Educação e menos demanda por pesquisa educacional.

A crise que isso está causando para as Faculdades de Educação é, em parte, porque elas não fizeram incursões significativas para causar impacto nos campos político, midiático ou social e econômico — mercado (ver Figura 1). À medida que os pesquisadores educacionais tentam expandir seus limites dentro desses campos sociais para adquirir maior influência, eles experimentam uma série de dilemas que a teoria de campo pode ajudar a esclarecer (BOURDIEU, 1989; FLIGSTEIN; MCADAM, 2015).

Tradicionalmente, organizações como universidades tinham o objetivo de acumular poder dentro de seu próprio campo (o campo de produção de conhecimento na Figura 1). No entanto, como as *think tanks* efetivamente acumularam poder em vários campos sociais, elas mudaram as regras do jogo, obrigando os pesquisadores acadêmicos a consolidar o poder dentro de seu próprio campo, tornando-os menos relevantes para os demais, ou se aventurar em outros campos. Essa estratégia de organização de fronteira pode sair pela culatra, na medida em que eles perdem sua pretensão à produção de conhecimento rigorosa e neutra.

Ironicamente, a retirada do financiamento pelo Estado e a subsequente pressão sobre pesquisadores educacionais para fazer pesquisas "patrocinadas" cada vez mais financiadas por organizações sem fins lucrativos e com fins lucrativos (por exemplo, Microsoft) forçaram as universidades a entrar no campo social econômico/de mercado. Situação bastante agravada no Brasil a partir de 2016, mas em especial durante o governo de Bolsonaro, que restringiu drasticamente o orçamento das universidades federais, faltando, para 2022, cerca de R$ 1 bilhão no orçamento dessas instituições para que elas conseguissem manter, minimamente, seu funcionamento nos patamares de 2019, antes da pandemia, o que corresponde a um total de R$ 6,2 bilhões (MUGNATTO, 2022). De igual maneira, é preocupante o financiamento da pesquisa pelas principais agências de fomento no âmbito federal, como a Coordenação de Aperfeiçoamento de Pessoal de Nível Superior (Capes) e o Conselho Nacional de Desenvolvimento Científico e Tecnológico (CNPq), que sofreram sérias restrições nesse período, o que tem posto em risco o desenvolvimento científico do país (OLIVEIRA; SOUZA, 2021).

Mover-se para esse campo social pode colocar em questão até que ponto os pesquisadores educacionais realizam pesquisas verdadeiramente independentes. Produzir conhecimento que atenda a interesses comerciais também compromete pesquisadores acadêmicos em áreas mais lucrativas, como Ciência da Computação e Engenharia (WARD, 2012). Alguns pesquisadores da Educação entraram no campo econômico produzindo livros didáticos, realizando consultorias, desenvolvendo modelos de avaliação etc. Essas atuações, ao impactar a prática (para o bem ou para o mal), demonstram que os esforços mais ambiciosos foram padronizados no processo de "escalonamento" e de busca de lucro (ANDERSON; HERR, 2011). Enquanto uma mudança para o campo social/político pode ser arriscada porque acadêmicos podem ser considerados defensores de políticas (como *think tanks*), a mudança para o campo econômico/de mercado tem levado a críticas e a acusações de que estão exercendo um capitalismo acadêmico (SLAUGHTER; RHOADES, 2004).

Quanto mais as universidades imitam as *think tanks* ao se comportarem como uma organização de fronteira, mais elas podem sacrificar sua autonomia e, consequentemente, o poder e o *status* dentro de seu próprio campo social. A comunidade acadêmica já considera os pesquisadores educacionais como de baixo *status*. Podemos argumentar, portanto, que, justamente por isso, estes não podem se dar ao luxo de serem vistos como pesquisadores militantes.

Embora manter sua relativa independência acadêmica tenha sido o mais desafiador no que diz respeito ao campo econômico/de mercado e ao movimento em direção ao capitalismo acadêmico (SLAUGHTER; RHOADES, 2004), os pesquisadores em Educação, ao contrário das *think tanks*, também precisam definir cuidadosamente sua relação com o Estado. A Associação Americana de Psicologia (APA)[8] aprendeu essa lição, pois se envolveu em controvérsias sobre a mudança de suas regras de ética para que seus membros pudessem participar do programa de tortura da *Central Intelligence Agency* (CIA). O governo dos EUA é o maior empregador de psicólogos (HORTON, 2014).

São necessárias mais pesquisas, tanto nos EUA quanto no Brasil, que possam explorar como as universidades podem estar se reposicionando dentro dos campos sociais. É importante entendermos profundamente os benefícios e os riscos associados, à medida que os

8. A APA é a principal organização científica e profissional que representa a Psicologia nos EUA, com mais de 133.000 pesquisadores, educadores, clínicos, consultores e estudantes como membros. Disponível em: https://www.apa.org/about/apa. Acesso em: 3 ago. 2022.

escolas profissionais se sentem pressionadas a seguir os critérios de rigor e, muitas vezes, a linguagem pouco acessível estabelecida nas Artes e nas Ciências.

Todavia, não só as OMC usam de forma mais eficiente a linguagem, como também elas têm uma melhor compreensão do poder do enquadramento dos problemas. Lakoff (2009) nos lembra de que os acadêmicos não entendem a importância de enquadrar as questões para ganhar uma discussão, em vez de apenas desenvolver um argumento racional ou apresentar evidências. As redes neurais do cérebro respondem fisiologicamente à repetição e muitas organizações entendem isso muito bem, por isso suas menções e citações na mídia são claramente tentativas de enquadrar ou reformular um problema ideologicamente. Os acadêmicos tendem a se concentrar mais na substância da questão, vencendo, assim, o argumento racional, mas cedendo ao enquadramento conservador apresentado pelas OMC. Isso pode ajudar a explicar por que, desde a década de 1980, as OMC têm sido tão bem-sucedidas em mudar a visão ideológica de um quadro pró-setor público para um quadro gerencial antissetor público. Assim, elas têm cumprido papel crucial na incorporação dos valores da NGP.

Em entrevistas com funcionários proeminentes de *think tanks*, organizações de defesa da Educação e centros de política educacional baseados em universidades, McDonald (2013) identificou estruturas dominantes na política educacional que foram amplamente influenciadas por estruturas gerenciais e de mercado promovidas por OMC desde a década de 1980. Isso inclui: (1) enquadrar a Educação pública como em crise; (2) a produção de capital humano como meta da Educação; e (3) os sindicatos de professores como o problema. Ela também encontrou que, na área de reforma educacional, havia pouca diversidade no discurso sobre política educacional, tanto no que se

---

independentes, classificações, jornalismo e conselhos que conquistaram a confiança dos leitores e dos usuários por quase 90 anos. As plataformas em *usnews.com* incluem Educação, Saúde, Dinheiro, Viagens, Carros, Notícias e Avaliações 360. Disponível em: https://www.usnews.com/education. Acesso em: 4 ago. 2022.

refere às *think tanks* liberais e conservadoras, quanto às organizações políticas em Washington, DC.

Essas mudanças dramáticas na forma como a Educação pública é ideologicamente estruturada são advertências dos poderosos efeitos que os novos empreendedores políticos têm tido na mobilização do conhecimento. À medida que os acadêmicos lutam para colocar sua voz no debate político, eles têm de defender suas identidades como mobilizadores de conhecimento e, ainda, lidar com as restrições que a nova universidade gerencial lhes impõe.

No entanto, existem formas de promover a pesquisa acadêmica de maneira mais eficiente em vários gêneros. Os resultados de pesquisa podem ser publicados em uma revista acadêmica, mas uma versão mais curta e mais acessível pode ser divulgada em um jornal profissional ou em um boletim sindical. Esses jornais ou revistas são frequentemente distribuídos a milhares de membros de associações profissionais e sindicatos. Os mesmos resultados também podem ser publicados como um resumo de políticas, como, por exemplo, faz o Centro Nacional de Políticas de Educação da Universidade do Colorado, em Boulder, nos EUA, e redigidos como um editorial para um jornal local ou nacional. Alguns sindicatos,[12] no Brasil, têm suas próprias revistas que buscam difundir, além dos conhecimentos relevantes sobre sua atuação, resultados de pesquisa acadêmica em uma linguagem mais direta e concisa dirigida ao público interessado.

Há também novos meios de comunicação que combinam jornalismo e pesquisa acadêmica. Por exemplo, *The Conversation* é um novo híbrido de jornalismo e academia, em que acadêmicos escrevem artigos curtos para um público mais amplo sobre questões relevantes.[13] Veículos desse tipo podem ser uma forma de os acadêmicos divulgarem

---

12. Revista *Extra-Classe* do Sindicato de Professores de Minas Gerais (Sinpro-MG), revista *Mátria*, da Confederação Nacional dos Trabalhadores em Educação (CNTE), entre outras.

13. Um exemplo muito parecido no Brasil é a iniciativa do Pensar a Educação, da Universidade Federal de Minas Gerais (UFMG), com sua *Revista Brasileira de Educação Básica*. Disponível em: https://pensaraeducacaoemrevista.com.br/. Acesso em: 4 ago. 2022.

seus resultados de pesquisa de maneira eficiente para um público mais amplo, o qual busca cada vez mais fontes confiáveis de informação. Também é importante mencionarmos a existência de *blogs*, de artigos de opinião e de *podcasts* que cumprem esse papel.

Entretanto, os programas de Pós-Graduação poderiam incluir esses gêneros de escrita em seus currículos e promover formas de mobilização do conhecimento que vão além das teses e das dissertações e dos artigos em periódicos. Também seria importante como incentivo maior valorização dessas publicações, sendo pontuadas em concursos públicos e promoção na carreira. De todo modo, são necessárias mais pesquisas sobre como os acadêmicos estão usando as mídias sociais e, essencialmente, criando suas próprias mídias. Qual é o alcance de *blogs* acadêmicos, *podcasts* e páginas do Facebook, e como podem ser usados de modo mais eficaz? Enquanto isso, pesquisadores de áreas aplicadas devem continuar a pressionar pelo reconhecimento de múltiplas formas de mobilização de conhecimento em avaliações de cargos e de promoções.

Alguns centros de pesquisa nas universidades têm estimulado certas estratégias de *think tanks*. Por exemplo, no estudo citado anteriormente, Anderson, Gray-Nicolas e Payton (2021) observaram que um relatório técnico acompanhado de *release* para a imprensa é uma estratégia usada por muitas *think tanks* e outras organizações, e descobriram que as menções a uma organização tendiam a subir muito quando os relatórios eram lançados. Essa estratégia tem sido utilizada com sucesso por alguns acadêmicos e institutos de pesquisa em debates contenciosos que chamam atenção do público.

Um relatório do *Stanford's Center for Research on Education Outcomes* (2009), por exemplo, que comparou os resultados das escolas *charter* e públicas, foi amplamente divulgado na mídia, assim como os intercâmbios acadêmicos que se seguiram. O mesmo aconteceu com os debates anteriores sobre métodos de leitura e de Educação bilíngue. Essa pesquisa foi mobilizada no contexto de ataques de conservadores à escola pública, à Educação bilíngue e a abordagens integrais de leitura. No entanto, na maioria dos casos, a ideologia conservadora superou as evidências da pesquisa, pois o que se viu foram votações bem-sucedidas de Educação antibilíngue, instrução de leitura mais descontextualizada e uma proliferação de escolas *charter* e *vouchers*. Tais controvérsias atraem a atenção da mídia, embora muitos acadêmicos tenham sido consultados sobre essas questões. Vários centros de pesquisa baseados em universidades que empregam pesquisadores em tempo integral têm produzido relatórios rigorosos de pesquisa. Apesar de a divulgação desses resultados ser relatada como sua principal estratégia, com algumas exceções, em muitos casos não está claro o quão eficaz eles são em disseminar os conhecimentos produzidos. Muitas vezes, esses relatórios definham em seus *sites*.

No caso norte-americano, à medida que as posições na academia se tornam menos atraentes para alguns, e as posições na Educação estão diminuindo devido à concorrência de caminhos alternativos para o ensino e a liderança, mais estudantes de Doutorado estão aceitando empregos em centros de pesquisa afiliados às universidades. Assim, acredita-se que os centros de pesquisa estão em condições de serem mais eficazes na mobilização de conhecimento, pois contratam pesquisadores em tempo integral que não estão vinculados à carreira, ou seja, estão sem estabilidade no emprego e sem possibilidades de promoção. No entanto, com base em seu baixo número de menções na mídia, eles ainda não são tão eficazes no acesso à mídia quanto as *think tanks*.

Além de divulgar relatórios, as *think tanks* preparam pacotes amigáveis para a mídia de fácil uso e acesso para os repórteres que se ocupam de Educação. Elas produzem *sites* amigáveis à mídia, concentram-se em publicar artigos de opinião em jornais, cultivam relacionamentos com repórteres e editores, dão palestras e realizam coletivas de imprensa. Os centros de pesquisa das universidades poderiam fazer o mesmo, com a diferença de que eles têm relatórios de estudos mais rigorosos para disseminar do que as *think tanks*. Contudo, eles ainda estão bem atrás das *think tanks* no que se refere a financiamento, patrocínio empresarial e infraestrutura. No caso dos acadêmicos, isso significa que muito do seu tempo é dedicado à elaboração de projetos em busca de subsídios e de financiamento à pesquisa, em vez de mobilização de conhecimento.

Conforme observado anteriormente, o acesso à mídia é apenas uma forma de influenciar a opinião pública e, indiretamente, os resultados das políticas. As OMC estão cada vez mais focadas não só em influenciar a opinião pública, mas também em influenciar os legisladores e a política eleitoral (DE BRUYCKER, 2019). Nos EUA, a capacidade das organizações para influenciar os legisladores e engajar-se na política eleitoral está vinculada ao seu *status* fiscal. Na medida em que contam com o apoio da rede para a pressão política e eleitoral, podem concentrar seus esforços principais na mídia. As universidades, porém, concentram-se principalmente na pesquisa e no ensino e, como observado anteriormente, incorrem em custos de oportunidade ao se afastarem muito de sua missão (ANDERSON; DE LA CRUZ; LOPEZ, 2017). Isso limita a extensão em que elas podem se envolver em pressão política ou eleitoral, mas não impede que elas ou seus professores individualmente construam redes e alianças com organizações que possam fazer esse tipo de pressão.

Quase todas as OMC, hoje, pertencem a coalizões de redes de outras organizações com ideias semelhantes e se envolvem em várias estratégias para obter acesso à mídia. Além de participar de redes acadêmicas, os pesquisadores não são muito bons em construir alianças com outras organizações que tenham essa capacidade. Várias organizações podem ser aliadas naturais para pesquisadores acadêmicos, por exemplo, sindicatos de Educação e organizações de direitos civis e humanos. Outras organizações de base podem usar as habilidades de pesquisadores acadêmicos para divulgar seu trabalho para um público mais amplo de professores e de organizadores. Por exemplo, a Internacional da Educação (IE) é uma federação global de sindicatos de Educação que conta com 401 membros afiliados em 172 países e territórios, representando mais de 30 milhões de trabalhadores da Educação desde a pré-escola até a universidade. A IE está trabalhando com um amplo grupo de pesquisadores acadêmicos para produzir subsídios como parte de sua campanha contra a privatização e a comercialização da Educação em escala global (EDUCATION INTERNATIONAL, 2020).

Dada a forte presença de associações profissionais locais nas menções à mídia (Apêndice A), os acadêmicos também podem estabelecer relacionamentos mais fortes com seus membros. As OMC, que são formadas por membros de conselhos escolares, superintendentes e administradores educacionais, profissionais de negócios e finanças escolares e bibliotecários, foram fortemente consultadas por repórteres sobre questões educacionais locais, demonstrando que possuem um alto nível de credibilidade especializada, pelo menos em questões locais. Pesquisadores acadêmicos participam em grande parte de conferências de pesquisa, como a Reunião Anual da *American Educational Research Association* (Aera nos EUA, e, no Brasil, das reuniões da Associação Nacional de Pós-Graduação e Pesquisa em Educação (ANPEd), mas poderiam considerar a possibilidade de se aproximarem mais das associações profissionais e dos sindicatos se quiserem ter maior influência fora da academia. Essas associações profissionais e sindicatos podem fornecer aos acadêmicos alguma infraestrutura para acessar a mídia que, de outra forma, eles não possuem.

Sem uma mudança nas estruturas de incentivo e na infraestrutura nas universidades, é improvável que muitos acadêmicos possam competir pelo acesso à mídia e, por extensão, influenciar significativamente a opinião pública ou os formuladores de políticas. Acadêmicos mais antigos puderam contar com estabilidade laboral e com promoção na carreira em um momento em que os requisitos para publicação eram menos exigentes. No entanto, na atualidade, a pressão para publicação qualificada está fortemente atrelada ao êxito na carreira acadêmica. Em uma era de "fatos alternativos" em que o acesso a dados confiáveis e a discussões racionais é escasso, a desvantagem que os pesquisadores acadêmicos têm em comparação com outras OMC na mobilização do conhecimento promete continuar a ocultar amplamente o conhecimento crítico da opinião pública.

GRÁFICA PAYM
Tel. [11] 4392-3344
paym@graficapaym.com.br